Elza Cunha de Vincenzo

UM TEATRO DA MULHER

**DRAMATURGIA FEMININA
NO PALCO BRASILEIRO CONTEMPORÂNEO**

PERSPECTIVA

Dados Internacionais de Catalogação na Publicação (CIP)
(Câmara Brasileira do Livro, SP, Brasil)

Vincenzo, Elza Cunha de
Um teatro da mulher ; dramaturgia feminina no palco
brasileiro contemporâneo / Elza Cunha de Vincenzo. – São
Paulo : Perspectiva : Editora da Universidade de São, 1992. –
(Coleção Estudos; 127)

ISBN: 978-85- 273-0053-2

1. Mulheres no teatro – Brasil 2. Teatro brasileiro –
História e crítica 3. Teatrólogas brasileiras I. Título. II. Série.

91-1355   CDD-869.920987

Índices para catálogo sistemático:
1. Brasil : Mulheres teatrólogas: Vida e obra   869.920987.1081
2. Teatrólogas brasileiras: Vida e obra   869.920987

1ª edição
[PPD]

Direitos reservados em língua portuguesa à
EDITORA PERSPECTIVA LTDA.

Av. Brigadeiro Luís Antônio, 3025
01401-000 São Paulo SP Brasil
Telefax: (011) 3885-8388
www.editoraperspectiva.com.br

2019

Um Teatro da Mulher

Coleção Estudos
Dirigida por J. Guinsburg

Equipe de realização – Revisão: Afonso Nunes Lopes e Maria Prata; Produção: Ricardo
W. Neves e Sergio Kon.

A Clóvis Garcia, mestre e amigo

A Renata Pallottini e José Antonio Pasta Jr., amigos a cuja colaboração inestimável se deve a possibilidade deste trabalho.

Que a visão das mulheres sobre o mundo, originada pelas suas milenares relações de servidão ou por qualquer misteriosa "natureza", encontre seus meios de registro coletivo, esse é, realmente, o objetivo a conseguir.

MARIA ISABEL BARRENO

Sumário

Introdução XIII

Parte I: BRASIL NOS ANOS DIFÍCEIS E A DRAMA-
TURGIA DA MULHER. 1

Parte II: PIONEIRISMO E POESIA NO PALCO. 25

    1. O Teatro de Renata Pallottini (1ª fase). . . . 27

    2. O Teatro de Hilda Hilst. 33

Parte III: A DRAMATURGIA DE 1969. 81

    3. Leilah Assunção e o Grito da Sexualidade
Feminina 83

    4. Consuelo de Castro e a Rebelião da Juven-
tude 109

    5. Isabel Câmara e a Solidão da Mulher. 121

Parte IV: A DRAMATURGIA FEMININA NAS DÉ-
CADAS DE 70 E 80. 129

    6. Leilah Assunção. 133

    7. Consuelo de Castro. 145

    8. Maria Adelaide Amaral e a Classe Média em
Questão. 187

    9. Renata Pallottini: *Os Arcos da Memória*. . . . 233

    10. Um Teatro Feminino ou o Feminino no
Teatro? 277

Sumário

Introdução	XIII
Parte I: BRASIL, NOS ANOS DIFÍCEIS E A DRAMATURGIA DA MULHER	1
Parte II: PIONEIRISMO E POESIA NO PALCO	25
1. O Teatro de Renata Pallottini (Pallottini)	27
2. O Teatro de Hilda Hilst	33
Parte III: A DRAMATURGIA DE 1969	81
3. Leilah Assunção e o Grito da Sexualidade Feminina	83
4. Consuelo de Castro e a Rebelião da Juventude	109
5. Isabel Câmara e a Solidão da Mulher	121
Parte IV: A DRAMATURGIA FEMININA NAS DÉCADAS DE 70 E 80	129
6. Leilah Assunção	133
7. Consuelo de Castro	145
8. Maria Adelaide Amaral e a Classe Média em Questão	187
9. Renata Pallottini: Os Anos de Menina	233
10. Um Teatro Feminino ou o Feminino no Teatro?	277

Introdução

Este trabalho representa a tentativa de articular dois interesses profundos, embora de natureza diversa: por um lado, o teatro – em especial o teatro brasileiro – e, por outro, o amplo debate de nossos dias sobre a condição da mulher na sociedade atual.

O primeiro é muito mais antigo e está ligado a impressões definitivas vindas da infância, impressões e interesse que só fizeram confirmar-se ao longo do tempo e da formação profissional e intelectual. O segundo é muito mais recente – tardio mesmo –, tem data de nascimento e se prende já à reflexão da maturidade.

Em julho de 1967, a *Revista Civilização Brasileira*, no seu número 14, publicava um pequeno ensaio de Juliet Mitchell, cujo título tinha para nós algo de extremamente intrigante e instigante: "Mulheres, a Revolução mais Longa". Havia, então, uma "revolução de mulheres", uma revolução *verdadeira* digna de ser tratada na *Revista*?

Dos movimentos feministas da época, conhecíamos apenas os ecos que a imprensa comum fazia chegar aos leitores comuns. Isso, em relação a outros países, porque as poucas coisas que se passavam no Brasil não alcançavam merecer noticiário relevante... Eram breves relatos, quase sempre irônicos, repassados de humor em tom pejorativo, que ressaltavam, subliminarmente, o lamentável ridículo em que podiam cair as mulheres que se envolviam em tais movimentos.

XIV UM TEATRO DA MULHER

O artigo de Juliet Mitchell – conhecida psicóloga e socióloga inglesa – abria a meus olhos outras perspectivas. Nele se falava, com rigor científico, da "revolução das mulheres" como um movimento sério, cujas raízes mergulhavam numa reflexão já secular sobre o tema. Mais do que isso: chamava-se a atenção para o fato de se tratar de uma luta específica, a respeito da qual mesmo as postulações de setores avançados do pensamento social se revelavam insuficientes. Segundo a autora, nem mesmo o pensamento socialista de esquerda – que ela passava brevemente em revista desde os seus inícios e que havia trazido para a discussão um aporte decisivo – delimitava com clareza o problema da libertação feminina. Esse pensamento, embora tivesse analisado com total pertinência os aspectos históricos e as causas da condição da mulher na sociedade, terminava sempre por chegar a uma visão generalizadora e *otimista* em relação ao futuro. A despeito de tudo, não conseguira, nas palavras da autora, "projetar uma imagem convincente do futuro", uma vez que se limitara, na maioria dos casos,

a afirmar que o socialismo envolvera a libertação da mulher como um dos seus *momentos* constitutivos [...] A libertação da mulher permanece como um ideal normativo, um acessório da teoria socialista, sem estar estruturalmente integrado nela[1].

Ao longo de sua argumentação que propunha um novo enfoque para a questão, Juliet Mitchell dizia coisas (para nós) surpreendentes:

[...] é óbvio que o papel da mulher na família – primitiva, feudal e burguesa – participa de três estruturas bem diferentes: reprodução, sexualidade e socialização das crianças. *Elas estão historicamente, mas não intrinsecamente relacionadas na atual família moderna* [...] Assim, é essencial discutir não a família como uma entidade não analisável, mas as estruturas separadas que a compõem hoje e podem amanhã ser decompostas em um novo padrão...[2]

Em suma, os movimentos feministas da década de 60 não eram uma agitação ridícula de mulheres. Havia, por detrás deles, uma história intelectual respeitável e, no presente, uma significação que transcendia de muito as manifestações de rua de que se tinha notícia. A mulher era tema de pesquisa e de indagações conseqüentes em áreas diversas da ciência (coisa que vai tornar-

1. Juliet Mitchell, "Mulheres, a Revolução mais Longa", *Revista Civilização Brasileira*, n. 14, vol. III, 1967.

2. *Idem, ibidem* (grifo nosso).

INTRODUÇÃO   XV

se cada vez mais freqüente) tanto quanto uma questão de cunho político e social, das mais relevantes no mundo contemporâneo, como nos levaram a ver inúmeras leituras posteriores.

É claro que este trabalho não pretende ser uma reflexão no campo do feminismo como tal, mas nos pareceu possível, e de alguma forma válido, associar dois fenômenos quase concomitantes: a dramaturgia feminina que por certas razões então se adensara no Brasil – tendo sido rara em épocas anteriores – e os movimentos feministas que renasciam em fins dos anos 60. Esses movimentos retomavam em termos modernos o tema mulher, reivindicando justamente a ampliação de espaços para a atuação feminina. Os espaços tinham efetivamente começado a abrir-se em todos os campos, com especial relevância não só para a atuação de mulheres na vida universitária, como para a abordagem e pesquisa de temas a elas referentes. Para dar apenas um exemplo entre inúmeros outros: a tese de Heleieth Saffiotti, intitulada *A Mulher na Sociedade de Classes: Mito e Realidade*, era de 1967 e fora publicada em 1969[3].

Não era descabido pensar que ambas as coisas – dramaturgia feminina e feminismo renascido – poderiam representar manifestações distintas, mas associáveis, de um mesmo e amplo movimento mundial.

No entanto, é preciso considerar que um outro fator poderoso estaria atuando aí: o momento social e político que vivia então o Brasil.

As restrições que se impunham à vida cultural – para não falar de outros aspectos – impulsionavam praticamente todas as forças de pensamento e criação disponíveis no país a lutarem pelo alargamento de espaços para sua atuação, em última instância, pela sobrevivência de um debate político que, com altos e baixos, vinha se desenvolvendo desde épocas anteriores e que fora barrado e refluíra. Basta pensarmos no que ocorreu com as universidades e com cursos seus ligados às ciências sociais, nos quais dificilmente se poderia manter o sentido de uma pesquisa e de uma reflexão mais conseqüentes.

Dentro de um clima de luta contra o que se chamava claramente de repressão e que atingira igualmente a todos, luta na qual se empenhavam aparentemente todas as forças vivas do país, as mulheres puderam encontrar sua oportunidade, especialmente no teatro, que se tornara verdadeiro foco de resistência. Como

---

3. Heleieth Iara Bongiovani Saffiotti, *A Mulher na Sociedade de Classes: Mito e Realidade*, São Paulo, Livraria Quatro Artes Editora, 1969.

XVI   UM TEATRO DA MULHER

numa guerra em que elas são também recrutadas para o esforço comum, em que seu concurso se torna indispensável. Daí o lugar de preeminência que ocupam as preocupações políticas e sociais em suas primeiras peças e nas que se lhes seguem nos anos 70.

No bojo dessas preocupações, no entanto, repontam outras, naquele momento indissociáveis: as que se referem a sua própria condição feminina.

O fenômeno do aparecimento quase simultâneo de várias escritoras de teatro em 1969 (precedido de alguns nomes desde o início da década e prolongado nos anos que se seguem) apresenta outro aspecto significativo: era praticamente inédito.

A dramaturgia brasileira do passado só esporadicamente registra nomes de mulheres. Uma leitura mais atenta de obras de história do teatro brasileiro como o *Panorama*, de Sábato Magaldi, as coletâneas de crítica de Décio de Almeida Prado ou Miroel Silveira, e mesmo os levantamentos e estudos especiais sobre a atividade teatral de entidades como o TBC ou de grupos como o Arena e o Oficina, enquanto nos revela a presença constante e marcante de atrizes, nos leva a concluir pela quase ausência de autoras. Uma pobreza que parece, aliás, comum à dramaturgia universal, se bem que, logo no início da retomada da literatura dramática ocidental, se encontre, precisamente, um nome feminino: o da freira alemã Roswitha, tradutora e imitadora de Terêncio; e se possa atribuir a uma das primeiras feministas da Inglaterra, a romancista Aphra Benn, no século XVII, a autoria de textos teatrais.

Quanto ao Brasil, datam da época do Arcadismo no século XVIII as primeiras incursões de mulheres, no campo da literatura teatral. Em 1949, o professor Antônio Soares Amora descobriu, em Portugal, o manuscrito de um curioso drama intitulado *Tristes Effeitos do Amor, Drama em que Fallão Paulicea, a Prudência e a Dezesperação / Na figura de huã Fúria / Por huma Anonima e Illustre Senhora / da cidade de / São Paulo, 1797*. O drama foi escrito logo após a partida de Bernardo José de Lorena para a Capitania das Minas Gerais, onde foi ocupar o cargo de governador.

Bernardo José de Lorena – como informa o descobridor do texto – fora governador, por oito anos, da Capitania de São Vicente e era pessoa a quem a cidade de São Paulo devia excelente administração.

No espírito empapado de cultura clássica, a *Illustre* autora teve bem presente o modelo poético a que facilmente acomodaria o fato: a partida de Enéias, o desespero e o suicídio de Dido (*Eneida*, Livro IV) [...] A nossa peçazinha [conti-

INTRODUÇÃO

XVII

nua ele] talvez a mais antiga obra da literatura feminina paulista [...] não chega a ser uma obra-prima da arte dramática...[4]

Aos poucos nomes femininos registrados na história passada da literatura dramática brasileira, recente pesquisa da Profa. Maria Stella Orsini acrescentou o de Maria Angélica Ribeiro, nascida em Parati, Estado do Rio de Janeiro, em 1829 e falecida em 1880[5].

Segundo a autora de "Maria Ribeiro – Uma Dramaturga Singular no Brasil do Século XIX", Maria Angélica Ribeiro, (casada com o cenógrafo João Caetano Ribeiro, grande incentivador de seu trabalho), é autora de pelo menos dezenove textos teatrais, dos quais os primeiros, escritos entre 1856 e 1858 – *Guite ou A Feiticeira dos Desfiladeiros Negros, Paulina, A Aventureira de Vaucloix* e *O Anjo sem Azas* – mereceram aprovação e calorosa acolhida por parte do Conservatório Dramático Brasileiro. A partir de 1858 escreve mais quinze peças, entre dramas e comédias. Algumas delas foram encenadas e outras publicadas.

Ainda no século passado, pode-se registrar outro nome, o de uma escritora de certo prestígio: Júlia Lopes de Almeida, nascida também no Rio de Janeiro, em 1862. Júlia Lopes de Almeida, das primeiras mulheres a construir uma obra dramática de certa consistência, chegou a ter uma de suas peças, *Quem não Perdoa*, encenada no Teatro Municipal do Rio de Janeiro, em 1912, e seu teatro reunido e publicado num único volume, em Portugal, no ano de 1917.

A história da participação feminina na dramaturgia brasileira anterior à década de 60, no entanto, tem um momento interessante em 1939, com a encenação, pela Companhia Dulcina de Morais, de *Conflito*, de Maria Jacinta (Trovão da Costa Campos), autora nascida no Rio de Janeiro, por volta de 1910. Encenada em outubro de 1939 na então capital, a peça chegou a ser premiada pela Academia Brasileira de Letras e publicada depois, em 1942, pelas Edições Meridiano, do Rio Grande do Sul.

Embora seja, no seu entrecho, muito simples e até um pouco convencional, *Conflito*, dentro dos parâmetros do teatro brasileiro

---

4. Antônio Soares Amora, "Uma Matriarca da Literatura Feminina Paulista", *Classicismo e Romantismo no Brasil*, São Paulo, Conselho Estadual de Cultura, Comissão de Literatura, 1964, p. 89.

5. Maria Stella Orsini, "Maria Ribeiro – Uma Dramaturga Singular no Brasil do Século XIX" (texto datilografado, cedido pela autora). Na introdução de seu artigo, Maria Stella Orsini lembra ainda o nome de outras autoras do passado: além de Júlia Lopes de Almeida, também o de Josefina Alvares de Azevedo, Celina de Azevedo e Maria Eugênia Celso.

XVIII   UM TEATRO DA MULHER

da época, chega a interessar pela exposição de idéias que deviam, então, parecer avançadas no contexto de um país latino-americano. Gilda, a heroína de Maria Jacinta, é uma jovem corajosa, desenvolta, que foi educada nos Estados Unidos (o que explicaria sua ousadia e a falta de preconceitos). É órfã e vive em casa dos tios. Está noiva de um primo, Geraldo, a quem ama e por quem é amada. Mas Geraldo é burguês, convencional, apegado a idéias antigas. É, em suma, um característico representante de valores tradicionais. As atitudes de Gilda, abertas, autênticas, inclusive no amor (atitudes que não vão, é claro, nesse terreno, além de permitir um beijo muito pudico), acabam escandalizando Geraldo, que diz abertamente a Gilda o que pensa. É o bastante para que se estabeleça o conflito anunciado no título. O prosseguimento da trama mostra soluções estereotipadas, algo melodramáticas. Isso, porém, talvez não invalide propriamente o mérito da colocação em cena de certos sentimentos femininos e idéias novas para uma platéia brasileira de 1939, no todo conservadora e possivelmente mal informada. Estava-se apenas no início da Segunda Guerra Mundial. Não nos haviam chegado ainda o neo-realismo do cinema italiano, a relativa liberalização dos costumes das sociedades atingidas pela catástrofe, nem, por outro lado, a influência dos diretores europeus que, fugindo de seus países de origem, viriam modificar e sacudir nossa maneira de ver e fazer teatro. Nesse ambiente, portanto, onde o que fazia sucesso ainda, junto ao público comum, eram as comédias leves vindas da França, o menos importante do teatro inglês ou as comediazinhas de costumes nacionais, alguém que trouxesse algo da vocação ibseniana para discutir um problema desse tipo, sem ter o gênio do norueguês, corria o risco de ser incompreendido e pouco aplaudido.

Maria Jacinta escreveu ainda outra peça – *Já é Manhã no Mar* – e, depois disso, limitou sua atividade teatral aos encargos de produtora, tradutora ou, muito eventualmente, de diretora de espetáculos.

Treze anos depois, em 1952, já dentro da era TBC, no Teatro das Segundas-Feiras, uma outra mulher tem um texto seu encenado: é Clô Prado e a peça se chamava *Diálogo de Surdos*.

Em 1954, a romancista Rachel de Queiroz produziu a peça *Lampião*, que foi encenada nesse mesmo ano pela Companhia Nydia Lícia-Sérgio Cardoso. A história de amor entre Lampião e Maria Bonita é o motivo central do drama. Conquanto fosse muito difícil conter nos limites do espaço cênico uma história épica por natureza, valeu na peça o perfeito conhecimento que tinha a autora da psicologia, dos costumes e do ambiente nordestinos, assim como sua habilidade de ficcionista. Rachel de Queiroz escre-

INTRODUÇÃO   XIX

veu ainda, em 1960, a peça *Beata Maria do Egito*, uma reformulação atualizada da história de Santa Maria Egipcíaca. Situando novamente a ação no sertão brasileiro, a peça conta o drama de uma Beata que tenta chegar a Juazeiro, no Ceará, para encontrar o "santo" Padre Cícero. Presa e impedida de sair, por ordem de um delegado de polícia, ela não hesita em entregar-se ao seu captor em troca do direito de prosseguir viagem.

A despeito do renome e das qualidades da escritora, essas peças não tiveram êxito e, ao que parece, Rachel de Queiroz não voltou a escrever para teatro.

Em 1959, a escritora e jornalista gaúcha Edy Lima, residente em São Paulo, viu um texto seu encenado pelo Teatro de Arena, com direção de Augusto Boal: *A Farsa da Esposa Perfeita*. É um trabalho que também não tem continuidade[6].

Só dez anos depois, modificadas profundamente as circunstâncias da vida nacional e do mundo, vai surgir não mais um nome isolado, mas um *conjunto de nomes de autoras* que, por sua vez, integra um grupo mais amplo de dramaturgos estreantes, o qual veio a ser conhecido como o da *nova dramaturgia*. A nova dramaturgia apresentava um tipo de texto e uma proposta de teatro diferente em muitos aspectos do teatro que se vinha fazendo, com sucesso, em São Paulo.

Quanto ao global da produção feminina, o traço marcante veio a ser o fato de se ter revelado uma produção mais consistente – muito mais resistente – sem aquele caráter esporádico, de eventualidade, que assinalara a produção anterior.

Ao grupo inicial, formado por Leilah Assunção, Consuelo de Castro e Isabel Câmara, podem acrescentar-se os nomes de Renata Pallottini, que começara seu trabalho alguns anos antes, e que o continua durante os anos 70 e 80, de Hilda Hilst, que escreve uma série de peças entre 1967 e 1969, e, posteriormente, a partir de 1978, de Maria Adelaide Amaral.

Evidentemente, a proximidade do fato no tempo e a conseqüente falta da necessária perspectiva histórica não permitem talvez ainda uma avaliação cabal do sentido desta produção. No

---

6. Aproximadamente na mesma época, uma outra autora – Maria Inez de Barros Almeida – volta-se também para certos aspectos da psicologia dos gaúchos. Em *O Diabo Cospe Vermelho* (peça de teor muito diferente do da *Farsa...*, de Edy Lima), mostra o drama de morte a que pode levar a excessiva valorização do conceito de virilidade; em *Não Me Venhas de Borzeguins ao Leito*, arma a comédia da pequena política local, numa cidadezinha do Rio Grande do Sul, desencadeada pela ação de uma desprevenida professora primária que vem de fora para lecionar ali.

XX UM TEATRO DA MULHER

entanto, como se tem feito com relativa freqüência a tentativa de historiar e analisar o período recente da vida cultural brasileira em que ela surge e se desenvolve, pareceu-nos que seria possível aproveitar certos dados que nos fornecem os autores de tais análises. De alguns desses críticos e analistas – dentre os quais sobressai o nome de Roberto Schwarz – foi que nos valemos, no intuito de buscar bases um pouco mais sólidas para este trabalho. Porque a verdade é que, além da crítica publicada em jornais sobre as peças encenadas, não existe ainda, que se saiba, nenhuma bibliografia específica sobre a nova dramaturgia, nem, muito menos, sobre os aspectos particulares que a ela trouxe a participação feminina.

Por outro lado, pareceu-nos ainda importante examinar não só individualmente a obra de cada uma das seis autoras, como, em separado, cada uma de suas peças, sendo poucas aquelas a que só fizemos alusão mais breve.

A despeito de pertencerem todas praticamente à mesma geração (algumas pertencem cronologicamente a gerações muito próximas), e de ser sua produção marcada por certos traços comuns, as autoras apresentam entre si diferenças consideráveis – o que é natural – no que se refere às preocupações dominantes e ao modo de tratá-las no teatro. Além disso, a própria extensão da obra de cada qual (excluída uma das autoras que a certa altura deixou de escrever para teatro), necessariamente, levava a variações que deveriam ser consideradas.

O trabalho preparatório partiu de um levantamento de todos os textos escritos pelas dramaturgas, conjunto que incluiu não só as peças encenadas, como aquelas que por razões de vária ordem não alcançaram (ainda) os palcos. Paralelamente se buscou também levantar o principal da crítica que acompanhou a encenação dos textos e/ou a que se seguiu a sua publicação, mais raramente, em livros. Da mesma forma recorremos freqüentemente às reportagens sobre as autoras e as suas entrevistas e depoimentos aos jornais.

Os aspectos referentes ao espetáculo não foram aqui considerados, já que nosso propósito se prendia especialmente aos *textos*, à dramaturgia. Por outro lado, embora estas escritoras tenham diversificado seu trabalho através de um considerável número de textos para a televisão, estes textos tampouco foram examinados.

Sugerindo que a eclosão da dramaturgia feminina nos anos 60 se vincula, por um lado, ao fenômeno do renascimento do feminismo em âmbito mundial e brasileiro no mesmo período, à atmosfera das lutas feministas pela abertura de novos espaços para a atuação da mulher em novos campos e, por outro, a um momento específico da vida política e social do país – o objetivo deste trabalho foi e é tornar-se uma contribuição para o "registro coletivo" da fala feminina no teatro. Um registro da participação incomum de um grupo de mulheres na vida teatral brasileira, assinalando a presença forte, a significação e a importância do teatro que vêm produzindo nestes últimos vinte anos.

Parte I

BRASIL NOS ANOS DIFÍCEIS E A DRAMATURGIA DA MULHER

*As artes... não podem deixar de soltar os poderosos
ácidos da sátira, do realismo, da obscenidade e da
fantasia em sua tentativa de dissolver todas as con-
creções existenciais que encontram em seu caminho.*

NORTHROP FRYE

Quem quer que se detenha sobre a história dos movimentos
do teatro brasileiro contemporâneo depara com um fenômeno
que não pode deixar de lhe chamar a atenção. No final da década
de 60 – mais precisamente em 1969 – em São Paulo, um acontecimento até então inédito se desenha com nitidez no *conjunto da
produção teatral*: um número proporcionalmente grande de nomes de mulheres-autoras surge com muita força e se impõe. Não
é propriamente a presença feminina que chama a atenção, mas o
conjunto é que provoca na crítica mais próxima do fato uma
espécie de surpresa ou espanto, cuja causa só em parte, no entanto, é imediatamente identificada.

Sábato Magaldi, sempre capaz de captar e distinguir as linhas
aparentemente emaranhadas dos caminhos e tendências teatrais
entre nós, em um artigo publicado no *Jornal da Tarde*, a 26 de
agosto daquele ano e intitulado "A Grande Força do Nosso Teatro", faz um verdadeiro balanço do ano teatral, assinalando-o
como um ano particularmente rico, em especial para a dramaturgia brasileira:

UM TEATRO DA MULHER

Estamos vivendo em S. Paulo [diz ele] o ano maior do teatro brasileiro. A temporada de 1969 se vem caracterizando por uma sucessão de textos importantes, desde os clássicos até os modernos: mas o que marca este ano como o mais expressivo de nossa história teatral, não é somente o privilégio de podermos ver, antes de dezembro, três Shakespeares [...] um Ibsen [...] um Brecht [...] um Schiller [...] um Molière [...] e um Genet [...]. 1969 é o ano do autor brasileiro. E especialmente o ano do jovem autor brasileiro, que está enriquecendo a nossa dramaturgia com um vigor e uma linguagem novas. Há pelo menos quatro lançamentos muito significativos: *Fala Baixo Senão Eu Grito*, de Leilah Assumpção e o *Assalto* de José Vicente, já estreados; *À Flor da Pele*, de Consuelo de Castro e *As Moças*, de Isabel Câmara que ainda começarão carreira. Nunca se registrou, aqui ou no Rio, um movimento tão rico, atestando, sem discussão, a maturidade do nosso palco[1].

Dos quatro lançamentos significativos, como se vê, três trazem a assinatura de mulheres. Seus textos estavam contribuindo com um peso considerável para atestar o que o crítico denomina "a maturidade do nosso palco".

E adiante:

Se são espantosas as revelações de autores, deve-se procurar explicá-las, encontrando-se para elas um possível denominador comum. Ninguém terá dificuldades em reconhecer um ponto de contato entre os talentos da nova geração: todos se confessam no palco, exprimem, sem rodeios, a sua experiência, vomitam com sinceridade o mundo que reprimiram nos poucos anos de vida. Essa postura carrega as obras, fundamentalmente, de uma grande sinceridade, logo reconhecida pelo espectador, em geral aparentado ao dramaturgo na experiência urbana das metrópoles. Os autores estreantes não estão inventando entrechos artificiais e não aplicam às suas personagens esquemas teóricos de comportamento político ou social. Eles se põem a nu, com uma liberdade de linguagem que poderia assustar certos pudores e os ouvidos tímidos. Como o teatro funciona pela autenticidade, as peças novas representam a iluminação de um mundo interior que a platéia tem prazer em devassar[2].

Há pois um denominador comum para os textos de homem e mulheres, produtos ambos do mesmo e especial momento político de repressão a que estavam todos igualmente sujeitos.

Mas o artigo, embora rico em sugestões e pleno das fortes impressões que o crítico – e o historiador, note-se – recebera quase que como um impacto (proclamava que "sem discussão [...] nunca, aqui ou no Rio, se registrou um movimento tão rico..."), não se detém particularmente no significado da participação feminina.

1. Sábato Magaldi, "A Grande Força do Nosso Teatro", *Jornal da Tarde*, 26.8.1969.

2. *Idem, ibidem*.

BRASIL NOS ANOS DIFÍCEIS E A DRAMATURGIA DA MULHER   5

As razões de seu entusiasmo estão principalmente na concomitância da apresentação dos clássicos e dos novos dramaturgos. No entanto, a presença dos grandes textos do teatro universal em nossos palcos não constituía novidade: tínhamos tido encenações recentes e não só as de 1969: o Arena fizera em 1962, 1963 e 1964, *Os Fuzis da Srª Carrar, A Mandrágora, O Melhor Juiz o Rei, O Tartufo*. O que chama a atenção é seu comparecimento nos palcos brasileiros em um mesmo ano, em pleno clima de repressão, fato, aliás, que pode ter um sentido para além do simples enriquecimento artístico, mas que não nos cabe investigar aqui.

O outro aspecto mencionado – este com maior ênfase – como co-responsável pela qualidade do teatro naquele ano – é o surgimento dos jovens dramaturgos brasileiros, grupo cuja obra se caracteriza por apresentar em comum o traço da sinceridade, da autenticidade, em outras palavras, pelo que nela soa como expressividade individual muito marcada, um tom quase confessional.

Essa *nova dramaturgia*, como foi chamada, se por um lado representa o prosseguimento de um caminho aberto por Plínio Marcos e pode mesmo remontar a Nélson Rodrigues (como nos é dito no mesmo artigo) é, por outro, colocada pelo crítico em oposição a um teatro político no qual se sacrificava "a vivência a uma idéia teórica a ser exposta".

No ar uma idéia como essa, apenas sugerida em seus delineamentos gerais, parece ter sido o suficiente para que, a seguir, se aplicasse apressadamente aos textos de 1969 a pecha de "teatro alienado" e outras que tais. Por isso, provavelmente, pelos menos todo um setor de crítica quase a desconhece. Em um texto de José Arrabal, escrito no final dos anos 70 e intitulado "Anos Decisivos da Arrancada", no qual se faz um balanço do teatro da década, a nova dramaturgia, especialmente aquela que é feita por mulheres, passa praticamente despercebida. Entre as peças do período, a única referida, *Fala Baixo Senão Eu Grito*, de Leilah Assunção, é apenas ligeiramente mencionada em uma nota de pé de página, em que se faz, ironicamente, alusão a um texto desimportante – porque "alienado", subentende-se – feito no Rio, no início dos anos 70. O significado do que estava acontecendo escapa totalmente ao autor do artigo. Ou é, por razões ideológicas, deliberadamente deixado de lado.

No entanto, o mesmo Sábato Magaldi vem a retificar ou explicitar mais tarde aquela sua rápida visão da dramaturgia de 1969. No prefácio que escreve para o livro *Da Fala ao Grito*, de Leilah Assunção, publicado em 1977 diz:

6 UM TEATRO DA MULHER

Pelas características de subjetividade da dramaturgia lançada em 1969, chegou-se a escrever que os autores viam o mundo a partir do próprio umbigo. Nada mais injusto do que esse juízo, porque ele omite exatamente a consciência social e política refletida por uma geração que não concordava em pautar-se por fórmulas gastas e mandamentos vazios, sem nunca perder de vista o equilíbrio entre o particular e o geral, o indivíduo e a sociedade[3].

Estes dois aspectos – o individual e o coletivo – conjugados, imbricados, nos textos femininos da nova dramaturgia, nos quais se imiscuem ainda outros componentes específicos, é o que nos propomos analisar neste trabalho. Para tanto, seria útil rever o que foi aquele "teatro político" no seu contexto sócio-político e cultural; ver o que significou, para perceber como a nova dramaturgia se coloca em relação a ele. E o que essa dramaturgia traz de novo quando pensada em termos da contribuição feminina.

O teatro político a que faz alusão o artigo de 1969 era basicamente o teatro praticado pelo Arena e, em moldes diferentes, com resultados distintos, pelo Oficina. Esse teatro vem sendo repetidamente analisado nestes últimos anos, tanto em trabalhos acadêmicos, como em certas sínteses e avaliações do período que alguns críticos e historiadores da cultura têm elaborado, a partir dos primeiros sinais da chamada "abertura política" e principalmente do encerramento da vigência do AI-5[4].

Uma das mais lúcidas dentre elas e aquela que nos servirá de referência inicial para a compreensão do período é a de Roberto Schwarz, em um artigo intitulado "Remarques sur la Culture et la Politique au Brésil 1964-1969", escrito entre 1969 e 1970 em Paris, para a revista *Les Temps Modernes*[5].

Roberto Schwarz esboça o quadro da vida política e cultural brasileira pré e pós-64, traçando as grandes linhas ideológicas que

3. São Paulo, Símbolo, 1977, p. 11.

4. Com muita clareza, sintetiza Heloísa Buarque de Hollanda a situação: "A partir de 1974, com a crise do 'milagre econômico' toda uma série de redefinições e remanejamentos começam a ser operados na vida política e cultural [...]. Nas brechas das divergências que se verificam no campo do poder, vai-se constituindo espaço para a retomada do discurso político e dos movimentos sociais [...]. De 76 a 78, o ressurgimento do movimento estudantil e do movimento operário [...] marcam o aprofundamento da crise econômica e política [...]. A 'distensão' do período Geisel transforma-se em 'processo de abertura' no Governo Figueiredo" (H. B. de Hollanda/M. A. Gonçalves, *Cultura e Participação nos Anos 60*, São Paulo, 1982, pp. 97 e 99).

5. Com o título "Cultura e Política 1964-1969", o artigo foi publicado em Roberto Schwarz, *O Pai de Família e Outros Estudos*, Rio de Janeiro, Paz e Terra, 1978. Carlos Guilherme Mota considera o artigo de R. S. "a análise mais pertinente sobre o período 1964-1969", C. G. Mota, *Ideologia da Cultura Brasileira*, São Paulo, Ática, 1977, p. 204.

a dominam. Nesse quadro, o teatro é freqüentemente referido como manifestação particularmente expressiva da atividade cultural de então.

O que domina ideologicamente a fase anterior a 1964 é um tipo muito particular de socialismo – poderíamos dizer, um projeto socializante, que tem raízes em períodos precedentes, talvez mais especificamente na Revolução de 30. No entanto, Roberto Schwarz não se refere de modo especial a essas raízes, preferindo partir diretamente para a caracterização do fenômeno. Assim, para entendê-lo melhor desde seus inícios, buscamos um outro autor.

Na lúcida análise que faz sobre a Revolução de 30, especialmente no que concerne às suas relações com a cultura – leitura indispensável a quem quiser entender o que se passou em termos culturais no Brasil, inclusive nas décadas subseqüentes – Antonio Candido torna claras as origens e a história desse socialismo.

Naquele período – segundo ele – se desenvolvera um amplo movimento de modernização que atingia os vários setores da vida brasileira (instrução pública, vida artística e intelectual...)

> Como decorrência do movimento revolucionário e das suas causas [...] houve nos anos 30 uma espécie de convívio entre a literatura e as ideologias políticas e religiosas. Isto, que antes era excepcional no Brasil, se generalizou naquela altura a ponto de haver polarização dos intelectuais nos casos mais definidos e explícitos, a saber, os que optavam pelo comunismo ou o fascismo. Mesmo quando não ocorria esta definição extrema, e mesmo quando os intelectuais não tinham consciência clara dos matizes ideológicos, houve penetração difusa das preocupações sociais e religiosas nos textos, *como viria a ocorrer de novo nos nossos dias em termos difusos e maior profundidade*[6].

Esses mesmos anos 30, segundo o autor, assistiram também ao nascimento de um grande interesse pelas correntes de pensamento de esquerda, paralelamente a um crescente interesse pela experiência da Rússia Soviética:

> [...] as livrarias pululavam de livros a respeito, estrangeiros e nacionais [...] Surgem então os primeiros livros brasileiros de orientação marxista: o polêmico *Mauá* de Costa Rebelo (1932) e sobretudo *Evolução Política do Brasil*, de Caio Prado Jr. (1934) [...] o marxismo repercutiu em ensaístas, estudiosos, ficcionistas, que não eram socialistas mas se impregnaram da atmosfera social do tempo. Daí a voga de noções como "luta de classes", "espoliação", "mais valia", "moral bur-

---

6. Antonio Candido de Mello e Souza, "A Revolução de 30 e a Cultura", *Revista Novos Estudos CEBRAP*, n. 4, vol. 2, abril de 1984, pp. 30, 31 (grifo nosso).

UM TEATRO DA MULHER

guesa", "proletariado", ligados à insatisfação difusa com o sistema social dominante[7].

Tal movimento, em certo sentido, reflui durante o Estado Novo de 1937[8], mas volta a intensificar-se com a Segunda Guerra Mundial na qual o Brasil participa ao lado dos aliados. E, com altos e baixos, com um sem-número de vicissitudes ligadas às várias fases da vida política brasileira, prolonga-se nas décadas de 40 e 50, acentuando-se na de 60.

Em resumo, o que vem a dominar no Brasil, antes de 1964 – na visão de Roberto Schwarz – é um socialismo que tem características particulares, "era forte em antiimperialismo e fraco na propaganda e organização da luta de classes"[9]. A repetida estratégia do Partido Comunista, que pregava a aliança com a burguesia, acaba por levar à formação de um "marxismo patriótico [...] um complexo ideológico ao mesmo tempo combativo e de conciliação de classes, facilmente combinável com o populismo nacionalista então dominante..."[10]; acaba por levar, em uma palavra, a uma ideologia ambígua que aproveitava, em última instância, ao interesse das classes dominantes. Permeado de populismo desde a era de Vargas, esse tipo de socialismo prossegue com Juscelino, Jânio e Goulart. Volta a dizer R. Schwarz:

> A deformação populista do marxismo esteve assim muito tempo entrelaçada com o poder [...] e chegou a ser [no período João Goulart] ideologia confessa de figuras importantes da administração [...] implantando-se profundamente a ponto de tornar-se a própria atmosfera ideológica do país[11].

Não era simples romper com esse sistema de conciliação; no entanto, a produção cultural de esquerda só escaparia de ser pura

---

7. Antonio Candido chama a atenção para o aparecimento, em 1942, de *Formação do Brasil Contemporâneo*, de Caio Prado Jr., que foi "uma espécie de culminação desse movimento cultural... [e] encarna as tendências mais avançadas do pensamento renovador dos anos 30" (cf. Antonio Candido, art. cit., pp. 31 e 32).

8. Em certo sentido porque, como afirma o mesmo Antonio Candido, "uma análise mais completa mostra como o artista e o escritor, aparentemente cooptados, são capazes, pela própria natureza de sua atividade, de desenvolver antagonismos objetivos, não meramente subjetivos, com relação à ordem estabelecida" (cf. Antonio Candido, *op. cit.*, p. 35). Tal afirmação poderia aplicar-se também, com muita propriedade, ao melhor do teatro do período pós-64 e, com mais razão, à dramaturgia feminina produzida depois do AI-5 de 1968.

9. Roberto Sshwarz, *op. cit.*, p. 63.

10. *Idem*, p. 63.

11. *Idem*, p. 66.

BRASIL NOS ANOS DIFÍCEIS E A DRAMATURGIA DA MULHER 9

"ideologia" se conseguisse realizar essa ruptura, como afirma ainda o mesmo autor.

Apesar de tudo, o processo tem um lado positivo. Nas faculdades, o estudo das idéias de Marx e Lenin se fazia em moldes mais conseqüentes, pois "devolvia aos textos de Marx e Lenin a vitalidade que o monopólio do PC lhes havia tomado [...] Saindo das aulas, os militantes defendiam o rigor marxista contra os compromissos de seus dirigentes"[12].

Em outras áreas, também outros caminhos puderam abrir-se. No método Paulo Freire de alfabetização, por exemplo, "a escrita rompia com os quadros destinados à transmissão do saber e à consolidação da ordem vigente"[13].

O teatro, desde fins dos anos 50, vinha fazendo coisa análoga: rompendo também em determinados pontos com formas tradicionais e experimentando novas estéticas, tentando criar uma dramaturgia brasileira condizente com certa visão da realidade nacional, buscando formas de chamar à discussão problemas de caráter social e político – era um dos focos de renovação de idéias e educação das classes médias que o procuravam. O Arena e logo depois o Oficina se tornam centros de interesse para um novo público – o público estudantil (cujos movimentos nessa fase se desenvolvem paralelamente) – e um dos centros de interesse também para alguns setores que talvez constituíssem a parte mais viva das forças produtoras de cultura do período. De passagem, é válido notar que algumas das autoras de que vamos falar tiveram inicialmente, antes mesmo de começarem a escrever, algum tipo de aproximação com o teatro (além, naturalmente, do primeiro contato como espectadoras). O prestígio do teatro representava uma constante motivação.

"Vivia-se um tempo em que o país estava irreconhecivelmente inteligente...", na expressão de Roberto Schwarz.

Mas sobrevém o golpe de 64 e o projeto socializante volta a refluir. De imediato, a produção cultural não sofre um estancamento muito violento. O movimento cultural de esquerda, embora confinado, tem ainda relativa possibilidade de fazer circular seu ideário teórico ou artístico. E apesar das muitas interferências e ações da censura, de interdições de obras, de cortes em peças e filmes, os intelectuais conservam alguns meios de luta e protesto, procuram arregimentar-se e defender de todas as formas seu

12. *Idem*, p. 68.
13. *Idem*, p. 69.

10UM TEATRO DA MULHER

campo de trabalho. De qualquer modo, foi ainda possível continuar produzindo. "A intelectualidade de esquerda foi estudando, ensinando, editando, falando etc., [e] sem perceber, contribuía para a criação, no seio da pequena burguesia, de uma geração maciçamente anticapitalista"[14].

Na busca de formas alternativas para a expressão, a essa altura mais ou menos cerceada, parece ter havido verdadeiro florescimento em certos setores. No teatro, particularmente, o período é de discussões e debates, coisa que quase sempre redundou em enriquecimento geral e na criação de novas formas artísticas.

No Arena, o primeiro grupo a se reorganizar, a reação ao golpe é quase imediata; no Oficina, posterior de alguns anos. O *Show Opinião*, montado primeiro no Rio e depois em São Paulo, com direção de Augusto Boal, associava ou identificava a melhor Música Popular – ela também agora colocada numa linha de participação política – ao ímpeto de protesto. A despeito de certa coloração populista, impossível de ser então percebida como tal pelo público que lotava o teatro, o sucesso foi retumbante; tudo funcionava como uma espécie de catarse coletiva: no total, como uma *festa* com que se procurava compensar a derrota e a frustração sofridas pelas esquerdas. A fórmula era feliz e a utilização da música continuou ainda associada às pesquisas seguintes, com a invenção de sistemas como o Coringa, que se esboça no *Zumbi* e toma forma em *Tiradentes*, espetáculos nos quais Boal combina o distanciamento brechtiano com a identificação de Stanislavski, tudo acompanhado, segundo seu método racionalizante, de uma ampla teorização, que provoca debates e marca uma etapa, talvez a última etapa importante do Arena.

O Oficina reagia de forma diferente. Sem grandes alterações de repertório e de métodos no começo, só em 1967, com a encenação de *O Rei da Vela*, "rompe com o teatro 'racionalista', com o teatro instrumento de educação popular, de transformação de mentalidade na base do 'bom meninismo' "[15] que vinha praticando (*A Ponto* é de 1958; *Pequenos Burgueses*, de 1963; *Andorra* e os *Inimigos*, de 1964). Daí em diante, sempre à esquerda, o Oficina praticará um teatro de quase violência física, de provocação cruel, "cuja eficácia política não será mais medida pela certeza do critério sociológico de uma peça, mas pelo nível de agressão"[16].

14. *Idem*, p. 63.

15. A expressão "bom meninismo" é empregada por José Celso e retomada pelo autor de "Oficina", *Arte em Revista*, n. 1, jan.-mar. 1979 (trata-se de uma introdução aos textos de José Celso Martinez Corrêa, a respeito da montagem de *O Rei da Vela*).

16. *Idem, ibidem*.

BRASIL NOS ANOS DIFÍCEIS E A DRAMATURGIA DA MULHER 11

Enquanto o trabalho do Arena suscitava debates, este teatro provocará polêmicas acirradas. O caso do Oficina, agora, não é atrair o público, também ele parte daquela burguesia "burra" cuja desagregação o palco ritualiza, mas ao contrário massacrar esse público. Pode-se dizer que, enquanto o Arena funda uma relação politicamente positiva com seu público, "o Oficina põe sinal negativo diante da platéia em bloco"[17].

1964 É, POIS, UM MARCO

O que a cultura brasileira fez antes e o que fez ou tentou fazer depois dele define as opções do período. Mas se num primeiro momento fora possível ainda manter ou preservar a produção cultural de esquerda, as coisas depois tomaram outros rumos: aquela geração anticapitalista, formada tanto nas universidades como na efervescência política e ideológica dos primeiros anos, acaba por constituir, com o tempo, uma faixa radical da pequena burguesia, em que figuram grupos dispostos a fazer a propaganda armada da Revolução. Em 1968, o regime responde com o endurecimento. Daí por diante será indispensável impedir a continuação da existência daquela massa potencialmente perigosa constituída pelo público dos melhores filmes, do melhor teatro, dos melhores musicais. "Será necessário trocar ou censurar os professores, os encenadores, os escritores, os músicos, os livros, os editores – noutras palavras, será necessário liquidar a própria cultura viva do momento"[18].

Acentua-se então o policialismo, estimula-se e protege-se a delação; a perseguição e a tortura tomam proporções antes nunca vistas. A brutalidade da polícia volta-se às vezes para os "filhos da burguesia", para os estudantes que tentam manifestar-se. "Contrafeita a burguesia aceita o programa cultural que lhe preparam os militares", diz ainda Roberto Schwarz.

Poderíamos dizer que aceita, relativamente. As opções estéticas se definem ainda, na maioria dos casos, como forma de ação cultural e de resistência política, mesmo por parte daqueles que aparentemente "emigram para dentro"[19].

---

17. Roberto Schwarz, *op. cit.*, p. 86. É das mais pertinentes a análise que o autor faz do teatro do Oficina: "a hostilidade do Oficina era uma resposta radical, mais radical que a outra [a do Arena], à derrota de 64; mas não era uma resposta política [...] apesar da agressividade, o seu passo representa um passo atrás: é moral e interior à burguesia".

18. *Idem, ibidem.*

19. A expressão é de Antonio Candido no artigo acima citado.

12 UM TEATRO DA MULHER

E a luta, mais difícil do que nunca, continua.

Ora, o teatro do momento que aqui nos interessa, posterior ao "golpe dentro do golpe" que foi o AI-5 de 1968, não constitui exceção à regra. "Filhos da burguesia" que se tenta calar são também os nossos autores de 1969. Os acontecimentos deixarão fundas marcas em sua obra. E é notável que a programação que se quer impor a todos e em âmbito nacional, depois do período de relativa liberdade e de estímulos intelectuais em que aquela geração se havia formado, não tenha produzido precisamente os frutos esperados pela orientação política do país, mas outros diferentes dos anteriores; embora diferentes das realizações do Arena e do Oficina, esses resultados se revelavam igualmente significativos da consciência crítica com que eram vividos e acompanhados esses acontecimentos.

As autoras brasileiras participaram ativamente desta forma de resistência e luta. Para constatar isso basta observar a constância e o empenho com que se batem contra a censura, a decisão com que se pronunciam toda vez que têm oportunidade para isso, como veremos, quando nos referirmos adiante aos problemas que tinham de enfrentar com as forças dessa censura.

De modo geral, as análises acerca do teatro brasileiro do período que se inicia em 1969 e a retomada de alguns de seus textos mais importantes revelam que se trata aí, mais uma vez, de um teatro de cunho político, embora diverso do que vinha sendo feito anteriormente, não só no tocante à forma dramatúrgica adotada, como ao processo de produção teatral. Político, se por político se pode entender também um teatro que, utilizando-se de uma forma próxima do tradicional, ainda assim põe em questão a condição existencial dos indivíduos que integram determinada sociedade, salientando contundentemente que esses indivíduos são tais, porque em tais os transformou o conjunto do sistema e o regime político em que vivem.

Desse ponto de vista, a dramaturgia de um José Vicente, de um Antonio Bivar, tanto quanto a de Leilah Assunção ou a de Consuelo de Castro, constitui uma resposta tão adequadamente política ao momento histórico quanto a do Arena ou do Oficina. Se não se trata já de constituir uma fábula para expor uma teoria que encontra fácil ressonância junto a uma faixa do público burguês que a ouve e vê, nem, ao contrário, de massacrar esse público atacando-o até fisicamente, trata-se de pôr a nu essa burguesia, dissecando-lhe as entranhas, aproximando bem a lente que permitirá examiná-la em seu mecanismo interior, a partir do pequeno mundo em que atuam seus elementos.

BRASIL NOS ANOS DIFÍCEIS E A DRAMATURGIA DA MULHER   13

Este processo, observado do ângulo das relações palco-platéia, pode ser visto como um termo médio entre os métodos do Arena e os do Oficina; se de uma parte opera uma espécie de corte vivo na carne de determinada classe e de certo modo a agride com violência, de outra, apela para sua cumplicidade enquanto público, ao fazê-la mirar-se num espelho em que as imagens embora vincadas pela sátira – feroz algumas vezes – pelo humor, pelo ridículo, pelo dramático ou pelo patético, são ainda assim reconhecíveis. O sinal da relação deste teatro com seu público não será nem positivo como o do Arena, nem negativo como o do Oficina: indicará antes uma operação de natureza diferente: a de uma ambigüidade, de um jogo dialético de repulsa e prazer. À surpresa desagradável ligada à violência de revelações tão cruas como as que se fazem, parece juntar-se o gosto de penetrar em caminhos do interdito, como sugere Sábato Magaldi.

Porém, seu caráter político é nítido. Sem construir grandes metáforas cênicas (trata-se mais de um teatro "de palavras" que de "espetáculo"), prefere tecer o conflito no confronto direto das personagens que acabam por desvelar mutuamente suas posições, argúem-se quase até a exaustão.

É o teatro do "porco-espinho", como o chamava A. Rosenfeld.

As "idéias" políticas e sociais são vividas intensa e exemplarmente nesse confronto, tanto mais intensamente quanto não ocorre nunca a "direção para o público", isto é, a ruptura do universo ficcional do palco na direção do universo empírico da platéia, prática esta habitual nos métodos brechtianos ou semibrechtianos do Arena e do Oficina (o que não significa, em absoluto, que a nova dramaturgia praticasse um teatro "realista" puro e simples: as rupturas podem dar-se, e se dão muitas vezes, em outros níveis). O debate é um embate, não assume jamais um tom discursivo ou demonstrativo, mas empenha por inteiro as personagens colocadas em situações críticas, às vezes no limite de uma situação. Os planos individuais e sociais são indissociáveis, ao contrário do que acontece nos teatros característicos de Boal ou José Celso, nos quais, lidando-se com esquemas, um desses planos – o individual – pode vir a ser um elemento completamente subsumido.

Porém, se aquilo que aqui nos propusemos é ver a nova dramaturgia no seu todo como um teatro político, como uma terceira fase ou forma da resposta que o teatro brasileiro dá naquele momento às pressões do regime, o que nos interessa especialmente é assinalar a presença feminina nesse teatro.

14 UM TEATRO DA MULHER

Essa presença – que vai ser constante daí em diante – tem um sentido muito particular. Por um lado, revela a manifestação da expressão artística da mulher num campo até então de raro e esporádico acesso para ela. Por outro, traz para a dramaturgia brasileira elementos que vão acrescentar-lhe uma nova dimensão – a específica postura feminina diante do mundo e das questões que agitavam de modo especial a vida brasileira.

E nesse momento temos uma postura feminina bem modificada em relação à que a mulher costumava, em geral, manifestar em outras formas de expressão literária. Ela, agora, revela nitidamente uma consciência e uma sensibilidade atentas ao momento social, à deterioração das relações, à deterioração das estruturas básicas da sociedade; o clima político em que se vivia no Brasil transfere-se quase sem alteração para o teatro e é aquele em que vivem as personagens.

No conjunto das obras, porém, esse teatro manifesta, simultaneamente um outro aspecto importante: traduz os reflexos de certos movimentos que chamaremos aqui de feministas, não atribuindo a esse termo toda a significação, mais precisa, que pode ter quando referido a organizações ou a grupos estruturados. Na leitura de obras teóricas ligadas à temática feminina de nossos dias – temática que é afinal a levantada na práxis política dos movimentos ligados à luta pela emancipação feminina e pelas mudanças da condição da mulher atual – buscamos elementos que nos pudessem levar à confirmação daquilo que se nos apresentava como uma possibilidade: a sutil relação entre o fenômeno da emergência e estabelecimento da dramaturgia feminina entre nós e as questões recorrentes, tanto dos movimentos feministas como tais, quanto da série de estudos, discussões e pesquisas sobre a mulher que nestas últimas décadas vêm sendo levadas a efeito em todo o mundo, inclusive no Brasil.

Essa relação, se a qualificamos de *sutil*, é que ela se faz, nos textos de muitas das autoras brasileiras, de forma não-intencional, oblíqua, quase a contragosto. Examinando os depoimentos e entrevistas que acompanham normalmente o lançamento das peças, o que se percebe é que, quando questionadas diretamente quanto ao possível caráter feminista de sua obra, as autoras respondem de uma forma que vai desde a afirmação explícita (muitas vezes cercada de restrições) até a negação peremptória, em gradação que seria necessário examinar em cada caso. O fenômeno, no seu todo, merece uma reflexão mais demorada, mas de início, acreditamos que estaria ligado ao desprestígio e ao caráter de coisa ridícula, que afetou algumas correntes dos movimentos feministas da época, como o que envolveu, por exemplo, destor-

BRASIL NOS ANOS DIFÍCEIS E A DRAMATURGIA DA MULHER   15

cidamente, o nome e o trabalho de Betty Friedan nos Estados Unidos, trabalho muitas vezes associado (sem grande correção) aos movimentos de rebeldia da juventude contemporâneos ou subseqüentes.

Os movimentos pela emancipação da mulher que renasciam com muita força no final da década de 60, nos países avançados, podem ser explicados por um complexo de causas. Entre essas causas talvez a mais ampla e relevante tenha sido o esforço que veio a ser feito no pós-guerra, precisamente nesses países, com o fim de restaurar a forma da família tal como ela existia anteriormente. A guerra atingira pesadamente a família e a fizera passar por uma perigosa desagregação.

> A ausência dos homens [diz Juliet Mitchell falando da Inglaterra], o recrutamento das mulheres para a indústria, a colocação das crianças em creches e berçários, o papel reduzido da refeição familiar, doravante tomada nos restaurantes comunitários [...] a evacuação que quebrou as barreiras de classe e retirou das famílias a responsabilidade sobre suas próprias crianças [...] a camaradagem transgredindo as diferenças de classe, de sexo e de geração, todos esses fatores contribuíram para uma ampla reavaliação que ia de encontro à família tal como ela existia em um sistema capitalista avançado [...] Como era de se esperar houve um aumento do número de divórcios. Mulheres e crianças se emanciparam e adquiriram uma independência maior[20].

É fácil entender que, no pós-guerra, a estabilização do sistema todo exigia que se começasse a reconstrução exatamente por esse núcleo − a família − tão seriamente afetada. "O fato − afirma ainda Juliet Mitchell − é que após a guerra a estabilização política e a reconstrução econômica produziram a restauração das formas sociais tradicionais [...]"[21]

---

20. Juliet Mitchell, *Psicanálise e Feminismo*, Belo Horizonte, Interlivros, s/d, pp. 239-240.

21. *Idem*, p. 240. A psicóloga inglesa explica resumidamente por quais meios se tentou alcançar essa reconstrução, no que toca às mulheres e às crianças: "As creches e os restaurantes comunitários foram fechados. Encorajavam-se as mulheres que haviam trabalhado na indústria a se casarem, e, se casadas, eram barradas na maioria das profissões e em muitos empregos: em vez de trabalhadoras da nação elas deviam ser esposas privadas [...]. Sem dúvida jamais a família patriarcal foi objeto de tantas honras e louvores como na época da Guerra Fria [...]. A mãe-e-o-filho era a música eterna [...] num esforço de reconstrução da família. A equação era a seguinte: delinqüente = criança cuja mãe trabalha = criança que, ainda muito nova, foi abandonada, no momento do êxodo. Dessa época em diante, os apelos à culpa materna disputam com a exploração política da situação econômica as razões para que as mães permaneçam em casa. Pelo menos psicologicamente, pois na classe operária as mães de família continuam a trabalhar fora por um salário irrisório".

16 UM TEATRO DA MULHER

Não há dúvida de que uma das respostas a esses esforços de retomada foram os movimentos feministas dos anos 60. Já não era possível, sem protesto, retroceder simplesmente.

Por causa do caráter público e um tanto anárquico de que se revestiam (às vezes "movimentos de rua", nos Estados Unidos, por exemplo, onde apareciam freqüentemente mesclados a outros como o de jovens e negros), esses movimentos causaram escândalo suficiente para atrair sobre si as atenções dos meios de comunicação – imprensa, televisão – e especialmente as atenções dos grupos mais conservadores, que encontram aí maiores razões – e *matéria* – para oposição e condenação. De qualquer forma, o assunto *mulher*, especialmente a liberação sexual da mulher, estava no ar. Nos textos de nossas autoras, particularmente nos primeiros, é, por exemplo, patente a reivindicação de uma sexualidade feminina reconhecida e liberada, como é patente, em paralelo, o traço de repúdio à família tradicional e a seus valores, vistos como restritivos à plena realização individual; daí é que decorre um repúdio à sociedade, como um todo, tal como está organizada. Postura facilmente compreensível, uma vez que "a noção de que 'família' e 'sociedade' são termos virtualmente coextensivos, ou de que uma sociedade avançada que não esteja fundada no núcleo familiar é atualmente inconcebível – está amplamente difundida" – como diz ainda Juliet Mitchell, em outro de seus textos[22].

De qualquer modo o que se percebe é a dificuldade – e a resistência – da maioria das autoras, particularmente quando falam sobre seus textos, em distinguir, separar o que era a luta mais imediata contra a sociedade estabelecida, contra o regime político em que vivíamos – o *sistema*, em bloco – daquilo que seriam, nas suas peças, reivindicações especificamente femininas em termos da sexualidade, das relações homem-mulher, ou de outras instâncias de luta a elas associadas (a participação da mulher no sistema de produção e no mercado de trabalho, por exemplo).

Como aporte ao tema de uma nova visão sobre a mulher, é de capital importância lembrar que, em termos mundiais e portanto também brasileiros, entre um fato histórico e outro (o final da guerra com a tentativa de retomada da família nuclear como um valor básico desejável, e o renascimento dos movimentos pela liberação da mulher) ocorre, no campo do pensamento, um acontecimento notável, que é decisivo: a publicação da obra feminista de Simone de Beauvoir, em 1949. *O Segundo Sexo* fornecerá à re-

---

22. Juliet Mitchell, "Mulheres, a Revolução mais Longa", *Revista Civilização Brasileira*, n. 14, jul. 1967, p. 18.

BRASIL NOS ANOS DIFÍCEIS E A DRAMATURGIA DA MULHER   17

flexão sobre os temas femininos um chão perfeitamente sólido. A partir daí, a discussão em torno da condição da mulher, de ser mulher, se elaborará em nível que nunca atingira antes. Nos movimentos de afirmação ou reivindicatórios (desde os que se dão no campo da práxis social, da área trabalhista à judicial e política, até os que se travam no campo do pensamento e da pesquisa universitária), a atuação das mulheres se sentirá mais segura e fundamentada. Discutido em alguns aspectos, complementado, ampliado ou especificado em outros, *O Segundo Sexo* é um marco. O feminismo é *um* antes dele e *outro* depois dele. "Ninguém nasce mulher: torna-se mulher." A frase de Simone de Beauvoir ressoa desde então por trás de todas as palavras femininas mais conscientes.

O certo é que os movimentos feministas – vindos do começo do século, ou de antes até, e impulsionados por novos e variados fatores nos tempos atuais – renasciam em escala mundial e com novas feições. E concorriam poderosamente para a formação de uma nova mentalidade. Seus efeitos repercutem, ainda que indiretamente, na expressão feminina em todos os campos. No Brasil repercutem particularmente em obras teatrais, uma vez que o teatro, entre nós, assumira mais do que nunca a feição de um espaço de denúncia e debate, sendo que isso, possivelmente, era o que atraía para ele as mulheres, nesse momento. E apesar de certo repúdio "teórico" das autoras, muito do que começa a ser exposto e discutido abertamente, como a sexualidade feminina ou uma particular visão crítica da família e da sociedade, muito do que começa a poder ser dito (e vivido) agora – sem que nem todos tivessem consciência clara do fato – vinha das lutas feministas, por caminhos que outras mulheres, freqüentemente atuando em outras áreas e com objetivos imediatos distintos, estavam abrindo.

A despeito da intenção (ou da falta de intenção) de quem escreve, essa manifestação e essa nova mentalidade constituem parte essencial de uma longa revolução que se fazia (e se faz) ainda que muitas vezes sem a adesão consciente de seus agentes.

No Brasil, só nas décadas de 70 e 80 é que os movimentos feministas vão desenvolver-se em organizações mais conseqüentes e as preocupações feministas atingirão inúmeros setores sociais, com reflexos acentuados no campo dos estudos acadêmicos. Nesses campos pôde ocorrer mesmo, em alguns casos, o desdobramento de disciplinas das Ciências Sociais, tais como a Política, a Sociologia, a Antropologia ou a Psicologia em setores afins voltados para a mulher. E é notável que para a ampliação e desenvolvimento dessas áreas venham contribuindo poderosamente a pes-

18 UM TEATRO DA MULHER

quisa e o pensamento de inúmeras mulheres em funções e cargos universitários.

A dramaturgia feminina (que nos interessa, evidentemente, não apenas naquele momento inicial em 1969, mas nos seus antecedentes imediatos e em seu prolongamento atual) tem, pois, um caráter duplamente político: apresenta uma impregnação política que é comum a toda a nova dramaturgia, mas impregna-se paralelamente do sentido de uma outra política: a do feminismo contemporâneo, cujo ar se respira de fins da década de 60 para cá. Os temas explicitamente sociais e políticos, o propósito de denúncia e análise da situação geral afloram a cada passo nas complicadas posições de suas personagens, sejam elas masculinas ou femininas. Mas as colocações de uma outra vertente política – a feminista e feminina – se cruzam com aqueles temas, se entrecruzam e formam com eles uma rede intrincada tal, que não é muito simples, como dissemos, distingui-los. Ainda mais porque os dois níveis de discussão têm uma face análoga: a luta contra a opressão e suas conseqüências.

A busca de uma identidade momentaneamente perdida parece ser – a certa altura – o problema de *todos* os indivíduos, de repente barrados no rumo que haviam iniciado, a meio caminho entre as regras que agora lhes são apontadas como únicas, e os valores que tinham um dia constituído seu projeto. Mas no caso dos textos femininos o que se coloca simultaneamente e se discute de forma intensa – uma discussão que ultrapassará o período de repressão – é também um outro tipo de questão: a do poder implícito nas relações homem-mulher, no contexto de um novo tempo (em que estão sendo também discutidos os problemas das minorias em geral). A ela se vinculam outros temas ou questões candentes, especialmente a da identidade feminina, num sentido lato.

A luta, que desde o pós-guerra se intensificara pelo reconhecimento mais definido da cidadania feminina (embora já formalmente reconhecida como tal, a mulher quer definitivamente deixar de ser um "cidadão de segunda classe"), se estendia à luta pela constituição de uma *subjetividade autônoma* da mulher, em oposição à *alteridade* que fazia de sua "diferença" verdadeira uma "desigualdade" falsa e injusta. Essa alteridade tinha feito dela um sujeito cuja identidade lhe fora sempre atribuída por outrem, fora sempre heteronomamente outorgada. Agora, a mulher passa a reivindicar uma identidade autônoma, lutando contra uma imagem feminina que começara a ser detectada como construção de indiscutível base sócio-cultural, mas que estivera sempre dissimulada em "natureza": a "natureza feminina", o "eterno feminino", em suma, um "segundo sexo" irremissível.

Tudo isso forma, primeiro pela própria existência em si dos textos dramáticos femininos, depois *nos* próprios textos, um bloco de questões discerníveis (aos olhos do crítico), apesar de tudo, das questões gerais reconhecidamente sócio-políticas. O que está quase sempre, mesmo implicitamente, em foco, são problemas afinal mais antigos e mais abrangentes: os da manifestação e afirmação da sexualidade feminina, a dos papéis sexuais fixados desde sempre na divisão sexual do trabalho, com os seus corolários ideológicos de poder e submissão, superioridade masculina e inferioridade feminina.

Nos textos, muitas vezes a figura feminina se projeta nos seus aspectos mais negativos. A violência que sobre a mulher se exerce no cotidiano – e a que as antropólogas chamam "invisível", porque acobertada e garantida pelas instituições – modela a personagem, sem que ela própria se aperceba disso (sem que, na maioria dos casos, nem a própria criadora do texto se aperceba). É assim que essa violência, a mulher pode exercê-la sobre outras mulheres, é assim que habitualmente só estabelece com outras mulheres um tipo de relação que é o da competição e o da rivalidade, mesmo quando não se trata da disputa direta do parceiro. Falando em termos gerais da violência da mulher sobre outra mulher, diz Marilena Chauí:

> Não se trata deste ou daquele homem determinado, de um déspota ou de um liberal tolerante interferindo nas relações destas ou daquelas mulheres determinadas, mas de uma espécie de estrutura global dos relacionamentos, cuja lei e cujas regras têm como sujeito a visão masculina sobre as mulheres [...] Os homens podem permanecer ausentes nas várias relações entre mulheres, pois permanecem presentes no modo imaginário e simbólico[23].

A falta de autonomia em sua própria subjetivização pode fazer delas mera cópia, prolongamento ou apêndice dos pais, maridos ou companheiros.

A caracterização psicológica das personagens femininas nas peças das autoras é muitas vezes tecida destas distorções, desta *incapacidade* fundamental da mulher. Mas é muito raro que as *causas* de tal incapacidade sejam insinuadas de alguma forma, nos próprios textos.

Apesar disso, no entanto, é com o surgimento da dramaturgia feminina (que se incorpora ao teatro brasileiro desde então) que nos anos 60, pela primeira vez entre nós, tais questões são expres-

---

23. Marilena Chauí, "Participando do Debate sobre Mulher e Violência", *Perspectivas Antropológicas da Mulher*, n. 4, Rio de Janeiro, Zahar, 1984.

20 UM TEATRO DA MULHER

sas diretamente pela mulher numa linguagem liberada, agressiva, surpreendente na sua nudez. Pela primeira vez essas questões são tratadas, sem sentimentalismos, nem meios tons, diante de uma platéia, em um espaço aberto, público, como o teatro. E isso era novo e revelador. Na verdade, "pulsa aí um momento de autêntica revolução"[24], um momento da mais longa das revoluções, a revolução das mulheres.

O novo em 1969 não era, evidentemente, a palavra feminina na literatura. Nomes de mulheres figuravam de há muito na produção literária do Brasil, sempre com mais freqüência a partir da década de 50. Havia os já consagrados na poesia e na ficção, em que também a literatura mundial registrara nomes significativos, definitivos. Mas também nesses campos a conquista não fora fácil.

Escrevendo no início do século sobre as condições do trabalho literário das mulheres de seu país e de sua classe, Virginia Woolf, em *A Room of One's Own*, um de seus escritos teóricos, refere-se aos obstáculos que elas ainda encontravam. São mais uma vez obstáculos "invisíveis": a falta de preparação intelectual adequada e equivalente à que os homens recebiam há séculos nas universidades, a "pobreza" a que as submetiam as regras da herança (na classe média não eram herdeiras como seus irmãos, não podiam gerir negócios e o campo de trabalho que poderiam executar era restrito), a domesticidade exclusiva a que ainda estavam sujeitas, o real estado de "privação" de que se sentiam vítimas quando, como escritoras, se comparavam a escritores.

Os homens eram por direito livres para conhecer o mundo, viajar, estabelecer todo tipo de contatos, para experimentar a vida em toda sua variedade e profundidade, enquanto as mulheres permaneciam confinadas ao espaço doméstico.

Seu mundo é necessariamente limitado. Referindo-se ao século XIX, quando a produção feminina começa a aumentar, Virginia Woolf pergunta-se sobre o porquê de, salvo algumas exceções, essa produção restringir-se a romances. E responde:

Todo o treino literário de que uma mulher dispunha no início do século XIX resumia-se a um treino da observação de personalidades e análise de emoções. Tinha inculcados os sentimentos das pessoas e à frente dos olhos nunca deixavam de estar presentes as relações pessoais. Por conseguinte, quando começou a escrever no século XVIII, a mulher dedicou-se, naturalmente, ao romance...[25]

24. A expressão é de Roberto Schwarz no artigo citado (embora não referida a realizações femininas, evidentemente).

25. Virginia Woolf, *Um Quarto que Seja Seu*, trad. Maria Emilia F. Moura, Lisboa, Editorial Vega, 1978, p. 84.

BRASIL NOS ANOS DIFÍCEIS E A DRAMATURGIA DA MULHER   21

Só o estreito círculo privado, portanto, lhe era acessível. Só ali poderia colher a matéria de seu trabalho. E o produto desse trabalho tem o caráter de objeto de consumo individual, fechado, quase silencioso – o romance ou a poesia. Mas de qualquer forma, a mulher tomara a palavra e de algum modo rompera o silêncio para falar do mundo e de si mesma, ela que tinha sido ao longo do tempo, preferencialmente, objeto do discurso masculino e não sujeito de seu próprio discurso. Este é também um problema que a reflexão contemporânea sobre a mulher tem abordado.

Falando-nos agora, em 1985, sobre o problema desse discurso *sobre* a mulher e não *da* mulher, responsável pela secular formação dos grandes "mitos femininos", Marilena Chauí reporta-se às mulheres apresentadas, por exemplo, na tragédia grega:

[...] a ambígua atividade-passividade [...] que as faz ativas justamente no crime e na vingança [...] tem ainda a particularidade de nos ser oferecida não pelas próprias mulheres, mas por homens que falaram sobre elas e as construíram como figuras mítico-literárias"[26].

As mulheres, elas mesmas, permanecem em silêncio.

Pelo mesmo processo ideológico de elaboração por meio de discursos alheios, e com o mesmo silêncio das mulheres, se constituem as imagens da mulher ao longo dos séculos, na Grécia, em Roma, nas várias etapas da elaboração da ética judaico-cristã. Nesta última, as mulheres são vistas ora como puro sexo insaciável, e portanto fonte de todos os males e pecados, ora como a sede mesma da pureza e abnegação.

[...] da feiticeira à possuída e desta à louca há interiorização do pecado [diz ainda Marilena Chauí]: a feiticeira fizera pacto com o demônio, mantendo com ele relações externas e visíveis; a possuída era visivelmente "ocupada" por ele, que nela se introduzira sorrateiramente; a louca, porém, é aquela que incorpora o mal, com ele se identifica, tornando-se demoníaca em sua alma...

Mas em fins do século XVII, ocorrerá, segundo a mesma autora, uma modificação decisiva na imagem sexual feminina, situada nos antípodas da imagem medieval:

[...] da fêmea insaciável, a mulher se transforma num ser assexuado, frígido, incapaz de prazer e de orgasmo, fisicamente constituída apenas para a procriação. A ética cristã da burguesia, antes de passar à pura interioridade, realizou um último ato de exteriorização: o exorcismo do medo à sexualidade feminina pela afirmação de sua inexistência [...]; na construção contraponteada de Eva e Maria

---

26. Marilena Chauí, *op. cit.*, pp. 25-26.

UM TEATRO DA MULHER

há algo mais do que as formas visíveis e invisíveis da repressão sexual sobre as mulheres... há uma ambigüidade originária que perpassa nosso presente[27].

Era, no fundo, de problemas deste gênero que a mulher procurava falar desde que, a partir dos séculos XVIII e XIX, começara a escrever, assumindo seu próprio discurso. Mas por muito tempo ainda, esse discurso, tímido e indireto, continuaria pronunciado em voz baixa. No Brasil, ao menos, a palavra feminina, embora reconhecida como essencial, continuava dita em surdina, presa ao livro e dirigida a um leitor individual. Além disso, o grande debate político e social no seio do qual tais questões poderiam ser suscitadas, com raras exceções, continuava ausente da criação literária feminina, como tinha estado, por muito tempo, ausente da ficção em geral. Foi preciso chegarmos à segunda metade do século, foram necessários os grandes abalos de duas guerras no plano mundial e as pressões de um período de lutas, em que não só as consciências, mas as forças de todos fossem postas à prova, no plano nacional, para que os espaços de um debate mais amplo e decisivo fossem abertos.

Nos anos 60, aquelas formas "silenciosas" da fala feminina já não eram suficientes. A poesia e a ficção tinham sido sempre os modos preferidos da expressão literária da mulher. Mas agora, ao lado destas formas tradicionais (e fundamentais) a palavra dita em voz alta no palco começa a fazer-se presente. Era um dos movimentos iniciais de apropriação do espaço público, uma das metas da luta que a mulher se dispõe a assumir. Seria importante notar, desde já, que pelo menos duas das autoras de teatro que aqui nos interessam provêm de outras áreas literárias e escolheram o palco, em determinado momento, como uma forma de participação mais viva: Renata Pallottini e Hilda Hilst eram nomes conhecidos através da poesia, e a obra de ambas já se firmara no conjunto da produção literária brasileira, quando se aproximaram do teatro. Obviamente a experiência que possuíam como poetas e escritoras será carreada para o teatro e marcará, de modo diverso, sua criação teatral. Nos seus depoimentos, separadamente, estas duas autoras referem-se à necessidade que sentiram a certa altura de fruírem de uma resposta mais imediata, de um contato mais direto com as pessoas a quem se dirigiam. Desejam que sua palavra deixe de ser apenas escrita.

Quanto a esse desejo, surgido principalmente em um momento específico da vida social, será talvez pertinente lembrar o

---

27. *Idem*, p. 26.

BRASIL NOS ANOS DIFÍCEIS E A DRAMATURGIA DA MULHER   23

que diz Northrop Frye, em *Anatomia da Crítica*, ao falar da diferença entre o romance e o drama, quanto às suas relações com a sociedade que os recebe e que de certa forma determina o predomínio de um ou de outro gênero:

> No drama as personagens hipotéticas ou internas da história confrontam-se com a audiência diretamente; por isso o drama é marcado pela ocultação do autor. O drama, como também a música, é a representação de um conjunto para a audiência e é mais provável que a música e o drama floresçam numa sociedade com forte consciência de si mesma como sociedade, como a sociedade elisabetana. Quando uma sociedade se torna individualista e competitiva como a Inglaterra vitoriana, sofrem correspondentemente a música e o drama; a palavra escrita quase monopoliza a literatura [...][28]

Pensando em termos do Brasil daquelas décadas em que o teatro realmente floresce, poderia supor-se que a tendência era construir uma sociedade "com mais forte consciência de si mesma como sociedade"? Se a resposta for afirmativa, é certo que as mulheres que ampliavam sua palavra para levá-la ao teatro – bem como outras que vinham diretamente para ele – traziam notável reforço para a constituição dessa consciência.

---

28. Northrop Frye, *Anatomia da Crítica*, trad. Péricles Eugênio da Silva Ramos, São Paulo, Cultrix, p. 245.

Parte II

PIONEIRISMO E POESIA NO PALCO

1. O Teatro de Renata Pallottini (1ª Fase)[1]

Já que pelos motivos expostos tomamos 1969 como o ano de referência para avaliar esta vaga da produção teatral feminina, e São Paulo como o centro de maior interesse para a compreensão do tema, parece-nos necessário assinalar o fato de que o fenômeno não surge repentinamente, mas tem antecedentes muito significativos.

Seus inícios podem ser recuados para os primeiros anos da década de 60 e estão ligados aos nomes de duas autoras – Renata Pallottini e Hilda Hilst – cuja obra poética já se tornara conhecida desde a década anterior. Pode-se pensar que o interesse que as faz voltarem-se para o teatro se associa, inicialmente, ao forte estímulo que a vitalidade do próprio teatro da época representava e ao próprio interesse por encontrar uma frente de participação nos debates de então. Todavia, ao menos no que diz respeito à primeira delas, liga-se também ao campo de possibilidade que se abre com o Curso de Dramaturgia da Escola de Arte Dramática, criado em 1961. A aproximação da riquíssima área de reflexão oferecida pelos aspectos históricos e teóricos do teatro, o contato com o pensamento de professores como Décio de Almeida Prado, Sábato Magaldi, Anatol Rosenfeld, Alfredo Mesquita, Augusto Boal, Alberto D'Aversa, nomes intimamente associados

---

1. Sobre a segunda fase do teatro de Renata Pallottini voltaremos em capítulos seguintes.

UM TEATRO DA MULHER

ao teatro através do ensino, da crítica militante e ensaística, da direção, parece ter sido decisivo. Renata Pallottini, a primeira mulher a freqüentar o Curso de Dramaturgia (também a única, naquele primeiro ano de funcionamento) é igualmente a primeira a escrever para teatro em São Paulo, no período de que falamos. Hilda Hilst, não ligada àquele curso, começa a produzir alguns anos depois. Na realidade, o caminho estava aberto.

Ambas as autoras têm, de fato, sua obra iniciada antes de 1969. Hilda Hilst, porém, no ano em que recebeu o Prêmio Anchieta, com *O Verdugo* (1969)[2], tinha já praticamente prontas todas as suas peças (oito) que escrevera a partir de 1967. Embora tenha visto algumas delas encenadas desde o ano anterior ao prêmio (*O Visitante, O Rato no Muro, O Novo Sistema*) e, posteriormente, *O Verdugo* (em 1971/72) e *As Aves da Noite* (em 1980 e 1981, em São Paulo e no Rio), Hilda Hilst parece não ter voltado a escrever para teatro depois de 1969, embora sua atividade como escritora e poeta jamais se tenha interrompido.

Renata Pallottini, ao contrário, tendo escrito sua primeira peça em 1960, ou pouco antes, continuará a produzir ao longo das décadas de 70 e 80; paralelamente, desenvolve intensa atividade em vários setores da vida teatral de São Paulo. Como autora, Renata obtivera também o Prêmio Anchieta em 1968, com *O Escorpião de Numância*. Inspirado em Cervantes, e resultado de um convívio da autora com a cultura e o povo espanhóis durante uma temporada de estudos na Espanha, *O Escorpião...*, que narra o longo e doloroso cerco de Roma ao povo numantino e sua extraordinária resistência, é também uma metáfora para o não muito menos terrível "cerco" em que vivia o povo brasileiro. "A língua cortada do mensageiro [diz um breve ensaio sobre o teatro de Renata] é uma síntese poética da palavra castrada à juventude da década de 60, enquanto Teogenes comia o pão enviado pelo inimigo, e sua cidade morria de fome"[3].

Mas *O Escorpião...* não era o primeiro texto teatral de Renata Pallottini. É de 1960 a encenação de *A Lâmpada* (texto escrito em 1958), uma pequena peça que antecipa a forma quase "fechada" de duas personagens da *nova dramaturgia*. A peça trata, num tom sério e delicado, um tema que é ainda uma antecipação – o homossexualismo, tema que só virá bem mais tarde para o teatro

---

2. Nesse mesmo ano aparece o nome de Leilah Assunção, com uma menção honrosa pelo texto *Jorginho, o Machão*, no mesmo concurso.

3. Jurandir Diniz Junior, "Texto sobre o Teatro de Renata Pallottini" (datilografado).

PIONEIRISMO E POESIA NO PALCO 29

brasileiro, quando as questões das minorias começarem a preocupar o mundo.

A Lâmpada foi encenada pelo Teatro do Estudante de Campinas (TEC) sob a direção de Teresa Aguiar. Essa estréia é particularmente interessante, porque associa o nome de Renata Pallottini ao da diretora Teresa Aguiar, duas mulheres envolvidas com os primórdios da participação feminina no teatro. Teresa Aguiar é precisamente a primeira pessoa a montar e dirigir também em 1968 as peças ainda desconhecidas de Hilda Hilst; em 1969 encena, na Colômbia, durante um Festival Internacional de Teatro Universitário, *O Rato no Muro*, com um grupo de alunos da Escola de Arte Dramática de São Paulo e do Departamento de Teatro da ECA. Trata-se, como se vê, de duas pioneiras.

Em 1961, já estudante de Dramaturgia da EAD, Renata tem um trabalho seu dirigido por Alberto D'Aversa. É *Sarapalha*, uma adaptação do conto homônimo de Guimarães Rosa, feita algum tempo antes para um concurso do Arena, peça em que a autora capta com segurança os elementos dramáticos da narrativa. É esta, provavelmente, a primeira adaptação de Guimarães Rosa para o teatro[4]. Aliás, o interesse pela obra de Guimarães Rosa vai levá-la novamente a outra adaptação, oito anos mais tarde, em 1969. *João Guimarães, Veredas* já não parte apenas de um conto, mas será uma montagem de vários textos – algumas narrativas de *Corpo de Baile* e trechos vários de *Grande Sertão: Veredas*. A mesma fidelidade ao espírito e à linguagem de Guimarães Rosa é mantida aqui e a encenação se dá mais uma vez sob a direção de Teresa Aguiar. A montagem do Grupo Rotunda, associado à Cia. Nydia Lícia, merecerá alguns reparos da crítica, mas da adaptação do texto diz Sábato Magaldi:

> [...] foi feliz [...] por ter conseguido preservar-lhe a admirável linguagem. O trabalho de Renata Pallottini, preparado com grande amor e conhecimento da obra de Guimarães Rosa, serve de excelente introdução ao seu estudo e aprendizado, sem necessidade de comentários explicativos[5].

Entre a encenação de *Sarapalha*, em 1961, e *João Guimarães, Veredas*, em 1969, Renata escrevera várias peças. Em 1962, *O Exercício da Justiça*, que ela própria dirige na EAD, é novamente

---

4. O cinema tentará, posteriormente, outras adaptações: *A Hora e a Vez de Augusto Matraga*, com direção de Roberto Santos, bastante razoável, e *Grande Sertão: Veredas*, em que já não se consegue a mesma façanha. A adaptação desta última obra para a TV só será realizada em 1985. No teatro surge, em 1986, *A Hora e a Vez...* sob a direção de Antunes Filho.

5. Sábato Magaldi, *O Estado de S. Paulo*, 11.9.1969.

um texto breve. Mas nesse texto surgem claramente delineados, já, alguns traços que serão os de seu teatro posterior: certas características formais, bem como algumas das preocupações centrais que sua obra desenvolverá numa segunda fase. Entre essas preocupações, repontam os problemas com a justiça, a qual a autora vê como *cega* e que, além disso, é muitas vezes invisível, notadamente para os marginalizados; mas aparece também a figura do próprio marginal percebido principalmente como resultante humana de uma ordem social injusta, ordem, aliás, implicada no próprio desenrolar da ação. A pequena peça é toda construída por associações de cenas fragmentadas e mudanças de planos, num todo sintético, que no entanto mantém sempre firme a tensão dramática. Este não é ainda, em 1962, um processo habitual no teatro brasileiro, embora lembre vagamente a maneira de Nélson Rodrigues. A manipulação do tempo e do espaço, bem como a intersecção dos vários níveis de realidade, característica da estruturação épica do teatro, será uma das possibilidades técnicas desta autora, e vai revelar-se completamente nas peças dos anos 70 e 80. Mas esta linha épica, desde a primeira peça em que aparece (que é justamente *O Exercício da Justiça*) assumirá um caráter especial: o da elaboração poemática. Daí podermos considerar o teatro de Renata Pallottini, em sua maior parte, um teatro poético, do qual não está contudo ausente um correto sentido da linguagem coloquial, do dia a dia, e, em alguns casos mesmo, um torneio particularmente popular e brasileiro. Essa tonalidade verbal será, digamos, temperada, colocando-se "acima", no caso de uma peça como *O Escorpião de Numância*, ou "abaixo", no caso de peças como *Pedro Pedreiro* ou *O Crime da Cabra*, todas pertencentes ao que poderíamos considerar a primeira fase do seu teatro.

Com *O Crime da Cabra*, escrita em 1961 e encenada em 1965, surgem os prêmios Molière e Governador do Estado, bem como a primeira montagem profissional. *O Crime da Cabra*, baseada em uma pequena notícia de jornal, é um dos raros exemplos de teatro verdadeiramente popular escrito por mulher no Brasil. Popular não é força de expressão. Esta peça – vista mais tarde pela autora como uma farsa ingênua – tem sido testada por mais de uma encenação em ambientes populares como circos e teatros de bairro. Nela aparece, claro, outro traço que vai marcar também diversas peças suas: uma certa qualidade de humor, não ácido, mas vivo, atilado.

[...] foi antes de 1964 – e naquele tempo um Delegado de província podia ser pensado como um distraído decifrador de palavras cruzadas; um latifundiário da

PIONEIRISMO E POESIA NO PALCO

Guarda Nacional era ainda alguém com quem se podia brincar [...] vai você brincar com um Coronel de verdade, hoje em dia![6]

Seguem-se *Nu para Vinicius*, em 1964, e *Pedro Pedreiro*, em 1968. Esta última, um texto que focaliza a vida do migrante nordestino na adaptação ao ambiente urbano, tem ainda um caráter bem popular e conserva, de *O Crime da Cabra*, certo sentido de humor. Com *Pedro Pedreiro*, criada a partir da popular música de Chico Buarque de Holanda, pela primeira vez é tratado, num tom satírico, porém bem humorado, um assunto que se tornará às vezes dramático no teatro brasileiro, nos anos seguintes: a relação da gente simples das camadas médias e baixas da população, geralmente da periferia, com a televisão, nos programas chamados "de auditório".

Mas o fato é que, em *Pedro Pedreiro*, muito daquela alegria despreocupada, muito da farsa que havia em *O Crime da Cabra* parece ter desaparecido. Estamos em 1968, e os tempos são outros...

Em 1969, Renata Pallottini assume a presidência da Comissão Estadual de Teatro, sucedendo no cargo a Cacilda Becker; o biênio 1969/1970 será especialmente produtivo, segundo depoimentos da época[7].

Em 1970, um livro, reunindo quatro pequenas peças de anos anteriores, entre as quais *A Lâmpada* e *O Exercício da Justiça,* é editado em São Paulo[8]. Em 1971, se encena ainda uma comédia da autora, *A História do Juiz*. "[...] a peça nasceu de uma sensação de espanto risonho, sensação peculiar ao advogado que se defronta com artigos de uma lei anacrônica, ou excessivamente complexa, ou ridícula, ou ainda incompreensível e inútil", diz a autora, em seu comentário[9]. Focalizando de novo as relações da Lei com a Justiça, *A História do Juiz* é uma risada do bom senso diante do

---

6. Palavras de Renata Pallottini a propósito de uma encenação de *O Crime da Cabra*, em 1977, pelo Teatro Rotunda, de Campinas.

7. "Não é difícil relacionar o surto da nossa atividade cênica com a política adotada pela Comissão Estadual de Teatro" (S.M., "A Grande Força do Nosso Teatro", *Jornal da Tarde*, 26.8.1969. Trabalhando com um grupo de nomes significativos do teatro paulista e brasileiro – Anatol Rosenfeld, Sábato Magaldi, Décio de Almeida Prado e outros – a CET pôde exercer suas funções apoiada em princípios de competência, isenção e independência de posições em face de possíveis pressões políticas, linha que conseguiu manter graças ao prestígio intelectual e moral desse grupo.

8. *Uaite Cristmas* e *O Vencedor* são as duas outras peças.

9. Renata Pallottini, *O País do Sol*, tese de doutoramento em Artes, apresentada ao CTR da ECA, em 1982 (texto datilografado, pp. 46 e 47).

32 UM TEATRO DA MULHER

contra-senso de uma velharia com vigência legal ainda em 1957, quando fora escrita. No texto surge uma personagem chamada Todas As Coisas que desempenha papéis variados, em posição secundária, conforme as necessidades da ação. O interessante do ponto de vista formal é que ela é uma antecipação do que seria mais tarde o Coringa de Augusto Boal, "naturalmente sem a mesma elaboração teórica e ideológica"[10].

Até 1971, todas as peças de Renata Pallottini vinham sendo encenadas por grupos universitários, amadores e profissionais, algumas repetidamente, como *A História do Juiz* e *O Crime da Cabra*; todas tinham passado pelo teste do palco. Mas em 1973, Renata conhecerá o veto da censura[11]. (Este é, aliás, um problema que terão de enfrentar todas as nossas autoras, como veremos.) *Enquanto se Vai Morrer*, talvez o seu texto mais importante até a data, escrito em 1973, permanecerá inédito. A peça inicia, na verdade, uma outra fase desta produção, ao mesmo tempo em que coloca a autora no ciclo da dramaturgia de intenções claramente políticas e dentro do quadro da criação de todo o grupo de mulheres que formam a nova geração de escritoras de teatro. Treze peças, e aproximadamente treze anos de experiências, de apuro de técnicas, precediam aquele trabalho.

---

10. *Idem, ibidem.*

11. A história dessa censura, contada na tese de doutoramento da autora, será referida em outra parte deste trabalho.

2. O Teatro de Hilda Hilst

INTRODUÇÃO

Embora a dramaturgia de Hilda Hilst tenha começado a tornar-se conhecida a partir de 1969 (em fins de 1968, houve uma primeira apresentação por alunos da EAD, na própria Escola), suas peças, como dissemos, foram todas escritas entre 1967 e 1969.

O desejo que a levou a voltar-se para o teatro quando já era um nome importante em poesia e algum tempo antes de começar a publicar sua ficção em prosa, ela o explicita em mais de uma ocasião. Logo depois de ter recebido o Prêmio Anchieta, em 1969, declara em uma reportagem:

> Nós vivemos num mundo em que as pessoas querem se comunicar de uma forma urgente e terrível. Comigo aconteceu também isso. Só poesia já não me bastava [...] Então procurei o Teatro [...] Considero o Teatro uma arte de elite, mas não no sentido esnobe da palavra. O que eu quero dizer é que o homem quando entra numa sala de Teatro deve sentir uma atmosfera diferente daquela que sente no cinema [...][1]

Apesar disso, dessa sua confiança, Hilda Hilst conservou-se uma autora de teatro mais ou menos marginal. Sua obra, inicia-

---

1. Reportagem de Regina Helena para o *Correio da Manhã* (Sucursal de São Paulo), 27.12.1969.

UM TEATRO DA MULHER

da – mas também encerrada – no limiar de um período em que as mulheres começariam a escrever e a ser encenadas com alguma freqüência, a coloca simultaneamente *antes* da eclosão a que nos vamos referir e *na* própria vaga da dramaturgia que se abre em 1969, considerando-se os temas que aborda e o fato de ter sido objeto de montagens posteriores.

Mas não apenas por isso. Tal como é especial esta situação cronológica, é também especialíssimo o caráter do teatro que escreveu. Isso nos levou a examinar suas peças em bloco e com precedência em relação às autoras que se seguem. Que o caráter deste teatro é muito particular procuraremos mostrar ao longo do capítulo a ele dedicado.

Poético por excelência, talvez "difícil" de modo geral, porque "diferente", nem por isso é um teatro alienado de seu tempo: muito ao contrário, os agudos problemas políticos, sociais e principalmente humanos que dominam esse tempo são tratados de forma contundente, em seus aspectos mais amplos e profundos.

Evidentemente houve – e há – dificuldades para a colocação da obra de Hilda Hilst em nosso precário sistema de produção teatral. Tal coisa, porém, não lhe diminui o valor e a importância. Talvez o oposto é que seja verdade.

Anatol Rosenfeld escreve em 1969:

> A recente apresentação de *O Rato no Muro* e *O Visitante*, de Hilda Hilst, pela Escola de Arte Dramática, teve um êxito bem superior às expectativas. Tratava-se, afinal, de duas peças realmente "difíceis" e de um elenco de alunos. Deve-se, no entanto, a este elenco, ao desvelo de Alfredo Mesquita e à direção sensível e inteligente de Teresinha Aguiar a revelação de uma nova dramaturga. Certamente não foi fácil encontrar um estilo adequado a esta dramaturgia[2].

Assim se inicia um dos raros textos que se escreveram sobre o teatro da autora. Enquanto a crítica sobre sua poesia era já não só abundante como altamente elogiosa (os primeiros livros de Hilda surgiram na década de 50), enquanto a prosa que ela vai começar a publicar a partir de 1970 despertará o maior interesse e entusiasmo de muitos críticos (entre os quais se notabilizaram o próprio Anatol Rosenfeld e Leo Gilson Ribeiro), sobre o teatro que Hilda Hilst escreveu de 1967 a 1969 são muito raras as manifestações. O breve texto mencionado de Anatol Rosenfeld é talvez mesmo o único que o aborda no seu conjunto.

---

2. Anatol Rosenfeld, "O Teatro de Hilda Hilst", Suplemento Literário, *O Estado de S. Paulo*, 21.1.1969.

PIONEIRISMO E POESIA NO PALCO

No pequeno trecho transcrito, o crítico emprega por duas vezes expressões que aludem à *dificuldade* dos textos teatrais desta escritora, e é, sem dúvida, esta a impressão dominante de quem deles se aproxima pela primeira vez. Uma dificuldade de interpretação que provém não só da linguagem de teor intensamente poético (a mesma, aliás, de sua prosa), como do tipo de universo ficcional que elabora, da complexidade das idéias e do "sentimento do mundo" que exprime naquela linguagem, enfim, da própria qualidade quase lírica da construção dramática que adota. Na realidade uma construção livre, de onde praticamente desapareceram as balizas de tempo, em que o espaço é no mais das vezes o símbolo de certo universo e o lugar em que se movimentam personagens tipificadas, vivendo intensas experiências de pensamento e de emoção. Coisas com que o teatro brasileiro – se bem as conhecesse, é claro – não estava familiarizado, de modo particular em termos de uma dramaturgia nacional.

A isso se junta – *et pour cause* – a raridade de sua apresentação nos palcos (no caso de textos teatrais é a apresentação no palco o que leva, normalmente, ao maior número de análises, dada a falta de tradição de publicação dessa espécie de textos entre nós).

Afora as encenações a que alude Anatol Rosenfeld em 1969 (*O Rato no Muro* foi levado a um festival na Colômbia ainda no mesmo ano), só em 1973 um texto de Hilda Hilst vem a conhecer uma montagem profissional. Tratava-se de *O Verdugo*, peça premiada pela Comissão Estadual de Teatro (Prêmio Anchieta), em 1969; e somente em 1980 ia para o palco um outro, *As Aves da Noite*, que é uma de suas mais impressionantes criações. *As Aves da Noite* foi também encenada no Rio de Janeiro dois anos depois, por um grupo e com uma direção completamente diferentes (o que se fez, por sinal, como se se tratasse de uma estréia *nacional*, desconhecendo por inteiro a montagem anterior em São Paulo).

Mas o teatro de Hilda Hilst, que Anatol Rosenfeld previa em 1969 como algo que havia de ser *descoberto* nos anos seguintes, continua praticamente desconhecido e, no seu conjunto, ausente dos palcos[3].

---

3. "A dramaturgia de Hilda Hilst acrescenta uma dimensão ao teatro brasileiro e este, que ultimamente se abriu a tantos estilos e correntes, uma experimentação fecunda e por vezes arriscada para companhias profissionais, por certo não demorará em 'descobrir' a nova dramaturgia" (A. Rosenfeld, art. cit.). No ano de 1987, um grupo profissional em São Paulo preparou uma montagem de *A Barca do Camiri.*

36 UM TEATRO DA MULHER

Vários seriam os fatores determinantes do destino desta dramaturgia. O primeiro estaria na estranheza que representava para encenadores e público uma dramaturgia *brasileira* criada na linha do teatro de Beckett, por exemplo (críticos como Leo Gilson Ribeiro e o próprio Anatol Rosenfeld mencionam Beckett ao falar da prosa de Hilda Hilst). Ela não vinha precedida de fama internacional, nem principalmente de interpretações já elaboradas, de um entendimento, de uma espécie de consenso mais ou menos assentado sobre seus significados.

Mas não é só. Nascido em um período em que o interesse de público e encenadores se voltava primordialmente para temas políticos referidos de modo direto à situação brasileira, o teatro de Hilda Hilst, que não exibia esse caráter de imediatismo, podia parecer deslocado e talvez desalentador. No entanto, as referências à situação do país existiam. E embora entremostradas através das malhas da poesia, podiam ter um caráter contundente, ainda que impregnado de uma significação mais ampla e complexa. É que a poesia do teatro de Hilda Hilst se cruza em determinado ponto – como parece ocorrer com toda poesia autêntica – com uma visão larga, universalizante e filosófica dos problemas do homem. Mesmo quando pensados como circunstanciais e perfeitamente contemporâneos, esses problemas, o poeta pode erguê-los à condição de temas mais abrangentes.

Segundo Anatol Rosenfeld, as quatro primeiras peças de Hilda Hilst – *A Possessa* (ou *A Empresa*), *O Rato no Muro*, *O Auto da Barca do Camiri* e *O Visitante* – "se afiguram ainda de comunicação não muito fácil...", enquanto as três restantes – *As Aves da Noite*, *O Verdugo* e *O Novo Sistema* – se dirigem a um público mais amplo[4].

O crítico não se refere a um oitavo texto – *A Morte do Patriarca* (de 1969) – que colocaríamos entre os do primeiro grupo, assim como passaríamos também para ele *O Novo Sistema*, deslocando para o segundo *O Visitante*.

As oito peças apresentam características análogas, como a construção aberta e a linguagem acentuadamente poética; formam-se de permeio autênticos poemas, e Anatol Rosenfeld assinala o fato de que é particularmente interessante "a pesquisa no campo do verso entremeado de rimas internas, assonâncias e aliterações, enquanto a linguagem mantém, concomitantemente, quase sempre, surpreendente leveza coloquial"[5].

4. A. Rosenfeld, art. cit.

5. *Idem, ibidem.* Tal procedimento é também freqüente na linguagem de

PIONEIRISMO E POESIA NO PALCO

Do ponto de vista da estrutura dramática propriamente dita, porém, não há dúvida de que algumas peças são, digamos, mais consistentes que outras, traço que é responsável pela maior ou menor dificuldade que apresentam.

No entanto, é preciso que se diga que a par dessa aparente despreocupação com a *clareza* (mais fácil de se obter no teatro com a forma tradicional), há em Hilda Hilst uma poderosa imaginação cênica. A poesia do texto não se separa das exigências de uma grande sensibilidade visual e plástica.

A Possessa (1967)

Em *A Possessa* (ou *A Empresa*), por exemplo, considerado seu primeiro texto, a autora se detém longamente na descrição do cenário. Concebe-o como um grande triângulo equilátero inscrito num círculo (o que determina *planos* que "devem dar a impressão de que estão soltos no vazio"). São figuras cuja forma impregnará a significação de temas centrais da peça. (Há um momento, por exemplo, em que se pedirá a América, a jovem protagonista, que explique o que acha que é o mistério da Trindade de que está falando; dizendo que não pode pôr seu pensamento em palavras, ela se utilizará de um desenho no quadro negro, como na demonstração de um teorema.)

Todavia, o de que se trata é de criar a atmosfera espiritual e física de um "colégio religioso". O colégio é sugerido em linhas esquemáticas, geométricas, de que nasce um ambiente ascético, nu, como o mundo das ficções científicas.

Aí se coloca, no centro, uma personagem que as indicações iniciais descrevem como "bastante jovem, mas sem as características da adolescência. Sua lucidez acentuada, sua singular firmeza são características da maturidade. Ainda quando é delirante no seu 'estado de graça' ela é inteira adulta e quase sábia".

Ao contrário do que acontece com relação à maioria de seus outros textos, Hilda Hilst procura fornecer em *A Possessa* algumas "chaves" para seu possível entendimento:

> *A Empresa* pode ser entendida como um teorema com inúmeros corolários. Um deles seria a Redefinição. Mas Redefinição que mantivesse no homem sua verdadeira extensão metafísica [...] Entendo que *A Empresa* também é uma peça didática. E de advertência.

outra poeta-dramaturga, Renata Pallottini, e pode ocorrer esporadicamente, em textos de outras autoras, como Leilah Assunção, por exemplo.

38 UM TEATRO DA MULHER

Como se vê, os objetivos da autora não estão muito distantes de uma realidade palpável. Mas é preciso reconhecer que a didática desta peça não é simples. Nem o *teorema* fácil de demonstrar. *A Possessa* é talvez a mais "difícil" das peças de Hilda Hilst. E a mais longa. O "teorema" de que fala a autora não se formula de imediato, e a "Redefinição" que propõe resiste às primeiras tentativas de compreensão, tanto quanto resistem os inúmeros aportes da fantasia poética, que oferecem mil faces cambiantes à interpretação.

De qualquer forma, apesar de tais obstáculos, talvez se deva *tentar* dizer em que consiste esta inusitada "estória de austeridade e exceção" (que é como Hilda Hilst a subintitula)[6].

Em um "colégio religioso" – que é, na verdade, o símbolo de um sistema qualquer, em que a repressão se mascara e toma formas sutis – América, uma jovem aluna, é vista com estranheza. Não por outras razões, mas porque *pensa* em demasia, porque *inventa* mais coisas do que se espera em sua condição. Conta às postulantes histórias capazes de despertar idéias e sentimentos que não convêm à comunidade. Aos superiores faz perguntas que eles não querem ou não sabem responder. Como um pequeno Sócrates, em suma, questiona em demasia. E insiste nas perguntas até levar os interlocutores à contradição ou ao silêncio. Cria mitos quando quer conduzir os outros a pensar ou a entender o que diz. Diante deles, afirma, quase inocentemente, não só o brilho de sua inteligência, como a *vontade de saber* e a força de uma perturbadora imaginação. Como um "pirilampo carnívoro", ela pode fascinar mas também absorver[7].

É preciso, portanto, impedir que pense, castigá-la, ou, num lance político mais inteligente, integrá-la. Justamente por suas qualidades excepcionais, América pode ser de grande utilidade. Deve ser aproveitada. Como conseguir isso? É a própria América quem, sem o saber, lhes fornece idéias.

Um dia, o Monsenhor, alertado pela Superintendente, manda chamá-la. Começa por elogiar-lhe a inteligência e a capacidade de liderança, mas quer adverti-la de certos perigos. "[...] eu sei que você é inteligente. É preciso agradecer a Deus essa qualidade. Mas é preciso também submissão diante dos superiores [...] quem fascina pela argúcia, abusa de uma qualidade vital, pode

---

6. Com todos os riscos de submetê-la a uma redução empobrecedora.

7. "Pirilampo carnívoro" é como se refere a América, o Inquisidor, na segunda parte do texto. A expressão é repetida no final por uma das cooperadoras: "Um pirilampo carnívoro tem às vezes certo fascínio".

PIONEIRISMO E POESIA NO PALCO

tornar inquieto o coração dos outros." Para fazê-lo entender sua maneira de ser, América inventa uma de suas fábulas. Cria a história de Eta e Dzeta, dois pequenos seres que se alimentam de luz. Hilda Hilst nos esclarece a respeito desses seres:

> Eta e Dzeta são ilustrações de uma forma quase perfeita de repressão. Quando América inventa a estória de Eta e Dzeta para o Monsenhor, quer simplesmente dizer que, sendo essas ilustrações quase perfeitas, nunca seriam suficientemente poderosas a ponto de sufocar o espírito do homem. No entanto, o Monsenhor dá uma seqüência extraordinária à estória de América, transformando Eta e Dzeta numa realidade de potencial repressivo ilimitado [...]

Eta e Dzeta são "duas maquininhas", que existiam como "resultado de um grande esforço... tecnológico", como advinha o Monsenhor. Observadas constantemente por um vigia, viviam dentro de uma caixa de "matéria brilhante", onde executavam invariavelmente os mesmos movimentos, de lá para cá (à medida que América fala, os elementos de sua narrativa se concretizam em um dos planos do palco). Certa ocasião o vigia nota que elas oscilam e param por segundos, para depois voltarem a mover-se. Leva então imediatamente o fato ao conhecimento das "cooperadoras-chefes" do Instituto. Elas se alarmam: Eta e Dzeta haviam oscilado e parado! "E isso era impossível – acrescenta América – tudo tinha sido planejado para que nada modificasse o percurso de Eta e Dzeta... porque não era bom... Elas disseram que podia ser perigoso, muito perigoso".

O Monsenhor, a princípio impaciente com a história que lhe parece tolice, começa a interessar-se: "o que aconteceu naquele dia foi... o imponderável?" América confirma.

Daí em diante, passa a pensar numa possível "aplicação" de Eta e Dzeta. Sozinho, começa a elaborar seus planos: "E se elas oscilassem, sim, mas nunca a ponto de morrer..." Falando com a Superintendente sobre sua conversa com América, acaba por sugerir-lhe: "...e se a senhora com seus dotes de paciência conseguisse assimilar América?" Destaca as sílabas: "As-si-mi-lar". E argumenta:

> Cada criatura excepcionalmente dotada traz conseqüências imprevisíveis para a comunidade. Às vezes, conflitos. E a senhora não os deseja, não é? Por isso é preciso fazer com que América não se distancie espiritualmente de seu meio [...] Se é preciso haver uma ética de grupo, é preciso antes de tudo que ela funcione de acordo com suas diretrizes [...]

Para executar o plano de assimilação, duas coisas eram imprescindíveis: estimular uma provável ambição pessoal da jovem e testar-lhe a força junto aos outros. Para isso era necessário trans-

40 UM TEATRO DA MULHER

formá-la, sem mudar as aparências e operar, como se dirá adiante, "uma transmutação às avessas". Resolvem então oferecer-lhe um cargo: ela será vigilante de sua classe.

Não se conhecem de imediato as reações de América às propostas, mas logo depois se sabe que ela exerce mal suas funções, o que implicitamente significa que aceitara.

No laboratório, as cooperadoras-chefes fazem agora recomendações ao vigia, enquanto América, em outro plano, vai percebendo, com assombro, "o novo rumo dado a sua história pelo Monsenhor". As falas se repetem, como no interior da consciência:

> Agora que você viu Eta e Dzeta moverem-se, sua função se ampliará [...]. Todas as vezes que Eta e Dzeta apresentarem modificações no comportamento, é de seu dever procurar entre os cooperadores do Instituto aquele que se encontra em íntima dissonância com a própria tarefa, pois Eta e Dzeta são como um termômetro, acusam as oscilações da consciência, acusam as asas do espírito e essas são as únicas razões de seu percurso anormal. Devemos zelar para que isso não aconteça.

De seu lugar, América se aflige: "Não era isso o que eu queria, não era isso, isso não!" Para acalmá-la, a Superintendente lhe oferece um novo posto: o de cooperadora do Instituto. Mas América sente que se transformou: "Tudo o que fui, não sou mais [...] Eu não direi mais as mesmas coisas". O plano era que ela realmente se transformasse, mas sem perder suas qualidades ("Nós investimos em você"). E que sob sua influência a comunidade também *parecesse* outra. Parecesse, apenas.

A mudança de América, no entanto, não era ainda, aparentemente, satisfatória. Ela agora fala como quem delira, como quem acredita na absurda história de um homem que se metamorfoseou em inseto: e na de outro homem que ressuscitou. Diz que esse homem era um sonhador e que ela, América, é igual a ele. Falando sobre a mudança da jovem, a Superintendente e as postulantes chegam à conclusão de que não devem mais ouvi-la. Vão mais longe: estabelecem que a cabeça de América não existe. "É necessário que daqui em diante ninguém veja essa cabeça... que não existe." "Vamos cobri-la! Vamos cobri-la!", exclamam as postulantes que antes ouviam as suas histórias perturbadoras. Cobrem-na e a Superintendente diz, com desdém: "E pode pensar à vontade agora [...] mas, naturalmente, sem a cabeça".

A história de *A Possessa* talvez pudesse terminar aqui. Na verdade, prolonga-se, estende-se por temas paralelos. A abertura

PIONEIRISMO E POESIA NO PALCO 41

para a parte que se segue é dada por uma nova circunstância: América deve enfrentar ainda o Inquisidor e o Bispo. Ao anunciar-lhe a visita do Inquisidor, a Superintendente informa que as primeiras perguntas serão "domésticas": "Uma velha tradição, um atualíssimo cuidado, uma prudente formalidade. Desde sempre".

O interrogatório permitirá que aflorem, agora, na forma de poemas autênticos, as mais belas visões da poeta que é Hilda Hilst. E à ironia e ao duro racionalismo dos inquisidores (que exigem dela até mesmo uma *demonstração* do mistério da Trindade...), América oporá seu "estado de graça", seu quase delírio, sua iluminação.

Não sabem bem o que fazer com ela; sabem apenas que deve ser aproveitada. A sugestão final é que seja enviada para o laboratório, onde será vigilante de Eta e Dzeta e poderá recuperar-se, recuperando os dois pequenos seres.

No laboratório, as cooperadoras aguardam América e falam de Eta e Dzeta que estão em "péssimo estado": elas agora registram também a "intensidade do conflito". Essas cooperadoras sonham com o aperfeiçoamento de todo o mecanismo:

Eta e Dzeta acusariam não somente as asas do espírito, não somente a intensidade do conflito [...] Mas poderiam influir no âmago de todo aquele [...] Arrancariam de imediato as asas do espírito, nivelariam a consciência e dariam total equilíbrio de conduta.

América chega trazida pela Superintendente que a entrega aos cuidados das cooperadoras.

Superintendente – A sua tarefa, Cooperadora, é fazer com que América deseje ardentemente cantar (*acentua*) o "nosso canto". E cantar com tamanha intensidade como se ela o tivesse inventado.

A segunda cooperadora diz então à América quais serão suas novas funções, procurando interessá-la em Eta e Dzeta:

Segunda Cooperadora – América, daqui por diante você tomará conta das pequenas coisas. Chamam-se Eta e Dzeta. Vê como são bonitas... América, toda essa sutileza, essa fina apreensão de Eta e Dzeta nós devemos à técnica. E essa delicada aparência, esse existir astuto e moderado, tem infinitas conotações éticas e estéticas. E... bem, o mecanismo é aparentemente simples, mas que complexidade nisso de devorar a luz dos outros... e existir através de alheias luminosidades. Se há luz (*toca o próprio peito*) aqui por dentro, Eta e Dzeta devoram... (*sorri*). Mas só por um momento. Em seguida trans-

42   UM TEATRO DA MULHER

> formam o teu pretenso vulcão em sábio entendimento
> (...). Não é magnífico que a cabeça do homem tenha
> conseguido com tanta liberdade inventar algo que
> substitua sua própria cabeça?

Durante esta fala, América imobiliza-se e morre. No mesmo instante, "o ruído de Eta e Dzeta começa gradativamente seu ritmo normal" – informa a rubrica. As cooperadoras constatam, logo depois:

Segunda Cooperadora – Ela morreu. (*Pausa. Maravilhada para a Primeira Cooperadora.*) Olha... Eta e Dzeta começaram de novo. Salvaram-se.

Na sua forma inusitada, no seu transbordamento poético, *A Possessa* é uma parábola[8] sobre a liberdade do espírito e do pensamento criador. Afirma os direitos da imaginação e da fantasia e é em si mesma uma ilustração dessa liberdade e da afirmação desses direitos.

É quase impossível (ao menos para quem não tenha a vocação criativa de um encenador) prever como se comportaria *A Possessa* no palco. Apesar disso, a riqueza de sugestões que oferece deveria atuar como estímulo para uma experiência nesse sentido.[9]

O Rato no Muro (1967)

O Rato no Muro, também de 1967, foi o primeiro texto encenado de Hilda Hilst, em São Paulo. Embora mais breve que *A Possessa*, *O Rato no Muro* é uma peça concebida na mesma linha, apresenta teor poético semelhante e revela tendências místico-religiosas do mesmo tipo; no todo, mais acentuado que antes, o mesmo caráter abstratizante e esquemático, afastado de qualquer realismo psicológico.

Se em *A Possessa* há ainda uma fábula que pode ser narrada, apesar de tudo, em *O Rato no Muro*, tal possibilidade praticamente desaparece. O que se poderia pensar como *ação* está reduzido, nesta peça, ao não-acontecer. Se alguma coisa *houve*, foi num vago *antes*, não determinado. E essa ausência de acontecimentos

---

8. A certa altura, quando a Superintendente diz a América que suas palavras não têm sentido algum, ela responde: "Todas juntas formam uma parábola".

9. Não temos notícia de nenhuma encenação de *A Possessa*, até o presente.

PIONEIRISMO E POESIA NO PALCO

contribui para criar o clima de distanciamento do mundo, que é próprio da peça.

O ambiente que se cria é também o de uma austera casa religiosa; não mais um colégio, porém um convento. A sugestão visual, no entanto, é aqui mais poderosa e determinante que em *A Possessa*, mas sem nenhum dos elementos que lembre o universo da ficção científica que existe naquela obra. Em *O Rato no Muro*, o que domina visualmente é a nudez de muros brancos que isolam completamente este mundo, de um "lá fora", e sugerem o confinamento dos que o habitam.

Deste "lá fora" (de que só se vêem as feridas que as pedras arrancadas deixaram nos morros) e de certos seres aos quais se referem como "eles" – é que as freiras falam o tempo todo. Quem seriam esses "eles"? Nada se sabe, a não ser que um dia se aproximaram do muro, "estiveram aqui", deixaram "manchas que crescem a cada dia" e depois se foram. Aparentemente nada aconteceu, a vida continuou a mesma, infinitamente repetida, mas ficaram sinais no chão, nas paredes – e perturbação nas almas.

As freiras, enquanto falam desse acontecimento, falam também de suas obsessões. Tais obsessões, na verdade, são *marcas* que as tornam distintas umas das outras e aparecem desde a primeira cena, que é um ritual de confissão pública e autoflagelação. À medida que "confessam" os "pecados", vê-se que eles constituem precisamente essas marcas que as definem e que se manterão inalteradas até o final. Tudo o que as freiras, as "irmãs", dizem depois, tudo o que contam como lhes tendo acontecido, se relaciona com essa *marca* característica. As obsessões, repetidas, retornam em todos os movimentos da pequena peça apenas intensificando-se como modulações da música de um canto único e coletivo.

Enquanto no texto precedente uma das personagens ao menos era bem individualizada e ainda designada por um nome – de qualquer modo uma protagonista – aqui, com exceção da Superiora, todas as outras são apenas *irmãs*, assinaladas por letras do alfabeto de A a I. Anatol Rosenfeld diz que, em *O Rato no Muro*, "as personagens [...] refletem aspectos de uma única personalidade, [sendo] tal dissociação, aliás, característica do teatro moderno". Teatralmente, menos do que personagens, propriamente ditas, estas freiras são figuras corais, cujas vozes se distinguem como se poderiam distinguir as diferentes vozes de um coro: não são idênticas, mas formam um todo único e mais amplo. E o que se ouve é, afinal, a melodia do conjunto.

Dentro deste mundo onde a vida externa é quase imobilidade, os acontecimentos do cotidiano assumem significações maio-

44 UM TEATRO DA MULHER

res e são pontos de partida para alargamentos poéticos: um gato que morre, um pássaro que pousa na janela, um rato que tenta desesperado escalar um muro agarrado à rugosidade da pedra – imagem das próprias freiras confinadas – estão plenos de ressonâncias.

É imediatamente perceptível em tudo o valor de símbolo, de qualidade metafórica de palavras, objetos e acontecimentos. O que a peça exprime na sua totalidade é o desejo de liberdade do espírito, o impulso do vôo na direção da transcendência.

Na quase *crueldade* com que se expressa, às vezes, "a sede de libertação da imanência [e do] enorme cotidiano [...] representados pelo ritual diário" – nas palavras de Anatol Rosenfeld, a respeito desta peça – parece haver um elemento digno de observar. O intenso impulso de libertação corresponde ao desejo de romper todas as carapaças e limitações, não só as representadas pelo cotidiano, mas pela própria materialidade do mundo. Revela-se (aliás, no teatro de Hilda Hilst em geral) um profundo interesse pela corporalidade dos seres, que aparece, por exemplo, na freqüente utilização de imagens ligadas a coisas que pertenceriam à órbita das ciências: da Física, em *O Novo Sistema*, da Biologia, talvez, em *O Rato no Muro*, texto em que se fala com insistência do sangue e das vísceras de animais. Como se a matéria fosse um meio pelo qual também se pode atingir o mistério, o sentido último das coisas, e se tornasse necessário penetrá-la, para desvendar esse mistério.

"Eu quero é uma junção do misticismo com a ciência" é o título de uma entrevista da autora a Leo Gilson Ribeiro[10]. A junção de coisas tão diferentes e aparentemente inconciliáveis exprime, em última instância, um profundo desejo de *saber* e, por aí, alcançar a transcendência.

O Visitante (1967)

> *E se falássemos, e se falássemos*
> *Como se de repente a própria morte*
> *E a vida estivessem presentes?*

10. "Eu Quero é Uma Junção do Misticismo com a Ciência", *Jornal da Tarde*, 15.3.1980. Em outra entrevista, diz Hilda Hilst, falando de sua prosa: "Depois eu lido com situações limites do homem, o que implica explorar todas as grandezas e debilidades, seguranças e dúvidas. É como se o que sempre se trata como 'espírito' no abstrato – reverenciado a distância ou menosprezado no imaterial – ganhasse um corpo com vísceras. É aí que eu quero perscrutar e é, para mim, uma busca apaixonante que se traduz numa linguagem" (entrevista a Cremilda Medina, *O Estado de S. Paulo*, 14.4.1977).

O Visitante é declaradamente uma peça poética. "Pequena peça poética que deve ser tratada com delicadeza e paixão", nas palavras de sua autora, que ainda recomenda "pausas, cumplicidades nada evidentes, silêncios esticados". Pretende, portanto, um ritmo e um clima peculiares para sua peça, ritmo e clima que devem intensificar a carga poética do texto.

De todo modo, o que há aqui é uma poesia bem diferente daquela que caracteriza outras peças, também poéticas, de Hilda Hilst, como a de *O Rato no Muro* ou *O Novo Sistema*. Em *O Visitante*, o verso é definitivamente assumido como forma da expressão literária e o que domina é um clima intensamente lírico de "delicadeza e paixão", as mesmas que a autora deseja para o tratamento de sua peça, no outro extremo do processo, o palco. Uma paixão contida, como que represada.

Embora se imagine para ela um cenário "quase monacal" – como sugere a primeira rubrica – "paredes brancas, arcos, um pequeno corredor dando para os quartos, uma grande porta, escura de madeira [...] Mesa grande, escura, de madeira" – *O Visitante* nada tem daquela atmosfera de desolação e frieza de muros e pedras, claramente sugerida em *O Rato no Muro*. Talvez a sugestão da "madeira" esteja contribuindo para a criação de um ambiente mais cálido e humano. Por outro lado, não se trata mais de um convento ou de um colégio habitados por toda uma comunidade, mas de um espaço mais íntimo – o de uma casa. Uma casa que tem qualquer coisa de espanhola e que chama à imaginação o mundo de *Yerma* ou de *Bodas de Sangue*, em que, tal como aqui, há intensas paixões quase silenciosas impregnando as vidas e crescendo ameaçadoramente. Em *O Visitante*, porém, as paixões ultrapassam o ponto de ruptura e se resolvem em conciliação.

Mas *O Visitante*, como outras peças de Hilda Hilst, não se deixa narrar facilmente. As linhas de ação propriamente dita são simples e o que lhes dá espessura e substância é primordialmente a qualidade da emoção que o todo pode produzir, a riqueza do que é dito entre o lírico e o coloquial, a força do que é apenas poeticamente sugerido. Nesse universo de ambigüidades poéticas, desenha-se, em um primeiro plano, um drama familiar: um caso de amor entre uma mulher e o marido de sua filha (o que seria talvez suficiente para a criação de um bom conflito dramático). A peça, no entanto, ultrapassa esse plano. Tentar resumi-la será tão difícil como tentar resumir um poema. E o resultado, com certeza, igualmente empobrecedor. Apesar disso, na medida em que se propõe como um texto teatral, procuraremos fazê-lo.

UM TEATRO DA MULHER

No artigo de Anatol Rosenfeld que vimos mencionando, o autor assinala:

> O jogo de relações humanas que se trava na pecinha, jogo feito de suspeitas, ciúmes, angústias, desejos, tristezas e júbilos, desenvolve-se no fundo, segundo a intenção da autora, num só ente humano, que no entanto se desdobra e encarna em quatro personagens muito diversos, à semelhança do que ocorre em *O Rato no Muro*[11].

A despeito dessa intenção da autora, o desdobramento não parece aqui muito nítido. É bem menos evidente que em *O Rato no Muro* e sugerido de maneira muito mais sutil. De qualquer forma ele se dá. Porém, não como quatro *aparições* de um único ser, parece-nos, senão como desdobramento de dois seres fundamentais: um homem e uma mulher. Assim, as duas mulheres podem ser percebidas como dois modos de ser, duas faces diferentes, até opostas, da mesma mulher, enquanto os dois homens representariam dois lados do mesmo homem, embora não conflitantes, mas complementares. Dois desdobramentos de *dois* entes humanos, portanto.

Mas há ainda outro aspecto a considerar na aproximação que se faz com *O Rato no Muro*, por esse ângulo: naquela peça não havia diversidade acentuada, nem individualização das personagens, de modo que elas poderiam mais claramente sugerir um único ser, desdobrado. Eram vozes de timbres distintos, entre as quais nenhuma dissonância notável se estabelecia. Aqui, ao contrário, as personagens são suficientemente diferenciadas, de molde a que se possam armar conflitos, a que existam ao menos contraposições que levem avante a ação dramática: elas vivem um drama na extensão (técnica) da palavra.

No centro da história se encontram duas mulheres, mãe e filha, que são tipos quase opostos. Ana, a mãe, de quarenta anos, é descrita como uma mulher "encantadora... com qualquer coisa de indevassável"; Maria, a filha, de vinte e cinco, "parece mais velha". É morena (enquanto Ana é clara, uma idéia a que se volta, no texto) e "tem alguma beleza". Ana é pausada e suave, ao passo que Maria se mostra áspera e amarga, como quem abriga uma dor, um grande ressentimento.

De fato há, da filha para a mãe, uma animosidade evidente, que esta última experimenta vencer com doçura e palavras afetuosas, com gestos de aproximação que são sempre repelidos.

---

11. A. Rosenfeld, art. cit.

PIONEIRISMO E POESIA NO PALCO

É um estado de coisas que se percebe desde as primeiras falas. No primeiro diálogo que se trava entre elas, Ana fala com muita dor de uma filha morta – outra Maria. Mas também de alguma coisa que sente mover-se dentro de si, como se esperasse um filho. ("Como uma flor... quase nascendo?", lhe dirá o Homem depois. E o Visitante: "Por que não dizes... como tua própria carne // desabrochando?")

Nesse primeiro momento, a gravidez é uma idéia que parece suscitar em Maria um ódio ainda maior: ela mesma não tem filhos (a suspeita a respeito do marido, só surgirá mais tarde. Só em um momento posterior, perguntará exaltada: "[...] E como conseguiste? // Nesta casa vivemos só nós duas... E um homem // Fala!...")

Nessa noite, quando o marido chega (ele é simplesmente designado como *Homem*), encontra a mulher como habitualmente: amarga e distante. Queixa-se disso a Ana:

Homem – Ana, meu Deus, que solidão
Que triste é a tua filha
(...) Falo,
E é como se o meu hálito
Fosse de encontro a uma pedra
Nem a Terra, nem a Terra
Me causa tanto espanto.
Ana – É bela.
Homem – Uma fera pode ter o mesmo rosto (...)
Ana – É bela.
Homem – Que me importa! Que me importa
Se eu te desse uma flor cada dia
E sempre que a tocasses
O tato te feria...
Ana – Uma flor de cimento;
Homem – Aguda, fria. De gesso.

Maria e o Homem são dois seres separados por fundas diferenças, pois ele é doce e amável. Entre o Homem e Ana, ao contrário, paira uma atmosfera de harmonia.

O Homem comunica às mulheres que nessa noite receberão uma visita:

Homem – É um homem tão delicado
Encontrei-o no caminho por acaso
E queres saber? Eu nem lhe sei o nome.
(...) Tem apenas um defeito
Mas quase não se nota...
Uma corcova.

48 UM TEATRO DA MULHER

O Visitante – que dirá, depois, chamar-se *Meia-Verdade* – é descrito nas primeiras rubricas como "um homem alto, com leve corcunda. Nem feio, nem bonito, 45 anos [...] não deve ser tratado ostensivamente como um elemento mágico. Não deve ter tiques, apenas um certo sorriso, um certo olhar e gestos perturbadores". Ao chegar, o Visitante traz uma flor, que entrega a Ana:

> Prometi a mim mesmo
> Dar esta flor
> A quem primeiro surgisse
> Nesta casa
> E esta porta me abrisse.

Extasia-se com a beleza de Ana, imaginando no primeiro instante que se tratava da esposa do amigo.

Corcunda – Chama-se Ana? A tua Ana?
Homem – (*Sorrindo mas apreensivo*) – Minha? Estás louco. Sou casado com a filha.
Homem, ainda não bebeste
E já estás a delirar...
Corcunda – (*Ausente*) – Chama-se Ana.

Ana serve a ceia e o vinho, pois Maria, pretextando qualquer coisa, se recolhera. Conversam, então, os três. O comentário sobre a bandeja que Ana enfeitara para o hóspede, leva-os a falar da beleza:

Corcunda – Deve ser bom, ser belo. (*Olha para o Homem e para Ana*) Não é bom?

Ana diz que teme a beleza e, por insistência dos dois homens, acaba narrando o que certa noite lhe teria sucedido:

Ana – Ah, se soubésseis
Nessa noite atormentada
Como sofri de umas garras!
Corcunda – (*Extasiado*) – Como sois clara...
Homem – Mas deixai-a contar.
Ana – (*Sorrindo*) (*Grave*) – A noite sim era clara... (*pausa*) E eu pensava naqueles a quem perdi
(...)Quando a meu lado se fez
Uma sombra que a princípio
Lembrava um todo cortês
Pelo porte ereto, altivo...
E por isso, por ser tão belo
Eu olhei. Mas ah, senhor
A sombra se fez mais densa!
E olhando bem, *penso que vi*...

PIONEIRISMO E POESIA NO PALCO

Aquele cujo nome eu nem vos posso dizer...
Vós o sabeis. (...)
Desde esse dia pensei
Que a beleza pode ser clara
E sombria. Desde esse dia
Nem sei, temo por tudo
O que é belo. Temo...

O Visitante parece captar o que havia na história de Ana. E como ela insinuara que temia nessa sombra a presença de um ser terrível, sugere que pode não ser

o maligno como temes,
Mas o Divino... Teu amigo.

Diz isso olhando para o Homem e sorrindo. Ana, porém, dá sinais evidentes de mal-estar. Depois de muita hesitação, conta ainda:

Ana – Depois daquela noite
De milagre ou castigo
Já não sei... Tenho quase certeza
Ah, que vergonha, não direi!
(...)Tenho quase certeza
De que uma coisa moveu-se em mim
E se acrescenta aos poucos... (*lentamente*)
Como uma escada se encurvando
Descendo...

Maria entra nesse momento e "empurra o marido para longe de Ana".

Maria – Afasta-te.
Corcunda – (*Intervindo*) E se falássemos, se falássemos
Como se de repente a própria morte
E a vida estivessem presentes;
Maria – A morte.
Ana – A vida.

Estas três falas determinam um ponto decisivo na peça. É como se aqui pudesse estar começando o desenlace. É o ponto também em que *talvez* se formule o tema central da peça.

Antes do final, contudo, haverá ainda muitos conflitos, muito desespero. Maria se mostrará enlouquecida; o marido, acusado, chegará a esbofeteá-la. Ana pedira ao Visitante que interviesse:

Ana – Ah, se tu conseguisses
Arrancar de minha filha
Esse sal... esse demônio de mágoa.

Ele o faz agora (depois de pedir ao Homem que saia para caminhar um pouco), narrando a Maria a história de um "milagre":

Corcunda — Certa vez, uma mulher pediu Àquele (*olha para o alto*)
Àquele ser antes do Um, esse que é sol e noite,
Pássaro e coiote, que lhe fizesse brotar
Flores nos pés
....
Mas sabes por quê? Essa mulher
Tinha o andar da morte. Passo estacado,
Escuro. E onde ela pisava, tudo perecia:
Flor pequenina, verdura, açucena, bonina...

Maria — (*Dura*) — Ah, se me fosse dado esse poder
De ter o passo ensangüentado

Ana — Já tens a fúria de um galope na noite
A caminho do nada.

O Corcunda ainda dirá a Maria:

Corcunda — Podes não acreditar. Podes não acreditar
Mas é verdade. E também verdade, Maria,
É que Ana desejou tanto outra filha.

Ana — (*As mãos no ventre*) Maria.

Mas Maria, como quem começa a entender, de repente, volta-se para ele:

Maria — Espera... espera.
Então queres me meter na cabeça
Essa estória de milagres? Quem és?
Existe alguém que te conheça? Meia-Verdade...

E acabará por concluir que se enganara: era Meia-Verdade que visitava Ana nas noites:

Maria — E eu que nada percebia... como fui tola!
Às vezes ouvia passos...
seria sonho? (...) Mas por que
não me disseram que já se
conheciam? (...)

Sonha então com a criança que virá, faz planos. Enquanto fala, Meia-Verdade sai sem ser visto. E Maria espera, feliz, o marido que retorna agora. Fala-lhe e se dirige para o quarto: "Tenho tal sono... (*segura os cabelos tentando fazer uma trança. Olha para o marido*) E quem sabe...", enquanto Ana e o Homem se olham fixamente.

PIONEIRISMO E POESIA NO PALCO

É assim que, através de uma estrutura perfeitamente dramática, de uma ação em que há conflitos definidos, vividos por personagens autênticas e expressos com a força de metáforas surpreendentes – emerge o que poderia ser o tema central desta peça: vida e morte, percebidas como presenças fundamentais no mundo, partes inseparáveis de um todo, nascendo uma da outra e concomitantes no mesmo ser.

Anatol Rosenfeld considerou *O Visitante* "uma pequena obra-prima, completamente original e, ao que parece, sem nenhum paralelo na literatura dramática brasileira"[12].

O certo é que, num sentido amplo, uma coisa fica patente: o fato de se tratar não de um *poema dramático*, mas de um *drama poético* em todos os níveis. À sua elaboração subjaz uma intensa vontade dramática, isto é, um impulso profundo de dar forma delineável aos elementos da imaginação poética. Como se as imagens da poesia pudessem tomar corpo.

Auto da Barca de Camiri (ou *Estória muito Notória, De uma Ação Declaratória*) (*1967*)

Auto da Barca de Camiri, uma peça inteiramente escrita em versos de ritmo popular[13], é das mais livres e poéticas fantasias dramáticas de Hilda Hilst. Pela temática lembra principalmente *O Verdugo*, na qual se trata também da morte de um homem, cuja existência pode tocar as consciências, agitar o marasmo das acomodações, perturbar a vida de tal modo, que, em benefício da paz e da continuidade das coisas, a Lei e a Justiça devem procurar negá-la ou destruí-la.

Mas enquanto *O Verdugo* tem no conjunto o tom grave de um julgamento solene e terrível, dentro de uma ação quase "realista", *Auto da Barca de Camiri* é uma fábula fantasiosa, cujo clima a aproxima de *A Morte do Patriarca*, outra das "peças poéticas" da autora. Contudo, em comparação com esta última, o *Auto* apresenta um caráter satírico mais acentuado, uma graça mais pesada, talvez um humor mais farsesco.

Nascida, ao que parece, de uma grande indignação, o lirismo que a impregna é com freqüência atravessado por uma acerba ironia, por um grotesco que toca as raias da escatologia. Escato-

---

12. *Idem, ibidem.*

13. Ainda que muitas vezes estes versos não sejam marcados se não por assonâncias e rimas internas às falas.

logia, aliás, é o motivo que domina praticamente toda a primeira parte da peça.

A preocupação com a cegueira dos homens em relação àquilo que não se quer ver, que não interessa ver, toma a forma de uma violenta sátira contra a Justiça institucionalizada, contra a Lei que pode tornar-se refúgio da má fé e do medo ao *Novo*.

Camiri é a região onde morreu assassinado, em 1966, Ernesto "Che" Guevara, num episódio que parece ter tocado a sensibilidade de alguns poetas na ocasião, como se com esse homem tivesse morrido o último mito heróico do nosso tempo. "Che" Guevara não é abertamente mencionado no texto (os elementos que a ele se referem são fortemente simbólicos), o qual focaliza uma absurda sessão de tribunal.

O que se passa nessa curiosa sessão, e que constitui a ação da peça, é muito simples em relação ao inusitado das personagens que a vivem, em relação ao que é dito, ao modo como é dito, à oportunidade que se cria para que se manifeste certo humor ácido e irreverente e, ao mesmo tempo, para que possam aflorar e expandir-se poeticamente os temas preferidos da autora.

No entanto, tal como ocorre com outras peças de Hilda Hilst, parece não haver meios de falar de *Auto da Barca de Camiri*, de sugerir o que ela é, senão referindo quase literalmente os termos, as expressões em que é escrita.

Dois juízes – um Velho e um Jovem, a mesma dupla que aparece em *O Verdugo* – chegam a uma cidade qualquer encarregados de apurar algo a respeito de certo homem. Não se trata propriamente de julgá-lo, porém, mais exatamente, de provar a sua *inexistência*.

Aquele lugar – como diz um deles – "é certamente o fim do mundo ou o inferno" e a incumbência que receberam, muito difícil:

> Pedem-nos o impossível
> Saber de um homem
> Que bem poucos vêem.
> Tão poucos o sabem
> Que é o mesmo
> Que falar do invisível.
>
> Bem por isso resolvem
>
> Que é melhor julgarmos
> O que nos parece mais real.

Entretanto, um dos juízes conta que ao chegar viu um homem, rodeado de pássaros e cães, que "tinha nas mãos um possível maná". Esta visão as testemunhas vão confirmar.

PIONEIRISMO E POESIA NO PALCO

Desde o início, enquanto conversam, ouvem-se tiros e rajadas de metralhadora, vindos de fora. Este som cortante e ameaçador, que pode indicar o clima tumultuado da cidade em que estão, pontua todo o desenrolar da ação (como acontece também em *A Morte do Patriarca*), com a peculiaridade de secundar as palavras dos juízes toda vez que mencionam a Lei. É, ao mesmo tempo, a única modalidade de som que as rubricas sugerem. (Interessante notar que, ao passo que existem abundantes sugestões para o emprego de elementos de ordem visual ou plástica, nas rubricas de Hilda Hilst, em geral, não aparecem indicações para a utilização de música: o som que em algumas peças, segundo o texto, chega ao ambiente da ação é o de tiros isolados e de rajadas de metralhadoras[14].)

Enquanto se preparam para ouvir as testemunhas, despindo o terno preto, os juízes travam um primeiro diálogo que constitui uma espécie de prólogo, antes do início da ação propriamente dita. As falas se alternam, mas na verdade não há nelas nenhum traço que permita distinguir, como diferentes, os dois interlocutores: são um prolongamento ou eco um do outro e estão sempre de acordo. A uma afirmação do Juiz Velho de que "os homens fedem", o outro assente: "Tem razão, tem razão. Os homens são seres escatológicos. Esse tema é ótimo para discorrer". Vira-se então para a platéia (esta é também uma das raras peças em que há falas claramente dirigidas ao público) e começa a explicar o que é escatologia (acrescentando, numa ferina alusão ao teatro da época ou à pouca recepção que ofereceu ao próprio teatro da autora).

Juiz Jovem – Para vencer o ócio dos senhores que dia a dia é mais freqüente, // não bastará falar sobre o poder, a conduta social, a memória abissal, o renascer. // É preciso agora outro produto para o vosso paladar tão delicado. // E se pensássemos num tratado de escatologia comparada? Nada mais atual, nem mais premente.
Juiz Velho – Comparada com quê?
Juiz Jovem – Com tudo! Com tudo! (...)
Juiz Velho – Tudo isso é bem, para o teatro. Fale merda para o povo e seja sempre novo.

Quando o Juiz Velho lhe chama a atenção para um segundo sentido que a palavra escatologia pode ter

---

14. Excepcionalmente na última versão da peça, provavelmente elaborada para o espetáculo que se apresentou em São Paulo no ano de 1987, há letras para três músicas.

54 UM TEATRO DA MULHER

> Um, é essa tua matéria. O outro faz parte da teologia. Escatolo-
> gia: doutrina das coisas que deverão acontecer no fim do mundo,

o Juiz Jovem se regozija:

>> Mas está perfeito! Uma surpreendente analogia! No fim do
>> mundo, sobre nossas cabeças uma nova esfera: a coproesfe-
>> ra...

Mas a dissertação sobre escatologia é interrompida pela entrada do Trapezista. O Trapezista, juntamente com o Passarinheiro e o Prelado – como também o Agente Funerário – é uma das testemunhas do caso a ser investigado; mas é também uma espécie de mensageiro alado, que de vez em quando irrompe trazendo notícias de fora. Ao chegar, desta primeira vez, salta para o trapézio (de onde já anunciara a peça, num primeiro instante) e, entusiasmado, se põe a falar do homem que vira:

Trapezista – Se me permitem, Excelências
Que maravilha!
O homem ficou suspenso!
Nada nas mãos que o prendesse
Ao chão! Assim no ar!
Como libélula!
Mas sem o estremecer daquela!
Tranqüilo como em repouso!
Sem esforço!
E que luz abundante sobre a roupa!

Mas os juízes, com ademanes de quem sente mau cheiro, o expulsam, porque ainda estão "quase nus", e começam a vestir as togas. Nesse momento, o povo invade a sala cantando e tentando fazê-los dançar, mas é igualmente afastado, enquanto os juízes, aflitos, tapam as narinas[15].

Finalmente, começa a audiência.

A segunda testemunha é o Passarinheiro ("mas o que eu caço, eu não mato"). Como o Trapezista, ele também viu o homem. Mas queixa-se de que o Agente, o "Agente Funerário, o Agente dos Mortos", quer obrigá-lo a declarar que não viu nada. Do lado de fora, o Agente grita que o deixem entrar:

Agente – Ele não viu o homem!
Ele não viu o homem!
Eu vou morrer de fome.

---

15. Esta cena do povo não existia na versão mais antiga do texto (de 1967) e a autora deve tê-la incluído na revisão que foi feita, em 1987, para uma montagem em São Paulo.

O Passarinheiro explica que o Agente quer sempre vender o seu caixão:

O Agente quer sempre entrar
Para estender o morto no caixão
E uma vez o morto distendido
Sobre o duro colchão... Aí está
Está vendido... (...)
Porque se o homem existe
Como eu vi
E começa a ressuscitar
Seja o que for
Homens ou bentevis
Ele morre de fome!

Fala depois liricamente dos prodígios que o homem realiza ressuscitando pássaros. São falas em que a autora dá largas a sua expressão poética. (No teatro poético de Hilda Hilst, voltam com freqüência as imagens do *pássaro*, da *asa* e do *vôo*, como metáforas do espírito e do anseio de elevação humana a esferas mais altas. Nesta peça, das três figuras que significam a *vida*, as testemunhas que afirmam a existência do homem – o Trapezista, o Passarinheiro e o Prelado – duas se ligam à idéia do vôo, à sugestão do alçar-se: o Trapezista e o Passarinheiro.)

Durante as falas do Passarinheiro, o Agente Funerário penetra na sala[16]. Ele não pode admitir a existência do homem, nem uma ressurreição de pássaros que possa provar essa existência:

Agente – Porque se o pássaro morre uma vez, está morto, não é? Seja qual for a aparência.

Tal lógica convence os juízes:

Juiz Velho – Parece-me razoável. Essa testemunha não fede. É decente.
Juiz Jovem – As autoridades cuidam bem de seu agente.

Voltando, o Trapezista declara que o homem *falou* e que disse ser "irmão d'Aquele".

Juiz Velho – D'Aquele... de quem seria? (*Pausa*)
Trapezista – Do Cristo! E de quem mais, e de quem mais?
Juiz Velho – Do Cristo?
           Aquele... Aquele,
           Aquele pode ser três

16. Entre uma intervenção e outra dessas personagens e, paralelamente, durante suas falas, os Juízes comentam o caráter escatológico do "entra e sai" das testemunhas, confirmando sua tese inicial.

56 UM TEATRO DA MULHER

Buda, Lenin, Hermes Trimegisto (...)
Juiz Jovem – Ulisses! Orfeu!

(A referência a figuras do mesmo gênero, num confronto com Cristo vai aparecer também em *A Morte do Patriarca*.) O Trapezista fala então longamente sobre o homem, seu olhar, seus gestos lentos:

Trapezista – Senhor, move-se com tanta liberdade
Com andar elástico, espaçado
Como um cavalo de salto
Mas se o procurardes
Não está onde deveria.
Juiz Jovem – É leve assim? Como um círculo
Desenhado no espaço?
Juiz Velho – Esse homem não é (...)
Não é, não é!
Não o consigo ver.

A última testemunha a entrar é o Prelado, que se apresenta como "aquele que vê". E narra o que viu: "O homem e sua sombra".

Prelado – Sim, sim!
Vi-o lutando com uma sombra
Era ágil e esquivo a todo golpe (...)

Discutem sobre a sombra: "De quem seria?" "Senhor... a demonologia explicaria bem", responde o Prelado.

Juiz Velho – Ora, ora...
E por que não a sombra do divino?
Trapezista – Mas luta-se com Deus?
Juiz Velho – Luta-se com a vida
Com a morte, com o destino
E por que não com Deus?

Juntos, o Prelado e o Trapezista desejam que os juízes declarem o homem existente e que, ao mesmo tempo, os libertem do Agente. O Prelado suplica ainda que lhes permitam, a ele, ao Passarinheiro e ao Trapezista, seguirem o homem que viaja acompanhado de cães e pássaros, já que os homens não quiseram ouvi-lo.

Prelado – O homem faz o apelo
E quem o vê
Pode segui-lo
E libertar-se do Agente
Por inteiro!

PIONEIRISMO E POESIA NO PALCO

Por fim, depois de uma vigorosa rajada de metralhadora, o Trapezista sai da sala. A seguir, ouve-se um tiro seco e ele volta, ofegante, para anunciar:

```
Trapezista  – Senhores, o homem está morto
                Tudo o mais é suposto
Juiz Jovem  – Morto? O homem do milagre?
                Não era tão milagroso? (...)
Trapezista  – Morto. Mas não enterrado.
                Crivaram-no de balas
                Mas agora tem o rosto
                À semelhança d'Aquele
                Que dissemos.
```

Neste ponto, a rubrica pede a projeção de imagens, rápidas, do rosto e do corpo do Cristo nas telas de Ticiano.

```
Trapezista  – Pelo meu Deus!
                Não é o mesmo rosto?[17]
```

Fala-se, a seguir, não mais dos milagres, mas do "canto" do homem, isto é, metaforicamente, de sua mensagem:

```
Trapezista   – O canto era de dentro
                 Imenso, tão largo
                 Que seria necessário muito tempo
                 Para que os ouvidos entendessem!
                 Muito espaço
                 Para que o coração de todos
                 Se largasse!
Tristíssimo, o Trapezista quer subir:
                 (...) Ó! eu quero subir!
                 Eu quero subir!
Juiz Jovem   – Trapezista, essa asa na lei não está prevista!
Juiz Velho   – Prelado, nossa sentença
                 Será conivente
                 Com toda a decência:
Juízes       – (Juntos) – Se tal homem existiu
                 A lei nunca o soube
                 Nem nunca o permitiu.
```

Depois se anuncia que mataram também os pássaros e os cães "para que não se transformassem em guardiães... de um futuro!"

---

17. Foram muito divulgadas, na ocasião, fotografias do rosto de "Che" Guevara morto, as quais realmente lembravam certas imagens do rosto do Cristo. Essas fotografias terão sido, provavelmente, o ponto de partida da constante aproximação entre as duas figuras que, poeticamente, se estabelece nesta peça.

58   UM TEATRO DA MULHER

O Juiz Velho dá então o último conselho:

> Que todos os três, daqui por diante, vendo alguma coisa, por favor, por favor, não insistam. E que nosso caro Agente, nosso digníssimo Agente, continue a dar ao povo, o que o povo merece, isto é, sempre, sempre a cada vez mais, um envoltório decente... dar aos homens um caixão, um envoltório, em outras palavras, colocá-los num ardil, numa armadilha, num alçapão, resguardá-los de toda e qualquer visão. Se tudo isso não se cumprir, a Lei...

Ouve-se a seguir, muito de perto, uma rajada vigorosa de metralhadora e o Passarinheiro, de braços abertos, entra para cair morto. Morrem também, com novas rajadas, o Trapezista e o Prelado. A Lei é finalmente vitoriosa.

Fecham a peça as últimas falas dos Juízes:

Juiz Jovem — Por favor, Excelência, não insista
        Venha, vamos embora... Venha
        depressa. Que cidade! Que visita!
        Um homem fazendo milagres,
        pura fantasia, que vaidade!
        Nem lícito seria que vivesse,
        quem assim vivia.
Juiz Velho — Mas agora, o que fazer?
Juiz Jovem — Agora, Excelência, agora...
        Vamos comer!

Esta fala, evidentemente, se liga à escatologia sobre a qual discorreram no início.

Como se vê, a peça de Hilda Hilst nada tem de registro do fato histórico, nada que se pareça a uma reportagem dramatizada, como seria presumível a partir da circunstância de tomar como tema um acontecimento que poderia ter tido, naquele momento, o caráter de um episódio jornalístico (a única alusão direta é a palavra *CAMIRI* do título). Muito ao contrário, *Auto da Barca de Camiri* revela com toda a clareza a *maneira peculiar* da autora, a via pela qual aborda e trata "fatos concretos". Uma maneira nitidamente poética que a leva a extrair desses fatos toda a possibilidade de transcendência que possam ter as meras circunstâncias empíricas em que ocorreram, e a erguê-los à categoria de uma reflexão mais ampla. Nesse procedimento poético, todos os recursos são válidos: do alto lirismo de tom religioso, à farsa e à escatologia.

É bem verdade que, neste caso, talvez, não se possa negar certo exagero em associar desta forma "Che" Guevara a Cristo. Trata-se contudo de um "excesso poético" extremamente fecundo.

As Aves da Noite (1967/1968)

Com *As Aves da Noite* pretendi ouvir o que foi dito na Cela da Fome, em Auschwitz. Foi muito difícil. Se os meus personagens parecem demasiadamente poéticos é porque acredito que só em situações extremas é que a poesia pode eclodir VIVA, EM VERDADE. Só em situações extremas é que interrogamos esse grande obscuro que é Deus, com voracidade, desespero e poesia.

As circunstâncias que levaram ao que aconteceu na Cela da Fome, em Auschwitz, naquele ano de 1941, estão também indicadas na abertura do texto:

Do campo de concentração fugiu um prisioneiro. Em represália os SS, por sorteio, condenaram alguns homens a morrer no Porão da Fome. Figurava entre os sorteados o prisioneiro nº 5 659, que começou a chorar. O padre católico franciscano, Maximilian Kolbe, prisioneiro 16 670, se ofereceu para ocupar o lugar do nº 5 659. Foi aceito. Os prisioneiros foram jogados numa cela de concreto, onde ficaram até a morte. O que se passou no chamado "Porão da Fome" ninguém jamais soube. A cela é hoje um monumento. Em 24 de maio de 1948, teve início em Roma, o processo de beatificação do Padre Maximilian Kolbe.

É então a imaginação do poeta, a quem a idéia de um episódio como este pode comover em seus fundamentos humanos, que tentará criar a visão do que poderiam ter sido as últimas horas desses condenados e, entre eles, as da figura quase absurda desse padre. Uma figura que Hilda Hilst consegue levantar em sua precariedade humana e em seu inexplicável heroísmo. Mais do que heroísmo, em seu martírio voluntário.

As Aves da Noite do título evocam aquelas figuras que a mitologia do terror, neste século, incorporou ao nosso imaginário: os SS, que rondam a cela dos prisioneiros e que podem irromper a qualquer instante para acrescentar medo ao medo desses homens.

A peça permite a plena expansão do temperamento poético da autora, é oportunidade perfeita para que venham à tona e tomem forma contundente os temas dominantes da poesia e do teatro de Hilda Hilst: o grito pela liberdade essencial do ser, as perguntas irrespondíveis sobre a existência do mal, sobre o mistério de Deus, sobre o sentido da vida e da morte. Mas também sobre o mistério do corpo perecível. Aflora aqui aquele mesmo interesse que, com muita freqüência em sua obra, incide sobre a ciência e a matéria, como mistério a ser decifrado.

Onde não haveria, em uma peça como esta, em princípio, probabilidade de mudança, de ocorrência de acontecimentos modificadores, a autora consegue, no entanto, construir uma ação teatral, uma ação verdadeiramente trágica, que consiste na imobilidade exterior e na angústia da espera, ao modo de outras espe-

60 UM TEATRO DA MULHER

ras trágicas como a das *Troianas*: nada pode acontecer senão o acréscimo de dor e desespero.

Os cincos homens que na Cela da Fome aguardam a hora de morrer trazem para esse presente terrível e para essa cela estreita a dimensão do passado, a única dimensão da vida a que podem recorrer. É com esse passado, a cada instante trazido para o confronto com o presente, que Hilda Hilst dá substância a sua peça.

Embora destinados ao mesmo fim, os cinco homens são diferentes – diferentes sua origem e sua história, diferente o comportamento de cada um diante do sofrimento e da perspectiva da morte, diferente o tipo de relação que cada qual estabelece com os demais. Além do padre Maximilian, ali estão dois jovens, um estudante de biologia e um poeta e mais dois homens já maduros: um joalheiro e um carcereiro. Não é arbitrária, ou melhor, não é indiferente a escolha dessas atividades para cada um dos condenados, já que elas se constituem nos traços principais que definem o caráter de cada qual como personagens.

Assim, o poeta, que é ainda um adolescente (tem só 17 anos), pode-se tornar uma criança desesperada que Maximilian tentará amparar; ou, quando os outros lhe pedem ("Isso pode nos aliviar"), repetirá poemas seus em que fala de si mesmo como poeta e como aquele que desaparecerá:

> Curvo-me sobre o que foi rosto. Oval em branco
> Pálpebra remota
> Boca disciplinada para o canto. O braço longo
> Asa de ombro... [...]
> Depois a noite, corpo imenso
> E a palha do meu nome.

O estudante de biologia lhes contará certa experiência com o falcão para explicar que a carne se dissolve; o joalheiro dirá da indestrutibilidade das pedras, deixando implícita a constatação da fragilidade do corpo humano. E o carcereiro, que é aquele cujo desespero leva principalmente ao ódio e à cólera, se torna agressivo e irônico e fará perguntas.

Mas todos se interrogam sobre o mistério que é para eles Maximilian, e o interpelam:

Poeta   – (*Para Maximilian. Exaltado*) – Por quê? Por que? Por quê você escolheu esta nossa 'morte quando podia ter a vida? Ainda que fosse aquela... Era vida – Que força te conduziu a isso? Por quê?

(*Pausa*)

Maximilian – (*Levantando-se. Voz lenta*) – Me foi dada... uma força... me foi dada.

Estudante   – Te foi dada?

PIONEIRISMO E POESIA NO PALCO 61

Poeta — Por quem?
Estudante — Por Deus?

(Pausa)

Maximilian — Deus... Amor...
Poeta — *(Debilmente)* Nosso Deus dorme há tanto tempo...
Maximilian — Vigia.
Poeta — *(Tom crescente)* Dorme! Dorme! Dorme um sono tão profundo que as pálpebras enrijeceram. E nunca mais se abrirão.

E é com ironia perspassada de amargura que o carcereiro se refere à escolha de Maximilian, como se o chamasse não de louco, mas de soberbo:

Carcereiro — Ele a si mesmo se escolheu. Ele quis.
Poeta — *(A Maximilian)* Como é que você pode? Fala!
Joalheiro — Maximilian, você é feito de carne?
Carcereiro — De ossos. Você não vê?
Estudante — De células carnívoras, como todos nós.
Poeta — São carnívoras?
Estudante — A natureza das células orgânicas é carnívora.

No entanto, essas discussões não são frios debates, mas interrogações desesperadas que empenham os seres por inteiro. Enquanto não há quase nenhum movimento em termos de acontecimentos exteriores, a peça desenvolve através delas um movimento interno, uma tensão crescente que mantém viva, até o final, a participação emocionada do espectador ou do leitor. O avanço do tempo e a aproximação do fim vão-se acelerando no mesmo ritmo em que vai crescendo o grau da abjeção dos carrascos, até atingirem, em determinados momentos, o paroxismo. Isso ocorre, por exemplo, a cada entrada do SS. Em uma delas, ele traz uma mulher que atira para dentro da cela.

É uma prisioneira como os outros, porém não com o mesmo tipo de condenação. Sua presença ali é mais um escárnio: o SS pretende que ela "sirva" aos "porcos", como os chama, e a empurra em primeiro lugar para Maximilian, obrigando-o a beijá-la.

Quando o SS se retira (constantemente se ouve fora ou sobre suas cabeças o ruído aterrador das botas), os prisioneiros querem que a mulher conte de onde vem e o que faz. Maximilian não conseguirá impedi-los de insistir e, por fim, de ficarem sabendo: sua função é fazer, juntamente com outros, naquele mesmo campo, a "limpeza" das câmaras de gás, onde se amontoam os corpos dos que acabaram de morrer: uma etapa posterior àquela que os habitantes do Porão da Fome estão vivendo. Essa mulher, depois, se tornará um deles. E precisará de amparo e poderá amparar os demais.

62 UM TEATRO DA MULHER

O SS volta no final para oferecer a Maximilian, num último gesto de escarnecimento, uma coroa de arame farpado:

SS – (*Aproximando-se de Maximilian, que o encara*) Ainda consegue levantar os olhos, Padre Maximilian? Escute... ainda podemos trocar o 5 659 por você. Quer? (*Pausa*) Não quer? (*Pausa*) Eu já sabia.

Entrega-lhe então a coroa que Maximilian recusa: "mas... eu não sou digno". O SS oferece-a depois a um por um dos outros e acaba tendo a idéia de que ela deve ser de todos. Obriga-os a formar um círculo em torno da coroa e, a seguir, expulsa a mulher, que resiste, como resiste o Estudante que é espancado.

SS – Elas se acostumam com tudo, essas porcas. Com tudo. (*Pausa. Detém-se junto à porta. Fala suavemente*) Daqui por diante, senhores (*lentamente*), uma santa madrugada, um santo dia, uma santa madrugada, um santo dia, como uma roda, senhores, uma roda perfeita... Perfeita, infinita, infinita. (*Riso discreto. Sai abruptamente*)

Como para outras peças suas, Hilda Hilst imagina um cenário cuja imagem não se destaca da concepção do todo, e é minuciosa na descrição que faz dele: "Idealizei o cenário de *As Aves da Noite* de forma a conseguir do espectador uma participação completa com o que se passa no interior da cela".

Este cenário, que é pensado basicamente como um cilindro imensamente alto, tem uma forma análoga à do tubo usado na experiência com o falcão que o Estudante descreve:

Estudante – Puseram carne dentro de uns tubos de metal e fizeram o falcão engolir.
Poeta – (*Com ironia*) Que delicadeza!
Estudante – Para investigar o processo digestivo.
Carcereiro – Do falcão?
Estudante – É.
Carcereiro – Então?
Estudante – (*Olhando em volta da cela*) Os tubos eram fechados nos dois lados por uma telinha de arame (...) O falcão era obrigado a engolir esses tubos mas depois punha pra fora.
Carcereiro – Vomitava?
Estudante – É.
Joalheiro – Esses tubos... com a carne?
Estudante – Não. Somente os tubos.
Carcereiro – (*Apreensivo*) E a carne?
(*Pausa*)
Estudante – (*Sorrindo*) A carne se dissolvia... (*Pausa*) A carne... se dissolvera.

O texto de *As Aves da Noite* interessou a encenadores entre 1980 e 1982, tendo sido montado primeiro um espetáculo em São

PIONEIRISMO E POESIA NO PALCO

Paulo, em 1980, e outro no Rio, em 1982. Nessa ocasião, um pequeno artigo de M. Tereza Amaral afirma que fora escrito entre 1967 e 1968 e "pensado como metáfora da noite brasileira"[18].

O Novo Sistema (1968)

O Novo Sistema, de 1968, ainda se prende, por alguns aspectos às duas primeiras peças, de certo modo mais a *A Possessa* que a *O Rato no Muro*. Volta aqui, numa forma teatral mais clara, a mesma atmosfera de "ficção científica" que as impregnava, volta o interesse pela ciência; mas se manifesta principalmente, agora de maneira inequívoca, a preocupação com a ciência do nosso tempo, propondo a reflexão sobre o papel que ela terá nas novas formas de organização social e política e nas formas de sentir e pensar, em definitivo, procurando alertar para as alterações profundas que certa "aplicação" dessa ciência poderá produzir no homem do futuro.

Anatol Rosenfeld fala desta peça como de "uma utopia negativa à maneira de Aldous Huxley (*Admirável Mundo Novo*) ou George Orwell (*1984*)". É realmente impossível tomar conhecimento de *O Novo Sistema* sem lembrar o universo desse tipo de ficção.

As indicações iniciais descrevem um cenário que é uma praça na qual, ao fundo, um grande triângulo equilátero (a mesma figura que domina o cenário de *A Possessa*) gira lentamente; nos lados do triângulo deve estar escrita a frase ESTUDE FÍSICA. Frente ao triângulo, lateralmente, há dois postes e em cada um deles um homem amarrado. "O aspecto geral da praça é de extrema gravidade", assinala a rubrica.

Essas indicações são seguidas de um pequeno texto que é como um prólogo esclarecedor:

Em 1939 [diz a autora] Edwin Bovan escrevia a Arnold Toynbee: Não penso que o perigo que defrontamos seja o da anarquia, mas sim o despotismo, a perda da liberdade espiritual, o Estado totalitário, universal, talvez. Então o mundo poderia entrar em um período de petrificação espiritual, uma ordem terrível, que para as altas atividades do espírito humano seria a morte. Em tal Estado totalitário, parece-me possível, enquanto murchassem a filosofia e a poesia, que a pesquisa científica poderia continuar com grandes descobertas.

A "utopia negativa", de *O Novo Sistema* quer ser uma ilustração contundente desse mundo que Bovam descreve e do peri-

---

18. Maria Teresa Amaral, "Aves da Noite", *Última Hora*, 16.9.1982. A informação se deve provavelmente à própria autora.

64 UM TEATRO DA MULHER

go de "petrificação espiritual" que ele representa. Hilda Hilst retoma, com a intensidade que lhe é peculiar, o que talvez seja o interesse central de todo o seu teatro: o alerta para o risco de desumanização do homem pela perda da liberdade do espírito.

Trata-se de descrever um Estado projetado basicamente como uma imagem ampliada das estruturas do átomo de que a Física se ocupa. Mas a transformação não foi ainda operada por inteiro. Dos homens que devem viver dentro desse mundo, alguns ainda oscilam no limiar de dois sistemas. Daí o caráter dramático da história.

As novas gerações estão sendo educadas para responderem às expectativas do novo modelo e se tornarem os homens do futuro. A peça, aliás, centra-se no tema dessa educação, como revelam muitos dos seus elementos, especialmente o *Menino*, cujos pais, ainda indecisos, não o orientam de modo conveniente; e a *Menina*, filha do *Escudeiro-mor*. Ela é um produto acabado no Novo Sistema e o representa.

Os mais velhos e aqueles que não conseguem adaptar-se ou não colaboram devidamente estão sendo eliminados. Só os físicos serão poupados... por enquanto, pois, embora resistindo no começo quando são solicitados ("Impossível, praticamente impossível! Presta-se a distorções irremediáveis, impossível... A Física é a Física"), são indispensáveis na tarefa de preparar os que hão de substituí-los.

Os pais, que não queiram ou não possam dar orientação correta aos filhos, correm o mesmo risco de eliminação. "Eu sei que os pais nunca saberão colaborar." Ou:

Os pais se alegram [com a nota mais alta de Física, dos filhos] porque através das crianças lúcidas do Novo Sistema estão escapando da morte – [explica a Menina] [...] Os pais carregam a morte porque já são muito velhos para se esquecerem dela.

O *Menino* é realmente um produto estranho. Está entre os melhores, "é a nota mais alta de Física" de seu grupo e, portanto, um privilegiado, mas aparentemente não tem um "bom rendimento": não tira das lições que aprende todas as ilações que deveria tirar. Não entende, por exemplo, por que aqueles corpos expostos na praça e olha, impressionado, para eles por mais tempo do que a lei permite.

Os pais, que se mostram felizes com a nota mais alta (e com o emblema que o menino traz no boné, como distintivo, uma caixa preta com a tampa levantada), não conseguem desviar-lhe a atenção desses corpos, nem evitar as perguntas insistentes que faz sobre eles. Ainda que conheça muito bem os postulados da Física

PIONEIRISMO E POESIA NO PALCO

e seja capaz de repeti-los com perfeição, não percebe – como lhe diz a *Menina* depois – a analogia desses postulados com os princípios e a organização do Novo Sistema.

Ansiosa para que ele faça a necessária ligação entre as coisas, e as entenda para não correr riscos, a mãe quase o obriga a recitar os postulados de Niels Bohr que foram temas da prova. Pelo menos, dois deles:

Menino – (*Lentamente*) Primeiro: "de todas as órbitas circulares elípticas mecanicamente possíveis para os elétrons que se movem em torno do núcleo atômico (*levanta a voz*), apenas poucas órbitas altamente restritas são 'permitidas' e a seleção dessas órbitas permitidas faz-se com a observância de certas regras especiais" (*diminui a voz*).
Segundo: "ao girar ao longo dessas órbitas em torno do núcleo (*levanta a voz*), os elétrons são 'proibidos' de emitir quaisquer ondas eletromagnéticas, embora a eletrodinâmica convencional afirme o contrário"[19].

Apesar das exclamações entusiasmadas da mãe ("Oh que beleza... Afirme o contrário! Que beleza..."), o menino continua a não entender, a olhar, mesmo na presença dos escudeiros que estão trocando os corpos, e a fazer perguntas. Ela não consegue acalmá-lo:

Menino – Eu estou com os pés molhados. E não agüento mais ver esses homens.
Mãe – Mas você tem de se acostumar. Sempre que voltar da escola e passar pelas praças vai ver esses homens.
Menino – Sempre?
Mãe – Pelo menos durante muito tempo ainda. Hoje são esses, amanhã serão outros.
Menino – Mas você acha que está certo?
Mãe – Menino, pensa na Física, pensa na Física. Nas órbitas permitidas, ouviu?

Inútil. Para ele, a Física é... a Física. O pai também não conseguirá nada.

A conseqüência é que o "rendimento" insatisfatório e o comportamento do filho (*Escudeiro 1* (*severo*) – "Ele parecia olhar de um jeito fora da lei. Demorou olhando. O seu menino demorou olhando") acabarão provocando a convocação dos pais para um "esclarecimento", enquanto o menino fica sozinho na praça.

Uma *Menina* então se aproxima dele. Ela é também uma nota mais alta, "a nota mais alta de Física de seu bloco", o que se

---

19. Adiante se explicará a analogia dos *elétrons* com os indivíduos e do *núcleo atômico* com a cúpula dirigente.

66 UM TEATRO DA MULHER

conhece logo porque traz no boné o emblema da caixa preta com a tampa levantada. Isso lhe permite conversar com o menino: os portadores daquele distintivo só devem comunicar-se com outros de seu nível, com os que forem igualmente "a nota mais alta de Física"[20].

A menina (que a certa altura afirma orgulhosa: "Eu sou o Novo Sistema") quer ajudá-lo. Quer fazê-lo entender coisas que até agora ele não pudera perceber: "Você não compreende? Neste nosso tempo você só existirá se individualmente representar o ser da coletividade. O ser da coletividade. Entendeu?"[21] Ele, porém, insiste na sua obsessão:

Menino – Mas a coletividade não vê os homens?
Menina – Não como você vê...

Logo depois, quando quer saber por que ela não o denuncia como era "o dever de qualquer um com a nota mais alta de Física" e lhe pergunta: "Você me ama?", ela responde: "[...] Não, eu não te amo. Eu não sei o que é o amor. Eu sei o que é atração e repulsão. Você me atrai"[22].

Este é o mais longo e dos mais interessantes diálogos da peça, no qual, através de inúmeras explicações da menina, de perguntas do menino – e do conflito que se estabelece entre eles – se insinua com grande força a poesia da autora. E se tornam mais nítidas suas idéias, mais incisivas suas colocações sobre o tema.

Os pais do menino, na verdade, não voltarão mais para buscá-lo, como haviam prometido. Algum tempo depois ele percebe o que acontecera e se desespera.

Menino – E é isso que você fez comigo até agora? Você simplesmente ganhou tempo? (*Pausa. Desesperado*) Enquanto meus pais... eu compreendi. Eu compreendi.

A menina acabara de dizer-lhe: "Uma de minhas tarefas é essa, não permitir que as crianças iguais a você perturbem o trajeto de seus pais anêmicos para a morte". E acrescenta: "E você deveria estar contente... por ter compreendido. A nossa única alegria é o entendimento".

20. A complicada simbologia da caixa preta, que só será aberta pelas novas gerações, é explicada mais adiante pela Menina.

21. A idéia do "ser da coletividade" que se deve anular "o ser individual" é tema largamente tratado nesta passagem da peça.

22. O problema da atração e repulsão entre "os seres do Novo Sistema" será tratado longamente no trecho final da peça.

PIONEIRISMO E POESIA NO PALCO   67

Menino – E tudo será sempre assim? O entendimento Sem amor? Sem amor?

A seguir ameaça matá-la, enquanto ela protesta: "Não adianta, minha morte não te salvará do Instituto*, nem salvará teus pais da morte. Eles já estão mortos. Não adianta. Pare. Não adianta..." Mas o menino a mata, e depois é submetido a julgamento, enquanto um alto-falante proclama: "Nenhum castigo corporal para a nota mais alta de Física (*duas vezes*). Nunca inutilizem uma nota alta de Física (*duas vezes*)".

Discute-se então longamente o amor, em termos do Novo Sistema e dos princípios da Física. A despeito de certa discordância de um dos Físicos presentes, que também não entendem a perfeita aplicação desses princípios ao Sistema, afirma-se que "os seres do Novo Sistema que aprendem a Física pelo Novo Sistema sempre se repelem, sempre se repelem... humanamente. É compulsório que se compreendem "apenas política e cientificamente"; e que: "as notas mais altas de Física devem dar filhos à nossa nação. E para isso serão estimulados apenas o tempo necessário. Os que não puderem ser a nota mais alta, jamais procriarão".

A autora coloca ainda nas últimas falas o que seriam, para os que o implantaram, as razões do Novo Sistema, concebido segundo as sugestões da teoria da relatividade. As perguntas do Escudeiro-mor, os Físicos respondem expondo as causas do nascimento da teoria e em que consiste sua força. O Escudeiro-mor explica então a analogia com o Novo Sistema:

Físico 1   – De acordo com seu descobridor, a teoria da relatividade nasceu da necessidade, de contradições sérias e profundas na velha teoria, para as quais parecia não haver saída.

Físico 2   – (...) a força da nova teoria está na consistência e simplicidade com que resolve todas as dificuldades usando apenas umas poucas suposições muito convincentes.

Escudeiro-Mor – Muito bem, senhores. Eis a minha resposta: a prática do Novo Sistema nasceu da necessidade, de contradições sérias e profundas do Velho Sistema político, para as quais parecia não haver saída... A força do Novo Sistema está na consistência e simplicidade com que resolve todas as dificuldades usando apenas (*aponta os postes*) umas poucas práticas, executadas de maneira muito convincente.

No seu comentário sobre *O Novo Sistema*, Anatol Rosenfeld considera que a autora poderia sugerir com maior nitidez que "a obra não se dirige contra a ciência e a técnica como tais", mas apenas contra o uso falso e desumano que se faz delas. Parece-

---

* Instituição destinada à reeducação de jovens recalcitrantes.

68 UM TEATRO DA MULHER

nos, no entanto, que Hilda Hilst deixa isso suficientemente claro, não só chamando a atenção para a resistência, a relutância dos Físicos em participar do processo (várias vezes se diz que eles não estão sendo bastante explícitos), como acrescentando ao final um poema no qual se manifesta essa postura e se reforça seu empenho verdadeiramente *didático*. Os atores juntos devem dizê-lo dirigindo-se ao público:

> Nós temos medo, sim. Nós temos muito medo...
> Este nosso tempo de feridas abertas
> . . . .
> Nós temos medo de que o Velho Sistema em que vivemos
> Pelas chagas abertas, pela treva
> Nos atire
> Para um novo sistema de igual vileza
> Ah! nosso tempo de fúria!
> Ah! nosso tempo de treva!
> . . . .
> Que os homens se dêem as mãos
> Que a poesia, a filosofia e a ciência
> Através da lúcida alquimia
> Nos prepare para uma transmutação
> Asa de amor
> Asa de esperança
> Asa de espanto (*pequena pausa*)
> Do conhecimento.

O Verdugo (1969)

> *No momento em que o escritor [...] resolve dizer-se, verbalizar o que pensa e sente, expressar-se diante do outro, para o outro, então o escrever sofre uma transformação. Uma transformação ética que leva ao político: a linguagem, a sintaxe passam a ser intrinsicamente atos políticos de não pactuação com o que nos circunda e que tenta nos enredar com seu embuste, a sua mentira, ardilosamente sedutora e bem armada[23].*

Com estas expressões, Hilda Hilst tenta explicar não só seu propalado hermetismo, como ligar a própria escritura a uma postura ética.

É interessante observar que, em *O Verdugo*, o princípio de não pactuar que fundamenta essa postura – a qual não é apenas a do escritor como tal, mas a do homem na sua totalidade – vem

---

23. Hilda Hilst. "Eu Quero é Uma Junção do Misticismo com a Ciência", entrevista a Leo Gilson Ribeiro, *Jornal da Tarde*, 15.3.1980.

a ser, não discutido, porém mostrado numa ação humana radical, num jogo em que se jogam a vida e a morte.

O Verdugo será das peças de mais fácil comunicação de Hilda Hilst. Ao menos nos seus planos mais imediatos. O texto que recebeu o Prêmio Anchieta da Comissão Estadual de Teatro, em 1969, narra, numa linguagem transparente, uma ação teatral plena de qualidades dramáticas que, à primeira vista, não oferece maiores problemas de apreensão: é uma peça em dois atos articulados, dos quais o primeiro nos apresenta de início uma situação familiar comum: pai, mãe, um filho e uma filha jovens, reunidos em torno de uma mesa, conversam, enquanto a mulher serve comida ao marido. São gente simples de uma pequena vila qualquer situada "em algum lugar triste do mundo". Na sala em que estão, "não deve haver nada que identifique essa família particularmente", recomenda a rubrica.

No entanto, essa família é assinalada por uma peculiaridade que se conhecerá logo a seguir: o pai, o marido, não é um homem qualquer, mas um *verdugo* de profissão. Sempre exerceu pontualmente o seu ofício; hoje, porém, vive um drama, o menos previsível que pode viver um verdugo: reluta em cumprir o dever que sua função e a lei lhe impõem, de enforcar um homem; ele, por cujas mãos já passaram tantos outros, que é um bom profissional, resiste desta vez. É que se trata de um prisioneiro diferente, que o Verdugo sente não ser culpado, embora se trate de um réu que já fora julgado e condenado, (como lhe lembram outros muitas vezes), por uma lei da qual ele, o Verdugo, não é o autor. "Não é você quem vai matar – diz a mulher – É a lei que mata."

À sua volta, a mulher e a filha insistem para que ele faça logo o que tem de fazer, enquanto o filho reforça as dúvidas que o pai sente, pedindo-lhe que não mate o homem: "[...] o pai sabe que é imundice tocar naquele homem... sabe que o homem dizia coisas certas [...] O homem é bom"; ao que a filha replica:

Filha – Bondade é dar dinheiro para encher a barriga.
Filho – Ele me deu outra coisa.
Filha – (*Com ironia*) E que coisa foi essa?

É uma pergunta a que nem o filho, nem o pai sabem responder com clareza. Sabem apenas que o homem tem "um olhar... um olhar... honesto"; e que é "limpo, limpo por dentro". Ao filho, que quer saber como o homem é de perto, o Verdugo explica:

Verdugo – De perto, meu filho, ele parece o mar. Você olha, olha e não sabe direito para onde olhar. Ele parece que tem vários rostos... de repente, ele olha firme, você sabe? Assim como se te atravessasse.

70 UM TEATRO DA MULHER

Eles sabem apenas que o homem "não faz nada de mal", que a única coisa que fez foi falar. "[...] mas pôs fogo em todo mundo. Fogo, só isso", como diz a filha.

Isso mesmo repetem os juízes que vêm à casa do Verdugo, a fim de saber se já está preparado para cumprir sua tarefa:

Juiz Velho – Ele falou demais, o senhor compreende? A boca deve ter uma medida.
Juiz Jovem – Certas palavras não devem ser ditas.

Mas o Verdugo não se sente capaz:

Verdugo – Excelências... é muito difícil explicar... alguma coisa está me impedindo de fazer isso. O homem entrou no meu peito, entendem? Ele falava que era preciso... amor... ele falava...
Juiz Jovem – As palavras do homem eram de fogo. (...) Ele chamava vocês de coiotes.
Filha – O que é coiote?
Juiz Jovem – Um animal. Um lobo.
Filho – Ele dizia que os coiotes não costumam viver eternamente amoitados. Que é preciso sair da moita... Para que vejam ao menos as nossas caras de coiotes e nos respeitem. E se nos respeitarem, um dia (*lentamente*) nós poderemos achar o nosso corpo de pássaro e levantar vôo (*objetivo*). Mas primeiro é preciso mostrar a cara de coiote.

Diante da resistência do Verdugo, os juízes oferecem-lhe mais dinheiro do que ganhava habitualmente:

Juiz Jovem – (...) como é um caso difícil, nós entendemos que seria justo ajudar o senhor...

Quando ouve que se trata de milhões e vendo que o marido continua a recusar-se, a mulher se dispõe a substitui-lo:

Mulher – Você não vai fazer? (*Pausa*) Hein? (*Pausa*) Pois eu faço.

Os juízes concordam com a solução e como o pai e o filho, desesperados, se opõem à idéia, mandam amarrá-los. Vestida como verdugo, com um capuz que lhe esconde a cabeça e o rosto, a mulher acompanha os juízes que se dirigem para a praça onde está armado o patíbulo. Eles têm pressa: a execução deve ser antes do amanhecer completo, pois estão ocorrendo protestos e temem tumultos maiores (o carcereiro contara que algumas pedras tinham atingido a cadeia, enquanto se gritava "vida!").

Sozinhos, pai e filho, ainda desesperados, planejam salvar o homem de qualquer modo. Conseguem soltar-se. Enquanto o filho deve ir até o rio preparar um barco para a fuga, o pai se encaminha para a praça.

Todo o segundo ato é tomado pela cena da praça, onde se reúnem os cidadãos curiosos para ver o que vai acontecer, estranhando que o sino não tivesse tocado para chamá-los como era a regra e que se tivesse antecipado a execução programada apenas para o dia seguinte. A princípio protestam contra aquela morte, não estão certos de que o homem seja culpado. Depois, convencidos pelo discurso da filha (ela consegue o que os juízes não haviam conseguido), são levados não só a aceitar, mas a exigir a morte do homem.

Filha – A gente deve matar aqueles que nos confundem... Olhem, ele queria que a gente não prestasse atenção no problema de agora. Falando pra daqui a muito tempo, a gente pensa nesse tempo que importa.

Esse processo de mudança na posição dos cidadãos avança quando o juiz lhes lembra que poderão pagar, eles próprios, com suas vidas, se derem fuga ao homem como estão ameaçando fazer. E se completa quando descobrem que se ofereceu dinheiro ao Verdugo para enforcar o prisioneiro. Resolvem então concordar com aquela morte, com a condição de que o dinheiro seja dado a eles, cidadãos. Daí em diante ninguém os detém mais.

O Verdugo pede mais uma vez que soltem o homem, oferecendo-se para morrer em lugar dele e, quando os cidadãos avançam, procura defendê-lo. Morrerão os dois sob os golpes da multidão enfurecida.

Quem é esse homem de quem falam todos, sem saber ao certo se era bom, se era realmente inocente ou culpado, mas que as autoridades consideram criminoso porque "falou demais", um homem que os comparou aos coiotes que devem sair da moita e mostrar a cara e também as garras? ("Porque eu entendi muito bem o que ele falava – diz um cidadão – mostrar a cara de bicho não é tudo, porque o bicho também tem garra".) Quem é este homem que pode "entrar no peito" dos outros? Que certo dia afirmara ao Verdugo: "Nós somos um só. Eu e você somos um só" (Por isso, o Verdugo poderia morrer em seu lugar).

O texto não esclarece, fala apenas dos "homens do vale" de onde o condenado teria vindo, os homens-coiotes dos quais dois aparecem em cena nos últimos instantes e que saem no final, com o filho do Verdugo. Alguém insinua que "eles têm uma cara diferente da nossa... um olho... um olho que atravessa".

Trata-se, evidentemente, de um ser simbólico, o símbolo de alguma coisa nova. Alguém que fala de um mundo que está por vir. Em entrevistas dadas por ocasião da montagem, Hilda Hilst sugere que se trata de alguém que se antecipa ao seu tempo, que fala de um tempo, de um mundo que ainda não chegou, a homens que não podem entendê-lo, no tempo em que vivem. E por isso será sacrificado. No entanto essa figura pode também referir-se a qualquer portador de uma idéia ou uma mensagem que não convenha ao que está estabelecido e assentado, alguém cujas palavras podem abalar as acomodações e os compromissos, e que, portanto, deve ser destruído: "A gente deve matar aqueles que nos confundem".

A encenação de *O Verdugo* em 1973 suscitou uma crítica desfavorável. Vale a pena transcrever o que disse Sábato Magaldi na ocasião, a fim de avaliar o quanto a encenação verdadeiramente equivocada de Rofran Fernandes resultou num espetáculo "irritante" e provocou uma apreciação do *texto* de Hilda Hilst que nos parece injusta; um espetáculo que, como diz mesmo o crítico, o "irritou" de tal modo que (podemos imaginar) o impediu de ter uma visão talvez mais adequada da peça.

[...] a partir do texto de Hilda Hilst [diz ele] o espetáculo procura incorporar ao nosso palco uma indagação de profundidade e uma linguagem de exigente teor literário, que não se encontram com freqüência nos diálogos de pura origem realista.

Se a proposta é válida assim, não está a ampará-la um efetivo domínio do instrumento teatral e o resultado fica aquém de qualquer montagem modesta e que atinge seus objetivos[24].

Até aí o crítico parece estar comentando apenas o espetáculo e suas afirmações são absolutamente pertinentes. Mas continua:

Costuma dar certo no teatro passar do particular para o geral, da personagem ao mito [...] Hilda Hilst usa um procedimento diverso do qual não se viu até hoje um exemplo bem-sucedido: ela parte de uma idéia e procura dar-lhe vida cênica. A personagem nascida de um sopro artificial não chega a sustentar-se de pé no palco – está presa o tempo inteiro, sem humanidade própria, aos desígnios da autora.

A criação dramática moderna tem abolido o conceito tradicional de personagem e talvez Hilda Hilst pudesse enveredar, com êxito, por esse caminho. Liberta do condicionamento dos indivíduos que, na ficção, enriquecem muitas vezes o registro civil das pessoas naturais, Hilda Hilst daria melhor vazão ao seu temperamento poético. O que não funciona é esse meio compromisso com muita técnica antiga, fazendo exigências que ela não consegue cumprir[25].

24. Sábato Magaldi, "A Peça é Original, mas Irrita em vez de Emocionar", *Jornal da Tarde*, 4.5.1973.

25. *Idem, ibidem.*

PIONEIRISMO E POESIA NO PALCO

Ora, o texto de Hilda Hilst nos parece não só escrito numa linguagem límpida, coloquial, como construído segundo os melhores preceitos dessa "técnica antiga", que ela na verdade consegue cumprir por inteiro: não há um só "fio" solto no texto, nenhum lance que não esteja preparado, nenhuma insinuação que não seja devidamente retomada e resolvida.

As personagens (e a personagem central aqui é o Verdugo) são assinaladas principalmente por seu lugar e sua função no grupo familiar ou social: são o *pai*, a *mãe*, a *filha*, o *filho*, o *noivo*, o *juiz*, o *carcereiro*, os *cidadãos*. O *pai* é também verdugo. São estas duas as linhas que se cruzam para defini-lo, pois são estes os dois aspectos que interessam ao seu drama.

O que vemos de início é uma família modesta, quase típica, de uma pequena cidade. A primeira cena nos dá exatamente um momento da vida familiar, sem nenhum traço de excepcionalidade: a mulher serve sopa ao jantar, enquanto conversa com o marido e os filhos. Todas essas personagens, como tipos, têm a carnação, a humanidade suficiente para se sustentarem de pé: delineiam-se nitidamente e formam dois grupos que se conflituam desde o primeiro instante: pai-filho, mãe-filha. São seres comuns, simples, vivendo a vida de todos os dias, rentes às suas necessidades imediatas: estão preocupados com as dificuldades da vida, com ganhar mais dinheiro, talvez com a manutenção do emprego do pai, com o próximo casamento da filha. A linguagem em que se expressam não podia ser mais clara e direta: se há aí uma "exigência de teor literário", ela não é senão a da simplicidade coloquial.

E é justamente do contraste entre esse quadro e a existência meio estranha daquele homem, não comum, de que falam, de um condenado a quem o Verdugo não quer matar, que surge o primeiro impacto dramático. A existência desse homem, as palavras e as ações que lhe atribuem são o motivo do conflito que surge no seio da família, a causa das inquietações que vão dividi-la em dois blocos, da mesma maneira que vem inquietando os cidadãos da vila, talvez separando-os e provocando a hostilidade das autoridades e a conseqüente repressão.

A ação que se desenvolve a partir desta primeira cena (que é uma preparação cuidadosa em que estão todos os elementos necessários ao seu desenrolar) é decorrente dela, adequadamente *derivada*. Tudo o que vem a seguir decorre dela com a velocidade e a vivacidade requeridas para que se forme a tensão crescente (com algo de uma história de suspense), que levará ao desenlace. Um desenlace ao mesmo tempo inesperado e fatal.

74 UM TEATRO DA MULHER

Ao contrário do que é dito na crítica que citamos, parece-nos que é acentuada a perícia com que a autora constrói as personagens e arma o conflito nesta peça. Uma qualidade patente de modo particular no segundo ato, em que põe em cena uma multidão (presumível). A multidão é manipulada, manobrada, pelos discursos dos juízes e da filha e altera seu comportamento, varia dramaticamente, oscila como uma vaga que se alteia, até o assassinato final das duas personagens, que teatralmente e simbolicamente se identificam na morte (essa morte e essa identificação são também mais de uma vez insinuadas em falas anteriores). E há pormenores que revelam a sutileza com que é construída esta longa cena, tais como as diferenças entre os vários cidadãos que falam. Embora apenas numerados (Cidadão 1, Cidadão 2 etc.) não formam uma massa uniforme, mas se distinguem por diferenças ligeiras nas suas posições e nas suas palavras.

Não nos parece, realmente, que o texto de Hilda Hilst mereça as restrições que lhe fez Sábato Magaldi.

A única estranheza – o elemento desencadeador do conflito – é a existência de um homem de que só vemos a figura encapuçada, de quem não chegamos a ouvir senão uma frase[26], e que paira como uma interrogação sobre os ânimos e os corações. Podemos pensar que é um enigma de todo indecifrável, mas a introdução de um elemento como esse não é novidade no teatro.

O erro, sem dúvida, e a impressão de fragilidade dramática provêm da encenação. O que era um "mistério poético" de significação ampla e pouco definida, a direção pretendeu explicitar, deu-lhe *uma* interpretação, excluindo as demais, o que o empobreceu, tornando-o, de rico em significação que era, em algo simplesmente confuso. O diretor, preocupado com o *espetacular*, tentou tornar visual, palpável, aquilo que se destinava, no texto, a ser apenas sutilmente sugestivo. E criou cenas movimentadas de um *ritual* (atribuído aos homens-coiotes) em que entrava muito couro e muito brilho de metal, utilizando-se, ao mesmo tempo, segundo ele próprio, do *T'ai CHI*. De qualquer forma, alguma coisa de excessivo.

É verdade que o diretor Rofran Fernandes procurou lançar mão de textos da própria Hilda Hilst, nas alterações que pretendeu para o espetáculo: formando uma espécie de prólogo que a peça não apresentava originalmente, acrescentou-lhe alguns poemas. Ou melhor: toda uma cena, em versos, em que figuram

---

26. "Eu não soube dizer. Eu não soube dizer como deveria. Eu não me fiz entender. (*Para o Verdugo*) Faz o teu serviço."

PIONEIRISMO E POESIA NO PALCO

verdadeiros poemas completos[27]. São belos poemas, com certeza. Acontece, porém, que a peça fora concebida numa outra linha e não comportava tal acréscimo, ou não comportava um acréscimo de semelhante teor. O resultado foi um espetáculo híbrido, pouco claro, em que ficou lamentavelmente prejudicada a limpidez do texto original, que era marcado por uma poesia, sim, mas de caráter diverso. Sob este aspecto, justificavam-se plenamente as impressões e a avaliação (assim como a irritação) de Sábato Magaldi. Mais uma vez, o desejo de conseguir alguma coisa de "espetacular" e diferente, no palco, levava a direção a esvaziar a força de um texto teatral que não necessitava de tais recursos.

A Morte do Patriarca (1969)

Talvez *A Morte do Patriarca*, de 1969, seja a peça em que a fantasia de Hilda Hilst se manifesta com mais leveza e graça. Aquela em que certo ceticismo relativo às várias correntes de pensamento, entre as que propõem soluções para os problemas das sociedades e do homem, incluindo a Igreja como instituição, se revela com mais humor, um humor destilado sempre por uma ironia inteligente e arguta. Excluindo o cristianismo propriamente dito, como fé, como movimento espiritual, nada se poupa.

O que não significa que a autora se volte aqui para questões de menor magnitude que em outras peças. Ao contrário. A situação do mundo e a condição do homem – não somente a do homem histórico, socialmente determinado, mas a do homem como ser dotado de espírito e votado à transcendência – continuam a ser matéria para sua reflexão.

Porém, o *tom* em que se exprime essa reflexão nada tem da gravidade, do caráter quase elegíaco de *O Rato no Muro*, por exemplo, nem da enérgica combatividade com que se formula a advertência de *O Novo Sistema*. Embora ligeiramente melancólica, a peça mantém quase o tempo todo o sabor de uma fábula contada com boa dose de mordacidade.

Mais uma vez, temos a criação de uma trama em que o real é distanciado, as alusões poéticas são reforçadas pelo uso (recomendado) de elementos cênicos aos quais se pode atribuir valor simbólico. São assim, por exemplo, o xadrez que o papa e o cardeal jogam durante o transcorrer da ação ou o esqueleto metálico

---

27. O texto acrescentado é, obviamente, de autoria da própria Hilda Hilst que, ao escrevê-lo, deve ter atendido à sugestão do diretor, aproveitando poemas já escritos e/ou elaborando-os na oportunidade, para aquele fim específico.

76 UM TEATRO DA MULHER

de pássaro de ar sinistro que compõem a cena. Mas enquanto estes elementos podem ter quase todos uma interpretação relativamente simples, a significação da totalidade do texto está longe da transparência de *O Novo Sistema* ou *As Aves da Noite*. E é preciso acreditar, então, naquilo que a autora diz de seu próprio teatro: "o espectador pode não compreender toda a situação, mas sua cabeça sai funcionando da platéia"[28].

Efetivamente isso ocorre. E se o emprego de recursos poéticos (cênicos e literários) pode dificultar a apreensão dos significados, que se quereria racional e imediata, o objetivo mais geral – fazer "funcionar" a cabeça do espectador – por certo foi alcançado.

> Não tenho respostas finais para todas as situações do homem dividido de hoje [diz Hilda Hilst]. Não tenho solução eficaz para seus problemas, mas acho importante essa posição de aguçar algo no outro. Já me perguntaram se estou me dirigindo a um ser religioso: para mim o ser religioso é todo aquele que se pergunta em profundidade[29].

Em *A Morte do Patriarca*, o perguntar-se em profundidade a que Hilda Hilst quer levar o espectador tem uma inflexão que oscila entre o sério e o jocoso, o grave e o irreverente. É suficiente pensar nas figuras que ela põe a dialogar e que chegam até a entender-se bastante bem: um papa, um cardeal, um jovem monsenhor e... um demônio. Um demônio que pouco antes havia conversado amigavelmente com dois anjos.

Toda a primeira parte – cena extensa que se passa em um plano mais elevado, de onde os interlocutores vêem o que acontece em baixo – é tomada pela conversa entre o demônio e os anjos. Falam de uma situação geral (do mundo?) e se referem (aparentemente) a líderes que já não são ouvidos por ninguém, bem como à apatia em que vivem aqueles que antes os escutavam: "[...] os que podiam falar já falaram tudo [...] Acabaram-se as guerras [...] há um enorme silêncio ... [as pessoas] empanturram-se [...] [e] os políticos, de mãos abanando [...]". "Fez-se aquele Estado ideal?", pergunta o Anjo 1. "Todos unidos – responde o demônio – uma só língua. Aliás, quero dizer, um só pensamento".

Anjo 1 – Não se exprimem mais por palavras?
Demônio – Não mais.

---

28. "Hilda Hilst: o Teatro Comunica", *O Estado de S. Paulo*, 23.12.1969.
29. *Idem, ibidem*.

PIONEIRISMO E POESIA NO PALCO

Todos consideram, então, que é hora de o demônio intervir, ele de quem se dirá que é "o laço que une o todo a si mesmo". "Na hora de intervir é com o senhor...", afirma um dos anjos. Justamente nesse momento, no plano inferior em que o papa e o cardeal jogam xadrez, o papa acabou de perder um bom lance para o cardeal: "Olhem – aponta o demônio – Aí há um problema... É preciso intervir para apressar a solução". Diz isso alisando discretamente o rabo. ("O demônio possui um rabo discreto e elegante", informa a primeira rubrica.)

Por algum tempo ainda, continuam a conversar e a certa altura um dos anjos menciona "aqueles outros tão interessantes": "Não se fala mais deles?", pergunta. O outro observa nesse instante o movimento em baixo e comenta: "Os interessantes estão entrando na sala".

São estátuas de Mao, Marx e Lenin, que, segundo o demônio, vêm "mudos. Carregados. E não se fala mais deles". O papa e os outros nem percebem a entrada das três estátuas que vão juntar-se a uma outra, a de Cristo, que já está ali. A estátua de Cristo é branca, enquanto as outras têm uma cor esverdeada (que se diz logo depois ser "limo [uma vez que] ficaram expostas à ação do tempo"). Mais tarde, cansado de tentar, sem conseguir, colocar no pássaro umas asas que estão caídas ao lado (o demônio, depois, vai cavalgar esse pássaro), o monsenhor sugere que se "limpe" o limo das estátuas, mas o papa duvida que haja nisso alguma utilidade. Mais tarde, entrará ainda, sem que o papa e os outros a vejam, uma quarta estátua: a de Ulisses.

Durante todo o tempo, de vez em quando, o papa, o cardeal ou o monsenhor dirigem-se para a janela e olham, preocupados, para a praça, em baixo. De lá vem um ruído ameaçador. Não sabem o que fazer:

Cardeal	– Santo Padre, poderão matar-nos? (*pausa*) Mas em nome de que? (*aponta para a janela*) Para aqueles (*aponta para as estátuas*), todos esses estão mortos.
Papa	– (*Apontando a estátua de Jesus*) Aquele, não.
Cardeal	– Não querem a palavra de nenhum.
Papa	– ... mas o que é que eles querem?
Cardeal	– Tudo já foi dito.
Papa	– Será preciso dizer novamente.
Monsenhor	– (*Junto ao pássaro, olhando-o*) Estão cansados de ouvir essas coisas que já foram ditas.

Logo adiante, o papa dirá, examinando as asas do pássaro: "Se nós não conseguirmos colocar... tudo estará perdido, não é?"

É então que o demônio resolve definitivamente intervir. É nesse *vazio* que ele vai agir: desce e apresenta suas credenciais como um embaixador: "Lúcifer, príncipe das trevas, governador dos tristes impérios do profundo Aqueronte, rei do inferno e reitor da Geena, saúda o Papa e seus servidores".

Daí em diante falará com eles sobre muitas coisas, insinuará mil idéias: "É preciso reviver alguma verdade". Tentando "ajudá-los", propõe várias soluções. Por exemplo, fazer o monsenhor repetir discursos com palavras de Mao, Lenin ou Marx, postado por trás das estátuas, que vão sendo sucessivamente colocadas na janela-sacada para que a multidão as veja da praça, enquanto ele próprio dita as palavras em voz baixa ao orador. Tudo inútil: pelos ruídos se percebe que a reação do povo é cada vez mais agressiva e atemorizante.

Seu último lance, quando, examinando o tabuleiro de xadrez, percebe que o papa joga mal, é convencer o cardeal a aceitar a coroa papal. Enquanto o papa se retira para descansar ("Estamos aqui há muito tempo..."), o demônio consegue coroar o cardeal com toda a pompa e o induz a descer à praça, acompanhado pelo monsenhor. Ali, serão mortos. Ao voltar, o antigo papa, ouvindo tiros e tumulto, aproxima-se da janela e, de braços abertos, suplica: "Parem. Em nome de Cristo!" Mas recebe uma rajada de balas e também morre.

Feliz, o demônio, que apanha uma metralhadora atirada para dentro, sorri, animado: "Este tempo é de novo o meu tempo". "Ouve-se na praça – diz a rubrica – uma voz jovem, vigorosa: 'Vamos começar por onde?' " "Pelo começo! Pelo começo! Pelo começo!" – exclama o demônio muito contente, "apontando a metralhadora para todos os lados, dando voltas no palco e atirando".

Do entrecho propriamente dito de *A Morte do Patriarca* pouco mais que isso se poderia dizer. Em verdade, trata-se de uma história em que um número relativamente pequeno de acontecimentos é largamente compensado pelo surpreendente do que é dito, pelo interesse, freqüentemente pela contundência das idéias que se vão colocando. Impossível, sem recorrer à leitura do texto todo, dar uma idéia da fina comicidade, da ironia, do peculiar tom melancólico de que está impregnado...

Um dos elementos responsáveis por esse resultado (e que imaginamos seria de grande eficácia numa encenação) é a figura do demônio. A utilização atualizada dessa figura é talvez um achado. Da mesma forma que em boa parte do teatro medieval, não se trata de um demônio "terrível" (só no final se revela certa terribilidade maléfica): antes de um demônio de aparência "normal", mas ardiloso, hábil e, no total, cômico. Suas "diabruras" são principalmente as da inteligência. Um pequeno Mefistófeles.

PIONEIRISMO E POESIA NO PALCO

Mas é também um demônio curioso, que diz conhecer Cristo e que fala dele com mais convicção e acerto do que qualquer um dos outros. E é um teólogo ("Deus também pode ter garras, Santo Padre"): dá lições de Bíblia ao cardeal e ao monsenhor, falando como um especialista em... demonologia e exorcismo. Mas não acredita *no demônio*, que define como "um estado patológico da alma". É, por outro lado, um erudito: conhece latim (aprendeu num seminário) e recita Shakespeare para explicar como se sente quando os homens se deixam fascinar pelo ouro. Entre outras possíveis saídas para a situação em que se encontram o papa e "seus servidores", pensa em oferecer Ulisses como líder à multidão: "Uma dimensão de heroicidade, uma visão estética". O cardeal tem objeções que ele rebate com ironia:

Cardeal   – O senhor sabe que ele semeava sal sobre a areia da praia fingindo-se de louco para não ir à guerra?
Demônio   – Então, eminência, nós não queremos a paz?
Monsenhor – Mas depois ele inventou o Cavalo de Tróia.
Demônio   – Então, monsenhor, então... se for preciso, a guerra.

A tensão criada pelo perigo que ameaça as personagens, o pânico que as toma, sua incapacidade de dominar a situação – e que o demônio manobra para seus fins – bem como a tonalidade de brusca violência do final, fazem pensar no clima geral do mundo e na atmosfera de terrorismo do próprio país por volta de 1969. A violência que a violência gera em cadeia ininterrupta pode ter sido o ponto de partida para a reflexão que levou a esta peça. A falência de certos valores que divide interiormente o homem e o atira numa situação de desespero é seu tema básico.

A discussão de caráter metafísico e religioso que constitui em essência *A Morte do Patriarca* tem um fundamento comum a outras peças de Hilda Hilst: a preocupação com o que pode suceder ao mundo quando são amputadas "as asas do espírito" (uma metáfora cara à autora), uma intensa inquietação pelo caos que pode sobrevir quando os homens já não quiserem ouvir "nenhuma palavra", quando estiverem esgotadas todas as promessas e esvaziadas todas as "verdades" em que acreditaram e em que puseram sucessivamente suas esperanças. Restarão a força e a violência, lado escuro, negativo do espírito. O demônio poderá cavalgar o pássaro e exclamar: "Este é de novo o meu tempo".

Talvez *A Morte do Patriarca* contenha, afinal, uma terrível advertência, análoga à de *O Novo Sistema*. Esta é, com certeza, uma das peças de Hilda Hilst que Anatol Rosenfeld consideraria

80 UM TEATRO DA MULHER

(se a tivesse analisado) de comunicação não muito fácil, pelo menos no que se refere a seus planos mais profundos[30].

Como nas demais peças, porém, é indispensável ir a esses planos para que se revele o total da força e da poesia que encerram.

---

30. A. Rosenfeld, "O Teatro de Hilda Hilst", Suplemento Literário, *O Estado de S. Paulo*, 21.1.1969.

Parte III

A DRAMATURGIA DE 1969

3. Leilah Assunção e o Grito da Sexualidade Feminina

Fala Baixo Senão Eu Grito é a primeira das peças femininas estreadas em 1969. O reconhecimento imediato da sua qualidade e da novidade que representava valeu à autora dois prêmios importantes: o Molière e o da Associação Paulista dos Críticos Teatrais como melhor autor do ano. A peça, estreada no Teatro Aliança Francesa de São Paulo, com direção de Clóvis Bueno e interpretação de Marília Pêra e Paulo Villaça, fará uma carreira de completo sucesso, que se estende de 1969 a, no mínimo, 1977, tendo nesse tempo percorrido, em montagens variadas, diversas capitais brasileiras (depois de São Paulo e Rio – Curitiba, Belo Horizonte, Salvador) e algumas estrangeiras, como Bruxelas (onde permaneceu longo tempo em cartaz, apoiada por uma crítica muito favorável) e também Paris, Buenos Aires etc.

Jorginho, o Machão, a seguir, encenada em 1970, e *Roda Cor-de-Roda* (de 1975) compõem, com *Fala Baixo...*, uma trilogia que chamaremos *Trilogia da Família*. Estas três peças constituem um bloco dentro da obra como um todo[1].

Mas *Fala Baixo Senão Eu Grito*, a primeira montagem de Leilah Assunção, não é a sua primeira peça. Na verdade, a segurança técnica e a firme tessitura dramática deste texto fazem su-

---

1. Em uma entrevista concedida ao Folhetim da *Folha de S. Paulo*, em 15.7.1979, Leilah declara que o único motivo para a reunião que se faz em geral destas três peças é o fato de terem sido as primeiras a se tornarem conhecidas do público. Tentarei, no entanto, justificar esse agrupamento como uma *trilogia*.

84 UM TEATRO DA MULHER

por uma preparação, uma experiência anterior. E de fato foi o que houve. Antes de *Fala Baixo...*, ela escrevera pelo menos duas peças: *Vejo um Vulto na Janela, Me Acudam que Sou Donzela* (entre 1963 e 1964) e *Use Pó de Arroz Bijou*, em 1968, aproximadamente. Apresentadas à Censura Federal, ambas as peças encontram problemas: a primeira só será liberada em 1979, após revisão, a segunda permanecerá inédita. Cortada em alguns trechos distribuídos por 80 de suas 90 páginas, não chegará a ser encenada.

Vejo um Vulto na Janela, Me Acudam que Sou Donzela

De *Vejo um Vulto...* (ou *Janelas*, como também é chamada) a *Fala Baixo...* houve realmente um significativo caminho percorrido, como que um experimentar de forças, uma aprendizagem e um avanço. Se esta aproximação é possível, isto se deve a ser praticamente o mesmo o material básico de ambas as peças. Tanto em uma como em outra há a utilização da memória de fatos da experiência vivida. Fundamentalmente, a vida vivida em um universo restrito, vida e universo sobre os quais recai a observação atenta de fatos, de seres e de coisas. Mas enquanto na primeira das peças esses fatos se apresentam ainda como material relativamente pouco elaborado, numa técnica menos apurada, que recorre à multiplicação de personagens e de acontecimentos articulados ainda sem grande precisão, passamos, com *Fala Baixo...*, a uma verdadeira elaboração dramática da vivência fundamental – como se essa fundamentalidade tivesse enfim sido descoberta –, passamos à seleção e concentração próprias do bom teatro deste tipo. O espaço se restringe, as personagens se reduzem.

Para dizê-lo muito diretamente, *Vejo um Vulto...* parece, sob certos aspectos, um estágio menos desenvolvido de *Fala Baixo...* Aí estão já alguns traços que marcarão o melhor teatro de Leilah Assunção: a meticulosa notação dos objetos que compõem materialmente o universo das personagens, a vivacidade e o caráter coloquial do diálogo – cuja desenvoltura se acentuará nas peças seguintes –, o humor irreverente que se tornará cada vez mais solto e aberto e, principalmente, a insistência no enfoque da realidade da mulher em seus primeiros movimentos de conscientização política e de liberação sexual. Há, no conjunto, a busca de uma desmistificação da imagem habitual da mulher, ainda incipiente, na primeira peça, mas desenvolvida de modo específico na segunda. E mais: de uma das personagens de *Vejo um Vulto...* – Mariângela – parece mesmo ter nascido Mariazinha Mendonça de Morais, de *Fala Baixo...*

A DRAMATURGIA DE 1969

Em *Vejo um Vulto na Janela...* temos uma peça ainda predominantemente "realista", cuja ação é localizada no tempo e no espaço. A notação do tempo é importante neste caso, uma vez que os acontecimentos narrados se referem precisamente aos meses e mesmo aos dias que antecedem 1964 (a peça se fecha exatamente na mudança, tanto do regime político quanto dos rumos das vidas das personagens); a do espaço é também significativa. Trata-se de um casarão da Avenida Paulista, outrora luxuoso e agora meio decadente, transformado em pensionato e destinado à demolição. Um espaço delimitado, embora subdividido internamente. As janelas da casa – signo central desta narrativa – têm vidraças embaçadas, impregnadas de uma sujeira difícil de remover. Elas não permitem que as mulheres que habitam a casa possam ver nitidamente o que se passa no mundo de fora. O mundo de fora, o das grandes experiências sexuais e afetivas, o da vida política da qual algumas delas – as mais jovens e a mais culta, Antônia – começam a participar. Os homens também não podem entrar. O relacionamento com eles se faz meio às escondidas. Para dentro vem, cercada de expectativa, a narração de esparsas experiências, a curiosidade, a insatisfação generalizada com a vida afetiva, de mistura com o humor brincalhão. E, por fim, o drama do suicídio de uma jovem. Insuficientemente explicado e não muito bem preparado dramaticamente, como diz Sábato Magaldi[2], este suicídio pode exprimir o impasse da rebelião da juventude ("Eu sou contra todos e contra tudo", afirma Cecília), rebelião que em alguns casos não encontrou motivo claro nem objetivos definidos. (Verônica, a jovem de *À Flor da Pele*, de Consuelo de Castro, também se suicida.)

Não resta dúvida de que já houve aqui certa seleção adequada de elementos significativos. Mas a extensão que atinge a narrativa propriamente dita, prolongada por dentro através de conversas que, se às vezes procuram caracterizar as personagens, nem sempre contribuem para o andamento efetivo da ação, o número relativamente grande de personagens pelas quais se distribui a variada gama de posições e visões de uma série de mulheres de classe média (a que pertenciam todas, com exceção de Joana, a empregada) – tudo isso, que ainda não é a "maneira" de Leilah, tende a diluir a tensão dramática, tão importante nas peças deste tipo.

---

2. "[...] faltou preparo dramático para o suicídio da estudante Cecília: os antecedentes não fundamentam o gesto extremo", Sábato Magaldi, "Faltou Ação Dramática a Estes Engraçados Diálogos", *Jornal da Tarde*, 27.7.1979.

86 UM TEATRO DA MULHER

Mas em *Vejo um Vulto na Janela, Me Acudam que Sou Donzela*, com este caráter de trabalho inicial, estão alguns sinais evidentes do que será o verdadeiro teatro de Leilah Assunção. O próprio título, no seu toque mordaz, coloca alguns desses elementos: o cômico medo da mulher ao vulto indistinto e ameaçador que pode surgir para perturbar a sua vida protegida. Esse vulto, aqui apenas entrevisto pela janela embaçada, vai penetrar o quarto de Mariazinha de *Fala Baixo...*

A TRILOGIA DA FAMÍLIA

a) Fala Baixo Senão Eu Grito[3] (1969)

> *Não é esquisito não caber mais dentro*
> *das coisas?*
> Fala Baixo... *1º movimento.*

Mariazinha Mendonça de Morais faz, por algumas horas, a experiência de não caber mais dentro das coisas. Importa pouco, na verdade, saber se o homem que invade seu quarto de mulher solteira, de idade indefinida, mas não muito jovem – o que vulgar e depreciativamente se chama entre nós uma "solteirona", com todos os seus tiques e manias –, é um ladrão real ou a figuração de uma fantasia meio erótica. O que importa é que seja um Homem, embora apenas genericamente designado com H maiúsculo, tendo em vista a criação urgente de um pólo de oposição como o requer em geral o teatro e em particular o tema de *Fala Baixo...* Quanto a esse homem, não parece haver interesse em caracterizá-lo completamente como uma personagem com o mesmo estatuto de Mariazinha: enquanto ela tem um nome, um passado que podemos entrever, uma classe e uma família que a explicam, enquanto ela é, mesmo psicologicamente, caracterizada com maior nitidez, ele é apenas o Homem, uma força ao mesmo tempo dissolvente e provocadora: é a outra face do mundo, o "outro". O certo é que algo vindo de fora e que se lhe opõe a princípio a atinge violentamente; e por algum tempo o *seu* mundo, o mundo ilusório em que se abrigava para defender-se, é aba-

---

3. Na entrevista citada, a Folhetim, e em outras, Leilah declara que teve também problemas de censura com *Fala Baixo...*: "Ela foi liberada com vários cortes, depois liberaram os cortes. Em 1970, no Rio, ela foi proibida em plena temporada, depois de ganhar vários prêmios Molière [...] foi proibida por um telegrama direto de Brasília, direto do Médici".

A DRAMATURGIA DE 1969

lado. No final, porém, aparentemente, tudo volta à estaca zero. Aparentemente[4].

Mariazinha Mendonça de Morais, mais do que um tipo bem marcado na galeria de caracteres femininos da dramaturgia nacional, figura a encarnação de um ponto claro na caminhada do autoconhecimento, da auto-expressão que a mulher brasileira começava a empreender e – o mais importante – da *revelação* que simultaneamente começa também a fazer de suas descobertas e reivindicações[5]. Um ponto do qual ainda poderia parecer possível o retorno. No final de *Fala Baixo...*, Mariazinha, gritando por socorro, aparentemente opta por retornar à sua vida anterior. Em *Roda Cor-de-Roda*, já não haverá volta. O valor de registro histórico da peça de 1969, (e ela possui outros valores), é precisamente esse. Mariazinha acha ainda "esquisito não caber dentro das coisas". Mas as coisas que a poderiam conter, mantendo-se à margem, pequena e infantil, as mulheres estavam tentando fazê-las explodir. Leilah Assunção é uma dessas mulheres e tem em mãos uma arma poderosa. O retorno, historicamente, já não será possível.

> As brasileiras [diz uma pesquisadora francesa, em 1976], terão elas a insolência lúcida que é preciso para saber conduzir-se como filhas pródigas? [...] Associação de dois termos que não foram ainda imaginados em suas conseqüências: as filhas ditas pródigas, mais rigorosas que seus homônimos masculinos, não podem, por definição mesmo, jamais retornar ao redil[6].

Mas a verdadeira "insolência lúcida", Leilah a mostrará por inteiro em *Roda Cor-de-Roda*.

"Quando escrevi *Fala Baixo...* – diz ela – eu não sabia nada de feminismo"[7]. Esta declaração torna ainda mais interessante,

---

4. "O final de minhas peças é sempre aberto. As pessoas ficam encucadas [...] se eu colocasse Mariazinha fugindo com o Homem a peça ficaria dez anos em cartaz", (Folhetim, entrevista citada).

5. "[...] trata-se da mais pungente pintura da condição feminina feita na dramaturgia brasileira, num retrato fiel que supera a classe média para ser o espelho de quase toda mulher" – reconhece Sábato Magaldi na lúcida análise escrita por ocasião da estréia de *Fala Baixo...*, para o Suplemento Literário de *O Estado de S. Paulo*, em 1969. Sua crítica aponta de modo definitivo o lugar desta peça na história do teatro contemporâneo do Brasil.

6. "Les Brésiliennes auront-elles l'insolence lucide qu'il faut pour savoir se conduire en filles prodigues? [...] Association de deux termes qui n'a pas encore été imaginée dans ses conséquences: les filles, dites prodigues, plus rigoureuses que leurs homonymes masculins, ne pouvant, par définition même, jamais retourner au bercail", Maryvonne Lapouge, prefácio a *Brasileiras, voix, écrits du Brésil*, Paris, Des Femmes, 1977, p. 14.

7. "A Mulher no Teatro: Leilah Assunção", *Nós, Mulheres*, 12.9.1975.

UM TEATRO DA MULHER

do ponto de vista crítico, a realização e o aparecimento da obra. Criadora e personagem estão descobrindo simultaneamente sua potencialidade, e respirando, sem o saber, um novo ar.

O ar que se respira no Brasil nesse momento é o que se consegue em situação de *sufoco*: difícil, mas precioso. O movimento de repúdio à falta de liberdade é tão intenso que incorpora, por homologia e extensão, outras áreas para além do que seria especificamente o político. Percebida contra o fundo comum da opressão generalizada, a condição de submissão da mulher se torna mais clara. O caráter político da peça de Leilah não escapa aos espíritos mais atilados. Carlos Guilherme Mota, analisando as manifestações culturais do período, refere-se a ela como uma brecha por onde entra algum ar[8].

O ensaísta não se detém na explicitação dessa "brecha", mas não é difícil perceber em que ela consiste. Em um clima onde o poder público vigia ciosamente o "bom comportamento" dos cidadãos, *Fala Baixo*... é um momento de subversão: subverte, por muitas vias, uma ordem que é mais rígida e ainda mais antiga que qualquer regime. O riso de Leilah deixa à mostra o que há de ridículo na austeridade que, começando por reprimir a mulher e procurando controlar moral e costumes, está, na verdade, encobrindo uma ideologia de dominação. Esse riso atinge, de alto a baixo, os valores em que se fundamenta a visão "oficial". Não é à toa que a censura está atenta.

Em *Fala Baixo Senão Eu Grito*, de 1969, a imaturidade e a relativa insegurança de construção que ainda estavam presentes na peça de 1964 são vencidas como que de um salto. As "idéias políticas" já não estão "mal digeridas" como estariam em *Vejo um Vulto*..., na severa visão de Sábato Magaldi, mesmo porque não há, aqui, idéias políticas apostas ou sobrepostas a uma história pré-inventada[9]. Não há mesmo nenhuma idéia política diretamente expressa na peça. Há, sim, uma estrutura que integra todos os seus possíveis sentidos e que se oferece, no total, a uma fruição de caráter imediatamente estético.

Nessa estrutura, o primeiro elemento a ser considerado é a personagem central. Ao aproximar-se da mulher para colocá-la em situação de mudança (mudança cujas direções, embora ainda

---

8. "Poucas foram as brechas por onde penetrou algum ar: Leilah Assunção com *Fala Baixo Senão Eu Grito* foi uma delas — produzindo algo estético e politicamente reconfortante", Carlos Guilherme Mota, *Ideologia da Cultura Brasileira*, São Paulo, Ática, 1977, p. 267.

9. Cf. Sábato Magaldi, "Faltou Ação Dramática a Estes Engraçados Diálogos", *Jornal da Tarde*, 27.7.1979.

A DRAMATURGIA DE 1969

esparsamente, começavam a ser apontadas e discutidas, em várias áreas, no Brasil, nessa mesma década de 60), Leilah Assunção não cai na tentação de fazer dela uma heroína dolorosa em luta dramática contra o mundo hostil. Ao contrário. Modela-a como um ser auto-iludido, ao mesmo tempo cômico e patético. Cômico é, sem dúvida. Mariazinha tem aquela rigidez, característica básica do cômico para a qual Bergson chama a atenção:

> Toda rigidez do caráter, do espírito e mesmo do corpo será suspeita à sociedade, por constituir indício possível de uma atividade que adormece, e também de uma atividade que se isola, tendendo a se afastar do centro comum em torno do qual a sociedade gravita[10].

Mariazinha representa, em suma, a "excentricidade" que a sociedade rejeita. Diante dessa "excentricidade", desse "desvio", é que se compõe, claro, o gesto social do riso.

Em que consiste, na base, a excentricidade desta mulher? Muito precisamente, no fato de ser uma "solteirona"[11]. Nada lhe falta. Nem mesmo a marca distintiva de um trabalho secundário, desimportante em termos sociais, exatamente como convém a uma figura feminina, inferiorizada inclusive sob este aspecto: Mariazinha é uma pequena funcionária qualquer[12]. Mas, como solteirona, o mais decisivo é que carrega um estigma, socialmente intolerável: em primeiro lugar, não é casada, isto é, não encontrou nem um lugar social, nem um papel definido, determinantes que só lhe adviriam se estivesse referida a um marido (uma vez que a idade já não lhe permitia a referência a uma outra figura masculina: o pai); em segundo lugar, não tem também, de modo algum, um homem a seu lado (um homem, de qualquer forma, tornaria mais aceitáveis as coisas). A atividade (no sentido bergsoniano) que nela está "adormecida" é, portanto, a atividade sexual. Destinada, como mulher, precipuamente a essa atividade – seja na qualidade de reprodutora, seja simplesmente na de sujeito e objeto de satisfação sexual –, a sociedade não lhe perdoará não

10. Henri Bergson, *O Riso*, trad. de Natanael C. Caixeiro, Rio de Janeiro, Zahar, p. 19.

11. A expressão "solteirona" não é empregada nenhuma vez no texto. Mas a hábil comparação com o estereótipo é patente.

12. Alguns anos depois, em 1974, Roberto Athaíde criará uma personagem igualmente risível, pela marca de um trabalho semelhantemente desmoralizado em termos sociais: a professora primária. Se bem não desconheçamos a possível leitura metafórica de "D. Margarida" acreditamos válida a observação de que parte do *cômico* se deve basicamente à referência a esse traço da inferioridade social da mulher.

90 UM TEATRO DA MULHER

exercê-la. Mais do que solteira, passa então a "solteirona", com o acréscimo do sufixo pejorativo. Mariazinha é um bom objeto de riso[13].

Como solteirona, isto é, como um ser social e psicologicamente incompleto, "deficiente", tal como é vista pelo senso comum, é que a apresenta Leilah Assunção. No entanto, sutilmente, a peça torna patentes, ao mesmo tempo, as causas dessa deficiência, desse desvio da *normalidade*. E tais causas podem ser atribuídas à própria sociedade. O texto narra, desde as primeiras rubricas, as ligações de Mariazinha com a família, de modo que toda a sua personalidade se apresenta quase que inteiramente como resultado da ação que sobre ela a família exerceu. Dessa forma, a mesma sociedade que ri na platéia está representada no universo ficcional do palco cômico.

Mas a comédia de Leilah tem algo de não-cômico. Ao contrário da comédia tradicional ou clássica (ao contrário do que seria a estrutura da comédia propriamente dita), o final não é feliz. A ação ternária de que fala Northop Frye[14] se realiza e a restauração se dá não como "a restauração de uma corrente de energia", mas no sentido da volta ao estado anterior de coisas *à revelia da perspectiva total e última da peça, que está propondo mudança*. A vitória pertence à "personagem obstrutora", que é todo um lado da própria heroína. É a vitória desse lado o que confere ao final algo de moralmente – não esteticamente – decepcionante e melancólico.

A família burguesa – núcleo social e repositório dos valores que devem ser transmitidos e inculcados para que se mantenha o *status* tradicional da mulher – é a terceira personagem atuante nesta peça de duas personagens individualizadas. E não se pode nem mesmo dizer que esteja invisível. Com habilidade, a autora a faz materialmente presente nos móveis, nos objetos, nos devaneios infantis de Mariazinha. O relógio grande e dominador como a figura paterna é o último dos objetos que ela consente em destruir. O guarda-roupa azul, em cujo espelho se mira, o criado-mudo, em que já não cabe, são o ventre familiar a que ainda se sente presa, mas a que não poderá mais voltar. No entanto, eles estão ali, vigilantes. O cômico, o que faz rir com um travo de

13. "O riso é verdadeiramente uma espécie de trote social, sempre um tanto humilhante para quem é objeto dele", Henri Bergson, *op. cit.*, p. 72.

14. "Essa ação ternária [da comédia] é, ritualmente, como um debate de verão e inverno, no qual o inverno ocupa a posição intermediária: psicologicamente, é como a remoção de uma neurose ou ponto obstrutor e a restauração de uma corrente contínua de energia e memória", Northrop Frye, *op. cit.*, p. 171.

A DRAMATURGIA DE 1969

crueldade a platéia (a sociedade), é que ela não tenha conseguido dar continuidade ao processo. Nem cabe mais naqueles móveis, nem os substitui por outros. É portadora de uma pesada herança familiar – social – e não se apercebe disso.

Mariazinha é um ser desamparado, inclusive familiarmente, apesar dos gritos enfáticos com que nega tal condição:

Homem – É. É uma dona sozinha. Sozinha, porque nunca ninguém quis!
Mariazinha – Não sou uma mulher sozinha!

E diante da insistência dele:

Eu não sou uma mulher sozinha! Eu sou uma mulher feliz! Vivo cercada de gente! Moro na cidade de milhões de habitantes! Tenho muitos colegas! Tenho muitos amigos! Todos me querem bem! Eu não sou uma mulher sozinha! Tenho tudo! Posição, conforto, segurança, amor, tenho amigos...
Homem – (*Corta rápido*) Marido, filhos, pai, mãe, colega, irmão, irmã, vizinha, empregada, avó...
Mariazinha – É! Minha família! Os laços de sangue! A voz do sangue! Amigos, colegas! Todos me querem bem! Todos me compreendem! Todos estão sempre comigo! Sempre comigo. Aqui... comigo... junto de mim... (*aponta o quarto todo, apalpa os móveis, abraça-os, cumprimenta-os, beija-os*) Perto de mim sempre! Sempre!

Mas os "laços de sangue", principalmente, são uma ficção. A família, que não lhe dera condições de autonomia, também não pode mais protegê-la. A autoridade familiar – base de caráter protetor – permanece apenas como resíduo de uma força de coesão que, na realidade, já não existe. É essa família paternal burguesa, em fase de desagregação e perda de força, presente como um anacronismo, que está aqui, no "banco dos réus", para usar a expressão de Horkheimer[15].

Assim, à primeira vista, Leilah Assunção parece ter escolhido um caminho transversal para falar da mulher que se prepara para afirmar, gritar, seu propósito de ser livre[16]. Escolheu precisamente um tipo de mulher que não tem absolutamente consciência clara do que lhe falta, nem condições de manifestar nenhuma forma

15. "No banco dos réus estão todas as renúncias aos instintos que a disciplina familiar impunha a seus membros, sem que estes pudessem ter consciência dos motivos que a justificavam, levando-os a acreditar verdadeiramente numa futura compensação, por exemplo, na forma de bens hereditários, como sucedia com os mais favorecidos, no auge da época liberal", M. Horkheimer, *Temas Básicos de Sociologia*, p. 140.

16. Seria muito interessante comparar esta reivindicação (que aqui não se faz por via direta da personagem, mas pela via total da ação) com um tipo apro-

92 UM TEATRO DA MULHER

de rebelião. Mariazinha, além de socialmente excêntrica, é no fundo passiva e ingênua. Como personagem, não solicita nenhuma identificação clara com a platéia, que a tem, na verdade, como *espetáculo*. Porém, teatralmente, por mais de uma razão, esta escolha é um acerto. Fazendo aflorar o arquétipo da Bela Adormecida, o texto encena, um pouco a contrapelo, sem pieguices nem concessões, o fundamental do que a autora tem como centro das reivindicações femininas – a sexualidade.

A idéia do *assalto* – presente também em outros textos do período, com seus corolários de agressividade e instigação ao desnudamento psicológico mútuo – o teatro do "porco-espinho", enfim, conjuga-se com a do despertar, particularmente o despertar para a vida sexual.

Condensando o tempo da ação em uma noite, e centrando-a em duas personagens, encerradas em um mesmo lugar, Leilah imprime ao único ato do texto a ondulação rítmica de uma peça musical, em que os motivos principais retornam em movimentos alternados e sucessivos, fazendo que aí caibam todas as variações necessárias a um desenvolvimento completo. O espaço dramático se multiplica, sem que se altere o espaço físico do palco, e o tempo se torna verdadeira duração, através do puro discurso verbal, dosado com perícia entre as rubricas e o diálogo.

As rubricas compõem a narrativa teatral, de forma a caracterizar a personagem central mesmo antes de sua primeira fala. Por Mariazinha, falam os objetos de seu quarto, os balões coloridos, os laçarotes, a roupa, o cabelo. "Tudo deve produzir o aspecto de absurdo, mas dentro de uma realidade possível", diz uma rubrica inicial. É bem assim o mundo de Mariazinha. A única voz que lhe chega é a fala sem interlocutor da TV, para reforçar a "evasão para dentro" que ela está mimando: um *jingle* francamente infantil leva-a a desenvolver toda uma mímica de criança que brinca e a si mesma se embala. O monólogo de Mariazinha, ou o seu diálogo com as coisas e consigo mesma, constitui o prólogo que se desenrola até o aparecimento do Homem. Depois do espanto que lhe tira a voz, sua primeira palavra é "mamãe!". O primeiro movimento, depois que ela "desembesta", como diz o Homem, é de resistência, que cede depois num impulso para adesão às propostas de ruptura e de "vôo", para depois retornar, em grau diferente, antes de alçar-se em movimentos cada vez mais amplos, até

ximado de reivindicação da mulher, feito numa peça feminina de 1939. Trata-se de *Conflito*, de Maria Jacinta, em que uma única personagem – a que já nos referimos na Introdução – Gilda – assume todas as faces dessa reivindicação e é claramente porta-voz da autora.

A DRAMATURGIA DE 1969

atingir o ápice, muito próximo do final, que é quase abrupto. O dia amanhece e o delírio noturno vai terminando. Uma voz do cotidiano, lembrando-lhe que é hora de levantar para o trabalho – a velha voz do dever inculcado para que fosse uma "boa menina" – é o suficiente para fazê-la recuar e gritar por socorro.

A linguagem em que Leilah Assunção narra este fragmento de uma história de mulher revela a força de uma escritora que domina a arte do diálogo teatral.

A renovação do diálogo que Nélson Rodrigues havia começado em 1943, despojado de "literatura", desembocara no diálogo explosivo de Plínio Marcos e no da nova dramaturgia. Mas nas peças femininas de 1969 repercute como algo surpreendente.

Em primeiro lugar, é uma novidade o fato de que a mulher não recue diante de palavras que eram até então tabu, principalmente para ela. Não se trata apenas do que diz, mas de como o diz. O que diz já pode provocar reações, na medida em que o amor, por exemplo, habitualmente tratado pela mulher na literatura como um sentimento em que o sexo é quase sempre escamoteado – e assim o exige a mitificação do amor feminino – é, nesta dramaturgia, colocado como um impulso total, que envolve claramente o sexo.

Mas o escândalo que feriu muitas vezes a suscetibilidade moralizadora da censura tem muito que ver com as próprias palavras empregadas nestes textos. A palavra feminina que soava tão agressivamente, em 1969, não é gratuita, e não pode ser substituída por palavras ou expressões atenuantes; ela exprime, evidentemente, uma consciência, uma intenção, uma tomada de posição da mulher, disposta a romper barreiras. Leilah Assunção conta, em uma entrevista, a cômica cena que teve de manter com os censores, os quais queriam, a todo custo, que a palavra "gozar" fosse substituída por "ápice" ou "clímax".

O que estava acontecendo, na verdade, era ainda, em essência, a repetição de idéias contra as quais já no começo do século, Virginia Woolf se pronunciava. Em 1928, esperava-se que a mulher, escrevendo, se comportasse como uma dama, ou como uma jovem pura e ingênua; que, em suma, fosse requintada e graciosa, como na vida. O mito deveria ser mantido a qualquer preço. Referindo-se a Sir Egerton Brydes, um conhecido crítico londrino da época, Virginia Woolf transcreve-lhe as palavras ditas acerca de determinada escritora:

[...] "as escritoras apenas deviam aspirar à perfeição, reconhecendo corajosamente as limitações que seu sexo lhes impõe" – Sir Egerton lhes promete qualquer prêmio [continua Virginia Woolf ironicamente] contanto que se comportem bem,

94 UM TEATRO DA MULHER

e se mantenham dentro dos limites considerados apropriados pelo cavalheiro em questão[17].

Esse bom comportamento – embora mais vigiado no teatro do que em qualquer outra parte – Leilah não sabe mantê-lo. Não quer mantê-lo. Não admira que tivesse problemas com a censura (que, de resto, tinha ainda outras razões para atuar). Escreve de certa forma como aconselha a própria Virginia Woolf na conclusão do seu livro[18]. Revela sem falsos pudores o núcleo do problema da mulher nesse momento. Fala sobre a reprimida sexualidade feminina que Mariazinha Mendonça de Morais representa e que a torna uma personagem descentrada e cômica no final da década de 60. O processo vai acentuar-se nas peças seguintes e é isso que soa como a explosão de uma bomba no palco de 1969.

A autora, por outro lado, capta com habilidade a diferença de linguagem entre as duas personagens, como expressão da própria diferença de grau de liberdade de que pode usufruir cada uma delas. O Homem é livre e, em face de Mariazinha, quase um marginal. São livres sua imaginação, sua posição no mundo, e a linguagem em que se expressa corresponde a isso. Mariazinha é tolhida. Sua imaginação, infantilizada, gira em torno do pequeno mundo em que vive, e não vai além do "sonho" que os meios fabricadores de mitos criaram para ela: o cinema, a TV, provavelmente as revistas femininas.

Boa noite, querido [diz seu monólogo incial] bom dia, querido, muito trabalho? Cansado? (*Sempre conversando com os móveis*) Onde é que você me leva hoje? Posso ir? Posso comprar?... O sono é muito importante. Oito horas. Oito horas é o ideal para conservar minha pele descansada e sempre jovem... Lá vem meu príncipe encantado, montado em seu alazão doirado... Ah, vai ser amanhã, vai ser... vai chegar todo de azul. Alto, forte, moreno de olho verde, trabalhador, honesto, DESTE TAMANHO!

No seu trabalho de fazê-la acordar, o Homem fará inclusive uma tentativa de liberá-la pela palavra. Em uma cena particularmente engraçada (mas angustiante para ela), como um professor paciente a princípio, e irritado depois, esforça-se por fazê-la dizer

17. V. Woolf, *op. cit.*, p. 92.
18. "Gostaria, assim, de vos pedir que escrevêsseis todo gênero de livros sem hesitar, ante qualquer assunto, por mais trivial ou vasto que possa parecer", V. Woolf, *op. cit.*, p. 127. Vale notar que Virginia Woolf não está se referindo, em 1928, especificamente à liberdade de emprego de palavras, mas à liberdade de tratar qualquer assunto (incluindo os filosóficos, que também causavam estranheza numa escritora).

A DRAMATURGIA DE 1969

um palavrão; depois de muita relutância, ela o repete como quem abre uma janela para respirar.

O problema da palavra proibida à mulher (e, é claro, o da realidade a que ela quer referir-se) está contido no curioso título da peça: aí se exprime o medo que oprime a mulher e a faz querer ocultar aos olhos do mundo suas dúvidas e angústias, em especial as que se referem à vida sexual – onde a moral burguesa depositou toda a sua "honra". "Se eu for descoberta, grito por socorro!" Na verdade, esse grito que Mariazinha só dá no final, Leilah o faz atravessar a peça toda. Mas não como um pedido de socorro. Ele valeu como um grito de liberdade. A liberalização que se estava processando deve assumir-se inclusive – e talvez em primeiro lugar – no plano verbal. *Fala Baixo Senão Eu Grito* tematiza claramente esse processo.

b) *Jorginho, o Machão (1970)*

O propósito expresso de Leilah Assunção, declarado em uma entrevista por ocasião da estréia de *Jorginho, o Machão*, em março de 1970, é apresentar, desta vez, uma visão do homem, também ele submetido a pressões que lhe dificultam o desenvolvimento.

> Mariazinha especifica mais os problemas femininos, enquanto Jorginho, mais os masculinos [...] Mariazinha é estática, anestesiada dentro da engrenagem em que vive, é dirigida pelo Homem que entra em seu quarto. Jorginho luta para não ser Mariazinha [...] Ele luta para não ser mais uma peça da engrenagem[19].

Esta é basicamente a mesma leitura de Sábato Magaldi, no comentário que faz sobre a peça, no prefácio escrito para *Da Fala ao Grito*, livro em que são enfeixadas, em 1977, as três peças da trilogia: *Fala Baixo Senão Eu Grito, Jorginho, o Machão, e Roda Cor-de-Roda*.

> Analisando o lugar da criatura humana, mais do que um indivíduo particular, Leilah não tem por que atribuir ao homem, em nosso mundo, uma missão diversa da da mulher. Com quase determinismo, ditado pelas circunstâncias, Jorginho cumpre um destino semelhante ao de Mariazinha, ele também se entrega à fantasia poética, na aventura tentada na grande cidade, para, após frustrada tentativa de suicídio, repetir a trajetória de qualquer homem comum da classe média. Torna-se grotesca a caricatura do itinerário de Jorginho, das fotos dos filhos à participação num consórcio de automóveis[20].

19. *O Estado de S. Paulo*, 29.3.1970.

20. Sábato Magaldi, prefácio a *Da Fala ao Grito*, de Leilah Assunção, pp. 13-14.

Estas são, tanto nas palavras do crítico quanto nas da autora, algumas das afinidades entre as duas peças. A despeito delas, no entanto, os pontos comuns nos parecem situados menos na linha das personagens centrais que em outros aspectos da narrativa. Apesar do fato de que ambos serão, no final, "recapturados" (no caso de Mariazinha, aliás, esta possibilidade não se apresenta como "fechada"), Mariazinha e Jorginho são bem diferentes como "personagens". Ela é realmente a personagem principal, no sentido mais completo da expressão: centraliza a ação, é o lugar privilegiado das variações e do desenvolvimento desta ação, constitui-se num verdadeiro "caráter" teatral. Ele, ao contrário, parece servir apenas de pretexto para mostrar as forças que o determinam.

Ao contrário do que pensa Sábato Magaldi, poderíamos levantar a hipótese de que a autora realiza dramaticamente melhor a personagem feminina justamente porque tem, sim, razões mais profundas para atribuir à mulher, senão uma "missão diversa" da que se atribui ao homem, ao menos um tipo de luta suplementar e específica, talvez mais premente naqueles inícios dos anos setenta.

O certo é que a aproximação mais evidente entre as duas peças está menos na possível semelhança de destino das duas personagens, que no fato da presença, agora teatralmente expandida, da família. É isso que, na verdade, permite pensar *Jorginho, o Machão* como parte da trilogia, integrada, de um lado, por *Fala Baixo...* e de outro por *Roda Cor-de-Roda*. A família, apenas entrevista nos efeitos de sua existência e atuação em *Fala Baixo...*, vai aqui surgir por inteiro, exposta por completo nos seus aspectos de reduto de força obstrutora do desenvolvimento e da liberdade individuais. Mais do que o próprio Jorginho, a personagem central desta peça é a família. É ela que se coloca sob o violento foco perscrutador da autora. Sobre ela e principalmente sobre o que ela representa é que Leilah faz recair a mordacidade de sua sátira.

Na cronologia da ficção (não da produção do texto), *Jorginho, o Machão* representa um recuo no tempo, um momento anterior ao de *Fala Baixo...* O que seria a família paternal de Mariazinha – ou uma família de vizinhos, por exemplo – é que é aqui desenhado, com traços pouco mais que esquemáticos, quase como uma caricatura.

A primeira evidência do caráter dessemelhante na concepção das duas peças (o que evidentemente determina a dessemelhança no tratamento das personagens) é a mudança na estrutura. Já não se trata mais de uma peça de duas personagens, que se organiza a

A DRAMATURGIA DE 1969

partir da necessidade de, colocando essas duas personagens diretamente em confronto, mostrar com maior nitidez *um indivíduo
determinado*. Na medida em que o número de personagens se
amplia, o grupo – no caso o grupo familiar – é o que vem para
o primeiro plano: pai, mãe, namorada do interior, além de outras
personagens apenas referidas como parâmetros para Jorginho: o
irmão mais velho, "o melhor engenheiro da região", a irmã "bem
casada" e, enfim, a própria cidade em torno (que penetra a cena
por meio do toque dos sinos, dos telefonemas, das fofocas...) como ampliação dessa família.

O que domina, no impiedoso retrato desse grupo e do meio
em que vivem e se agitam os seus membros, é o grotesco, sob o
qual subsume o cômico propriamente dito. A rudeza do pai reve-
lada sem nuances, a ingenuidade da mãe e da noiva levada ao extremo da submissão e da estupidez não chegam talvez a provocar
riso. Ao menos, não o riso de *Fala Baixo*... O ambiente em que
vivem – entre o excesso de eletrodomésticos e a comida (aqui,
como nas peças anteriores, a presença dos objetos e das coisas
tem força quase simbólica), o cacarejar de galinhas a que se reduzem as conversas (cacarejar insinuado constantemente pelo
ruído que vem da granja mantida ao fundo da casa), as pesadas
alusões à vida sexual dos pais e à recusa de Jorginho em freqüentar a "zona do meretrício" da cidade – tudo é vincado com fortes traços de farsa grotesca e mais se aproxima do carnavalesco
de máscaras deformantes em que reponta algo de cruel, do que
de um retrato propriamente cômico (o carnavalesco, aliás, com o
sentido de "destronamento", da abolição de barreiras e limites e
de violenta inversão hierárquica que supõe, tal como é apontado
por Bakhtin, será o traço estético dominante em *Roda Cor-de-
Roda*). Nem mesmo a figura da personagem Renata, a namorada
de São Paulo, encarregada de encarnar a liberação sexual e as
novas idéias que vão contrastar abertamente com a pasmaceira, a
mesquinharia e o atraso interioranos, escapa a essa categoria: a
evidência da gravidez, que exibe como um troféu (e que "prova"
a virilidade de Jorginho posta em dúvida pelo pai), a linguagem e
as atitudes acentuadamente provocadoras, sua qualidade de filha
de banqueiro... de "bicho", tudo faz parte desta boca pantagrue-
lesca por onde Jorginho será engolido. Mas Jorginho – já o dissemos – não tem a mesma qualidade teatral de Mariazinha. Como personagem jamais adquire a mesma consistência. Não é tão
firmemente delineado, nem tão finamente cômico, nem mesmo
nos seus monólogos alucinados de grandeza e de afirmação. Nesta peça, Leilah não chega a realizar, no tecido da narrativa, a perfeição daquelas passagens ondulatórias de um estado a outro da

98 UM TEATRO DA MULHER

personagem, de um momento a outro da situação, que são a marca da composição de *Fala Baixo*... Os devaneios de Jorginho, nitidamente separados das cenas de "realidade", apresentam-se como monólogos interiores, de que não participam os outros, cindindo em cortes mais ou menos bruscos o desenrolar da ação. Quando retorna ao "real", nem esta ação, nem ele próprio como personagens se alteraram, a não ser no sentido de que tudo se torna possivelmente mais pesado, mais "dramático". No total, aquela qualidade de humor, de arguta captação do cômico que permitira envolver personagem e situação (personagens em situação) plenamente manifesta em *Fala Baixo*... como que se desvanece aqui. É como se a comédia tivesse ficado a meio caminho. O que predomina como atmosfera é uma espécie de deboche indignado, que é, por isso, ao mesmo tempo um tanto amargo. *O que devia ser uma farsa desabrida é*, na verdade, atravessado por um tom, por um tipo de humor difícil de definir: algo entre o melancólico e o raivoso. Se há um cômico em *Jorginho*,... ele se parece menos com o de *Fala Baixo*... do que com certa comicidade demolidora de alguns espetáculos do *Oficina*.

O que fica, de qualquer modo – e afinal de positivo – é uma sátira quase feroz da família pequeno-burguesa (aqui reduzida a sua forma "exemplar"), o choque entre o que ela tem de anacrônico e repressivo e o impulso de liberação das gerações mais novas: "Ah... Mãezinha do meu coração... vê se procura compreender que pra mim 'ser empregado' de Banco ou ser 'chefe' de Banco é a 'mesma' coisa! É a mesma falta de tempo para VIVER! [...]" – diz Jorginho em um dos raros diálogos que mantém com a mãe.

A fala (que tem ressonâncias da célebre fala de Mac Navalha da *Ópera dos Três Vinténs*)[21] diz bem da repulsa aos modelos que a pequena burguesia tem para oferecer. VIVER é qualquer coisa que não se sabe exatamente o que seja ("Não entende não! Ninguém me entende!" – diz ele na continuação desse diálogo – "[...] sei que ninguém me entende e muito menos eu! Muito menos eu..."), mas que, com certeza, não é nada daquilo que essa classe considerava estabelecido como VIDA.

c) *Roda Cor-de-Roda (1975)*

---

21. Perfeitamente compreensível a ressonância, quando se pensa que Leilah participou como atriz da encenação da *Ópera dos Três Vinténs*, na inauguração do Teatro Ruth Escobar.

A DRAMATURGIA DE 1969

A revolução de sexos começa dentro de casa, no âmbito pequeno mas potencialmente enorme de cada vida, de cada relação entre homens e mulheres.

BRANCA M. ALVES, *Ideologia e Feminismo*

A estréia seguinte de Leilah Assunção só se dá em 1973, com *Amanhã, Amélia, de Manhã*, em abril, no Teatro Ginástico do Rio de Janeiro.

Uma crítica publicada no *Jornal do Brasil*, no dia seguinte ao da estréia, e assinada por Gilberto Tumscitz (mais tarde conhecido como Gilberto Braga, novelista da TV Globo) ostenta o título de "Amélia é porta-voz de Leilah feminista"[22]. Em maio do mesmo ano, enquanto se prepara a estréia da peça em São Paulo, uma notícia do *Jornal da Tarde*, em que estão algumas breves declarações da autora, afirma:

O estudo da libertação feminina e, por meio dela, do próprio ser humano – é o denominador comum que Leilah Assunção vê entre suas três obras apresentadas simultaneamente ao povo brasileiro: *Amanhã, Amélia, de Manhã*, em cartaz no Teatro Ginástico do Rio, a peça *Fala Baixo Senão Eu Grito*, reencenada no Teatro Aliança Francesa de São Paulo, e a telenovela *Venha Ver o Sol na Estrada*, oferecida às 20 hs. e 45 no Canal 7 [...] São inúmeros, no seu dizer, os condicionamentos impostos à mulher [continua a notícia]. A vida do homem está traçada em função da produção, e se atrofiam nele as qualidades que são comumente consideradas femininas: sensibilidade, sexto sentido, criatividade [...] A mulher foi, segundo Leilah, relegada a segundo plano, com a função de cuidar bem da máquina que produz e da tarefa de perpetuar os filhos. O homem funda a empresa que é a família, contrata a empregada que é a esposa e assim por diante. No momento em que a mulher toma consciência do problema e tenta se afirmar como gente é que principia a alterar-se a estrutura social[23].

Tais declarações, naturalmente, têm o caráter geral e esquemático próprio da ocasião em que são feitas e do veículo a que se destinam. No entanto, revelam algo próximo a uma afirmação do sentido feminista da peça. Embora a entrevista faça referência à libertação do "ser humano", isto é, à libertação comum, é "no momento em que a *mulher* toma consciência do problema que principia a alterar-se a estrutura social". Esta estrutura é aqui, exatamente, a da família. É a família que mais uma vez está sendo discutida – e contestada – nesta peça. E a família é, por excelência, um dos temas centrais do feminismo nestes últimos vinte anos.

---

22. G. Tumscitz, "Amélia é Porta-voz de Leilah Feminista", *Jornal do Brasil*, 25.4.1973.

23. "As Quatro Amélias de Leilah. Qual Delas é a Mulher de Verdade?", *Jornal da Tarde*, 8.5.1973.

100 UM TEATRO DA MULHER

Apesar disso, em 1975, a respeito agora de *Roda Cor-de-Roda*, um noticiário do mesmo *Jornal da Tarde* informa: "A peça, segundo a autora, é uma comédia, mas também é muito mais, dependendo da forma como é vista. Nenhuma a desagrada ... só discorda com [*sic*] o posicionamento que lhe querem impingir de feminista"[24]. Como se a palavra fosse maldita, Leilah a recusa para si mesma e para sua peça[25].

Em entrevistas concedidas posteriormente, em oportunidades diversas, Leilah volta ao assunto (quase sempre por solicitação dos entrevistadores) e volta a essa negativa. Mas tenta deslindar o que parece não só uma contradição entre declarações (contradição, aliás, que não é nunca notada como tal pelos jornalistas que a entrevistam, nem pela própria entrevistada), porém uma contradição entre o que é dito e o próprio teor das peças, a respeito das quais retorna constantemente, na imprensa e nos comentários, a idéia de feminismo. A bem da verdade, as declarações que estamos cotejando entre si e com os textos encenados, além de esparsas, se apresentam distanciadas no tempo. Aparentemente, nada impediria que houvesse ocorrido, entre 1973 e 1975, uma alteração de posições por parte da autora, alteração que a fizesse reconhecer, sem protestos, na primeira (*Amanhã, Amélia, de Manhã*), uma peça feminista, mas na segunda (*Roda Cor-de-Roda*), um outro caráter. No entanto, não parece ter sido o que aconteceu.

Em agosto de 1975, ainda sobre *Roda Cor-de-Roda*, diz o título de uma notícia no *Jornal da Tarde*: "Uma Peça a Favor das Mulheres? Não, da Justiça". Explica Leilah:

> Nem eu nem minha peça somos feministas, no sentido que alguns movimentos chamados de liberação da mulher dão à palavra. Não acho que reivindicar oportunidades iguais às dos homens, dentro do sistema em que vivemos, seja feminismo. Ou, pelo menos, não é o feminismo que eu quero. No máximo, isso seria uma luta para que as mulheres conseguissem ser chefes de secção, coisas assim. Para mim – e é isso que eu espero que o público de *Roda Cor-de-Roda* perceba – a reivindicação feminina tem de ser muito mais ampla e dirigir-se contra o que realmente provoca marginalizações e discriminações: a profunda injustiça das estruturas sociais a que estamos submetidos[26].

24. "Leilah Apresenta sua Roda Triangular", *Jornal da Tarde*, 15.10.1975.

25. A despeito disso é muito importante notar que Leilah Assunção é, talvez, de todas as autoras examinadas aqui, a que mais se preocupa com a questão *mulher* e a discute com mais freqüência, como mostram suas peças e suas entrevistas, às vezes assumindo claramente suas posições feministas e propondo-se a "conscientizar a mulher", como afirma.

26. "Uma Peça a Favor das Mulheres? Não, da Justiça", *Jornal da Tarde*, 28.8.1975.

A DRAMATURGIA DE 1969

Como visão global do problema, são coerentes tais idéias, descontando-se o fato de que, na verdade, implicam uma série de questões diferentes, dignas de discussão. De qualquer modo, no concreto do texto dramático que temos diante dos olhos – e do espetáculo que o público viu em 1975 – as coisas têm uma dimensão diversa e se apresentam sob um ângulo muito mais específico.

É curioso que as posições da autora relativas à *Amélia* sejam diferentes das que se referem a *Roda Cor-de-Roda*, pois, na verdade, esta última peça recupera a personagem Amélia, segundo a própria Leilah[27]. E apesar de declarações posteriores de que se tratava de peças "totalmente diferentes", a segunda delas retoma não apenas a personagem, mas o tema e a obra como um todo. A perspectiva última da peça de 1975 é a mesma que a da peça de 1973. *Roda Cor-de-Roda* trabalha com um número menor de personagens e uma ação muito mais concentrada, além de possuir economia dramática muito mais eficiente[28], mas na verdade mantém o essencial de *Amélia*. De maneira que se uma pode ser pensada ou entendida como feminista (por muitas determinações que se acrescentem à palavra), também a outra o poderia.

De qualquer modo, entretanto, vale a pena examinar as declarações contidas na entrevista de agosto de 1975, em que a intenção feminista de *Roda Cor-de-Roda* é claramente negada.

Na realidade, essas declarações dão voz simultaneamente a uma série de questões muito presentes naqueles anos, como temos enfatizado (1975 é o Ano Internacional da Mulher). A primeira é a presença difusa, mas viva, de uma forma de repulsa à própria militância de grupos feministas. Trata-se de uma reação, até hoje comum entre mulheres, que reflete o afastamento diante da detração, clara ou sub-reptícia, de que eram objeto os movimentos feministas. Mulheres, especialmente as de classe média e da burguesia, temiam ser consideradas "inimigas dos homens", ou confundidas e pensadas como ridículas "queimadoras de soutiens". Tais eram as imagens deformadas e induzidas pela grande imprensa, a partir das notícias sensacionalistas sobre a forma de

---

27. "Acudam que Ela é Donzela", Folhetim, *Folha de S. Paulo*, 15.7.1979. Longa entrevista sobre o conjunto de sua obra concedida a Mariângela Alves de Lima e Sílvia Pimentel.

28. "Tremendamente desigual, freqüentemente irritante pelas repetições, lentidões e ingenuidada, algo vazio no seu balanço final, *Amanhã, Amélia, de Manhã* é, no entanto, um dos cartazes mais originais, perturbadores e dinâmicos da cidade" – diz Yan Michalski, por ocasião da exibição da peça no Rio. Yan Michalski, *O Globo*, 28.4.1973.

102 UM TEATRO DA MULHER

protesto de certos grupos americanos. As mulheres procuravam então, compreensivelmente, afastar a possibilidade de que se lhes pudesse aplicar a pecha de feministas. Mas as coisas podem ter uma outra explicação que é, no fundo, bastante lógica.

O movimento feminista se caracteriza [diz Branca Moreira Alves] por uma particularidade que o distingue de qualquer outro movimento de classe. Utiliza como elemento de conscientização o *veículo psicológico* relegado a segundo plano pelos movimentos de classe[29].

Se isso é verdade, é fácil acreditar que os movimentos que se lhe opõem se utilizem – e se tenham sempre utilizado – de um veículo da mesma natureza, mas em sentido inverso. A luta nesse plano é psicológica e não há, aí, arma mais poderosa que o ridículo.

Não cremos que o temor a este ridículo seja propriamente o caso de Leilah Assunção (todo o seu trabalho parece demonstrar o contrário), mas entendemos que, a partir disso, possam estabelecer-se certas contradições entre as declarações (que faz em determinadas circunstâncias) e o que suas peças dizem com tanta clareza.

Esta é uma primeira questão não propriamente manifesta, mas subjacente às declarações de Leilah. Uma segunda prende-se à visão sobre trabalho feminino e interessa de perto à evolução dos movimentos de liberação da mulher. Percebe-se, no que diz a autora, que restavam sinais de repúdio a uma etapa anterior dos movimentos, aquela em que, ainda segundo Branca Moreira Alves, a mulher "cerceada de todos os modos por uma legislação que não lhe reconhece direito algum" fora levada a

encurtar o vôo, pois os obstáculos a transpor eram grandes demais e o acirramento do conflito levaria o movimento ao fracasso; diante disso, [a mulher] optara por reivindicações parciais [...] a nível de legislação civil e de legislação trabalhista e política, pela possibilidade de defesa de seus interesses[30].

Vê-se que, para Leilah, era insuficiente esse tipo de reivindicação. "No máximo isso seria uma luta para que as mulheres conseguissem ser chefes de secção, coisas assim"[31]. No entanto, consideramos que seria afinal importante que as mulheres conseguis-

29. Branca Moreira Alves, *Ideologia e Feminismo*, Petrópolis, Vozes, 1980, p. 190 (grifo nosso).

30. *Idem*, p. 183.

31. "Leilah: Sou uma Mulher Livre... e Maldita", Suplemento Especial de *Última Hora*, 17 e 18 de maio de 1975.

A DRAMATURGIA DE 1969 103

sem ser "chefes de secção" – se a expressão for uma espécie de metáfora reduzida para significar a questão maior de que as mulheres possam realmente vir a assumir quaisquer posições na vida social e política, sem discriminação de sexo. Ainda Branca Moreira Alves:

para que o feminismo atual aprofundasse a sua análise e elaborasse propostas de mudanças realmente revolucionárias *era necessário que ele passasse pelo estágio das reivindicações parciais*, que lhe abriu as portas. Esta foi a etapa de transição, em que a maior participação da mulher, no mundo antes exclusivamente masculino, serviu como fonte de experiência e aprendizado. Sem esta passagem, não teria sido possível às feministas de hoje a articulação de uma teoria que denunciasse as verdadeiras raízes da opressão da mulher: a cultura patriarcal, baseada na divisão de papéis de sexo e na permanência da condição primordial de reprodutora[32].

Ora, é precisamente esta a revolução que as peças de Leilah estão propondo. É esta "cultura patriarcal" que estão denunciando. Quando nas entrevistas recusa a designação de feminismo para a luta que tem por objetivo conseguir que as mulheres venham a ter "oportunidades iguais às dos homens" está se referindo apenas a oportunidades *de trabalho*. Nas *peças*, sugere que as mulheres devem reivindicar igualdade de oportunidades outras, estas, sim, válidas. De sorte que a negação de feminismo contida no discurso extrateatral resulta como que negada no discurso do texto de teatro.

Mas há ainda uma última questão presente na declaração de 1975 que estamos comentando. Ela diz respeito a um problema que tem contribuído para dividir entre si os próprios movimentos feministas: prende-se à pergunta sobre a legitimidade de uma luta feminista dissociada da luta comum para a libertação de todos, homens e mulheres socialmente oprimidos. Leilah parece optar pela luta geral:

a reivindicação feminina tem de dirigir-se contra o que realmente provoca marginalizações e discriminações: a profunda injustiça das estruturas sociais a que estamos todos submetidos[33].

Voltando a *Roda Cor-de-Roda*, convém repetir que Leilah declara ter retomado a personagem (Amélia) porque *Amanhã, Amélia, de Manhã* tinha sido mutilada pela censura em 1973:

---

32. Branca Moreira Alves, *op. cit.*, p. 184 (grifo nosso).
33. "Uma Peça a Favor das Mulheres? Não, da Justiça", *Jornal da Tarde*, 28.8.1975.

104 UM TEATRO DA MULHER

[...] a peça não foi liberada inteira e ficou um caco. Mas como a produção não e.a minha, eu não tinha como proibir a estréia. O produtor tinha colocado muito dinheiro nela e eu fui obrigada a deixar montar. A peça ficou um horror... Aí eu decidi continuar a personagem numa outra peça – *Roda Cor-de-Roda* – porque eu morro se não levo uma personagem até o fim...[34]

Ora, mais uma vez, levar Amélia até o fim era levar até o fim a idéia da rebelião feminina... "dentro de casa". A peça aborda, à sua maneira, um dos temas mais contundentes do novo feminismo: a situação da mulher – esposa e mãe – dentro da família; narra a rebelião da mulher face à tradicional dupla moral masculina. E, dessa forma, ao mesmo tempo, completa a "trilogia da família", iniciada em 1969 com *Fala Baixo Senão Eu Grito*. Trata-se não mais da família paterna, mas daquela que dá continuação ao processo perpetuador. A ficção de Leilah mostra revertido esse processo. "No riso está sempre contida uma visão alternativa do mundo", afirma Alfredo Civita, comentando a teoria do cômico em Bakhtin[35]. *Roda Cor-de-Roda* nos dá essa visão alternativa do mundo do casamento.

Centrada basicamente na reivindicação feminista do direito à igualdade de oportunidades em termos da distribuição dos papéis domésticos e sexuais, a comédia se utiliza de um verdadeiro jogo carnavalesco: exibe uma inversão total desses papéis e da costumeira relação triangular, mulher – marido – amante. .

Começando por apresentar-se como esposa dedicada, no momento angustiada por perceber que o marido a está abandonando por outra, Amélia tenta inicialmente algumas manobras das que a imprensa chamada feminina costuma sugerir às esposas, como meio de "segurar o seu homem" (*Segure o Seu Homem* era o título de um *best-seller* americano de "conselhos" para a mulher): perfuma-se, veste vestido novo cor de rosa ("este ele vai notar! Cor de rosa é a NOSSA cor. Eu estava de organdi rosa qundo a gente se conheceu"); serve-lhe a bebida preferida quando ele chega, tricota para ele, calça-lhe as meias, diz amém a cada uma de suas frases, faz pequenas insinuações eróticas... Ele, evidentemente, não nota coisa alguma. Decididamente provinciana, Amélia é um tanto ridícula e algo patética em seu esforço "romântico". E cômica, naturalmente. Mas diante de Marieta – a amante do marido a quem ela já telefonou para dizer-lhe umas "verdades" e que irrompe em sua casa muito segura de si –

34. "A Mulher no Teatro: Leilah Assunção", *Nova Mulher*, 12.9.1975.

35. Alfredo Civita, *Teoria del Comico*, Milano, Edizione Unicopoli, 1984, p. 42. "Nel riso é sempre racchiusa una visione alternativa del mondo".

A DRAMATURGIA DE 1969

Amélia rebela-se. Já não é mais "a mulher de verdade", mas, de repente, "a outra". Troca com ela o papel de esposa: transfere-lhe a cozinha, a faxina, deixa-lhe os filhos com urticária e mamadeira. Ante a estupefação do marido, explode:

> Todo mundo me enganou! Todo mundo só me disse mentira até agora!!! Mas não vai ficar assim, seus desgraçados!!! Eu vou ABENÇOAR essa união! (*joga a camisa no chão*) O LAR, DOCE LAR, É DE VOCÊS!!!

Orlando – Amélia...
Amélia – Amélia não que hoje Amélia morreu! Marieta, o aspirador de pó fica ali na despensa junto com a gordura. O bidê tá entupido, mas amanhã vem gente consertar...
Orlando – Amélinha...
Amélia – O Zezinho está tomando cinco remédios por dia e à noite você tem que acordar três vezes para a mamadeira da Belinha. Dá mamadeira e já vai ensinando ela como é que você subiu na vida que eu quero que ela siga o exemplo.

E adiante:

> Marieta, gostou, leva correndo! Leva correndo, de graça!

Depois, quando os dois tentam fazê-la raciocinar para que desista do projeto mirabolante, o diálogo acaba descambando para uma alucinada discussão em termos de uma lógica absolutamente surrealista: o resultado é uma completa derrisão do que seria a "razão" burguesa e acadêmica:

Amélia – (*Tentando controlar-se*) – Toda mulher é uma palhaça, logo eu sou uma palhaça!
Orlando – Queira desculpar-me, Amélia, mas você está sofismando mesmo. Está partindo de uma premissa falsa de que toda mulher é uma palhaça. Marieta, por exemplo, é um sujeito cujo predicado não é absolutamente a palhacice...
(*Após algumas falas no tom:*)
Amélia – (*Jogando o copo no chão*) CHEGA!!! CHEEEEGA!!! Eu detesto essa razão! Vou fazer a Revolução. Eu estou morrendo de ódio! Sou uma mulher enganada!!! Já pra fora! Já pra fora! Eu vou virar uma revolucionária! Vou pintar a casa toda de vermelho, botar a cama aqui na sala com cortina de rendão e abajur lilás.
Orlando – Amélia, quer controlar-se? Continuemos a conversa como gente civilizada!
Amélia – NAAAAAAAAADA!!! Vou transformar esta sua casa num puteiro!

Diante da "loucura" de Amélia, Orlando argumenta timidamente:

106   UM TEATRO DA MULHER

Orlando – Amelinha, meu amor... todo homem pula a cerca, mas ESPOSA é
      uma só...

No segundo movimento, quando, diante da violenta transformação de Amélia, Orlando grita desesperado: "ASSASSINA!
Desgraçada! Vou te processar por abandono do lar!" Amélia replica: "Eu estou aqui. Foi o lar que me abandonou!". Segue-se
uma discussão sobre o Código Civil.

É a grande mudança. Mas a transformação de esposa em
prostituta não é a única. Amélia continua. No segundo movimento, transformou o marido em "esposa", trocando também o seu
lugar com ele. É ela, agora, quem "trabalha" como... prostituta, é
ele quem faz tricô, serve bebida etc. Mas ainda não basta. No terceiro movimento, torna-se também amante da amante do marido.
Amélia – agora "Batalha sem Vaterlú" – experimenta todas as
posições possíveis dentro do clássico trio. Em sua rebelião ressoam vozes de Lisístrata. "Na melhor tradição da Comédia que
vem de Aristófanes, Leilah levanta uma hipérbole que adquire
caráter de exemplaridade" – diz Sábato Magaldi[36].

No desenrolar da história, porém, as coisas começam a repetir-se como se não se pudesse escapar à engrenagem dominador/dominado. "Amélia joga a pasta com o mesmo gesto de Orlando do início da peça" – diz uma rubrica. E Marieta, agora no
papel de "esposa" (não de Orlando, mas de Amélia), ela que na
verdade é o tempo todo um verdadeiro desdobramento da própria Amélia (diz chamar-se realmente Maria Amélia) constata,
surpreendida, enquanto costura uma blusa como uma verdadeira
esposa: "Tá faltando um botão! Tá faltando um botão na blusa
dela, poxa, é isso. De madrepérola! Isso tá cheirando a plágio! O
plágio, o lugar comum, a repetição". (O botão de madrepérola
que faltava na camisa de Orlando é o motivo do primeiro telefonema de Amélia para Marieta, no movimento inicial da peça.) A
"roda" retoma, inexorável, seu andamento. Mas agora, Marieta é
quem vai fazê-la rodar. Rebela-se, não quer mais ser nem a esposa, nem a "outra". Não quer papéis prefixados:

Marieta – (...) Parecem palhaços! Idiotas! O tempo todo sacudindo e rindo! A
       "minha" risada secou, fiquei doida! Mais pirada que vocês! Vocês
       não são doidos, não! São pessoas "normais"! Mofadas, esclerosadas!
       Vocês pensam que mudaram e só trocaram os papéis dentro do
       mesmo cenário, mesmo espaço e mesmo texto, mesma idéia e mesmo
       tempo, só movimento e tensão, correria, gargalhada, apenas bada-

   36. Sábato Magaldi, "No Teorema de Leilah, a Soma dos Quadrados Contra a Hipotenusa", *Jornal da Tarde*, 17.10.1975.

A DRAMATURGIA DE 1969

lação. PI-A-DA! PI-A-DA! E aqui nada aconteceu, NADA. Não houve transformação!

(*Enquanto fala, Marieta quebra as coisas da casa, destrói as imagens todas: fica de pé a imagem que simboliza "fé na vida".*)
Não há solução. Marieta proclama a Utopia. E, convidada a brindar o "jogo" que se formara entre os três:

Marieta – Vou brindar, sim, seus imbecis! Saúde! Um brinde à pornografia! Um brinde à "minha" utopia!"

A Utopia é o sonho de mudança, de transformação, que se dissolvera afinal numa simples troca de papéis? A Utopia é, ao contrário, uma nova proposta, a simples aniquilação de todos os valores burgueses que, apesar de tudo, ainda permaneciam de pé?

Amélia – Não foge Marieta! Não vai fugir!
Orlando – Você tem que ficar! "Vai" ficar!
Marieta – Mas quem disse que eu vou fugir, não, eu vou ficar...
Amélia – Vai ficar? Então, vem! VEM, VEM, VEM.
Orlando – A RODA não pode parar!
Amélia – O purê, o carrinho, o tricot!
Orlando – O vestido, a pasta, a saúde!

E no final:

Amélia – (*... jogando a palavra*) Meu vestido...
Orlando – (*Joga a palavra como pedindo socorro*) Cor de...
Marieta – Roda.

"Não respondendo 'rosa', mas 'roda', Marieta rebate, corta e transforma o jogo" – diz uma rubrica. E o jogo, com a insistência na palavra RODA sempre repetida por Marieta, continua. Tudo, afinal, recai no mesmo giro.

Esta sugestão de um eterno recomeço para a peça, que parece ver a situação como algo sem saída (conclusão comum às três peças de Leilah) funciona bem como espetáculo, mas não foi dessa sugestão que proveio o forte impacto que a peça causou. Ele proveio antes da violenta e desabrida inversão carnavalesca, da inusitada *alternativa* que propõe exemplarmente, do golpe de destronamento que desfere na instituição familiar, do riso solto que perpassa de alto a baixo o edifício dos mais caros valores que essa instituição representa. Não admira que o texto tenha soado como uma voz a favor de certas reivindicações feministas. A mencionada notícia de 28 de agosto de 1975, publicada no *Jornal da Tarde* lembra, no final: "a peça... já interessou ao 'Mouvement de Libé-

108 UM TEATRO DA MULHER

ration des Femmes' da França"[37]. Mas suas repercussões concretas não pararam aí. Datada de 11 de maio de 1984, quase dez anos depois, Leilah recebe de Sílvia Pimentel, vice-presidente da Pró-Mulher uma carta de cumprimentos que vale a pena transcrever:

> nesta semana de maio em que o Novo Estatuto Civil da Mulher, elaborado por Sílvia Pimentel e Florisa Verucci, foi aprovado pela Câmara Federal, desejamos cumprimentar as mulheres que direta ou indiretamente se engajaram nessa luta [...] Em especial, sua peça *Roda Cor-de-Roda*, que já em 75 denunciava com aguda perspicácia o anacronismo de um Código ilegítimo, por não corresponder às transformações sociais que vivemos, foi fonte inspiradora do trabalho encetado e que visou tirar a mulher de sua condição de semiescrava para colocá-la em posição de igualdade na vida social[38].

O certo é que a peça, repercutindo efetivamente como uma cáustica denúncia da condição doméstica da esposa, talvez esteja entre as comédias mais terríveis que já se escreveram no Brasil. Representa a mais perturbadora resposta a quantas *Doutoras* se inventaram para ridicularizar a mulher[39].

37. "Uma Peça a Favor das Mulheres? Não, da Justiça", *Jornal da Tarde*, 28.8.1975.

38. Carta de Sílvia Pimentel a Leilah Assunção. A cópia nos foi fornecida pela autora.

39. França-Júnior, *As Doutoras*.

4. Consuelo de Castro e a Rebelião da Juventude

> *Minha única arma contra a violência é o teatro, que é minha própria violência respondendo à violência deles.*

Ainda este ano aconteceu algo que só me dá motivos para continuar. Um grupo de estudantes resolveu montar a minha peça *Invasão dos Bárbaros*, a toque de caixa. A peça foi montada na Cidade Universitária, num prédio – o da História – que não estava nem inaugurado. A peça ficou quinze dias em cartaz e atraiu mais de 17.000 pessoas[1].

Estas declarações, Consuelo as faz em um depoimento a Samuel Weiner e Joana Fomm a 4 de novembro de 1976, para a revista *Aqui, São Paulo*. 1976, ano em que universitários, em São Paulo, montavam meio clandestinamente *À Prova de Fogo* (ou *Invasão dos Bárbaros*) e o Teatro Glaucio Gil, no Rio de Janeiro, estreava *O Porco Ensangüentado*, sua terceira peça, foi também o ano em que Consuelo "resolveu romper com o governo num manifesto público divulgado pelo *Jornal da Tarde* e *O Estado de S. Paulo*."

Consuelo escrevera *O Porco Ensangüentado* em 1972 e a peça recebera em 1974 o "Prêmio de Leitura" do SNT. Apesar disso estivera interditada, sofrera "o diabo, mil cortes, um cipoal de

---

1. "O Teatro Não Precisa de Prêmios, mas de Liberdade", *Aqui, São Paulo*, 4.11.1976.

110 UM TEATRO DA MULHER

armadilhas da censura, para poder ser lida nas capitais do Brasil"[2].

Os dois acontecimentos de 1976 – a estréia e o manifesto – motivaram uma série de reportagens e entrevistas. Nelas Consuelo narra a história de seu Teatro – que é realmente, *desde o primeiro texto em 1968*, um jogo exasperante entre premiações e proibições – e manifesta energicamente sua indignação:

> Parece-me um absurdo que órgãos de um mesmo governo distribuam prêmios por um lado e cortes por outro. *À Flor da Pele*, que recebeu o prêmio da APCT, foi censurada tantas vezes que pensei em colocar o diretor do Serviço de Censura como co-autor do texto. *Caminho de Volta* – originalmente *Viagem de Volta* e transformada a pedido da censura – ficou proibida por 15 dias e sofreu cortes. *O Porco* sofreu igualmente cortes e ganhou prêmio do SNT. A *Invasão dos Bárbaros*, também premiada, foi proibida, no ano em que foi escrita e permanece interditada até hoje[3].

Em novembro do mesmo ano (1976), depois da proibição de *A Cidade Impossível*, na entrevista citada, a *Aqui, São Paulo*, a autora reafirma os termos do manifesto:

> Declaro aqui, com toda a raiva do mundo que sinto, que recusarei terminantemente qualquer prêmio do SNT ou de qualquer outro órgão deste governo. Se alguém quiser me premiar, libere minhas peças. Libere *Papa Highirt* de Vianinha, também premiado pelo SNT em 1968. Libere Plínio Marcos... Deixem a gente ir para o palco, que não é de prêmios que precisamos todos, público e escritores: é de liberdade[4].

À Prova de Fogo ou *Invasão dos Bárbaros (1968)*

É essa mesma disposição combativa que Consuelo de Castro revela desde sua primeira peça, *Invasão dos Bárbaros* ou *À Prova de Fogo*.

A peça, escrita em 1968, só seria encenada por um grupo universitário, o Grupo de Teatro da Biologia e Ciências Sociais da USP, ainda sem autorização da Censura, em 1976, oito anos após ter sido interditada, e sete depois de *À Flor da Pele*, que fora sua estréia no teatro profissional, em 1969.

À Flor da Pele, que era seu segundo texto, valera à autora o prêmio *Revelação de Autor*, concedido pela Associação Paulista

2. *Idem, ibidem.*

3. "Consuelo de Castro: o Sangue, a Censura e o Porco", *Jornal do Brasil*, 29.4.1976.

4. "O Teatro Não Precisa de Prêmios, mas de Liberdade", *Aqui, São Paulo*, 4.11.1976.

A DRAMATURGIA DE 1969

de Críticos de Teatro (APCT) e havia projetado Consuelo como uma das grandes esperanças da dramaturgia nacional.

Enquanto sobre esta última peça as críticas da época se multiplicam, sobre a peça anterior, *À Prova de Fogo*, há apenas alusões de uns poucos que a conheciam; os pronunciamentos mais explícitos só aparecem depois de 1976, mais precisamente em 1977, de modo especial nos "Prefácios" escritos para a edição da obra, nos quais se pronunciaram três importantes críticos:

Sábato Magaldi:

A força incômoda de *À Prova de Fogo* está em que provocou, mesmo sem ser levada à cena, as mais apaixonadas polêmicas. Estudantes acharam que a autora os havia traído, pintando-os em sua verdade. E a censura interditou a peça, por julgar que ela "contraria dispositivos do artigo 41, letras D e G, do decreto n. 20.493, de 24 de janeiro de 1946 ("provocar incitamento contra o regime vigente" e "ferir... a dignidade ou o interesse nacional...") Compreende-se que a exaltação de ânimos do momento de luta tenha provocado repúdio do texto de ambos os lados [...] A Censura evitou que se discutisse em público, num instante em que as feridas ainda estavam abertas, um tema tão caloroso... Consuelo apenas retratou, com absoluta imparcialidade, uma situação que dizia respeito a todos... E a esse título *À Prova de Fogo* é um dos documentos mais verdadeiros do país. Quem quiser entender, no futuro, o que se passou no Brasil de 1964 a 1968, precisará tomar conhecimento da peça.

Décio de Almeida Prado:

À Prova de Fogo confronta-nos com uma época próxima e remota: 1968. Os estudantes do mundo inteiro, unindo-se como se constituíssem uma só classe política, julgaram poder destruir, nessa ordem, a estrutura da Universidade, do sistema capitalista e da moral burguesa. Através de um esforço heróico e concentrado iria realizar em poucos meses o que dezenas de gerações revolucionárias, desde 1789, não haviam conseguido: implantar a liberdade (sobretudo a sexual), a igualdade (sobretudo a econômica) e a fraternidade (sobretudo a dos jovens). Consuelo de Castro mostra-nos apenas uma trincheira dessa vasta sublevação: um microcosmo que talvez reflita algo maior.

Carlos Guilherme Mota:

O texto de Consuelo surge, passado tão pouco (e tanto) tempo, muito lúcido e distanciado... A pressão do processo histórico parece recolocar agora a necessidade de recapturar, num passado não muito distante, textos como os de Consuelo de Castro para a fabricação da consciência histórica[5].

As três opiniões, como se vê, confirmam o caráter de valor histórico da peça, que registra a resistência e as lutas estudantis

---

5. Consuelo de Castro, *À Prova de Fogo*, São Paulo, Hucitec, 1977, pp. IX, X, XIII, XV.

112 UM TEATRO DA MULHER

contra o regime que vigorou a partir de 1964. Essa resistência e essas lutas têm sido minuciosamente historiadas. Mas a participação dos estudantes paulistas, em especial, talvez não tenha tido, até agora, melhor registro que a peça de Consuelo.

Nada suaves pareciam os estudantes paulistas em 1968, quando Consuelo escreveu sua primeira peça teatral [diz uma reportagem de *Veja*]. Ela cursava Ciências Sociais na USP à época da confrontação entre os alunos daquela instituição e os da Universidade Mackenzie e valeu-se dos incidentes como tema para *À Prova de Fogo*[6].

Na verdade, a peça de Consuelo não trata do confronto com o Mackenzie, mas focaliza mais precisamente os últimos dias de ocupação da Faculdade pelos estudantes: eles aguardam, depois de vinte dias, a chegada, de um momento para outro, da polícia que vem para desalojá-los. Os avisos para que deixassem o prédio da Maria Antônia e as ameaças de emprego de força, caso não o fizessem, se multiplicam, assim como as assembléias para a tomada da decisão. O clima é de grande tensão. Dentro da Escola, um grupo de jovens debate suas posições políticas em relação à possível resistência – tema que os divide – e vive simultaneamente questões pessoais: as ligações amorosas, os ciúmes, as separações. Raramente o entrelaçamento destes dois planos se faz com tamanha habilidade numa peça de teatro. Tendo optado, como ela própria declara, pelo realismo[7], Consuelo compõe com precisão a trama das questões pessoais não só emolduradas, mas *atravessadas* pela questão da luta. Dentro da luta mais abrangente – o conflito entre os estudantes e a repressão – mergulhados no clima de expectativa criado pela invasão iminente da polícia, armam-se os conflitos internos: divergência de posições dos estudantes entre si, em relação à possível resistência, problemas existenciais, mágoas amorosas e rivalidades entre rapazes e moças. Estes conflitos internos do grupo tomam a feição que tomam, justamente porque estão implicados na situação geral, são vividos naquela contingência.

Zé Freitas, líder do grupo e presidente do Grêmio, quase sozinho, tenta de todas as maneiras convencer os colegas a não resistirem: a resistência, com os pobres recursos de que dispõem – alguns coquetéis molotov e uma coragem que ele qualifica de "infantil" – além de má política, significa suicídio coletivo. Júlia, Cebolinha e Mário, no campo contrário, incitam à resistência.

6. "A Boa Mineira", *Veja*, 4.2.1976.

7. "Eu optei pelo realismo como forma. Do jeito que estiver a realidade, vai estar o meu teatro", *Aqui, São Paulo*, 4.11.1976.

A DRAMATURGIA DE 1969

Júlia — (...) Responda, Freitas: primeiro a gente prova pro estudante que a Universidade está falida. Depois, enfia na cabeça dele que a reforma universitária é inevitável. Depois, que ela é também... impraticável... depois *(gesticula)*

Zé — Depois o cara percebe que a luta é mais ampla... Que não adianta mudar o ensino. Tem que se mudar o governo. O sistema inteiro. Aí sim...

Mário — Um pouco complicado o seu raciocínio. Só que no momento não é hora de discutir a reforma. O negócio é partir pro pau. Pra violência mesmo. Esperar o tal... "esclarecimento das consciências"... Pra mim é empulhação do Freitas.

. . . .

Zé — *(Cínico)* E então... entendi. Vocês propõem que façamos desta faculdade uma trincheira... melhor dizendo: um Foco Insurrecional! *(Alguns riem)* *(Zé caminha pelo palco com gestos teatrais, gesticula ironizando Júlia, Cebola e Mário)* Uma trincheira onde seremos massacrados... os treze. *(Ri)* Pena que em Sierra Maestra tenham sido apenas doze... Senão dava certinho. (...) É... É isto que eles estão propondo. Cebola, Júlia e Mário. Eles propõem que nós fechemos a universidade para balanço. Que fiquemos entrincheirados aqui, e que coloquemos uma placa na porta com os seguintes dizeres: "A universidade está fechada até o dia da revolução socialista" *(Rebuliço. Alguns riem da piada do Zé)* (...)

Cebola — Vamos defender a escola! Colegas, não se deixem levar por estes raciocínios reacionários... pacifistas... moscovitas...

Júlia — Nada se consegue sem violência na ditadura! Tudo o que nasce dentro da coisa podre é gerado com violência! *(Grita)* A História é um partooo! Não vai ser fácil a nossa luta. Mas não podemos recuar!

Cebola — Vamos resistir.

Todos — Re – sis – tên – cia! Re – sis – tên – cia!

Zé Freitas é derrotado e pouco tempo depois destituído do seu posto (ele discordara também de uma passeata de provocação). Mas Júlia, que lidera o movimento que o derruba, é também a namorada que Zé Freitas está abandonando. E espera um filho dele.

A peça procura apresentar a juventude universitária da época em seus impulsos revolucionários e suas contradições, porém, marca paralelamente, o momento em que as jovens tentam desligar-se da tutela da família e começam, de modo concreto, a participar das lutas políticas, ao lado dos rapazes. É um momento em que ainda se sentem confusas quanto a seus sentimentos. Júlia exibe claramente essas duas faces: é ao mesmo tempo a líder estudantil, a que comanda a passeata e a destituição de Freitas, discordando dele politicamente, mas é também a mulher enciumada porque o vê atraído por Rosa, a burguesinha "burra", mas bonita. E se debate entre a determinação de levar avante a luta em que está empenhada ao lado dos outros, o desejo contraditório de reconquistar o companheiro e a questão de se deve ou não fazer um

UM TEATRO DA MULHER

aborto. Se os companheiros homens têm, naquele momento, sérias decisões a tomar, o seu problema se apresenta, no mínimo, duplicado. É-lhe quase impossível impedir que as coisas e os planos se misturem, acabando por ser sua a maior dose de sacrifício.

A sonhada liberdade parece favorecer antes o homem do que a mulher, como se a entrega continuasse a ser uma posse, uma vitória do macho sobre a fêmea [observa Décio de Almeida Prado]. Terminado o *brief encounter*, realizado liricamente sobre os telhados, como os gatos, ou em desertas salas de congregação, sob os olhos horrorizados dos Catedráticos cujos retratos austeros pendem das paredes, restam, para ele, as lembranças agradáveis, a satisfação da conquista, a contínua disponibilidade, para ela, não raro, um vago sentimento de frustração, um apego que não ousa se chamar sentimental, quando não a carga de um filho indesejado[8].

Entre outros méritos, a peça apresenta o de ser um registro da "prova de fogo" a que estão sendo submetidas certas mulheres, naquela década. Documenta alguns aspectos da luta feminina que se está travando, mostra o difícil caminho na conquista de uma nova condição de ser político e participante.

Esse é um quadro que a *Invasão de Bárbaros* deixa entrever, se quisermos pensar no movimento geral das mulheres, naquele momento. Porque Consuelo, ela mesma, afasta quase sempre a possibilidade de uma intenção nesse sentido, a possibilidade de ser considerada feminista. A pergunta sobre suas idéias a esse respeito (pergunta que, aliás, lhe é feita mais raramente que a Leilah Assunção) tem invariavelmente como resposta uma negativa: "acho [o feminismo] uma forma de alienação da mulher"[9] ou:

É óbvio que há opressão, mas isso é devido ao sistema e não aos homens em particular. O que é errado é pensar que se vai criar uma nova sociedade combatendo os homens. A nova sociedade só vai ser formada quando as pessoas se conscientizarem de que todo mundo está sendo, ao mesmo tempo, oprimido e opressor e se lute para mudar este estado de coisas[10].

Mas a "luta para mudar este estado de coisas", (estado que inclui a submissão da mulher), consiste, sob este aspecto, não em, simplificadamente, "combater os homens", é claro, mas em re-

8. Décio de Almeida Prado, prefácio a *À Prova de Fogo*, São Paulo, Hucitec, 1977, p. XIII.

9. "Um desvio ideológico, um falso problema", dirá em outra ocasião.

10. "Há uma (uma só) gota de sangue em cada peça de Consuelo de Castro", *O Globo*, 30.4.1976.

A DRAMATURGIA DE 1969 115

pensar a sociedade patriarcal. Coisa que a obra de Consuelo faz, sem dúvida.

Em suma, a despeito dessa postura – generalizada entre aqueles que se formaram nas lutas políticas do período, quando o mais urgente, o básico por excelência, parecia ser a luta contra a opressão do regime – o que as peças em geral mostram é a condição existencial do indivíduo *dentro* desse regime.

As peças femininas, mais especificamente, ilustram a complexa afirmação da autoconsciência da mulher, que se está processando. Para esse processo estão contribuindo, de qualquer modo, mulheres que trazem para o teatro o testemunho de suas novas experiências no mundo, como é o caso de Consuelo de Castro.

À Flor da Pele (1969)

Se em *À Prova de Fogo* o ângulo de visão é ainda, de certa forma, predominantemente masculino, em *À Flor da Pele*, a perspectiva última é a de uma personagem feminina. É através do drama pessoal que a leva ao suicídio que Verônica põe a nu o impasse que vive sua geração e também aquele em que vive a geração anterior: nela o impasse se torna extremamente agudo.

Nesta peça, defrontam-se, de um lado, Marcelo, um representante do período precedente, daqueles que tinham sido formados nas linhas de um pensamento, definido por Carlos Guilherme Mota como de um "esquematismo de grande consumo e fácil absorção"[11]; de outro, na figura de Verônica, a nova geração, desnorteada pela brusca paralisação da mudança que ficara a meio caminho.

Mais ou menos a partir de 1966, obras, como *A Revolução Brasileira*, de Caio Prado Jr., começavam a apontar "os desvios das interpretações ditas marxistas que produziram diagnósticos pouco eficazes e que ajudaram a levar à derrocada dos setores progressistas em 1964", como afirma o autor de *Ideologia da Cultura Brasileira*. Aproximadamente nesse mesmo período, surgia uma juventude que, começando a contrapor-se às posições esquemáticas do período anterior, vive sob o signo da rebeldia e assume, por vezes, posturas francamente irracionalistas[12].

---

11. Carlos Guilherme Mota, *Ideologia da Cultura Brasileira* (1933-1974), São Paulo, Ática, p. 207.

12. A análise das características dessa juventude é feita principalmente por Leandro Konder, em um ensaio intitulado "A Rebeldia, os Intelectuais e a Ju-

UM TEATRO DA MULHER

Marcelo e Verônica, o par de amantes e protagonistas de *À Flor da Pele*, podem ser vistos respectivamente como representantes dessas duas gerações. O grande acerto de Consuelo foi tê-los posto em confronto, tê-los feito viver, exemplarmente, as diferenças que os definem. Mas o drama existencial de Verônica é mais agudo. É ela que se encontra, como jovem e mulher, no ponto mais difícil do cruzamento entre os muitos caminhos que se oferecem. Presa, por um lado, a valores da burguesia (a que pertence por extração social, mas que despreza com veemência) e, por outro, frustrada diante do esvaziamento de idéias e posturas éticas em que os progressistas como Marcelo a tinham feito acreditar um dia, sente-se amargamente perplexa e revoltada. Verificava agora como eram frágeis e inconsistentes aquelas posturas e idéias, como eram amolecidas por acomodações e arranjos, quando vividas na prática.

"Consuelo faz um agudo e surpreendente processo da intelectualidade brasileira moderna", constata Sábato Magaldi em uma crítica logo depois da estréia. "Desse ponto de vista, nenhuma outra obra da nossa dramaturgia vai mais longe na análise da inteligência nacional, descobrindo-a nas suas contradições e na sua insuficiência... Precisa ser ouvido e meditado esse violento grito de rebeldia"[13].

À Flor da Pele é uma das peças mais representativas da dramaturgia que floresce por volta de 1969. Mas na nova versão que a autora escreveu em 1985, enxugando-a, tanto nas falas quanto nas rubricas, daquilo que provavelmente julgou excessivo, a peça, ainda mais concentrada e contundente, mantém a mesma eficácia.

As duas personagens, circunscritas a um único ambiente, mantidas em presença uma da outra durante quase todo o tempo da ação, confrontam-se violenta e profundamente a ponto de se revelarem mutuamente por completo, de tornarem evidentes duas maneiras de ver o mundo e de querer modificá-lo, duas maneiras conflitantes de viver sentimentos e idéias.

Tudo se passa no apartamento-estúdio de Marcelo, mas a bandeira com os dizeres "seja realista, peça o impossível" (da juventude de Maio de 68, na França) define o mundo de Verônica. O *real* para ela é provavelmente o impossível.

---

ventude" e publicado na *Revista Civilização Brasileira*, n. 15, 1967; o ensaio é longamente comentado por C. G. Mota, na obra citada, pp. 221 e ss.

13. Sábato Magaldi, "À Flor da Pele", *O Estado de S. Paulo*, 27.10.1969.

A DRAMATURGIA DE 1969

A peça abre com Verônica, sozinha, vestida com roupas esvoaçantes, cantando a canção da loucura de Ofélia (está ensaiando o *Hamlet*), quando Marcelo entra, "brusco e irritado", ordenando-lhe que conte o que fizera: "vai contando aí, em detalhes, o que você aprontou em minha casa". Não há mais preparação que isso: vai deflagrar o conflito, desde estes primeiros momentos. No impulso de solucionar uma situação que se prolongava mornamente, Verônica acabara de pôr em perigo a razoável acomodação que ele conseguira construir: um bom "arranjo" entre seus compromissos de dramaturgo e escritor de novelas para televisão, as obrigações de marido burguês, pai de uma filha de treze anos, e a situação de amante da jovem aluna de teatro, muitos anos mais moça, e que ele mesmo educara politicamente. Verônica fora à casa da mulher de Marcelo e, abruptamente, lhe revelara tudo. É que ela tem "pressa", como diz depois, quer definições, exatamente o que o amante e professor não lhe pode ou não lhe quer dar. "Rebelde, neurótica, violenta – diz Sábato Magaldi – [Verônica] tem aquela sede de absoluto que está próxima do anarquismo e sabe-se que sua escolha na situação só tem dois pólos: a plenitude ou a autodestruição"[14].

Com Marcelo, porém, não pode haver plenitude. Ele tenta contornar a dificuldade, continua a empregar sua tática de conciliação, quer obrigar Verônica a desdizer-se. Arma-se uma luta em que, como esgrimistas hábeis, os dois se agridem, se aproximam, se tocam e se repelem.

Mas o conflito se intensifica quando, depois de desaparecer por alguns dias em que Marcelo tinha esperado por ela, ansioso, Verônica volta para lhe revelar que, numa violenta briga com o pai, havia rolado a escada e, como diz entre amarga e irônica: "quando acordei numa enfermaria sei lá onde, ensangüentada feito um frango, eu soube que seu herdeiro tinha rolado comigo pela escada, que não tinha mais filho nenhum dentro de mim".

É só então que ele fica sabendo da gravidez. Meio desesperado, tenta saber tudo o que houve. Entre outras coisas, ela lhe conta:

Verônica – Na enfermaria tinha um cara chamado Fernando. Ele estava com um braço estourado por um tiro que recebeu... em combate...
Marcelo – Um guerrilheiro...
Verônica – Um guerreiro.
Marcelo – E aí?

14. *Idem, Revista de Teatro* da SBAT, n. 382, jul.-ago. 1971, p. 91.

118 UM TEATRO DA MULHER

Verônica – Tinha um guarda na porta esperando. (*Pausa*) Mas eu fiz um pacto
com ele. De vida e morte. E "molhei" os enfermeiros e a gente fugiu e a gente foi para um apê mínimo, num bairro de periferia, onde
não cabia uma pulga.
Marcelo – Uma organização clandestina. Você se filiou a uma organização
clandestina, para uma luta armada e não sabe... por quê, para quê...

Irrita-se muito, mas depois tenta acalmá-la, diz-se disposto a
ficar mais tempo em casa com ela, quer organizar-lhe a vida:
"Você vai se organizar e eu vou te organizar; agora isso é tarefa
minha". E Verônica: "Você não manda em mim, camarada Marcelo. *Papai!*" Ao ouvir "Papai!", Marcelo lhe dá uma bofetada.

É tarde, realmente, para qualquer organização. A uma afirmação de Marcelo de que a ama, ela replica: "Você não ama ninguém, você ama a sua caderneta de poupança e o teu salário da
televisão e o teu almoço domingo à mesa com Verinha e Isaura..." E não poupa a Marcelo nada do seu fel:

Verônica – Quem escreve o Fascismo é você, nessa máquina canalha!

Exausto e ainda procurando acalmá-la, Marcelo acaba-lhe
propondo que fiquem definitivamente juntos, volta a fazer planos
para uma vida a dois:

Marcelo – (...) Eu peço o desquite a Isaura. Eu... te assumo, você passa a partir
de hoje em diante a ser minha mulher...
Verônica – Um pedido de casamento, então? (*Marcelo assente. Irônica e fria ela
se deixa beijar*). Então uma valsa! (*Dançam. Ele, entregue, emocio-
nado. Ela fria, irônica. De repente pára, se curva e grita*)
Verônica – Eu... TENHO PRESSA! (*Estranha, aflita, quase convulsiva*) Eu não
suporto andar devagarinho... (*Enlouquecida*) Não sou andor de pro-
cissão... (*Joga tudo no chão, livros, papéis*) ... Revolução é todo dia,
toda hora, uma vida, muitas vidas, um processo...

Depois de uma última discussão violenta, em que mais uma
vez trocam insultos, depois de gestos violentos de parte a parte,
Verônica se acalma, "muda completamente o seu comportamento – diz a rubrica – impostando uma calma estranha". Na verdade, Verônica começa a preparar para si mesma uma morte teatral. Em determinado momento, propõe:

Verônica – ... eu queria... te fazer uma cena (...) ... que eu ia fazer no exame
(*Marcelo finge atenção e interesse para reconciliar-se*) Você fica de
costas para a platéia. Aí (*aponta para o escritório*). Eu, na boca de
cena, sou Ofélia, ainda viva. No entanto, falo o texto de Yorick sendo arrancado da tumba onde eu serei enterrada, entende? Como se
Ofélia e Hamlet fossem o mesmo ser. Vivendo a mesma morte.
Então eu digo o texto da caveira de Yorick e depois dou um grito.

A DRAMATURGIA DE 1969

No meu grito, você, sempre de costas, fala o "ser ou não ser". Até o fim[15].

Marcelo – Interessante. Vamos lá.

(*Adiantando-se para a boca de cena, Verônica segura um punhal como se fosse a caveira de Yorick, enquanto fala:*)

Verônica – Então você é o que restou de Yorick, o bobo da corte. Aquele que fazia rir os guerreiros, mesmo em tempo de derrota (...) ... Sabe, Yorick (*como quem confessa um segredo*) há um espião dentro de mim que não consente que *eu* viva.

"Até esse final, aparentemente melodramático está correto na psicologia de Verônica", conclui Sábato Magaldi[16].

Mas *À Flor da Pele* escapa ao melodrama para o qual realmente poderia deslizar em mãos menos firmes que as de Consuelo de Castro. As qualidades da fatura, o traço seguro com que põe de pé a atualidade e a verdade das personagens, a desenvoltura do diálogo que não se dissolve nunca na pura conversa, surpreendem a crítica em 1969.

Em 1971, Mario Schenberg afirmava que *À Flor da Pele* ficaria como registro do "clima de desencanto e desespero que caracterizaram o refluxo da explosão de 68"[17]. Mas, em 1976, quando de uma nova encenação profissional da peça em São Paulo, Sábato Magaldi, voltando a falar dela, diz que *À Flor da Pele* "identifica uma situação básica e a explora no sentido de trazer à tona dois comportamentos antagônicos: quem frui a existência com inteireza, assumindo-a com radicalidade e quem se acomoda em face de ponderações várias, conduzido por compromissos e acordo"[18].

De nossa parte – e dando seqüência a algo já apontado por Décio de Almeida Prado – diríamos ainda que esta peça (tanto quanto *À Prova de Fogo*) registra, por outro lado, um problema feminino que se tornara naqueles anos extremamente agudo: o da gravidez inesperada, que se colocava como obstáculo à vida mais livre e participante que a mulher, especialmente a mulher mais jovem, se propunha a viver. Já não era mais, talvez, uma questão de ordem *moral*, apenas, no sentido das convenções sociais, deixara de ser uma estigmatização, mas se tornara um dilema muito mais íntimo.

---

15. Fala de uma peça que ela mesma havia escrito, um "Hamlet hippie", como Marcelo qualifica o texto.

16. Sábato Magaldi, art. cit.

17. Mario Schenberg, *Revista de Teatro* da SBAT, n. 382, jul.-ago., 1971.

18. Sábato Magaldi, "Em Cartaz um Conflito que os Atores Adoram Viver", *Jornal da Tarde*, 16.10.1976.

120 UM·TEATRO DA MULHER

De qualquer forma, se é verdade que *À Flor da Pele* ficará como registro da atmosfera conturbada de certo período da vida do país, pode-se dizer que Verônica ficará na dramaturgia brasileira como retrato da mulher que a viveu, vivendo um dos momentos fundamentais de sua luta e da passagem para um novo estágio de emancipação. Um momento intensamente doloroso, mas decisivo.

5. Isabel Câmara e a Solidão da Mulher

As Moças (1969)

Em outubro do mesmo ano de 1969, estreava no palco do Teatro Cacilda Becker, em São Paulo, mais uma autora brasileira – Isabel Câmara, com uma peça intitulada *As Moças: o Beijo Final*.

Quase um ano depois, na oportunidade da apresentação da mesma peça no Rio, em entrevista concedida a Yan Michalski, para o *Jornal do Brasil*, Isabel Câmara faz referência a três textos anteriores que teriam sido adquiridos pela TV Globo: *Os Viajantes, A Escolha* e *O Quarto Mundo*[1]: "Elas seriam montadas numa série de programas baseados em notícia de jornal, com direção de Domingos de Oliveria".

As peças não chegaram a ser feitas pela emissora. A primeira a ser gravada – *Os Viajantes* – foi, segundo a entrevistada, "considerada muito violenta [...] Depois, Roberto Cleto apanhou a peça na TV e a montou com os alunos do Conservatório de Teatro. Mais recentemente soube que *Os Viajantes* foi também montada em Natal, com o teatro superlotado, durante uma semana..."[2]

---

1. "Isabel Câmara: A Vontade de Ir até o Fim", *Jornal do Brasil*, 20.9.1970.
2. *Idem, ibidem.*

UM TEATRO DA MULHER

Em uma breve notícia que acompanha a publicação do texto na *Revista de Teatro* da SBAT, alguns dados, possivelmente fornecidos pela autora, dão conta de sua atividade anterior, explicando que traduzira *A Pequena Viagem*, de Thorton Wilder, em 1957, peça encenada em Belo Horizonte, sob a direção de Carlos Kroeber, e que em 1959 trabalhara junto ao Tablado, com Maria Clara Machado. Sua primeira realização no Rio foi o show *Comigo Me Desavim*, de Maria Betânia, de cuja direção participara juntamente com Fauzi Arap, em 1967, no Teatro Miguel Lemos; como atriz atuara em *Hoje é Dia de Rock*, de José Vicente[3].

Como autora de peças teatrais, Isabel Câmara não aparecerá mais depois de *As Moças*, apesar da previsão de Sábato Magaldi: "Pode-se ter a certeza, a partir dessa prova, que a escritora Isabel Câmara, ao afeiçoar-se mais à linguagem própria do palco, acabará realizando um grande Teatro"[4].

A peça de 1969 assemelha-se, nos seus aspectos gerais, à maioria das demais peças da nova dramaturgia: duas personagens em cena, em um mesmo e único cenário, se defrontam, "se agridem para poder falar", como diz o título de uma reportagem do *Jornal da Tarde*[5]. Mas, contrariamente às peças de Leilah e Consuelo, *As Moças* não põe em cena um homem e uma mulher, nem um grupo em que se coloquem em confronto os dois sexos (aproxima-se, sob este aspecto, mais de *O Assalto*, de José Vicente, que das demais peças femininas). Não se trata também de focalizar as relações familiares de forma direta, embora pudesse ter sido essa a intenção inicial: "[...] comecei a escrever *As Moças* – só que não era bem *As Moças*, era uma peça enorme sobre a relação familiar, até que um dia recebi uma carta de uma tia velha, a tia Emília, que me impressionou muito e a idéia definitiva da peça de repente se cristalizou a partir dessa carta"[6].

A carta a que se refere realmente faz parte do texto e do espetáculo, sendo apresentada como uma espécie de prólogo. No tocante pedido de um "reloginho de pulso", feito por uma tia velha e sozinha, de setenta e quatro anos, moradora em Araruna na Paraíba, que já preparou a própria mortalha ("Já estou com a mortalha prontinha com todas as coisas") e que acalenta ainda

---

3. *Revista de Teatro* da SBAT, n. 395 set.-out., 1973.

4. Sábato Magaldi, "As Moças", Suplemento Literário de *O Estado de S. Paulo*, 15.11.1969.

5. "As Moças Conversam. Escute o que Elas Têm a Dizer", *Jornal da Tarde*, 3.10.1969.

6. Entrevista citada a Yan Michalski.

A DRAMATURGIA DE 1969 123

como único desejo na vida possuir um reloginho ("Não é por vaidade que quero, é porque gosto de consultar as horas para qualquer coisa") – está presente o motivo básico da peça: a solidão humana, aparentemente mais problemática por se tratar da solidão feminina. A tia velha se torna, na verdade, um símbolo dessa solidão. Sua carta é o prólogo – e talvez se pudesse considerar mais propriamente como uma epígrafe – e o detonador efetivo do conflito que a peça coloca, embora distante dela em termos factuais, a ponto de precisar ser explicada por uma das protagonistas.

As Moças põe em confronto duas mulheres, cujo relacionamento, expresso no longo diálogo oscilante, fragmentário, que mantêm, vai da agressão pura e simples – aparentemente gratuita, às vezes – à quase declaração de amor. A situação de uma relação homossexual, porém, é apenas levemente sugerida.

Teresa e Ana vivem no mesmo apartamento. Teresa, a mais velha, trabalha como tradutora e deixa entrever o desejo nebuloso, como tudo o mais nela, de ser escritora. É ela quem mantém a casa. O problema do dinheiro, que ela tem dificuldade de discutir, é um dos pretextos da complicada agressão por parte de Ana. Ana é atriz, no momento sem trabalho. Vive ali há dois meses e espera um vago contrato, uma vaga viagem. Além da questão do dinheiro, ("Não se preocupe que eu não demoro muito na sua casa, não. Já tou aqui há mais tempo do que devia... Vou mudar amanhã, viajando ou não viajando. Pode deixar que eu não atrapalho o teu soninho..."), a agressão mais violenta – a última, que acaba por motivar as muitas violências e confissões mútuas que a peça exibe – foi Ana ter recebido abertamente no pequeno apartamento um amante, com quem dorme quase na presença da outra. Ana refere-se a isso, quando fala em não atrapalhar mais "o soninho" de Teresa. Tudo parece ter sido feito para provocar, para ferir de algum modo, para despertar a outra, não se sabe bem para quê. Em todo caso, para marcar o seu modo de ser, a diferença entre ambas. "Sou vulgar, grossa, sujeira! Mas estou viva. Vivinha da Silva", diz Ana a respeito de si mesma. E de Teresa: "Basta olhar no espelho que você vê. Mofada, mal vestida, deprimida. Parece uma velha. Chega a ser indecente, sabia?"

Apesar das diferenças, vivem angústias semelhantes: uma falta de perspectiva, que cada qual tenta preencher a seu modo, sem grande resultado. Teresa quer que a amem, que a odeiem, que a vejam, "porque eu existo, eu existo. Eu não sou nenhum fantasma. Eu estou viva, eu quero viver", ou "eu gostaria que os outros gostassem de mim, gostassem de mim feito loucos". Mas alguma coisa a paralisa, alguma coisa que ela chama de medo:

124 UM TEATRO DA MULHER

Às vezes eu chego em casa, olho no espelho e digo pra mim... Como é que pode, Teresa, como é que pode, você tão merda, tão coisa nenhuma, ter tido vontade de fazer alguma coisa na vida... sabe quantas cartas eu escrevi no ano passado, sabe? 358. Isso mesmo, 358. Quase uma carta por dia. E sabe por que escrevia cartas? Por medo. Medo de ter de encarar as pessoas que queriam tanta coisa da vida. E eu, não queria nada... Depois, eu tava cansada de levar porrada. Não por causa de Rodrigo. Anas. Abortos. Não. Por causa de minha covardia, só isso, por causa do meu medo.

Mas Ana, a quem Teresa inveja, porque não tem medo, nos seus 22 anos, porque se atira cegamente à vida e faz sexo sem pejo, porque parece livre – Ana, com toda sua fanfarronada, é igualmente só. Os interrogatórios mútuos são cerrados:

Teresa – Por que você veio, para cá, Ana?
Ana – Porque quis.
Teresa – Ganhar dinheiro? Ganhar dinheiro, por exemplo?
Ana – Entre outras coisas...
Teresa – Que coisas? Que coisas?
Ana – Sair de onde estava, serve?
Teresa – E saiu?
Ana – Saí.
Teresa – Burra. Você não saiu de lugar nenhum... Nem dinheiro te deram, não é mesmo?
Ana – Não amola, você sabe perfeitamente que não!
Teresa – Eu também quis sair de onde estava...
Ana – Eu sei, é sempre a mesma história.

Teresa faz, a seguir, a narrativa de um suicídio frustrado. No hospital, havia velhas que, embora doentes, sabiam o que queriam, "estavam contentes porque ainda tinham um tempo a mais para viver... Não eram pela metade como você, como eu..." (Ana confessa que também já tentara o suicídio.)

Apesar de todas as diferenças e das diferentes maneiras de se equilibrarem no mundo, Ana e Teresa vivem em um tempo èm que, particularmente as mulheres, procuram a si mesmas, tentam deixar de ser "pela metade". Ambas são faces do mesmo processo de mutação: Teresa é mais ligada a valores que se poderiam dizer anteriores – coisa que ela mal reconhece em si mesma, mas que se manifesta, por exemplo, na maneira como reagiu à carta da tia. A tia velha é uma forma de passado que se projeta como uma sombra ameaçadora no seu próprio futuro. Ana, mergulhada em um presente tão caótico e absorvente que nem lhe permite entrever qualquer tipo de futuro, é um ser sem contornos precisos. Tudo nela é indefinição, incluindo a opção sexual que não chega a fazer; tudo é revolta e agressividade, aparentemente gratuitas.

A DRAMATURGIA DE 1969

Dois momentos contíguos de uma seqüência cuja direção desconhecem, Teresa e Ana significam juntas um tempo de trânsito da mulher para novas formas de posicionamento no mundo. Na verdade constituem, fundamentalmente, aqueles "fragmentos de família" de que fala Eunice Durham no seu ensaio sobre "Família e Reprodução Humana", estudando a transformação do modelo familiar em nossos dias. Fazem parte da legião de "jovens migrantes [...] freqüentemente incapazes – em especial quando a renda é muito pequena – de constituírem residências autônomas"[7] (incapazes, poderíamos dizer, de construírem uma vida autônoma). Na medida em que deixam a casa da família paterna ("É sempre a mesma história..."), e não estabelecem, por sua vez, um novo vínculo, um novo núcleo, segundo o modelo familiar básico que a sociedade prevê, esses jovens procuram formar um outro modelo de família, meio anômala, e buscam ajustar-se às novas condições, enfrentando toda sorte de problemas que elas acarretam. De todas as peças femininas da nova dramaturgia de 1969, *As Moças*, de Isabel Câmara é, talvez, a única que nos apresenta este tipo de situação, bem característica dos novos tempos e dos problemas de ajustamento psicológico que ela exige.

Ana e Teresa tentam construir um tipo de relação para a qual não têm modelo – ou só têm um modelo já problemático. Talvez por isso mesmo acabem repetindo uma qualidade de violência semelhante àquela de que fala Marilena Chauí, analisando a violência que mulheres podem exercer sobre outras no espaço doméstico: "Cremos que as mulheres praticam sobre outras vários tipos de violência porque reproduzem sobre as outras o mesmo padrão de subjetividade (outorgada), isto é, encaram as outras e esperam que estas se encarem a si mesmas como seres para outrém"[8].

Estabelece-se, pois, entre as duas personagens desta peça, uma assimetria (análoga à que se dá no espaço doméstico entre o homem e a mulher), que se torna mais complexa ainda, na proporção em que a relação inclui um quase homoerotismo.

A peça de Isabel Câmara talvez se possa considerar uma das mais típicas da nova dramaturgia, se pudermos aceitar (com restrições) a visão que do fenômeno tem Edélcio Mostaço, um dos autores que estudam o teatro nesse período. Depois de afirmar que "a floração dramatúrgica que Sábato Magaldi batizou de 'no-

---

7. Eunice R. Durham, "Família e Reprodução Humana", *Perspectivas Antropológicas da Mulher*, n. 3, Rio de Janeiro, Zahar, 1983.

8. Marilena Chauí, "Participando do Debate sobre Mulher e Violência", *Perspectivas Antropológicas da Mulher*, n. 4, Rio de Janeiro, Zahar, 1984.

126 UM TEATRO DA MULHER

va dramaturgia' resulta da crise generalizada de público que asso-
lou o teatro entre os anos 64/73, combinada com 'um movimento
social e político de forte extração da classe média' ", acrescenta:
"[...] Autores desalinhados, mas sobretudo jovens, seus textos refletem uma notável incompetência dramática, discutíveis efeitos
teatrais, porém aliam a esta forma esgarçada e basicamente lírica
o vigor de um discurso fortemente existencial"[9].

A expressão "incompetência dramática" é, com toda a certeza, excessiva e injusta. Não poderíamos de forma alguma referi-la
a obras como *Fala Baixo Senão Eu Grito, O Assalto, À Flor da
Pele* ou *À Prova de Fogo*, por exemplo. O de que se trata nestes
casos não é absolutamente de "incompetência dramática", mas,
ao contrário, de competência, porém de competência para fazer
um teatro diferente daquele que o crítico parece preferir – ou
admirar – com exclusividade. Não cabe a generalização.

Entretanto, no caso de Isabel Câmara, não se pode negar,
não diríamos a incompetência, mas a dificuldade de dominar certas técnicas de construção, ao lado do "vigor de um discurso fortemente existencial". Sábato Magaldi já o reconhecera, a despeito
do que assinala como virtudes da peça e apesar da cautela, poderíamos dizer assim, com que lhe aponta os defeitos:

"Teatro difícil – diz ele – exigindo da encenação e do público uma sensibilidade semelhante à da autora. Entre os dramaturgos que enfrentam agora (1969-1970) o palco pela primeira vez,
Isabel Câmara é por certo quem se vale de um aprendizado literário mais apurado, embora *não* disponha daquela teatralidade
natural e irrefreável"[10].

Quanto a valer-se de "um aprendizado literário mais apurado", dificilmente o revela o texto de *As Moças*. A não ser que por
isso se entenda, talvez, a vocação que parece ter a autora mais
para o romance, ou o conto, do que para o teatro. O texto de *As
Moças* é marcado por um andamento algo indeciso, por um osci-
lar na articulação das partes, pela fragmentação não calculada,
nem intencional, que deixam um tanto soltos os passos da ação e
impedem a coesão satisfatória de todo. Tudo sugere a necessidade de preenchimentos mais adequados à narrativa que a um texto
teatral. Nem nos parece, como pareceu a Sábato Magaldi, que a
maneira de Isabel Câmara lembre Tchecov ("É impossível não

9. Edélcio Mostaço, *Teatro e Política: Arena, Oficina e Opinião*, São Paulo,
Proposta Editorial, 1982, p. 107.

10. Sábato Magaldi, "As Moças", Suplemento Literário de *O Estado de S.
Paulo*, 15.11.1969.

A DRAMATURGIA DE 1969

pensar no Checov de *Três Irmãs* e *Tio Vânia* transposto para a linguagem mais rude de agora"[11]).

O que há parece ser simplesmente alguma inabilidade em lidar com o material ficcional que tem em mãos; numa palavra, certa falta de destreza na difícil arte de escrever para teatro. Ao menos, nesta peça. No entanto, no que se refere ao "discurso fortemente existencial", a peça de Isabel Câmara é dos melhores exemplares do período, sem contar a força que lhe provém da originalidade na escolha do tema, em que fica patente uma acentuada verdade humana e social.

11. *Idem, ibidem.*

Parte IV

A DRAMATURGIA FEMININA NAS DÉCADAS DE 70 E 80

A partir de 74, com a crise do "milagre econômico", toda uma série de redefinições e remanejamentos começa a ser operada na vida política e cultural. Em ritmo "lento, gradual e seguro", o Estado passa a gerir, sob o Governo Geisel, a crise que se anuncia na vida brasileira. Nas brechas das divergências no campo do poder, vai-se constituindo o espaço para a retomada do discurso político e dos movimentos sociais. Como que pressentindo a necessidade de tomar iniciativas capazes de promover a integração, o Governo Geisel prepara-se para a "transição" reservando um lugar importante para a produção intelectual e artística [...]

De 76 a 78 o ressurgimento do movimento estudantil e do movimento operário, este trazendo a originalidade de uma liderança formada em canais exteriores às organizações políticas de esquerda, marca o aprofundamento da crise econômica e política. A "distensão" do período Geisel transforma-se em "abertura" no Governo Figueiredo. Nos ventos das liberações, assiste-se a uma mudança do discurso cultural menos alusivo e mais direto. A recuperação da memória recente vive um súbito prestígio, proliferando a presença do debate, da experiência romanceada, do depoimento. A história dos anos 60/70 é contada por seus personagens[1].

---

1. Heloísa Buarque de Hollanda e Marcos A. Gonçalves, *Cultura e Participação nos Anos 60*, São Paulo, Brasiliense, 1986, pp. 77 e 99.

132 UM TEATRO DA MULHER

O teatro não fica alheio a essa recuperação, ele que tinha talvez mais do que qualquer outro setor cultural uma "história para contar". Aliás, o processo de recuperação da Memória recente é ainda hoje um processo em curso, como o provam as inúmeras publicações dedicadas aos vários aspectos do tema: revistas, livros de ensaios, teses universitárias, trabalhos de jornalistas.

Iniciada nos últimos anos da década de 70, essa produção avança pela década de 80 e ainda não está terminada, exprimindo a real necessidade de analisar, de entender claramente o que se passara com o Brasil no período precedente, a fim de tornar talvez também mais claros o presente e o futuro.

Em 1978 projeta-se em São Paulo a *Feira Brasileira de Opinião*, tomando-se por modelo a *1ª Feira Paulista de Opinião*, que Boal ideara em 1968, na tentativa de reunir, naquela época, em um painel e em termos teatrais, as visões da esquerda brasileira de então. Mas, se em 1968 (pouco antes do AI-5) a *1ª Feira Paulista* ainda pudera ser encenada, a *Feira Brasileira* não teve a mesma sorte. Reunia dez autores diferentes e se propunha – conforme as palavras de Ruth Escobar, ainda em 1978 – a "colocar-se na trincheira que batalha os novos tempos" e a "retratar o homem brasileiro aqui e agora"[2]. Mas o processo de distensão era excessivamente lento. Como dezenas de outros textos naquele ano, a *Feira* é censurada, no seu conjunto; as peças que a compunham só se tornam conhecidas de uns poucos, através de leituras públicas que a própria Ruth Escobar promove, sendo posteriormente publicadas em um volume editado pela Editora Global, com um curioso prefácio de Décio de Almeida Prado, em forma dramatizada: "A censura e a autocensura ou o que não se pode dizer, não se deve dizer".

---

2. Ruth Escobar, Apresentação a *Feira Brasileira de Opinião, a Feira Censurada*, São Paulo, Global Editora, 1978.

6. Leilah Assunção

Sobrevividos (1978)

Entre os dez textos da *Feira Brasileira de Opinião*, figuram dois nomes que nos interessam particularmente: o de Leilah Assunção que participa com *Sobrevividos* e o de uma nova autora que naquele mesmo ano de 1978 iniciava um caminho ascensional no campo da dramaturgia brasileira: Maria Adelaide Amaral.

Sobrevividos é uma peça de pequenas dimensões (como são, aliás, as demais que compõem o volume). Nela a autora põe em cena os "sobrevividos" da esperança e das tempestades dos anos anteriores, justamente no campo do teatro. Um grupo de três atores, que na década de 60 eram jovens de vinte ou vinte e poucos anos e beiram agora os quarenta, reúne-se em uma espécie de armazém ou barracão vazio.

Preparam-se para o ensaio – e posterior gravação – de um... comercial para a televisão. São remanescentes de épocas mais gloriosas, de idealismo juvenil e andanças teatrais e aguardam um companheiro, ex-professor e ex-líder – Robertão – Crânio – Rodrigues, que é no momento agenciador de comerciais de TV, destinados à classe média. O cenário de uma sala "classe média", com sofá, televisão e samambaia, está preparado.

Berenice, atual atriz da TV Continental (que diz detestar classe média), e mais um casal, Celsinho e Zezinha, enquanto esperam, discutem os "problemas de consciência" que têm, uns mais, outros menos, todos procurando justificar-se, por serem

134 UM TEATRO DA MULHER

"obrigados" a aceitar um trabalho daquele tipo. Berenice acaba recordando tempos mais vivos.

> Fiz teatro aí, pelo interior, eu e o Otávio. Isso foi no comecinho... (*pausa*) dos anos 60... Eu era mocinha, a gente saía por aí, e em cada lugar a gente bolava uma peça, na hora, com os professores do lugar que a gente estava (*ri, saudades*). E o pessoal do lugarejo entrava no meio, dava palpite – Esta terra é nossa ou não é? (*ri*) Davam notas – Nota dez pra'quela magricela – Nota zero prô gordão de bota (*pausa longa, maquila-se lentamente*). A Maria Eugênia Martorano chegou até a fazer uma ponta numa peça nossa. Não tinha tanto dinheiro como agora, mas já era rica. E você nessa época?

Maria Eugênia Martorano é a atual empresária para quem Robertão vai dirigir a gravação do comercial. A pergunta é dirigida à "Moça", a empregada que está ali para a limpeza do barracão. Ela e mais uma jovem, Malu, atual namorada de Robertão ("ele é um tremendo barato") formam o contraponto para o grupo de atores "sobrevividos", agora aburguesados a despeito de sofrerem "crises de consciência". (Há referências às crises de Otávio, marido de Berenice que, afinal, não apareceu para o ensaio.)

As duas jovens – a Moça e Malu – são a nova geração: eram crianças ou não tínham ainda nascido nos inícios dos anos 60 e nada sabem a respeito do que ali se diz. A primeira, porque para ela tudo permaneceu mais ou menos no mesmo e tanto faz 60 ou 78: tem vinte e um anos, mas uma filha sua "já está no tanque". A segunda acha toda aquela conversa muito "careta" e desses tempos de que se fala só o que sabe é que a tia "tem uma foto amarelada do... deixa eu ver... do Robert Taylor, não... não, acho que é do... 'Chê Guevara', É! É esse aí mesmo".

No final, depois da chegada do diretor Robertão, atarefado e decidido como um executivo, todos acabam ironicamente representando... sua própria classe, a classe a que pertencem atualmente. É a melancólica sobrevivência[1].

Kuka de Kamaiorá
(escrita em 1975; encenada sob a forma de musical em 1983)

Desde 1971 encontram-se, em entrevistas de Leilah Assunção, referências a *Kuka de Kamaiorá*, mencionando um conto de sua autoria em que a peça se teria baseado.

---

1. *Sobrevividos*, escrita segundo a autora em 1977, e proibida juntamente com as outras peças da *Feira*, foi liberada em 1982 e montada no Teatro CE-NARTE, em São Paulo.

A DRAMATURGIA FEMININA NAS DÉCADAS DE 70 E 80   135

Em 1976, Leilah fala novamente sobre *Kuka*, a peça que "ficou muito tempo na gaveta", dizendo que a escrevera, como afirma um jornal, "em um momento de muita raiva. Num momento que sentiu que tinha que pôr tudo para fora, com ímpeto. Uma história para desabafar todo o cerceamento e prisão que estava sentindo – e cujo problema não era só dela. Da raiva surgiu um texto com muito vigor e um estilo que classifica como ficção científica com pinceladas de conto de fadas e alfinetadas de contos policiais. Um estilo barroco que procura reproduzir a própria situação latino-americana"[2].

Ainda em 1976, a peça é lida, entre outras igualmente selecionadas no VII Concurso de Dramaturgia do SNT do ano anterior, no Teatro Aliança Francesa; porém, só será encenada muitos anos depois, em 1983, na forma de um musical, que os produtores designaram como ópera-*rock* com o título de *O Segredo da Alma de Ouro*.

Este conto de fadas que mistura ficção científica (ou história em quadrinhos?) com América Latina e *As Mil e Uma Noites*, além de querer ser a expressão da "raiva" contra o cerceamento, apresenta um elemento para o qual a própria autora não chega a chamar a atenção, mas que é básico, marcante, em especial por se tratar de um texto feminino: o símbolo do desafio e da resistência à tirania de Fernandez é uma mulher.

Fernandez é o tiranete, chefe supremo de Kamaiorá, aos pés do qual rastejam seus asseclas e treme a multidão de súditos meio-escravos, a massa que ora ameaça uma revolta mal definida, ora trabalha ilusoriamente feliz, porque tudo está em ordem e se repete como sempre. Mas Fernandez é também o senhor de todas as mulheres, o único *pai* de todos os filhos que elas podem ter. E há *rituais de fecundação* que se realizam por meio de um raio de luz. Mas Alma, a malfadada mãe, não se submete a ele (irresistível para Leilah o jogo lingüístico entre *Alma* e *Malfadada*, que também o nome feminino *Mafalda* sugere).

Embora elaborada na forma de uma fantasia anárquica, para a qual praticamente não há limites, em que se mesclam, soltos, o poético e o grotesco – bem ao modo de Leilah, para quem as palavras, as situações e as imagens se chamam umas às outras num alucinado jogo imaginativo – *Kuka de Kamaiorá* não deixa dúvidas quanto à alusão de caráter político.

Examinado mais de perto porém nota-se que, em tom diverso e com uma diversa economia de meios, o texto revela a pro-

---

2. "O Caso Especial de Leilah", Folha Ilustrada, *Folha de S. Paulo*, 3.9.1971.

136 UM TEATRO DA MULHER

posta de algo que não está muito distante do que propõem *Amélia* e *Roda Cor-de-Roda*: o jogo da inversão de papéis. Mais do que simplesmente resistente, Malfadada é uma rebelde. Assume sozinha o direito de dispor de sua virgindade, assume sozinha a opção pelo filho que é seu, contra a força da convenção e mesmo da "lei". Para isso, não depende de um senhor. Mesmo esse "outro homem" de quem espera um filho é secundário na história, permanece o mistério (policial?) que não se consegue resolver.

Evidentemente, esse filho que ela quer ter ao preço de qualquer sacrifício, que "escorrega" para outra parte de seu corpo quando tentam fazê-la abortar e continua vivo e a crescer apesar de tudo, pode significar qualquer coisa como a liberdade ou o povo, que resistirá a todas as tentativas de morte e mutilação que lhe infligirem.

Embora se trate da defesa de um privilégio feminino – o de escolher o pai do próprio filho – de qualquer modo não se trata apenas da afirmação desse privilégio, não se trata da exaltação da maternidade heróica, mas de uma expressão de resistência e rebeldia, pensada numa forma tão caracteristicamente feminina, que um homem, um herói, não poderia assumi-la.

Kuka de Kamaiorá (ainda aqui irresistível para a autora o jogo sonoro das palavras) é um texto excessivo, moldado mais à base de uma intensa *vontade de expressão* que de um impulso organizado para a ação dramática, sem que lhe falte, no entanto, o poder de uma forte sugestão visual.

Talvez este texto tenha tomado a forma mais condizente com a "raiva" de Leilah naquele momento. Mas isso o tornou um texto de encenação problemática. Também presente em *Jorginho, o Machão* e *Roda Cor-de-Roda*, essa raiva pôde ser ali melhor captada – ia dizer, melhor *aproveitada* – pelos espectadores, uma vez que os assuntos daquelas peças, mais voltados para a realidade imediata e a vida de uma classe média reconhecível, permitiam uma identificação mais espontânea.

É ainda interessante observar que *Kuka* é, no reino alusivo e fantástico da peça, o nome do alimento dos habitantes. Mas pode significar também uma espécie de fada (ou bruxa) e soa ao mesmo tempo como *cuca*, *cabeça* ou *inteligência*, na gíria atual. Por outro lado, parece designar, de algum modo, a própria personagem central, a malfadada mãe. A mulher é esta *cabeça*, esta *inteligência* desafiadora. Um certo feminismo, talvez não intencional, de Leilah Assunção, aflora, apesar de tudo.

A DRAMATURGIA FEMININA NAS DÉCADAS DE 70 E 80   137

Seda Pura e Alfinetadas (1981)

Dois anos antes da encenação de *Kuka de Kamaiorá* em uma nova versão que a transformara em *O Segredo da Alma de Ouro* (ópera-*rock*), vai ao palco *Seda Pura e Alfinetadas*, um texto escrito – segundo Sábato Magaldi – para "o costureiro Clodovil Hernandez se sentir à vontade na primeira experiência como ator"[3].

Tratava-se de um texto que, por suas características, tendia a agradar a um grande público – como de fato agradou – mas que causou alguma decepção à crítica e àqueles que se tinham habituado ao teatro mais denso e conseqüente de Leilah Assunção. Algo que provavelmente conta pouco no desenvolvimento de sua dramaturgia.

Boca Molhada de Paixão Calada (1984)

> *Na verdade a gente é um pontinho onde se cruzam duas linhas: a da História aí do mundo e a nossa própria história.*

Nesta fala de Antônio, uma das duas personagens de *Boca Molhada de Paixão Calada* ou *Emoções Clandestinas*, de Leilah Assunção, levada à cena em 1984, resume-se a consciência do que talvez tenha sido o sentido profundo de toda a *nova dramaturgia* de 1969, bem como o daquela que seus representantes primeiros continuaram a produzir. Mas não apenas eles: muitos outros autores, nestes últimos vinte anos, trazem como selo de sua criação a idéia das vidas e conflitos individuais atravessados pela História.

A esse caráter geral, soma-se, a partir dos últimos anos da década de 70, a tendência, que se prolonga pelos anos 80, de recuperar a memória recente da vida social, cultural e política do país. Desde então, essa retomada vai-se fazendo aos poucos, como dissemos, de muitas formas e em muitos setores, em artigos, ensaios, sínteses, teses universitárias.

Em termos de Teatro, depois da extinção do AI-5, a 1º de janeiro de 1979, e embora, como afirma Yan Michalski, "a legislação sobre censura e outros instrumentos legais de arbítrio continuem os mesmos que durante tantos anos permitiram os piores abusos"[4], abrem-se algumas brechas: consegue-se a encenação de

---

3. Sábato Magaldi, "Só para os Fãs de Clodovil", *Jornal da Tarde*, 4.12.1981.

4. Yan Michalski, *O Teatro sob Pressão, uma Frente de Resistência*, Rio de Janeiro, Jorge Zahar Editor, 1985, p. 80.

alguns textos que, interditados ou proibidos, não tinham podido encontrar o caminho dos palcos.

A esse amplo processo de retomada da memória recente do país e das vicissitudes dos que a viveram, principalmente como aquele "pontinho pequeno", pertencem também muitas peças escritas ou apresentadas já dentro de novas condições, entre as quais tem lugar especial *Boca Molhada de Paixão Calada*.

Dificilmente a situação básica desta comédia poderia ter caráter mais privado e em seu todo ser mais voltada para o individual; no entanto, através dela se revivem intensamente momentos coletivos do passado imediato. E esses momentos não são apenas revividos, mas de certo modo analisados. Sobre eles se reflete, a ponto de se chegar à conclusão que aquela fala de Antônio resume, no final.

Antônio e Mila – que tinham sido marido e mulher e vivem há tempos separados, estando agora cada um deles casado com pessoas diferentes – montam para si mesmos uma "situação" e um "cenário" especial, na esperança não só de reencontrarem juntos o sabor perdido de outros tempos, mas de encontrarem a "Grande Emoção" que reconhecem ter-lhes escapado enquanto eram mais jovens e mais inconscientes dela, mais dispersos no tumulto do viver, ou emocionalmente mais imaturos.

A idéia de encarnar personagens, de montar uma cena, de dramatizar, de experimentar, enfim, uma situação que funcione como detonador de certa verdade que se busca ou que se quer confirmar, não é – é claro – nenhuma novidade em teatro. O teatro no teatro tem sido de longa data um recurso profundamente empregado e quase sempre esteticamente produtivo.

A idéia aqui é utilizada não de forma idêntica à de Genet, por exemplo, mas de maneira algo semelhante. Diante de *Boca Molhada...* – em particular no início – é em Genet de *O Balcão* que podemos pensar, desde que se guardem todas as diferenças, especialmente o tom leve, cômico ou a mistura de erótico e lírico-cômico, que domina a peça de Leilah. O que pretendem as personagens não é a descoberta de um fato esclarecedor, mas a *revelação* e *experiência* de um erotismo perdido ou desejado, mas jamais encontrado.

Na cena inicial, Mila e Antônio armam um encontro em que fingem para si mesmos uma "freira", ou algo no gênero, e um homem eroticamente estimulado, muito em particular pelo fato de estar diante de uma... religiosa. Na medida em que o espectador não se apercebe, nos primeiros instantes, de que se trata de um "teatro", tudo parece uma situação cômica, em que se expande o humor desmitificador de Leilah. Mas alguma coisa não fun-

A DRAMATURGIA FEMININA NAS DÉCADAS DE 70 E 80   139

ciona bem e a "dramatização" fracassa. Na verdade, é a maneira mais conservadora de Antônio que acaba não resistindo à brincadeira: eles são obrigados a voltar à realidade. (Mais adiante ele vai confessar abertamente reconhecer o seu "machismo", reconhecimento que é um ponto a seu favor e faz parte das posições conciliatórias que são as de Leilah, a essa altura de sua obra: *Roda Cor-de-Roda* está já um pouco distante...)

Mas o projeto de reencontro não é abandonado. Tentam, então, fazer reviver o passado, em parte rememorando situações realmente vividas, em parte – e de mistura com elas – projetando nesse passado fantasias eróticas que são retomadas no presente. Disso resulta uma seqüência de revelações mútuas de reflexões, de conflitos e de revisões que irão permitindo um conhecimento mais profundo de si mesmos e das relações que viveram.

A composição de *Boca Molhada...* lembra de perto a de *Fala Baixo...* de 1969, e não só como cena única de duas personagens. Tudo é posto em cena – o presente, o passado e o passado do passado (lembrando 1971, reportam-se a 1969, por exemplo) – por um processo caro ao estilo de Leilah: sem cortes ou divisão em atos, sem nenhuma ou praticamente nenhuma alteração física do palco, o espaço da ficção se transforma e se multiplica. Nele se alternam momentos diferentes (e desordenados cronologicamente), numa sucessão que forma, no conjunto, um desenho de linhas onduladas. Por esse tempo e por esses espaços – em que decorre a história daquele homem e daquela mulher – toda uma época é revisitada.

Mila e Antônio – ela hoje mãe de família e dona de casa; ele funcionário público – vêem-se um ao outro e vivem primeiro os jovens de 1969, envolvidos com teatro, mas discordantes quanto à função dele; depois, os "hippies" de 1971, percorrendo o mundo. Hoje, em 1984, falam dessas coisas, avaliam essa vivência:

Antônio – E você acha que a lembrança daqueles dias pode ser sensual? Tudo proibido, escondido: política, sexo, droga, amor...

Mila – Não exagera...

Antônio – ...humor, erotismo, as emoções todas clandestinas, a Censura, a Ditadura...

Mila – (*Começa a correr no palco*) Não exagera...

Antônio – ...as paixões caladas, o Borges, a tortura...

Mila – Na virada da década, Antonio...! Nósdois...! Aventureiros auto-exilados, rumo...

Antônio – Ao que sobrou do sonho? É isso? Rumo aos trapos do que sobrou do sonho deles?

Mila – Que trapos que nada, que tou te vendo agora, Antônio onde é que você está, vamos, me diz...

140 UM TEATRO DA MULHER

Antônio – Não quero, tô noutra, tô aqui, São Paulo, 1984.
Mila – Não... setenta e um... uma manhã cheia de sol... no interior de que país, Antônio?

A "representação" do passado, a elaboração fantasiosa e imaginativa de certos momentos, é afinal bem sucedida. Mila e Antônio acabam por chegar à "Grande Emoção", realizam, finalmente, o ideal de ser jovens e sábios ao mesmo tempo.

O homem e a mulher já não estão em luta aberta como na década anterior (muitos episódios dessa luta são "passados a limpo" ao longo da peça): amadurecidos, podem agora encontrar-se, reconhecer-se, completar-se. É pelo menos esta a nova visão de Leilah Assunção, em 1984. Ou melhor: sua visão de uma utopia em vias de tornar-se realidade, em consonância com o período de conciliação política que é o da transição para a democracia:

> Nós [mulheres depois da fase de revanchismo feminista] estamos, agora, numa fase de síntese, de querer um companheiro, de amor. Esta minha peça é todo um processo da fase de revanchismo até o final; o texto foi escrito em 1980 e nele existe até a idéia da Frente Liberal. Existe um diálogo que diz assim: "Como podem essas duas pessoas que eram inimigas estarem no mesmo partido?"
> Uma das personagens diz:
> É preciso uma frente ampla, democrática, uma frente arregalada – diz a autora numa entrevista à revista *Senhor*[5].
> O entrevistador pergunta, a seguir:
> Nós estamos agora numa fase de busca, em favor da harmonia, inclusive no plano político? – Pois é – responde Leilah.
>
> Em outro trecho é ainda mais explícita a respeito das relações homem-mulher: "...essa minha peça não é sobre a mulher, ela registra uma perplexidade e uma necessidade de entrega e de união do masculino e feminino, senão, acabou-se"[6].

Na prática, a livre expressão do erotismo feminino no teatro – e portanto da livre expressão feminina *tout-court* – que Leilah vinha experimentando desde 1969 – e da qual ela é, sem dúvida, a principal representante entre nós – atinge em *Boca Molhada de Paixão Calada* um alto grau de realização. *Boca Molhada...* é, de todas as suas peças, a mais ousada nesse sentido.

Ainda que a ideal conciliação através da sonhada maturidade psicológica e social (e política, diriam as feministas) de ambas as partes, homem – mulher, e de conseqüente plenitude das re-

---

5. "Um Teatro Malcomportado. O Masculino e o Feminino no Brasil Segundo Leilah Assunção", *Senhor*, 7.11.1984.

6. *Idem, ibidem.*

A DRAMATURGIA FEMININA NAS DÉCADAS DE 70 E 80   141

lações equilibradas entre os dois sexos, que Leilah Assunção considera quase alcançada em 1984 (ao menos em certa classe, como deixa claro na citada entrevista), possa ainda ser longamente debatida, não há dúvida de que se algum autor entre nós contribuiu para ela, liberando a palavra da mulher, esse autor é Leilah Assunção. Por isso, ela própria poderia juntar-se a seus personagens, àquele "nós" de que fala Antônio, no final de *Boca Molhada*...:

> Muitas emoções clandestinas por aí, fomos nós que trouxemos pra fora.

Lua Nua (1986)

Lua Nua, escrita em 1986, é uma comédia em que Leilah Assunção dá continuidade ao sentido de *conciliação* entre o homem e a mulher, já presente em *Boca Molhada de Paixão Calada*, de 1984.

A nova peça se distingue nitidamente da anterior porque já não envolve o problema do passado – o passado das personagens com raízes no passado recente do país – mas ao mesmo tempo dela se aproxima pela existência de vários traços em comum. O primeiro deles é o fato de enfocar um casal na busca de um reencontro, de uma harmonia perdida e de um entendimento que, já agora na década de 80, parece à autora não só desejável, como perfeitamente possível.

Com *Lua Nua* estamos aparentemente muito distantes de *Roda Cor-de-Roda*, em que a ênfase recaía sobre a idéia e a imagem da *roda*: um giro louco e permanente de situações e a repetição espelhada de ações e reações que levavam sempre ao ponto de partida e impediam ou tornavam problemático o encontro homem-mulher e o ajustamento entre eles. Agora, em 1986, a garra satírica de Leilah Assunção parece "aparada".

O segundo dos traços comuns que *Lua Nua* tem com *Boca Molhada*... é a utilização de uma pequena trama armada dentro da história maior, pelos próprios protagonistas, trama que vem a favorecer a mútua redescoberta, aumentando a possibilidade do acerto entre as partes interessadas. As situações propriamente ditas, é claro, são diferentes: na peça de 1984, os participantes são conscientes: montam, juntos, um pequeno teatro e através dele procuram deliberadamente atingir um mesmo objetivo; em *Lua Nua* só uma delas é autor intelectual do enredo e tem consciência clara do que busca: reconquistar a mulher (que, por sua vez, outra coisa não quer senão ser reconquistada) e recuperar o clima que havia entre eles nos primeiros tempos. A mulher nada sabe disto, mas prepara-se para traí-lo com um desconhecido que lhe

142 UM TEATRO DA MULHER

escreve cartas de amor (cuja figura imagina ser a de um jovem tenista que olha muito para ela quando passa), e que será talvez capaz de lhe devolver a sensação viva do amor que o marido não parece interessado em lhe dar (o marido reclama também contra a remanescente falta de elegância da mulher após o parto...).

Na verdade, *Lua Nua* apresenta essa situação de desentendimento e depois de entendimento final, entre um homem e uma mulher que não são um par de amantes entregues à fantasia de um momento de trégua na mesmice do cotidiano (como de certo modo ocorre em *Boca Molhada*...), mas um par em plena vigência do casamento e já mergulhado no mais corriqueiro e desgastante dia a dia. A relação parece à beira do rompimento.

Esse quadro realmente doméstico, no mais pleno sentido da palavra (e é patente o propósito de desenhá-lo assim), inclui um filho de oito meses e, como não podia deixar de ser, a presença de uma empregada que também é uma espécie de babá. (Essa empregada tem na peça a função de introduzir no ambiente tenso, mas já descolorido, uma nova cor e, na situação, um novo dado.)

A sensação de desgaste da união e a ameaça de ruptura – que não chega a concretizar-se –, entre Sílvia e Lúcio, provêm das pequenas escaramuças diárias e do ramerrão que parece dominar suas vidas. Mas por trás das brigas miúdas, de uma espécie de intolerância que há de parte a parte, está um problema que, em outros termos, é o mesmo que se colocava em *Roda Cor-de-Roda*. Isso, apesar da tonalidade completamente diversa nas duas peças. Na retomada deste problema se pode reconhecer a presença de uma preocupação da Leilah de *Roda Cor-de-Roda* e das entrevistas daquele período: a desigualdade acentuada entre as posições do homem e da mulher – quer dizer, a situação de desvantagens da mulher – na condução da "empresa" comum que é o casamento[7]. Em *Lua Nua* essa assimetria que ainda persiste nos anos 80 surge não na figura da mulher rebelada que se sente traída pelo marido e resolve vingar-se (como na peça de 1975), mas na figura da mulher dividida, vivendo a dificuldade que é para ela manter a dupla jornada de trabalho, a conhecida dupla jornada feminina. Um tema abordado também em outras peças nestes meados da década de 80, como em *Script-tease* de Consuelo de Castro, por exemplo.

---

7. Mais de uma vez, nas entrevistas dos anos 70, Leilah compara o casamento a uma "empresa": "O homem funda a empresa que é a família, contrata a empregada que é a esposa e assim por diante". ("As Quatro Amélias de Leilah. Qual Delas é a Mulher de Verdade?", *Jornal da Tarde*, 8.5.1973)

A DRAMATURGIA FEMININA NAS DÉCADAS DE 70 E 80   143

Embora tratada de forma mais ou menos leve, a questão central em *Lua Nua* é a divisão, o conflito interior (e exterior) que a mulher tem de enfrentar ao querer viver dois papéis diferentes que a sociedade – através da instituição do casamento – tolera, mas não reconhece como legitimamente concomitantes. A peça de Leilah mostra que, ainda que já tenha conseguido impor o direito de satisfazer o que considera uma necessidade pessoal importante – o exercício de uma atividade profissional fora dos quadros exclusivamente domésticos –, a mulher continua a pagar por isso um preço muito alto e arca com todos os problemas que a situação acarreta. E estes problemas vão desde o acúmulo de trabalho – um trabalho em dobro – até o enfrentamento das desavenças com o marido, em que vêm à tona irritações, queixas e acusações constantes de ineficiência no governo da casa; quase sempre há também a desagradável desvalorização do trabalho que ela faz: só o dele é importante e por isso deve ter precedência. Mas não é tudo. *Lua Nua* deixa ainda entrever certo sentimento de culpa que a mulher pode carregar em relação aos filhos (que ela "abandona" para trabalhar fora); e, por último, a dependência em que vive em relação a outra mulher, a empregada, e a ambigüidade de sentimentos e de atitudes diante dessa outra mulher, que a substitui em algumas funções que na realidade seriam suas. E para coroar tudo, o esvaziamento da relação amorosa.

Na elaboração desta comédia, em que o assunto a debater é basicamente este, Leilah Assunção lança mão de uma personagem curiosa. É justamente a figura da empregada no inabitual de seu relacionamento com a patroa. Íntima, indispensável, misto de serviçal e confidente, mas também atrevida adversária em alguns momentos, Dulce é uma espécie de "demônio familiar". Dela vem a sugestão de *saída* para a situação, no quase sufocante ambiente de rixas pequenas e de miúdo desentendimento em que se tornou a vida do casal; representa um constante convite à aventura, um estímulo à fantasia (e à transgressão!), com seu tipo de mulher simples, mas liberada (que de certo "conheceu muitos homens", como julga Sílvia). É ela quem vai sugerir à patroa a idéia de que é possível uma vida erótica e sexualmente mais excitante; é ela quem leva e traz recados, quem insiste para que Sílvia compareça a um encontro com "o moço do carro vermelho". As sugestões de Dulce caem no ânimo de Sílvia como chuva em terra seca. E esta, embora cheia de dúvidas e indecisões, se dispõe a fazer a experiência e entrar no jogo.

Não há dúvida de que a função de Dulce em *Lua Nua* lembra

144 UM TEATRO DA MULHER

a dos criados na comédia clássica e nos faz pensar em uma "Celestina" de nossos dias.

No desenrolar da ação se descobrirá que o suposto "galã", autor das "lindas" cartas de amor que excitavam a imaginação das mulheres, não é "o moço do carro vermelho", mas o próprio marido. Ao armar tal trama, Lúcio revela a qualidade que lhe estava faltando para ser redescoberto pela mulher como um homem interessante: a possibilidade de certa exaltação "romântica" em matéria de amor. Agora, tudo pode reviver e a vida voltar a ser o que fora, inclusive porque Dulce, que se tinha despedido depois de uma discussão com Sílvia, resolve permanecer no emprego para tomar conta do Júnior.

Não se pode dizer que *Lua Nua* prime pela originalidade. Mas além de conservar as qualidades de fluência dramática e de humor que fizeram o sucesso do teatro de Leilah Assunção, pode mostrar agora as novas posturas da autora, repondo a discussão de um tema bem próximo àquele a partir do qual dez anos antes escrevera uma comédia explosiva como *Roda Cor-de-Roda*.

7. Consuelo de Castro

O Porco Ensangüentado
(3ª peça)(1972)
A Cidade Impossível de Pedro Santana
(5ª peça)(1975)
Ao Sol do Novo Mundo
(6ª peça)(1976)

O Porco Ensangüentado

Depois do sucesso de *À Flor da Pele*, em 1969, Consuelo de Castro só retornará aos palcos profissionais de São Paulo, em 1974, com *Caminho de Volta*. A peça, depois de proibida por quinze dias, será encenada e receberá, naquele ano, três prêmios: o Molière da Air France (melhor autor de peça nacional), o de melhor autor nacional pela APCA e o Governador do Estado, conferido pela CET, pela mesma razão. Mas *Caminho de Volta* é a sua quarta peça: antes – depois de *À Prova de Fogo* e *À Flor da Pele* – escrevera *O Porco Ensangüentado*, em 1972.

O Porco Ensangüentado vai, pela temática e pelo tipo de preocupação que revela, ligar-se à sua quinta peça – *A Cidade Impossível de Pedro Santana*, cuja premiação (Prêmio de Leitura do SNT, em 1975), seguida da proibição pela Censura, motiva o *rompimento* anunciado em 1976. O certo é que também os destinos destes dois textos são semelhantes – ambos premiados e depois interditados – embora *O Porco...* tenha alcançado monta-

146 UM TEATRO DA MULHER

gem em 1976 e *A Cidade Impossível...* continue até hoje inédito em termos de palco[1].

O Porco [declara Consuelo] é minha visão amarga de um período, quando estava a trabalhar numa coisa que odeio – publicidade [a visão da publicidade e da vida dos publicitários com seus problemas ela a trará à cena justamente em *Caminho de Volta*] – numa cidade em que não conhecia ninguém e que louva, como o máximo de inteligência, o *Pasquim*[2]. Mas também é uma visão realista das pessoas de quem a peça trata[3].

Ela mesma resume o argumento para os entrevistadores de *O Globo*:

É a história de quatro mulheres de alta e média burguesia, teoricamente muito amigas, muito ligadas entre si, mas que, na verdade, se odeiam loucamente, que competem entre si e têm uma vida desnutrida de sentido. Tão vazia é a vida delas, tão em função da imagem dos maridos – que por sua vez são umas drogas, vivendo em função de sua própria relação de trabalho – e tão vazio é tudo, que elas vão perdendo a noção da realidade; a certa altura, uma delas – que acha que o marido morreu por causa do marido da outra – resolve fazer macumba contra o casal, através da empregada que diz ser médium. A macumba envolve a morte de um porco, mas, no final, todas acabam se unindo – ou sendo coniventes – para matar a empregada.

Este vazio, que a autora chama em diversas oportunidades de *alienação*, particularmente vivido pela burguesia (mas que pode também ser visto na pequena classe média de *O Grande Amor de Nossas Vidas*), será uma preocupação constante das peças de Consuelo. *O Porco...* a mostrará através de um grupo de mulheres. Mas quando lhe perguntam, na entrevista citada de *O Globo*, sobre a peça:

Essa visão da sociedade filtrada através de figuras femininas significa uma preocupação particular com o papel da mulher no atual contexto social?

Consuelo responde com firmeza:

Não – não tenho nada de feminista. Acho o feminismo um desvio ideológi-

---

1. *O Porco Ensangüentado* foi também montada na ECA, em 1976, com direção de Armando Sérgio da Silva e cenografia de alunos orientados por Clóvis Garcia. Em 1978, foi publicada pela Editora Vanguarda, do Rio Grande do Sul.

2. Em geral elogiado por historiadores do período, *O Pasquim* é visto, até hoje, como reacionário e machista por mulheres mais politizadas do ponto de vista do feminismo.

3. "Há uma (uma só?) Gota de Sangue em Cada Peça de Consuelo de Castro", *O Globo*, 30.4.1976.

A DRAMATURGIA FEMININA NAS DÉCADAS DE 70 E 80   147

co, um falso problema... *O Porco*... trata de mulheres porque elas são o melhor espelho de um sistema opressor[4].

Ressurge, como se vê – ou permanece – no plano da explicitação racional, a recusa do feminismo como posição e a afirmação da crença na generalidade da luta política contra a opressão, esta também vista como algo genérico. No entanto, é importante examinar, sob este ângulo, o próprio texto da peça: ela pode revelar aspectos mais sutis.

Em que sentido seriam aquelas mulheres, as esposas, "o melhor espelho de um sistema opressor", senão no sentido de que são duplamente oprimidas? Das cinco personagens femininas (incluindo Antônia, a empregada, sobre quem se desencadeia a pior violência, culminando com o assassínio), três são realmente *alienadas*: transferiram para os respectivos maridos suas possibilidades de ser. Essa alienação, no entanto, pode ser entendida aí, menos como decorrência do sistema opressor geral (os maridos, bem situados socialmente, não são propriamente "oprimidos"), que do *pequeno sistema* opressor do casamento burguês e dos valores que ele representa, como de resto a própria peça deixa entrever. Na verdade, Consuelo constata com grande vigor a condição de alienação dessas mulheres – todas vivendo em função dos maridos e de seus problemas (seja como aliadas deles, seja como acomodadas aproveitadoras da situação que eles lhes oferecem). Não lhes reconhece oportunidade de consciência e de crítica, de maneira que, das relações entre elas, só nos aparecem as formas de competição, de rivalidade e de violência. São relações que não conseguem nunca firmar-se, dar-se *diretamente* de mulher para mulher, em termos de compreensão, de cumplicidade ou de aliança verdadeiras: de permeio, dividindo-as, paira sempre a sombra de um homem.

Mas há um momento na peça – no segundo ato – em que a possibilidade de um entendimento deste tipo se desenha, a partir da única personagem que de determinado ponto da vida em diante parece ter começado a perceber sua condição de dependência, de falta de autonomia, sua própria condição de "espelho", enfim, no qual a imagem da opressão surge duplicada. É Berta, a mulher de Pedro Santana, que realmente se *desaliena*. Ela procura Sandra – que pouco antes dissera odiá-la e que se resolvera a fazer um "trabalho" (de macumba) contra o casal – e explica seu caminho. A aproximação e o entendimento se fazem entre as duas

---

4. *O Globo*, entrevista citada.

148 UM TEATRO DA MULHER

mulheres em um dos momentos mais bem conduzidos de toda a peça. Mas é tarde. O "mal", que Sandra na sua inconsciência procurara efetivar contra a amiga e o marido, estava desencadeado. Esse o ponto de impossibilidade de retorno, intensamente dramático, porque interiorizado, no qual começa propriamente o processo do desenlace violento. Pedro, que sofre o que os outros consideram um ataque de loucura, é internado, e Antônia, tomada pelos "espíritos" (de modo que pode vir a denunciar tudo), é depois assassinada. Berta, no entanto, não é nem contra, nem conivente com essa morte. Consuelo concebe esta figura – talvez um pouco sem querer – como a personagem mais finamente construída desta peça.

Sobre o problema da violência e da competição entre mulheres, básico em *O Porco Ensangüentado*, seria elucidativo ouvir o que tem a dizer Marilena Chauí, alguns anos depois. "Participando do Debate sobre Mulher e Violência" é o título do ensaio com que Marilena Chauí colabora no volume n. 4 de *Perspectivas Antropológicas da Mulher*, dedicado ao tema. O volume, publicado em 1984, reúne trabalhos apresentados no debate sobre a questão, organizado pela Comissão de Antropologia Urbana da Associação Brasileira de Antropologia (ABA), em 1981. Naquele ano, os então recentes assassinatos de mulheres tinham aberto espaço para manifestações dos movimentos feministas a respeito do assunto. As organizadoras afirmam que os estudos que compõem o volume se voltam mais especificamente para:

a violência não vista, garantida pelas instituições sociais vigentes. Não se trata [diz Ruth Cardoso no prefácio] de momentos em que as regras são quebradas, em que os comportamentos são divergentes dos padrões aceitos e que por isso mesmo são inesperados, mas, sim, daquelas situações cotidianas, repetitivas, onde a definição cultural do papel feminino coloca a mulher como alvo provável do sadismo e da autoridade do sexo oposto. Ao prescrever para a mulher um papel passivo e submisso, a sociedade cria espaço para o exercício da imposição. A socialização tradicional impõe às mulheres que abdiquem de certas profissões, de certos prazeres, que fiquem confinadas a certos ambientes. Isso não parece violento. É lento, gradual e, além de tudo, esperado, legítimo e tido como racional[5].

"Participando do Debate sobre Mulher e Violência" é, como dissemos, o título do artigo de Marilena Chauí, nesse volume. Nesse texto (que também mencionamos em outra parte deste trabalho), a autora, depois de estudar as condições histórico-sociais que fazem da mulher um sujeito cuja constituição deriva de

5. Ruth Cardoso, prefácio a *Perspectivas Antropológicas da Mulher*, n. 4, Rio de Janeiro, Zahar, 1984.

A DRAMATURGIA FEMININA NAS DÉCADAS DE 70 E 80

uma outorga de subjetividade – e portanto de uma ausência de autonomia (autonomia que define a condição mesma de sujeito) –, aborda a questão delicada, (e Marilena Chauí não é a única a fazê-lo nesse volume), da violência "transferida", que a mulher é capaz de exercer especialmente contra outras mulheres. No trecho que subintitula "Nós, cúmplices da violência", argumenta:

Se liberdade é autonomia, se define uma forma de coexistência na qual diferenças não são convertidas em desigualdades hierárquicas, se engendra maneiras de conviver que estabelecem reciprocidade e o reconhecimento como relações fundamentais, as mulheres [...] estão impedidas de liberdade pela própria definição de seu lugar social e cultural, pois sua subjetividade tem a estranha peculiaridade de colocá-las como *dependentes*. Não nos referimos apenas à dependência econômica, política e cultural, mas à dependência originária que legitima as outras, dela decorrentes. Definidas como esposa, mãe e filha (ao contrário dos homens, para os quais ser marido, pai e filho é algo que *acontece* apenas), são definidas como seres *para os outros* e não como seres *com os outros*.

E adiante:

[No espaço doméstico], a constelação formada pela luta de vontades que procuram anular-se reciprocamente constitui uma espécie de pano de fundo geral onde se particularizam as diferentes relações de mulheres singulares, cada qual com sua própria história. Nesses dois primeiros planos, cremos que a heteronomia opera através da existência de modelos – a "boa filha", a "boa nora", a "boa irmãzinha", a "má amante", a "boa empregada" e seus contrapontos. Que os modelos sejam estereótipos montados pelas ideologias não há menor dúvida[6].

Embora as considerações de Marilena Chauí se refiram basicamente às relações estabelecidas no espaço doméstico, acreditamos ser possível estendê-las ao círculo mais amplo das relações femininas em geral, supondo o que seria o modelo da *boa amiga*. Mas aqui a heteronomia opera de maneira mais intensa: as ideologias dominantes, criadoras de modelos, procuram expressamente NÃO construir esse modelo; ao contrário, segundo a modelização socialmente aceita e cultivada, a amiga é sempre uma inimiga, uma rival em potencial.

... são raros [diz ainda Marilena Chauí] os conflitos e violências nos quais as expectativas e idéias masculinas sejam invocadas. Tendo a subjetivação das mulheres sido feita pelo ideário masculino (e com o silêncio das mulheres), o "ser" mulher carrega consigo desejos, fantasias, fantasmas, ficções e mando masculino, de sorte que, empiricamente, os homens podem estar ausentes nas várias relações entre as mulheres, pois permanecem presentes no modo imaginário e simbólico[7].

6. Marilena Chauí, "Falando sobre Mulher e Violência", *Perspectivas Antropológicas da Mulher*, n. 4, Rio de Janeiro, Zahar, 1984, p. 47.

7. *Idem*, p. 52.

150 UM TEATRO DA MULHER

É assim que as relações diretas de mulher para mulher, sem a intermediação da imagem masculina, se tornam extraordinariamente difíceis, recusadas pelas próprias mulheres, interpretadas por elas de forma negativa. No próprio texto de Consuelo de Castro, dentro do mundo ficcional, o prejuízo se repete e se expressa: estranha-se a atitude daquela que reconhece o equívoco em relação à amiga, que deseja corrigir o julgamento sobre a outra: uma das personagens alude pejorativamente ao fato de Sandra compreender e admirar Berta, isentando-a da culpa que inicialmente atribuía ao casal. Sandra é interpelada pelas outras ironicamente, porque tentara separar Berta, como pessoa, da figura do marido...

A Cidade Impossível..., aliás, retoma temas esboçados em *O Porco*..., trazendo para o primeiro plano (literalmente para o *tempo presente* da peça) as personagens que na peça de 1972 eram ausentes, embora determinantes: os maridos (a única exceção, a única mulher é Ordália, a filha retardada de Antônia, não mencionada antes). As mulheres – esposas – surgem apenas referidas pelos maridos ou ligeiramente focalizadas em cenas do passado. Tem-se agora a visão dos homens mencionados na peça anterior e as histórias como que se completam. O centro de cena é ocupado por Pedro Santana, o arquiteto, marido de Berta, que víramos internado em uma casa de saúde para doenças mentais, no final da peça precedente.

Em várias entrevistas feitas em diferentes oportunidades desde 1971 – e mais insistentemente nas publicadas por volta de 1973 – Consuelo de Castro se refere a este trabalho, para o qual, segundo ela, realizou intensas pesquisas, tanto no que se refere às atividades de arquiteto, quanto à vida e às características de doentes mentais, nas instituições especializadas.

A partir do momento em que suas experiências amadurecem para ser levadas ao papel, a autora inicia um paciente processo de pesquisas. Essas incluem peregrinações aos lugares mais imprevisíveis, entrevistas, leituras, troca de idéias com amigos e pessoas ligadas ao tema, até que se sinta plenamente segura do ambiente registrado na peça.

diz uma reportagem de *Veja*, em fevereiro de 1976, em que a revista procura inquirir a autora sobre seus métodos de trabalho.

A última, por exemplo, *A Cidade Impossível de Pedro Santana*, ainda inédita, conta a história de um arquiteto que enlouquece ao ver que os seus sonhos de construir uma cidade operária em moldes ideais não conseguem ser levados adiante. Chegou até a elaborar um mapa da cidade impossível... Depois dessa preparação [...] elabora o texto. "Acho que é a parte mais fácil do trabalho [in-

A DRAMATURGIA FEMININA NAS DÉCADAS DE 70 E 80   151

forma Consuelo] porque as personagens já existem e elas mesmas desenvolvem os diálogos"[8].

Em *A Cidade Impossível...* (ou *Acidente de Trabalho*) dois elementos chamam particularmente a atenção: o primeiro é a loucura. Embora já insinuada em alguns de seus aspectos – a atuação e gestos insensatos de pelo menos algumas das mulheres de *O Porco Ensangüentado*, bem como a menção ao próprio Pedro Santana internado – em *A Cidade Impossível...* ela toma um lugar central; o outro é a escolha da arquitetura como profissão de Pedro. Há aqui várias questões que convém examinar.

Logo de início é preciso repetir que a *loucura*, com suas variantes ou aproximações como um dos motivos deste teatro, voltará algumas vezes, com certa insistência, a partir das primeiras insinuações de *O Porco Ensangüentado*. Voltará, como se disse, em *A Cidade Impossível...* (onde, além de Pedro, temos Ordália, a moça retardada), voltará em *O Grande Amor de Nossas Vidas* (onde Consuelo retoma a personagem esquizofrênica de uma peça que escrevera para a televisão – intitulada *O Crucificado*), retornará em *Ao Sol do Novo Mundo*. Mas não se trata da loucura como verdadeiro estado patológico. Nem mesmo para o espectador ou leitor mais desavisado os estados de Pedro Santana ou do jovem Lélio (*Ao Sol do Novo Mundo*) podem ser facilmente identificados como *loucura*.

Lélio deseja um *novo mundo* e, nos seus sonhos, nega ou contesta Galileu, Copérnico e Einstein, afirmando que "a terra não gira, está parada, sim, paradinha de Souza. Você verifica pelas pessoas... que tá tudo no escuro porque o Sol... encheu de iluminar um planeta preguiçoso, paralítico, e, então, ele foi iluminar em outra freguesia" – Lélio é considerado "louco".

Mas o monólogo de Lélio, com seus sonhos, seus fantasmas, seus bonecos (desdobramentos do pai-juiz, da tia, do médico "antropóide"), é na verdade mais um devaneio poético, pura fantasia, e uma patética metáfora para exprimir o desencontro entre o Velho e o Novo, entre o sonho de um mundo mais livre e mais rico e a mesmice e insignificância do cotidiano burguês. O Novo alça seu vôo imaginativo até um Novo Mundo, vivo e iluminado, onde haja a possibilidade de plenitude e de paz; o Velho (pai, tia, médico e mesmo a namoradinha computadorizada) quer que ele faça vestibular, que se diplome, que culte uma Justiça cega, surda e muda – ou um Computador; que coma bolinhos de arroz e seja

---

8. "A Boa Mineira", *Veja*, 4.2.1976.

152   UM TEATRO DA MULHER

organizado, quer, em suma, manter tal como está o "planeta paralítico" e "quem ousar se mover, se dana todo". São os *velhos*, os outros – os que fazem do sonho de Lélio uma forma de loucura. Em essência, é esta mesma a forma de loucura de Pedro.

Mas ao contrário do monólogo fantasioso e metafórico de *Ao Sol do Novo Mundo*, a *loucura* de Pedro Santana é narrada em uma ação desenvolvida em dois atos. O mundo normal que o cerca é visto em toda a sua hediondez: Pedro, o arquiteto que saíra há pouco do hospício, é mantido em sua "ilusão" pela irônica piedade do empresário e capitalista Bernardo, que finge dar-lhe condições de projetar e construir sua "cidade impossível", enquanto, na realidade, chafurda na mais abjeta exploração de seus operários (um deles acaba de cair no alto forno da fundição) e ri dele pelas costas. Na verdade, só lhe interessam as mulheres baratas, o *whiskey* e seu dinheiro. Pedro e a loucura de seus planos, sua alienação são motivo de chacota para Bernardo e para os que o rodeiam como Marcelo, o amigo, que rasteja diante dele enquanto o trai com a mulher; ou Eusébio, que bajula o patrão e odeia Pedro porque imagina que este se aproveita de Ordália, a filha retardada. A *loucura* de Pedro, realmente, acaba por aproximá-lo de Ordália, uma jovem de dezoito anos que é "como uma menina de dez", numa relação ambígua que tem todas as características de um caso de amor.

São figuras estranhas (laterais ou centrais) que, juntamente com a idéia de um porco sangrando em cena (e identificado como Antônia), com os "filhos anões" que surgem no final de *O Porco Ensangüentado*, como a de um "primo anão" que deseja ser jogador de basquete – e se chama Luciano (de "luz") – evocado por Lélio em *Ao Sol do Novo Mundo* – com a menção a animais esfaqueados, misteriosa e estupidamente mortos no início de *A Cidade Impossível...* – comunicam às obras desta fase do teatro de Consuelo de Castro, um clima fantástico, estranhamente pesado e algo alucinante. Entrelaçado a um "realismo" cruel, ligado a sexo e sangue, lembra em muitas passagens a atmosfera de certas peças de Nélson Rodrigues.

Em *O Grande Amor de Nossas Vidas*, o peso dessa estranheza se mantém o tempo todo, através, principalmente, da figura de um pai despótico significativamente paralítico que tiraniza a família e espanca as filhas (sobre *O Grande Amor...* falaremos adiante).

O clima de mutilação, de impotência, de morte gradual ou violenta, se recorda Nélson Rodrigues, por um lado, por outro pode lembrar também o Beckett de *Fim de Jogo* ou *Dias Felizes*; mas será menos por uma visão niilista do mundo, ou por uma

A DRAMATURGIA FEMININA NAS DÉCADAS DE 70 E 80   153

ambígua atração simultânea pelo pecado e pela pureza, que por uma postura de indignação perante a paralisia gerada pela alienação política.

Em Consuelo de Castro, a alienação mental (a loucura), que leva as pessoas a viverem fora do real, torna-se a face visível de outra alienação – a política – ou a expressão de sua diferença em relação aos *verdadeiros* alienados, os que não se dão conta da realidade que os rodeia e determina.

Pedro Santana é o exemplo mais nítido dessa alienação, vítima e conseqüência de uma alienação mais ampla. Sua história não está toda narrada em *A Cidade Impossível...* – pode ser mais claramente entendida partindo-se do que sobre ele é dito em *O Porco Ensangüentado*. Arquiteto excepcionalmente talentoso (que se julga um "gênio", segundo as palavras ressentidas de Sandra), viveu com a mulher Berta, também arquiteta, um período de entusiasmos, de idealismo, de projetos de uma arquitetura coletivista, socializada. A certa altura, porém, associa-se a Felipe – um engenheiro dono de um escritório – porque estava "na lona" (segundo a mulher de Felipe, que acusa Pedro de ter açambarcado o escritório do marido e causado com isso a sua morte). "Todos os arquitetos deste país estavam na lona" – afirma Luísa, a esposa de Bernardo, o industrial a quem Pedro propusera também sociedade depois da morte de Felipe.

É interessante – e não será casual – que as duas peças de Consuelo sobre Pedro Santana registrem precisamente a situação desta categoria – os arquitetos – que Roberto Schwarz toma como exemplo e modelo do que ocorrera com os produtores e a produção de bens culturais após 1964. Diz Robert Schwarz:

> Comentando algumas casas posteriores a 64, construídas por construtores avançados, um crítico observou que eram ruins de morar porque sua matéria, principalmente o concreto aparente, era muito bruto e porque o espaço estava excessivamente retalhado, sem proporção com as finalidades de uma casa particular. Nesta desproporção, entretanto, estaria sua honestidade cultural e seu testemunho histórico. Durante os anos desenvolvimentistas ligados à Brasília e às esperanças de socialismo, havia maturado a consciência do sentido coletivista da produção arquitetônica... Cortada a perspectiva política da arquitetura, restava entretanto a formação intelectual que ela dera aos arquitetos, que iriam torturar o espaço, sobrecarregar de intenções e experimentos as casinhas que os amigos recém-casados com algum dinheiro às vezes lhes enco:nendavam. Fora de seu contexto adequado, realizando-se em esfera restrita e na forma de mercadoria, o racionalismo arquitetônico transforma-se em ostentação de bom-gosto – incompatível com sua direção profunda – ou um símbolo moralista e inconfortável da revolução que não houve. O processo cultural, que vinha extravasando as frontei-

154 UM TEATRO DA MULHER

ras de classe e o critério mercantil, foi represado em 64 – de revolucionárias [as construções] passaram a símbolos vendáveis da revolução que não houve [...][9].

Entende-se, a partir deste quadro, Pedro, o arquiteto, sua *loucura*, bem como as acusações de incoerência que lhe são feitas algumas vezes; entende-se o projeto sonhado de sua "cidade impossível" e sua indignação perfeitamente lúcida quando fala do "acidente de trabalho" que transformou o operário em matéria de alto forno:

> Por um quilo de arroz um homem se arrisca a virar ferro. Pra comer é preciso hipotecar a vida, o corpo, o futuro. Sistema infeliz!

Caminho de Volta (1974)

O tema da loucura vinculado à alienação do ser social que ronda o universo de *O Porco Ensangüentado*, conferindo à peça a estranheza que a própria autora lhe reconhece, é uma preocupação reincidente nesta fase da obra de Consuelo de Castro. Nas peças que escreve entre 1972 e 1978, a loucura retorna sob formas diversas em aspectos periféricos ou mais centrais da história. Assim, ressurgirá em *Caminho de Volta* (1974) em um episódio que, embora apenas narrado, lembra a matança sangrenta de *O Porco...*, em *A Cidade Impossível de Pedro Santana* (1975), em que se torna central, em *Ao Sol do Novo Mundo* (1976), texto em que adquire uma expressão quase lírica, e, em *O Grande Amor de Nossas Vidas* (1978), aparecerá claramente referida a uma personagem que é somente mencionada, mas onde, ao mesmo tempo, estará como que disseminada no clima dominante de toda a peça, na violência brutal que rege as relações entre as pessoas.

Mas em *Caminho de Volta* não é ainda a presença do tema da loucura que chama a atenção da crítica[10]: *O Porco Ensangüentado* continuava inédito (embora premiado nesse ano) e *A Cidade Impossível...* estava sendo elaborada. Aquilo para o que se volta o interesse da crítica em 1974 se refere a outros aspectos:

> De repente, o palco apresenta uma realidade nossa, sem simbolismo ou alegoria e parece quase impossível que isso tenha acontecido. De repente *Caminho de Volta*, em cartaz no Teatro Aliança Francesa, traz para dentro do palco a realidade brasileira – e é quase estranhável testemunhar esse sopro da vida e autenticidade.

9. Roberto Schwarz, "Cultura e Política, 1964-1969", *O Pai de Família e Outros Estudos*, Rio de Janeiro, Paz e Terra, 1978, pp. 78-79.

10. "...não é *ainda*" é talvez força de expressão, de vez que em nenhuma das críticas examinadas, sobre o teatro de Consuelo este aspecto é ressaltado.

A DRAMATURGIA FEMININA NAS DÉCADAS DE 70 E 80   155

São as palavras com que Sábato Magaldi abre sua crítica sobre *Caminho de Volta* logo após a estréia, a 17 de outubro[11].

Finalmente, emerge no palco uma obra que transborda de impaciência e de
rebeldia frente à maré de adesismo comercial da intelectualidade local,

diz também Jefferson del Rios, na crítica que na mesma ocasião
escreve para a *Folha de S. Paulo*[12].

Se pensarmos no quadro geral do teatro brasileiro daqueles
anos, se explicará facilmente tal entusiasmo. Sábato Magaldi refere-se a um aspecto desse teatro quando menciona a ausência de
"simbolismo" e a "alegoria" na peça de Consuelo; J. del Rios
alude a um outro, quando fala da "maré de adesismo comercial"
dominante. Estes dois caminhos eram realmente aqueles para os
quais parecia ter enveredado a maior parte do nosso teatro. Os
críticos que dos fins da década de 70 em diante se empenham em
analisar o comportamento do teatro no decênio central do período pós-64 são unânimes em constatar a existência dessas duas linhas que marcam nosso teatro vivendo sob pressão.

A Censura Federal, particularmente atenta aos mínimos movimentos de desacordo com o regime, dificultava ou impedia o livre tratamento crítico da realidade do país. A expressão mais diretamente "realista" dificilmente passaria pelo crivo apertado que
se estabelecera em todos os campos do pensamento e da criação.
No teatro, os tropeços e empecilhos eram tantos que, se por um
lado, os empresários temiam arriscar-se aos prejuízos advindos de
uma proibição repentina (como ocorreu em várias ocasiões), por
outro lado, os próprios autores, na sua maioria, tendiam a voltar-
se para temas menos perigosos, enquanto outros, em número
menor, buscavam formas indiretas – simbólicas ou alegóricas –
de dizer o que pensavam. Isso, sem contar a dificuldade pessoal e
interior, numa insidiosa autocensura a que muitos deles reconhe-
ciam estar sujeitos.

É enorme o número de peças vetadas por inteiro, cortadas
em parte, ou então permitidas de início e depois censuradas
quando já se encontravam em exibição. No levantamento que no
fim da década, em 1979, fez Tânia Pacheco, para um estudo intitulado *Teatro e Poder*, diz a autora, depois de comentar a desorientação dos primeiros anos:

11. Sábato Magaldi, "Um Caminho, Muito Além do Título", *Jornal da Tarde*, 20.10.1974.

12. Jefferson Del Rios, "O Caminho de Volta", *Folha de S. Paulo*,
22.10.1974.

156 UM TEATRO DA MULHER

Das frustrações e do medo nasceriam as relações entre o Teatro e o Sistema, na década de 70. Já no dia 3 de janeiro os jornais anunciavam que mais uma vez fora impedida a estréia de *A Falecida*, de Nélson Rodrigues, em fevereiro portaria da Censura determinara o reexame de grande número de textos teatrais anteriormente liberados; e, em março, o Decreto-Lei n. 1.077 era acionado pela primeira vez em relação ao Teatro [...] Minas interdita uma montagem de *Os Fuzis da Srª Carrar*, de Brecht. [Continua Tânia Pacheco] Em dezembro, em São Paulo, *Cemitério de Automóveis* é retirada de cartaz, após três meses de sucesso...[13]

Assim se inicia a década: as arbitrariedades e a confusão dos censores locais se sucedem, apesar da centralização em Brasília. E a desorientação se instala. Mais adiante, referindo-se a 1971, diz a mesma autora:

... fora um ano trágico de proibições... os danos causados ao Teatro Brasileiro aumentavam; a autocensura dominava a maioria dos autores, agora pressionados também por outro tipo de intimidação, a dos empresários que começaram a temer enviar textos "problemáticos" para a Censura, alegando não poder correr o risco de ficarem marcados... O espaço proibido a uma dramaturgia mais conseqüente foi ocupado, de forma crescente, pelos espetáculos de apelo comercial bem dentro dos padrões do interesse do sistema[14].

O que eu posso dizer além do que não se pode dizer? [...] Qual a linguagem adequada para este tempo em que eu devo dizer que não posso dizer o que eu gostaria de dizer? (p. 64)

Estas perguntas de Mariângela Alves de Lima, em seu artigo sobre a criação e a proliferação dos chamados "grupos independentes de Teatro" na década de 70, exprimem também a perplexidade de maior parte dos autores brasileiros que, diante das restrições, optam pela metáfora (alguns pelo silêncio) e pela não adesão... Já nos referimos algumas vezes às dificuldades, à reação e à luta das autoras de que estamos tratando, elas que produziram o principal de sua obra exatamente a partir de 1969, isto é, do início da década de 70 em diante.

Nesse contexto, entende-se o entusiasmo com que a crítica recebeu *Caminho de Volta*, em 1974. Consuelo lograra uma forma direta de tratar os problemas, optando mais uma vez pelo "realismo". O que põe em cena, nesse momento, é uma realidade

13. Tânia Pacheco, "O Teatro e o Poder", *Anos 70 – Teatro*, Rio de Janeiro, Europa Empresa Gráfica Editora, 1979-1980, pp. 92 e ss. Na longa enumeração das peças vetadas nesse mesmo ano de 1970, há um caso verdadeiramente curioso: "[...] em outubro, Vitória proibia a peça infantil *Chapeuzinho Vermelho*..."

14. *Idem*, p. 95.

A DRAMATURGIA FEMININA NAS DÉCADAS DE 70 E 80   157

social e humana que conhecia perfeitamente bem e que, por isso, dispensava, por exemplo, pesquisa especial (como aquela que terá de fazer para a peça seguinte); a realidade de uma categoria profissional que é também a sua, um ambiente cuja vivência experimentara efetivamente: o mundo da publicidade e dos publicitários. Como, ao mesmo tempo, esse é um setor altamente demonstrativo de certo universo ideológico em que vive mergulhada a sociedade deste último meio século – e muito especialmente a sociedade brasileira naqueles anos do "milagre" – aí se tornam quase exemplares os conflitos da classe que mais problematicamente viveu aquele período: a classe média. À classe média se destinam os *produtos* que esses profissionais manipulam, à classe média pertencem eles próprios. Daí que o aguçado senso teatral de Consuelo tenha sabido aproveitá-lo com tanta felicidade.

Em 1974, o Brasil ainda vive a era do "milagre", embora nos seus últimos momentos:

> O surto industrial sem planificação [observa J. del Rios em sua crítica], a ideologia do consumo levada ao extremo e campanhas e formação de opinião pública abriram um campo ilimitado para a publicidade. Com seu amoralismo mecânico, essa invenção da era industrial consome consciências e conduz as massas bovinamente. Era necessário que alguém viesse mostrar a vida dos nossos falsos gênios publicitários em pleno funcionamento. Consuelo de Castro mostra o mecanismo: como se faz a campanha de vendas, como se convence o cliente, como se cria o condicionamento para o consumo e como se mascara de grandeza uma atividade sujeita a grandes distorções[15].

As personagens que Consuelo põe em cena vivem até às últimas conseqüências estas distorções, de forma que o que mostra é muito mais que o funcionamento da máquina de fabricar consumidores; mostra como podem ser consumidos nesse mecanismo os seres humanos que lidam com ela. Metidos na engrenagem que faz deles intermediários de uma transação que vitalmente não lhes diz respeito, eles podem ser vistos como exemplos verdadeiros de alienação: o que têm obrigatoriamente de vender é alguma coisa extraída do que possuem de mais profundamente humano: sua capacidade de criar, seu trabalho intelectual, muitas vezes sua consciência.

Na luta que mantêm consigo mesmos e que se amplia na luta miúda que travam uns com os outros pela sobrevivência, podem revelar-se tanto os seus lados mais escuros quanto a tocante fragilidade que também os constitui. O clima em que vivem e atuam as cinco personagens de *Caminho de Volta* – quatro homens e

---

15. Jefferson Del Rios, crítica citada.

158 UM TEATRO DA MULHER

uma mulher – é o de um cotidiano de trabalho vivido em comum, onde aparentemente domina a camaradagem muitas vezes pontilhada pelo humor vivaz próprio da gente intelectualizada; mas essa atmosfera é também com freqüência cortada por faíscas de ódio e agressividade, ou loucura.

Elaborado em torno de uma trama relativamente simples, o que assume maior importância na peça é justamente esse clima, a captação teatral desse meio. E, dentro dele, o desenho vivo das personagens, apanhadas em aspectos que denunciam, de uma forma ou de outra, a alienação da qual podem ser agentes, e ao mesmo tempo vítimas.

Embora só uma delas – Nildo, o chefe de redação – seja claramente chamado por Cabecinha de "mau caráter" por ter jogado "muita gente na lama" (e na verdade se comporta como tal, quando induz Marisa a participar de uma "sessão" de sexo grupal, ou quando implora servilmente ao patrão que não o despeça), embora tanto Gomes, o proprietário da agência, quanto Nandinho QI, o contato-cursilhista, sejam considerados pelos outros como desprezíveis e colocados mesmo nessa perspectiva para o espectador – Cabecinha e Marisa não são muito melhores. Submetido a um juízo moral mais ou menos rigoroso, ninguém escaparia da mesma pecha. Todos apresentam, no mínimo, aspectos moralmente duvidosos, emaranhados, que estão em suas necessidades e debilidades existenciais e de classe. O que afinal pode contribuir para fazer deles bons caracteres de teatro.

Nildo, agarrado ansiosamente àquela vida a ponto de dizer que acha "justíssimo" o sistema todo, é, no entanto, quem tem dele, desse sistema, a visão mais lúcida. De Nildo partem as palavras mais contundentes sobre aquele mundo e a profissão. Uma personagem cujos atos se distanciam da consciência crítica que tem e que assume abertamente a indignidade de ter "câncer no raciocínio"

Nildo – Tudo certinho, medidinho, programadinho... pra todas as pessoas... (*professoral, didático*)... comprarem as coisas e as idéias que umas poucas pessoas produzem no mundo... O consumo é uma máfia maravilhosa com o pleno acordo de todos. Viver é consumir. Ou você fica do lado dos que manejam o consumo ou é consumido por eles. Quem você prefere ser: a dona de casa que vai ao supermercado hipnotizada ou aquela que hipnotiza a dona de casa?
Marisa – Eu queria ser independente disto tudo.
Nildo – Então tem de se suicidar hoje, neste momento. Aqui mesmo.

Toda essa consciência cinicamente declarada vem com um traço de amargura e ironia, mas é nesse universo que deseja viver.

A DRAMATURGIA FEMININA NAS DÉCADAS DE 70 E 80   159

No final, ameaçado de perder o emprego, Nildo argumenta com o patrão:

> *Nildo* – Eu conheço bem estas regras, Gomes. E o que é pior, gosto delas. Eu acho bonito o funcionamento da máquina. Essa coisa higiênica, essa coisa limpa, mecânica, demissão, admissão, carteira de trabalho, relógio, ponto, aposentadoria. Tudo tão cronometrado, tão certinho. E essa pirâmide do poder! Não é lindo você depender dos clientes e os clientes dependerem do povo e o povo não depender de ninguém? Não é lindo eu precisar de você e você também ter um dono? Eu acho justíssimo, justíssimo o sistema capitalista. Só ele contém progresso. Só ele contém organização e limpeza. Ninguém pode acusar ninguém. Todos estão metidos até a medula. Você sempre dá um jeito. Por isso eu te admiro... Porque eu aprendi tudo o que sei com você. Ah! se eu tivesse essa sua fibra, esse seu cinismo. Eu faço uma força diária pra conseguir ser como você. Usar a pessoa na medida certa. Sorrir para os clientes, chantagear as pessoas. Eu acho você um gênio. Um gênio...

E logo adiante;

> Gomes, me dá uma chance... Eu sempre te ajudei quando você precisou. Será que eu não mereço uma chance? A gente faz isso até com um cachorro...

Nandinho QI, por sua vez, combina tranqüilamente duas coisas na aparência inconciliáveis: seu cristianismo de cursilho com trabalhos como o que faz para ganhar o cliente, utilizando Marisa como "isca", quando, no final, colabora para "salvar" a firma da falência.

Gomes, o patrão que pode até ser "humano" com seus empregados, é ao mesmo tempo o sádico, aquele que tem mais claramente o grão de loucura e é capaz de esfaquear, por prazer, um cavalo na hípica; tudo, sem que esse lado (de loucura) apareça em sua atividade de pragmático homem de negócios.

Restam Cabecinha e Marisa.

É na direção de Cabecinha que parecem apontar as linhas que devem conduzir a empatia do espectador. Ele é o rebelde e o inconformado: "Se a engrenagem parece tragar as melhores aspirações, Cabecinha, o louco, o irresponsável, é quem recusa esse mundo e parte para a procura do absoluto" – afirma Sábato Magaldi[16]. É mais ou menos assim que quase toda a crítica o recebe.

Cabecinha é o talentoso diretor de arte que se rebela contra o trabalho em que se sente explorado, que se rebela contra aquilo

---

16. Sábato Magaldi, crítica citada.

160 UM TEATRO DA MULHER

que o impede de seguir seu caminho de artista (ele quer ser pintor). No final, recusa-se a continuar trabalhando para Gomes e deixa aquela agência. Mas deixa por outra onde lhe pagarão mais, fazendo vagos planos de um dia abandonar tudo e partir para Londres. Realmente não parte para a procura do absoluto.

No momento, porém, o que lhe interessa vivamente é obrigar Suely, a manequim a quem engravidou, a abortar, mesmo contra a vontade dela:

Cabecinha – Esse tipo de mulher (*refere-se a Suely*) é pra gente curtir e pronto. Ela vai ter de tirar o filho na marra. Ficou fazendo chantagem, dizendo que já gostava do filhinho que estava na barriga dela, sei lá. Ela quer é grudar no meu pé. Mas comigo não...

Dirigindo-se a Marisa, com quem está pretendendo casar-se, e referindo-se ao fato de ela ter participado da "festa" de Nildo, explode: "Por essas e outras, dava na mesma casar com você ou com a Suely bundinha. Quem gosta de sexo grupal é ela. Você, não. Entende? Você nunca..."

Essas falas em que se posiciona em relação às mulheres e aos problemas que enfrenta com elas, dividindo-as em duas categorias distintas (colocando-as, em suma, nas duas velhas categorias tradicionais), são a pura expressão do mais elementar machismo, que ele afirma com toda a convicção e como perfeitamente natural. Sob este aspecto nenhum temperamento ou talento artístico o salva da mais corriqueira mentalidade burguesa.

Marisa. Talvez esteja aqui a mais difícil caracterização das personagens desta peça. Com Marisa, Consuelo esbarra no que provavelmente é a mais complicada operação para autores de teatro, empenhados em trazer para o palco personagens de uma classe social que não é a sua. Embora sinceramente, honestamente, voltados o seu interesse e a sua consciência para o "povo", defrontam-se com o quase insolúvel problema de aproximar-se dessas personagens sem recorrer à intermediação de certos estereótipos, daquilo que, no geral, a classe média e a burguesia (e por extensão a tradição literária e os meios de comunicação) julgam ou imaginam que é um proletário. Nada tão difícil para um escritor como realizar intelectualmente essa espécie de complicada "migração de classe".

Não se pode negar que Consuelo procura superar esses problemas ativando seus dons de observadora. E é verdade que Marisa, que passará em breve a diretora de redação, em substituição a Nildo, não é mais uma proletária. Mas ainda carrega consigo as marcas de uma extração social que se apresenta como "outra" no meio social em que vive agora. É patente essa alteridade no plano

A DRAMATURGIA FEMININA NAS DÉCADAS DE 70 E 80   161

ficcional (Cabecinha muitas vezes lhe chama a atenção para sua "cafonice") que por outro lado parece existir também no plano da própria concepção da personagem como tal.

Há qualquer coisa de insuficiente em Marisa. Entre personagens como Nildo, Cabecinha, Nandinho e Gomes (às vezes estranhos como Gomes e mesmo Nildo, mas sempre referidos à sua classe), Marisa é um desenho menos nítido. Há nela um primarismo, uma falta de agilidade mental, de malícia mesmo, algo como uma ingenuidade que pode ser percebida como atribuição de características: *é assim* que comumente se imagina pensando e falando uma boa moça mal saída do mundo proletário da Penha, ainda encantada por morar num apartamento com carpete, sonhando comprar coisas para a decoração, lamentando a vida da família pobre que deixara para trás, mas sentindo horror àquele ambiente:

Marisa — O apartamento é tão chique, você precisa ver. Tem carpete. Tem uns móveis que nem esses aqui, tudo retinho... Me sinto tão bem lá, Cabeça! (...) Puxa, Cabeça, quando eu entro lá e não vejo a figura de meu pai sentado eternamente naquela cadeira de balanço... E não vejo o Beto chegando da oficina igual a um cavalo, sempre morto de fome, sempre gritando no ouvido de minha mãe: — "Velha, cadê a bóia?..." Ufa, é um alívio. Meu pai só faz reclamar da vida, da aposentadoria, da vista que tá acabando, cada dia que passa, da tecelagem você nem imagina! O velho gastou toda a vida naquela fábrica e nunca recebeu nada em troca. Era o salário mínimo e agora a aposentadoria que não dá nem pra comprar um quilo a mais de carne!... Você acha que a tecelagem devia indenizar a vista dele?

Cabecinha — Devia indenizar a vida que ele perdeu.

Marisa — Também eu não tou mais lá, graças a Deus. Que felicidade chegar no apartamento e ver a Verinha toda bonita, alegre... ouvindo disco, contando as coisas dela com o namorado. É outro ambiente. Parece que eu comecei a nascer.

Parece estreito demais esse mundo. E não há, principalmente, em Marisa, nenhum distanciamento de consciência relativo ao meio em que está vivendo agora. E muito menos em relação ao papel da mulher que se deixa manipular: não tem reação alguma quando Cabecinha, meio brincando, se jacta de ter sido o desvirginador e também a pessoa a quem ela deve o lugar que hoje ocupa na agência; cede quase sem resistência à proposta de Nildo para participar da sessão de sexo grupal, coisa que parecia não desejar a princípio; e principalmente não tem nenhuma palavra contra Cabecinha que diz querer forçar Suely a abortar (*i.é.*, nenhuma palavra de solidariedade feminina). Por fim, aceita ser usada para atrair o cliente que pode salvar da falência a firma de

162 UM TEATRO DA MULHER

Gomes (num lance melodramático, com ironia evidente [do destino? da autora?], o cliente é precisamente o dono da tecelagem onde o pai fora operário). É assim que ela faz o *Caminho de Volta* para a Penha.

Evidentemente não se trata de considerar não realista a possibilidade desse caminho. Não é o percurso da personagem que se esboça como excessivamente construído (sem coincidência, peripécias e reconhecimento, sem essas "ironias do destino", não se articula uma peça de tipo "realista"), mas a própria personagem. Resumindo: há em Marisa alguma coisa de *sobreposto* – como parece ocorrer toda vez que se tenta pôr em cena uma personagem pertencente às classes populares. Falta-lhe um estofo mais consistente. E nos parece não haver dúvida de que essa inconsistência provém da dificuldade de conhecer a verdadeira consciência de outra classe: provém da particular dificuldade em instituir essa classe como *sujeito*, na ficção (e talvez na prática da vida política). Um problema da mesma ordem do que ocorre, quando, por exemplo, se pretende criar personagens primitivos ou infantis: como o primitivo e a criança, o proletário é o outro: o "outro" da burguesia e da classe média a que pertencemos todos – autores, críticos e o público habitual. Para vencê-lo se recorre, inconscientemente, a visões estereotipadas.

Para esses aspectos – de resto menores no conjunto de uma peça quase documental como esta – a crítica não chamou a atenção. Mas Yan Michalski manifesta alguma estranheza. (Ele a manifesta também em relação a Gomes, o empresário, o esfaqueador de cavalos, mas esse é um outro problema.) Em sua crítica no *Jornal do Brasil*, escrita após a estréia da peça no Rio, diz Yan Michalski:

> Não vejo coerência entre as insistentemente lembradas origens suburbanas da secretária-redatora Marisa, que há sete anos vem sonhando em casar-se com o homem que ama, e o seu comportamento final na agência, onde ela bruscamente renuncia ao amor, trocando-o pela ascensão profissional, que até então parecia ser para ela uma motivação secundária.

É claro que Yan Michalski está observando a questão por um outro ângulo. Mas ela pode ser melhor entendida se admitirmos que o que acontece é que se conhecem mal as motivações, os meandros da consciência de uma personagem como Marisa. Não haveria por exemplo necessidade de nenhuma motivação especial se ela tivesse sido concebida como alguém dotada do mesmo grau de malícia social que as outras. Na sua falta, aplicado o estereótipo da "boa moça da Penha", fica o espaço para a não explicação do gesto que o crítico estranha.

A DRAMATURGIA FEMININA NAS DÉCADAS DE 70 E 80   163

Tudo efetivamente parece combinar mal com aquela Marisa que naquele meio convive com Cabecinhas, Nildos, Nandinhos e Gomes.

O Grande Amor de Nossas Vidas (1978)

Na ordem cronológica da sua produção, *O Grande Amor de Nossas Vidas*, encenada em 1978, no Teatro Paiol, é a sexta peça de Consuelo de Castro.

Por alguns de seus aspectos, acreditamos que ela se prende particularmente a *A Cidade Impossível de Pedro Santana* (que lhe é imediatamente anterior), enquanto por outros talvez se possa considerá-la mais como o prosseguimento da análise de certos segmentos sociais que a obra da autora vinha empreendendo.

> Consuelo passou desta vez [observa Sábato Magaldi] da classe média e do ambiente intelectual aos quais está afeita para uma família operária... Como mentalidade [porém] *O Grande Amor de Nossas Vidas* reflete menos o drama do operariado do que as agruras da classe média baixa, sufocada pela inflação e humilhada pelo desejo de manter uma aparência de honra e de orgulho que não correspondem mais às suas posses e às dívidas contraídas no armazém, no açougue e na farmácia[17].

Com essa família – pai, mãe, duas filhas e dois filhos, dos quais um é apenas mencionado, embora seja personagem determinante na criação do universo da peça – Consuelo consegue aproximar-se de certa atmosfera de tragédia[18], atmosfera que, na verdade, como que paira sobre a maioria de seus trabalhos precedentes. Em nenhuma de suas peças anteriores, a autora focaliza propriamente a família, desvendada do núcleo mesmo de sua existência (como Leilah tinha feito em *Jorginho, o Machão*[19]). Em *O Grande Amor de Nossas Vidas* é a primeira vez que o faz. A família aparece mergulhada não só num cotidiano cinzento, quase irrespirável, mas numa luta interna que sobrepassa os conflitos

---

17. Sábato Magaldi, "Um Grande Amor. Mas Nada Recomendável às Sensibilidades Mais Delicadas", *Jornal da Tarde*, 1.11.1978.

18. "Consuelo considera suas peças trágicas no sentido grego da palavra", diz a reportagem "Consuelo, uma Esperança", do *Jornal da Tarde*, de 5.10.1974, falando sobre a apresentação de *Caminho de Volta*, naquele ano.

19. Seria interessante observar, num paralelo entre Consuelo de Castro e Leilah Assunção, como, ao tratar do mesmo tema – a família – surge em ambas um elemento *grotesco*, que é, no entanto, diferente em cada uma delas: enquanto Leilah tende mais para o *cômico* (cf. *Jorginho, o Machão*), Consuelo se inclina para o *trágico*.

UM TEATRO DA MULHER

individuais mais comuns (como seriam os de gerações) e explode em regiões mais profundas.

Cria-se um clima que lembra O'Neill (de *Longa Jornada* ou *Desejo sob os Olmos*) e, entre nós, Nélson Rodrigues. Talvez por isso – por tratar-se do ódio quase mortal mesclado a um apego pouco menos animal entre os membros de uma mesma família – o ar de tragédia que pesa sobre este drama.

O clima de exacerbada violência (que em Consuelo é também violência física) que domina as relações das personagens é determinado, em primeiro plano, pelo estado de pobreza desta família de classe média baixa; esta quase miséria material combinada à alienação completa, em todos os níveis, agrava também a miséria moral que a domina, impedindo que qualquer de seus membros tome consciência do tipo de mundo que os cerca, e possa colocar-se criticamente em relação a ele.

A violência com que explode a agressividade cruel do pai e do irmão mais velho contra as mulheres – contra as filhas principalmente – tem algo da primitiva posse dos machos sobre todas as fêmeas da tribo. Esse desejo de posse, que o interdito do incesto pode barrar, toma formas variadas, na peça, incluindo a "troca de mulheres", em que o homem "cede", em casamento, a mulher que lhe é proibida (filhas ou irmã), a outro homem, com quem convém aliar-se. O casamento, basicamente, é sempre um negócio entre homens.

Se a violência contra as filhas é visível, contra a mãe é de forma "invisível" que ela se manifesta, como um completo descaso por parte dos homens: esmagada pela autoridade masculina ao longo da vida, Helecy não só é incapaz de esboçar um gesto de resistência, como, tendo assimilado os padrões que lhe foram impostos a ponto de identificar-se com eles, o máximo que faz – além de lamentar o filho "doido", ausente – é procurar ensinar às filhas a submissão, fatalidade a que as mulheres não poderão fugir.

Particularmente junto às mulheres, trabalham também outras forças de alienação: as forças de indução ao consumismo veiculadas pela TV, cujas sugestões exploram, em essência, a sensualidade: elas sonham com o luxo das novelas, com os eletrodomésticos dos comerciais, com a panela de pressão e com o próprio aparelho de TV. Recebido como presente de casamento de Geninha esse aparelho se tornará uma espécie de altar familiar. Por essas coisas se entregam, nessas coisas se alienam e se submetem.

Se uma palavra pode definir a mola primeira do comportamento e da psicologia destas personagens, essa palavra é submissão. Alienação – submissão, faces da mesma moeda. Mesmo

A DRAMATURGIA FEMININA NAS DÉCADAS DE 70 E 80

aqueles que aparentemente não estão submetidos – o pai e o filho mais velho – são na verdade produtos de uma longa submissão, de uma falta de liberdade que faz deles seres incompletos.

No centro da peça – e da família – está o pai, aleijado, mas prepotente. Ali, onde a realidade de uma indiscutida tradição lhe garante o exercício do poder – uma contrafação do grande poder – ele o exerce como um tirano. Evidentemente sem se aperceber de que dessa forma se compensava de uma vida de completa submissão em outras instâncias. Em relação aos que o submeteram – ou ao que o submeteu – não tem nenhum tipo de consciência. Ao contrário, assimilou de tal modo o caráter de segundo termo da relação dominador/dominado que o defende com unhas e dentes. Politicamente, Galvão é um reacionário: abomina tudo o que lhe parece contestação de uma estrutura em que acredita e em que está perfeitamente encaixado. Psicologicamente repete o modelo de dominação que o constitui como indivíduo e se torna no pequeno círculo familiar o dominador. À estrutura desse mini-poder nada falta para reproduzir a estrutura maior: muito significativamente paralítico, Galvão tem no filho mais velho seu "braço armado", como lembra Mariângela Alves de Lima:

> Na sua crueldade ignorante [diz ela] no seu imediatismo materialista, Galvão é o representante do poder constituído junto ao mundo familiar. Para exercê-lo precisa da intimidação, da chantagem, da tortura e de um braço armado que é seu próprio filho[20].

Porém, mais do que representação propriamente dita, há aí uma *reprodução*: a grande estrutura se reproduz na pequena estrutura da família. Mas ela só é possível e se torna perfeita porque entre ambas existe um modelo intermediário, mais firme e mais antigo: o da família patriarcal. Nesse círculo os homens exercem o poder. Se eles são vítimas diretas de – e coniventes com – um sistema geral que os submeteu e oprimiu, as mulheres são duplamente submetidas e duplamente vitimadas pela opressão.

Encurralados em sua miséria e em sua inconsciência, Galvão e Valdecy negociam para a filha e irmã mais moça, Ifigênia (nome que é o mesmo da infeliz filha de Agamêmnon, sacrificada para que se pudesse efetivar a empresa masculina da guerra), um casamento que é também uma transação para "salvar" a família.

---

20. Mariângela Alves de Lima, "Ideologia do Poder em Soluções Teatrais Apressadas", *O Estado de S. Paulo*, 17.11.1978.

166 UM TEATRO DA MULHER

A moça odeia a idéia de casar-se com o Dias, patrão de Valdecy; mas Valdecy, por esse meio, visa tornar-se gerente do posto de gasolina de que o futuro cunhado é proprietário. O grande amor da vida de Geninha é Antônio Fagundes – no momento atuando em alguma novela de TV. Em torno dele – ou da personagem que o ator representa – e do mundo ilusório de que é personagem é que gravita suburbanamente a fantasia erótica de Geninha. Nesse mundo não cabe a figura grosseira, mas concreta, do dono do posto de gasolina. O pai e o irmão, no entanto, constrangem-na a aceitar o casamento e até mesmo, abjetamente, a ceder a certas... solicitações do noivo, que se queixava da "frieza" de Geninha. Apesar do nojo que ele lhe causava, ela concorda, inclusive porque chega a imaginar-se rica com o casamento, podendo "mandar nos outros..."

Consuelo não cede a nenhum tipo de mistificação em torno do amor, não atenua a crueza das motivações, mas também não sugere neste contexto – ao contrário do que afirma Sábato Magaldi – nenhum sentimento de "honra" que detenha os homens da família. A violência dessa "honra" ofendida só se manifesta em relação a Marta, a irmã mais velha, que tendo perdido o noivo – e depois o emprego de datilógrafa – se prostitui, fantasiando para si mesma e para os outros um "romance" com o patrão rico. Esta última forma de prostituição, a convencional, é que merece do pai e do irmão a fúria quase animal da honra masculina atingida; fortemente ferida ela faz valer sua força nos insultos pesados e nos espancamentos. São verdadeiros rituais de exorcismo em que a vítima é acuada, alcançada, punida e, por fim, submetida: a honra está satisfeita.

A despeito de seu declarado não feminismo, a dominação da mulher – que é no universo desta peça expressa inclusive pela dominação física, pela negação do direito a uma sexualidade própria à qual a mulher só deve entregar-se como em sacrifício – a dominação da mulher é uma verdade a que a sensibilidade social e humana de Consuelo não pôde fugir, como se pode ver pela contundência com que construiu o seu drama. Mesmo críticos (naturalmente) nem sempre preocupados com tais aspectos femininos (ou feministas) da dramaturgia o reconhecem. Sábato Magaldi chegou a afirmar:

Não me lembro de outro texto que, sem desfraldar a bandeira feminista, reivindique com tantos méritos a causa da mulher. Da submissão doméstica à primeira experiência sexual [...] a mulher é vítima de preconceitos e objeto do homem, ao menos entre os amplos grupos sociais em que ela não se emancipou.

A DRAMATURGIA FEMININA NAS DÉCADAS DE 70 E 80   167

Consuelo limita-se a constatar uma dolorosa situação, sem fazer nenhum discurso comprometedor[21].

Em realidade, não é desfraldar uma bandeira o essencial, mas constatar, denunciar e – o que ocorre inescapavelmente – expor à reflexão este estado de coisas.

As mulheres podem até apresentar-se como seres ainda mais alienados que os homens, de vez que lhe são mais completamente negadas as oportunidades de liberdade, autonomia e consciência. O discurso teatral de Consuelo é, a esse respeito, bastante claro.

Embora voltando-se para uma outra classe social, é pela retomada do tema da *loucura* como marca da diferenciação de certos indivíduos que *O Grande Amor de Nossas Vidas* se liga a *A Cidade Impossível de Pedro Santana*. Mais uma vez surge uma personagem que é "diferente" das demais, que não se enquadra bem no seu mundo e enlouquece – ou é tido como louco. Consuelo de Castro declara em 1978 que nesta peça há algumas personagens ligadas a outras já tratadas em textos escritos para a televisão: "o filho mais novo é o mesmo personagem de *O Crucificado*, um esquizofrênico que em seus delírios acredita ser Jesus Cristo"[22].

Realmente, Osmar, o filho mais moço (de quem apenas se fala), o que pretende ser engenheiro (pelo menos a mãe sonha vê-lo engenheiro), tem um comportamento que deixa confusos os outros membros da família. Não se sabe o que fazer com ele, nem o que pensar dele: será doido ou um subversivo, o que parece ser pior? O rapaz acaba de ser preso por um ato que nenhum deles consegue entender:

Valdecy – ...Pai, e essa prisão do Osmar... será que foi mesmo negócio de pensar que é Jesus? Se for doidura mesmo, pai, não vai dar pra agüentar... (*mostra os bolsos*).

Marta – O Turquinho garantiu que o aviso foi que ele tomou uma bebedeira, pôs um chapéu numa estátua na Praça Júlio de Mesquita e a polícia prendeu. Foi só isso. Não deixa essa tua imaginação doente inventar as coisas por cima do menino não, viu?

Galvão – A gente pagando cursinho, pagando livro, pagando caderno. E ele pondo chapéu em estátua. Que gracinha!

Helecy – Ele não vai entrar na Politécnica se continuar assim!

Valdecy – E a senhora achava que ele ia entrar?

Galvão – Burro e doido desse jeito, na Politécnica... (...)

Valdecy – Vai ver pensaram que ele era esse tipo aí de estudante subversivo?

---

21. Sábato Magaldi, crítica citada.

22. "A Volta de Consuelo de Castro", *Jornal da Tarde*, 18.10.1978.

168 UM TEATRO DA MULHER

Helecy – Subversivo?! O meu Osmar? Isso não, isso nunca!
Galvão – Era só o que faltava. Um subversivo nesta casa! (...)
Valdecy – Também, pai, pra mim tanto faz. O Osmar subversivo, louco ou ma-
landro dá na mesma. Dói no bolso do mesmo jeito.

Mas no fundo a mãe teme mesmo a doença da subversão. É o que confessa a Ifigênia em outra cena.

Helecy – Um dia aí... esse ano mesmo... achei um livro esquisito no quarto dele. Me arrepiei toda... chamei ele e perguntei...
Ifigênia – Que livro, mãe?
Helecy – (*Sussurando com medo*) A... "revolução brasileira". Isso de revolução
é coisa de comunista, não é filha? É subversão, não é? Pois quando
eu chamei ele riu de mim, nem uma, nem duas veis. Feito se eu fosse
abobalhada... riu e disse que era livro que mandaram ler no cursinho,
era História do Brasil, para cultura geral... mas coração de mãe não
se engana, Geninha. Eu sei que ele tava mentindo! Eu sei.

E no dia do casamento de Ifigênia recebem a notícia da morte de Osmar na prisão, causada por "[...] uma parada cardíaca". – "Parada cardíaca com dezoito anos?", grita Valdecy em
sua "primeira reação de revolta nesta peça" – como diz a rubrica – "Parada cardíaca com dezoito anos? *Conta direito essa história! Conta direito essa história! Contaaaaa!*".

As peças de Consuelo nesta fase deixam sempre no ar a pergunta sobre a natureza e realidade da loucura.

Os textos não respondem a ela de forma categórica. Mas os
"loucos" de *Pedro Santana*, de *Ao Sol do Novo Mundo*, de *O
Grande Amor de Nossas Vidas* são aqueles que estendem seu projeto para além das distorções, das desigualdades gritantes, da exploração, são os que tentam libertar-se da mesquinhez, dos arranjos, dos preconceitos, das idéias prontas e irrefutáveis. Esses são
encarcerados ou mortos.

Louco Circo do Desejo
(escrita em 1983 e estreada em 1985)

Quando em 1985 se assistiu a *Louco Circo do Desejo*, fazia
alguns anos que Consuelo de Castro estava ausente dos palcos
paulistas. Excetuando-se *A Corrente*, de 1981, peça em três "elos"
escrita em colaboração com Lauro César Muniz e Jorge Andrade,
encenada primeiro no Rio e depois em São Paulo, em 1982[23], seu

---

23. O primeiro "elo" de *A Corrente*, a despeito de sua pequena extensão, é
um texto marcado pelas melhores características do teatro de Consuelo de Castro. Sua leitura nos leva a concordar plenamente com Yan Michalski quando diz

A DRAMATURGIA FEMININA NAS DÉCADAS DE 70 E 80

último trabalho montado tinha sido *O Grande Amor de Nossas Vidas*, em 1978. A uma certa altura, provavelmente a partir da dificuldade da encenação de alguns de seus textos - *A Cidade Impossível de Pedro Santana*, por exemplo - a autora sente (como declara em 1985) que o mercado de teatro tinha mudado muito desde que estreara: "A censura, a crise econômica e a falta de verbas diminuíram o ritmo da produção e montar uma peça já não era tão fácil"[24].

A crítica surpreendeu-se com a diferença que a nova peça apresentava em relação ao que Consuelo havia escrito anteriormente, embora reconhecesse a presença de algumas qualidades básicas do seu teatro. "Com *Louco Circo do Desejo*, a autora parece dar uma guinada na temática central de suas peças", diz Clóvis Garcia em sua crítica de 3 de janeiro de 1986, publicada em *O Estado de S. Paulo* (a peça estreara em dezembro do ano anterior, no Teatro Macksoud Plaza)[25]. "Em vez da costumeira abordagem da realidade brasileira elaborada a partir de uma constante preocupação sociológica, a autora fala do amor" - comenta ainda Alberto Guzik, no *Jornal da Tarde*[26].

As reportagens e entrevistas de 1985, em torno da nova peça, dão conta de que o texto, escrito dois anos antes, causara certa surpresa à própria autora, que parecia sentir-se, a princípio, insegura quanto ao tema: "Eu não sabia se aquilo era bom ou mau, se era uma pornochanchada, um delírio romântico ou o quê", mas afirmava que as dúvidas se tinham dissipado diante de elogios de críticos como Décio de Almeida Prado e Yan Michalski a quem mostrara o texto[27].

Afastando-se do que uma reportagem diz ser a "temática nobre" de 1969, isto é, a temática político-social, Consuelo abordava agora o eterno tema do amor.

Evidentemente se podem entender as dúvidas atuais da autora. Os temas sociais e políticos não teriam entretanto dominado em outros tempos as preocupações dos escritores apenas pela sua "nobreza": o clima de luta política, particularmente da luta que o teatro teve de manter com o poder por sua própria sobrevivência,

---

em um texto que escreveu sobre *Script-tease* que Consuelo tem "o teatro no sangue, escreve para teatro com a mesma espontaneidade com que respira".

24. "Volta ao Grande Amor", *Afinal*, 24.12.1985.

25. Clóvis Garcia, *"Louco Circo do Desejo*, Diálogo Fluente e Brilhante", *O Estado de S. Paulo*, 3.1.1986.

26. Alberto Guzik, "O Brilho de Consuelo de Castro, de Volta ao Palco", *Jornal da Tarde*, 8.1.1986.

27. "Volta ao Grande Amor", reportagem citada.

170 UM TEATRO DA MULHER

absorvia as energias intelectuais e criadoras de todos os que com ele estavam envolvidos, e de modo especial as de alguns autores desde muito jovens apanhados pelo vendaval, e voltados ardorosamente para os problemas com que se debatia o país, como é o caso de Consuelo.

Referindo-se agora a *Louco Circo do Desejo*, declara que a peça como que se tinha imposto, após um período de intenso trabalho em outro campo. "Estava muito cansada, saindo de uma agência de publicidade. Queria dar um tempo para minha cabeça, mas a história veio à revelia quase que mediunicamente"[28].

Nos dois anos que medeiam entre esse momento – o da criação do texto, em 1983, e o de sua montagem em 1985 – Consuelo se dedicara quase exclusivamente a escrever para teatro, atividade da qual não conseguira afastar-se por completo. Voltava a velha paixão. A última tentativa de romper, segundo a mesma reportagem, Consuelo ainda fez em 1984, "quando a morte de Jorge Andrade, seu grande amigo, a empurrou para um incontornável desespero". "Me deu ódio de todo meio de produção", afirma. (J. Andrade não encontrara possibilidade de encenação para seus textos nos últimos anos de vida.) Mas Consuelo voltou a escrever, e, agora, com a determinação de dedicar-se completamente ao teatro. Assim, além de *Louco Circo do Desejo*, produziu ainda várias peças: *Aviso Prévio*, *Amigo Secreto* e *Script-tease*, tendo sido esta última objeto de leitura dramática, no dia 2 de dezembro de 1985, no Teatro Maria Della Costa, dentro do Projeto "Balanço Geral", do Núcleo Hamlet.

Muita coisa tinha realmente acontecido no país e no teatro depois da última peça da fase anterior de Consuelo, em 1978.

"1979. Dia 1º de janeiro, o Brasil amanhece sem o AI-5." Assim abre Yan Michalski o capítulo intitulado "Uma Explosão de Euforia", em seu livro *O Teatro sob Pressão*[29].

Embora os sinais de arbítrio não tivessem desaparecido de imediato, a euforia se manifestara particularmente na encenação de algumas peças até então proibidas, entre as quais *Papa Highirt* de Vianinha (cuja proibição Consuelo mencionara, indignada contra a censura, em 1976), *Rasga Coração*, do mesmo autor, premiada em 1975 e impedida de chegar ao palco até então. *Rasga Coração*, que teve uma estréia nacional em Curitiba, seguida de carreira no Rio e em São Paulo, "foi uma explosão de emoção

28. "Consuelo de Castro", *Visão*, 27.11.1985.

29. Yan Michalski, *O Teatro sob Pressão: Uma Frente de Resistência*, Rio de Janeiro, Jorge Zahar Editor, 1985, p. 84.

A DRAMATURGIA FEMININA NAS DÉCADAS DE 70 E 80   171

como há muito não se via", nas palavras do historiador e crítico do Rio.

Em termos da dramaturgia feita em São Paulo, ja podia ser encenada, por exemplo, também, em 1979, uma peça muito anterior, de Lauro César Muniz, como *Sinal de Vida*, para não mencionar outras como *A Resistência* de Maria Adelaide Amaral, escrita desde 1975 e vista no Rio em 1979 e em São Paulo, em 1980. Em 1980 as notícias e a crítica saudavam a encenação de *Patética*, de João Chaves, cuja premiação pelo SNT, em 1977, tinha sido cercada de verdadeiro escândalo[30], seguido de veto para a encenação.

Mas passada a "euforia" dos primeiros momentos, as coisas vão mudar. Yan Michalski declara que o público – apesar da excelente direção de Celso Nunes e da qualidade do texto – tinha "virado solenemente as costas" a *Patética*. E dessa experiência negativa tira algumas conclusões para explicar as razões pelas quais "justamente no momento em que se livrava das restrições que tanto limitavam o alcance de sua ação, às quais tendia a atribuir a quase totalidade de seus males e falhas, o teatro [ingressara] na mais grave e demorada crise de criação e qualidade de sua história"[31]. O insucesso de *Patética* junto ao público, logo no início da década, provava, segundo ele, de modo palpável, "o mal irreparável causado pela censura às peças proibidas: se *Patética* pudesse ter sido representada dentro do contexto histórico que lhe deu origem, ela seguramente teria provocado um impacto bem diferente daquele que suscitou alguns anos depois". Mas provava ainda outra coisa: o público começava a cansar-se do "teatro predominantemente ligado a temas políticos"[32].

Estas palavras pertencem ao capítulo dedicado ao teatro dos anos 80, no final do livro. Às causas que enumera para a "grave e demorada crise" do teatro brasileiro atual, acrescenta uma série de outras: a influência avassaladora da televisão que absorvia os melhores atores, atraindo-os com a segurança do emprego e melhores salários, a crise econômica geral que levava os empresários a evitarem arriscar-se em montagens de autores novos, os preços proibitivos dos aluguéis dos teatros, os altos custos de produção, combinados com os cortes de verbas que, "a partir do fim do 'mi-

---

30. *A Patética*, vencedora do Concurso de Dramaturgia de 1977, depois de inúmeras complicações entre as quais "o seqüestro" do cartão que lhe identificava o título e o nome do autor, fora proibida pela Censura em 1978.

31. Yan Michalski volta a insistir nesta idéia no texto que escreveu sobre *Script-tease*, de Consuelo de Castro, em 1985.

32. Yan Michalski, *op. cit.*, p. 90.

172 UM TEATRO DA MULHER

lagre' – (e com maior rigor [diz Michalski] a partir do momento em que a "abertura" tornou supérfluo para o governo o esforço de aplacar o inconformismo dos artistas através de generosos recursos financeiros) – se abaterem sobre toda a área cultural [...]"

"Neste contexto" – conclui – "a própria 'frente de resistência' em que a categoria se constituíra nos tempos de arbítrio foi se desfazendo progressivamente. Não existindo mais o inimigo comum – a censura, a repressão – contra o qual importava cerrar fileiras, os interesses individuais e as tendências antagônicas nas maneiras de encarar a função social do teatro passaram a prevalecer"[33].

O quadro tão argutamente descrito por Yan Michalski ainda persiste. Não admira portanto que Consuelo de Castro sinta a grande mudança. No entanto, não se pode negar que, a despeito de tudo, em termos da dramaturgia, haja certa reação, ao aproximar-se a metade da década de 80 (ao menos no que respeita a São Paulo).

Para não nos afastarmos muito do nosso tema, basta mencionar algumas peças dadas a público (ou escritas) entre 1983 e 1985, pelas principais autoras de que estamos tratando[34]. Leilah Assunção, Renata Pallottini, Maria Adelaide e a própria Consuelo de Castro – que vêm produzindo, às vezes com alguns períodos de interrupção, porém desde os fins da década de 60 (algumas desde antes), ou de meados dos anos 70, como é o caso de M. Adelaide – voltam aos palcos brasileiros (ou se preparam para isso) com uma garra equivalente à de seus primeiros trabalhos.

Não há dúvida de que os temas que abordam agora indicam novos tempos. Novos apelos do contexto cultural, novos aspectos ligados à evolução das próprias autoras, novos interesses. Tais que elas, sem perder as características centrais de seu teatro, parecem responder a expectativas do momento presente e encontrar o caminho do público atual.

No caso de Consuelo de Castro, a descoberta desse caminho levou-a a voltar-se – como ocorreu com Maria Adelaide Amaral e Leilah Assunção, guardando-se as peculiaridades de cada qual – para os problemas do encontro ou reencontro amoroso. A esse tema se acrescentaria, por vezes (como acontece claramente em *Script-tease*, da própria Consuelo, em *Boca Molhada de Paixão Calada*, de Leilah e de alguma forma em *De Braços Abertos*, de

---

33. *Idem*, p. 91.

34. Ver comentários relativos a essas peças, nos capítulos referentes às autoras mencionadas.

A DRAMATURGIA FEMININA NAS DÉCADAS DE 70 E 80   173

Maria Adelaide), a tendência a fazer uma espécie de balanço que, se é pessoal e envolve a relação fundamental homem-mulher, abarca, ao mesmo tempo, a experiência política e social vinda das décadas precedentes.

Em *Louco Circo do Desejo* – peça que pela forma lembra de perto "a nova dramaturgia" – Consuelo de Castro põe em cena – como fizera em *À Flor da Pele* – uma mulher muito jovem e um homem maduro (aqui a diferença de idade entre as personagens parece ainda maior que na primeira peça. Em 1985, Consuelo de Castro reescreve também *À Flor da Pele*). Selly é uma jovem prostituta, liberada mas, no fundo, extremamente desamparada e (se nos é permitida a palavra) carente de tudo. Só tem de seu a juventude, a aparente desfaçatez e a ousadia. Fábio a encontrara numa boate onde fazia *strip-tease* e a levara para seu apartamento com o fim de passar com ela uma noite. Embora seja um empresário rico e bem-sucedido, Fábio é agora um homem entediado, amargo, farto de tudo: da firma que lhe traz problemas, da família que não lhe dá sossego: nem a mulher (de quem está separado), nem os filhos, já adultos. Pelo rumo errado que tomou a vida desses filhos, ele se sente culpado (a tentativa de suicídio da filha o fará voltar para a família). Trazendo Selly para o apartamento, Fábio não pretende mais que um encontro eventual, sem conseqüências; busca apenas a clássica solução burguesa para os homens de sua idade e de sua classe que necessitam diversificar a vida sexual, para se livrarem de insegurança, de tensões excessivas, do esgotamento do trabalho e do tédio matrimonial e familiar. Mas evidentemente não contava encontrar alguém como Selly.

O misto de vulgaridade "profissional" (ou "semiprofissional", o máximo que Selly admite ser) que ela procura assumir, ao lado de uma ingenuidade que não consegue disfarçar nem mesmo sob a capa de atitudes agressivamente livres, começa por paralisá-lo. As diferenças entre eles – geração, hábitos, situação social – são tantas e a maneira de Selly comportar-se torna isso tão patente, o seu lado de menina provinciana e desajeitada fica tão à mostra – apesar do ar decidido e independente que toma – que ele ao mesmo tempo se surpreende e se diverte. Do choque dessas diferenças e do jogo de "gato e rato" em que se envolvem, o resultado é que a relação, que devia ser a mais elementar possível entre os dois, se complica. Acabam enredando-se em um relacionamento que deixa de ser exclusivamente sexual para se transformar num caso de amor.

Durante o tempo em que convivem – muito mais do que Fábio pretendia, a princípio – enquanto se espicaçam um ao outro

174 UM TEATRO DA MULHER

(ela muitas vezes o estimula desafiando-o sexualmente ou provocando-lhe sentimentos de posse e ciúme), vem à tona a história de suas vidas, suas fragilidades e carências. Mas também, a espaços, a esperança de salvação mútua, que se entremostra basicamente no ajustamento sexual a que conseguiram chegar.

Contudo, esta era uma história que não podia durar. Enquanto ela, que é livre, se mostra capaz de uma entrega completa (este é o seu *único papel*), ele, pressionado, puxado pelas amarras que o sujeitam a todos os seus outros papéis, acaba por voltar a esses papéis. Fortalecido, humanizado, já pode retornar à construtora de que é dono, ao casamento, aos filhos.

Fábio – A gente tentou. Mas não deu. Não tem espaço na minha vida pra você. Eu tenho vergonha de você, entende? (*Ela fica humilhada, muito tensa*) Pra você é fácil largar tudo e entrar neste apartamento. Pra mim, assumir você significa ter de quebrar um edifício inteiro de concreto armado com a mão.

Selly – E por que eu vou deixar passar a única chance que eu tenho de ser feliz? E como é que eu não tenho "espaço" na tua vida? A tua vida era uma fossa só, quando eu pintei. (*Ela começa a chorar*) Vergonha de mim... vergonha de quê? Porque eu faço *strip-tease*? É o meu trabalho, porra (...) Por que a gente não pode ser feliz? Por quê?

Fábio – Porque eu sou velho e você é puta. (*Explodindo*)... e porque eu tenho laços, raízes, uma história.

Selly – Uma história que é um monte de telefonemas à meia-noite pra te dar enfarte.

Fábio – Eu tracei a minha vida com um esquadro infálivel. Não tinha Selly no meu projeto. (*Rindo muito amargo e irônico*) Não tinha lantejoula no tapete...

Selly – (*Humilhada*) Também não tinha amor...

Nesta história simples – pouco original no seu lineamento, como nota a crítica (que, a propósito, lembra mais de uma vez *O Anjo Azul*) – a mão de Consuelo conserva a mesma firmeza que lhe conhecíamos, na armação e sustentação do conflito "a dois", na presteza e na ousadia do diálogo, na composição das personagens. Com esse material escreve uma comédia, talvez a primeira de sua carreira (a despeito de haver sempre lances de humor nas peças anteriores). Levemente melancólica, mas uma comédia. Repassada de lirismo, apesar da presença de um erotismo de forte coloração sexual, tratado sem meios tons (e com a liberdade aprendida nos anos 60). Esse duplo caráter se apóia muito principalmente na figura de Selly (que diz chamar-se Seleida), mescla de mulher "experiente" e de menina do interior solta na grande cidade, que procura sobreviver a seu modo, e que, enquanto "representa" o deboche de semiprostituta urbana e emprega uma

A DRAMATURGIA FEMININA NAS DÉCADAS DE 70 E 80   175

linguagem agressiva e crua, conserva involuntariamente uma forma de pureza e de ternura comoventes.

Em contato com alguém tão surpreendente, tão diverso de tudo o que o cerca no seu mundo, como Selly, o empresário e homem de negócios pode soltar a imaginação. Pode, por instantes, livrar-se das convenções, dos sentimentos de culpa, da servidão do dinheiro a ganhar. A imagem do pequeno *circo* doméstico que Fábio evoca quando se reporta a um tempo em que podia brincar com os filhos e sentir alegria verdadeira é o desenho que está por trás da história atual. A aventura que estão vivendo é tão fantástica quanto o vôo circense de dois trapezistas que se cruzam no ar, ou as piruetas de palhaços no picadeiro, apesar dos sustos e do risco. Breve devem voltar ao chão e ao cotidiano. Mas enquanto dura, estão entregues a certa forma de felicidade. Que fatalmente vai terminando, mas que eles ainda tentam reter por mais alguns instantes, travestindo a dor em brincadeira. Fantasiados de palhaço e bailarina deixam o apartamento (o palco, o picadeiro) rindo, enquanto uma voz em *off* repete um refrão que tem gosto e ritmo de circo.

> Então fica combinado assim
> Eu gosto de você e você gosta de mim.

Depois de *Louco Circo do Desejo*, em 1983, os temas predominantemente existenciais com ênfase sobre a relação homem-mulher continuam a interessar Consuelo. Escreve a seguir *Amigo Secreto*, em 1984, *Script-tease*, entre 1984 e 1985, e *Aviso Prévio*, ainda em 1985.

Com exceção de *Script-tease*, em que outros temas são ainda traçados com certa insistência, a nova maneira de misturar o riso às coisas sérias da vida, em doses maiores do que lhe era habitual, aparece claramente nas outras peças.

Aos poucos, sem deixar de apor sua marca pessoal a tudo o que faz, Consuelo parece ir deixando de ser aquela *angry young woman* que Sábato Magaldi via nela nos anos 70[35].

Script-tease (1984-1985)

A única publicidade dada a esta peça, anterior a sua publicação, além de notícias da imprensa, foi a leitura pública[36], *Script-*

---

35. Sábato Magaldi, "Um Grande Amor. Mas Nada Recomendável às Sensibilidades Mais Delicadas", *Jornal da Tarde*, 1.11.1978.

36. No ciclo de leituras dramáticas do Núcleo Hamlet, *Balanço Geral*, promovido com o apoio da Secretaria de Estado da Cultura.

176 UM TEATRO DA MULHER

tease pertence a um grupo de peças, escritas por autores diversos, que, em meados da década de 80, revelam todas, algumas mais do que outras, a tendência a incorporar certos elementos que se reportam, explicitamente, ao passado recente do país (*Sobrevividos*, de Leilah Assunção, em 1978, já prenunciava esse tipo de interesse).

Incluem-se basicamente nesse grupo *Boca Molhada de Paixão Calada*, da própria Leilah, *De Braços Abertos*, de Maria Adelaide (onde os elementos característicos dessa tendência aparecem em menor proporção) e *Script-tease*, de Consuelo de Castro[37], como dissemos.

O que permite ver no conjunto a linha de uma tendência comum (ao menos no que se refere às autoras mencionadas) é o fato de essas peças mostrarem ou referirem o passado recente através da lembrança ou das conseqüências de acontecimentos vividos, na vida presente das personagens. Melhor dizendo: as personagens – algumas vezes um casal – são adultos que eram jovens de vinte ou vinte e poucos anos na década de 60, ou pouco mais velhos na de 70. De seu passado, de suas experiências pessoais, faz parte um clima, um gênero de acontecimentos de natureza política, que surge como alguma coisa marcante na juventude e determinante para os adultos que são hoje.

De todas essas peças que fazem do passado imediato do país, incorporado à própria vivência das personagens, sua matéria e substância, a mais explícita e mais ampla é *Script-tease*, de Consuelo de Castro. O próprio título – verdadeiramente um achado – assinala o núcleo do conteúdo: o desnudamento, a exposição de corpo inteiro de alguém – mais especificamente de uma mulher, uma autora teatral (e, por extensão, de outras categorias de intelectuais e artistas) – que, nas décadas anteriores, num tempo áspero, mas de grande vitalidade do teatro como forma de resistência, esteve mergulhado na denúncia e na análise desse tempo (portanto, na luta para modificá-lo) e que hoje, vinte anos depois, faz o processo retrospectivo de sua própria vocação, do caminho que percorreu como mulher, e o processo dos novos tempos. Reconstrói, criticamente, num momento de crise existencial, esse caminho e analisa aquilo em que se transformou sua vida e a de alguns companheiros. "Consuelo fez em *Script-tease* uma profunda psicanálise da dramaturgia brasileira", diz Yan Michalski em um texto que escreveu sobre esta peça. Essa psicanálise exigiu um trabalho complexo.

---

37. Além de outras peças do período como *Besame Mucho*, de Mário Prata, *Amor em Campo Minado* e *Campeões do Mundo*, de Dias Gomes, por exemplo.

A DRAMATURGIA FEMININA NAS DÉCADAS DE 70 E 80   177

Escrita em dois atos articulados em que a ação é contínua e prossegue sem interrupção, *Script-tease* é talvez, de toda a extensa produção de Consuelo de Castro, o texto em que se evidencia o maior cuidado artesanal e a elaboração mais acurada. Uma coisa que se explica quando se verifica que ele representa verdadeiramente uma síntese: a síntese de uma intensa experiência humana e artística e a síntese formal de todo o seu processo de trabalho. Esta é a razão principal – dada a necessidade de escolha – de nos determos neste peça, de preferência a fazê-lo em qualquer das outras que, quase todas inéditas em termos de encenação[38], pertencem ao que podemos considerar o novo ciclo de obras da autora, o qual, começando com *Louco Circo do Desejo*, inclui ainda *Amigo Secreto* e *Aviso Prévio*.

É bem verdade que semelhante caráter de síntese aparece também em *Aviso Prévio*, o último texto do período atual (o último de que tomamos conhecimento). Mas o espírito que preside à síntese que *Aviso Prévio* apresenta, e que levou Consuelo a adotar para ele uma forma bem diferente, não tem o mesmo sentido daquele que se manifesta em *Script-tease*: o todo tem contornos menos definidos e principalmente se reporta a uma generalidade muito mais abrangente, mais universal, poderíamos dizer. *Aviso Prévio* é um peça de duas personagens *genéricas* que alternam o tempo todo, não só papéis como até mesmo sexos. Tão genéricas que a personagem feminina, caracteristicamente chamada ELA (nome próprio ou pronome feminino) pode representar *a* mulher (claramente a mulher comum, de classe média), em inúmeras situações possíveis e em distintas fases da vida, as quais incluem momentos vividos por gerações diferentes e até mesmo o enfrentamento com a morte (aliás, um dos trechos mais interessantes desta peça). O homem, também genérico, é designado pelo nome de OZ e é quase sempre apresentado em relação à mulher: pode ser o dono do circo em que ela anda na corda bamba, o marido, o patrão, ou a morte, que todos, sem aviso prévio, podem querer a separação (mas depois voltar), despedi-la do emprego ou vir buscá-la definitivamente.

Em *Script-tease* o mundo é contíguo à realidade, principalmente à realidade histórica e é habitado por personagens definidas. A complexa história que ele narra pode ser acompanhada tanto no desenvolvimento de seus eventos atuais, externos, quanto nos da vida psíquica e subjetiva da protagonista, que se objetivam paralela e concomitantemente.

---

38. À época em que redigimos este trabalho, 1987. (*Aviso Prévio* estava sendo encenada no Teatro Paiol.)

178 UM TEATRO DA MULHER

Verônica, a jovem dramaturga dos anos 60 e 70, é hoje uma autora de novelas. Com ela trabalham também dois velhos amigos, participantes da mesma instigante aventura teatral daqueles tempos – que consistia para eles em se sentirem engajados em uma luta por causas consideradas grandes e importantes. Ângelo, ex-professor de Verônica (seu mestre em História do Brasil, um dado significativo na peça), e Elisa, sua mulher, ex-colega de faculdade, são agora diretor e atriz na mesma emissora de televisão. À equipe da novela, que Verônica está escrevendo, pertence também Nestor, "operário de bastidores de TV", que é uma espécie de "faz-tudo" e exerce aí funções variadas, de contra-regra ou assistente de direção a ator eventual. E há ainda duas outras personagens: Pedro, o marido, médico ginecologista, e Maria, a babá dos filhos do casal. Elas constituem o elenco de personagens "reais". Entre os dois grupos – o grupo de trabalho e o doméstico (que a certa altura vão misturar-se) – decorre a vida dividida e difícil de Verônica.

Mas não é tudo. Sua história é narrada também, e simultaneamente, em outros planos. (É impossível não lembrar aqui o fecundo caminho aberto por Nélson Rodrigues, 43 anos antes.) Além dessas personagens, a protagonista (e Consuelo de Castro) tem de haver-se com mais *seis*, que são corporificações e vivem na rememoração e na fantasia de Verônica: o Primeiro Namorado, o Namorado Ideal (que são a mesma pessoa), o Torturador, o Censor, o Pai. E mais uma figura que nos parece a grande criação desta peça: Verônica 2, um desdobramento, uma espécie de fantasma de si mesma e de sua juventude. Com ela, Verônica é obrigada a mergulhos mais fundos.

Verônica 2 [diz a relação inicial de personagens] é Verônica aos 20 anos. Segura, forte, corajosa, cheia de energia, ela cobra de Verônica adulta e madura o compromisso do escritor. Cobra também coerência política, dignidade nas relações afetivas. É o inconsciente de Verônica, o seu passado, o seu começo, o seu "dedo em riste". A relação entre as duas é profundamente agressiva.

Basta a enumeração acima para se perceber que não é nada simples a tarefa de articular tantos elementos e estruturar uma trama como esta, que exige, além do mais, o tratamento de tempos diferentes e vinculados, às vezes, simultâneos.

Logo de início, temos uma visão da vida atual de Verônica. Em casa enfrenta o descontentamento do marido que reclama, irritado, contra a atenção excessiva que ela dá ao trabalho.

A DRAMATURGIA FEMININA NAS DÉCADAS DE 70 E 80   179

Verônica – (...) Por que essa irritação? Que é que eu fiz, desta vez?[39]
Pedro – O que você NÃO fez. Você passa a vida nessa máquina de escrever. Não enxerga nada em volta. Eu tenho de enxergar tudo: goteira, febre de criança, cupim, tudo. Lembre-se: sou médico. Não sou governanta.
Verônica – Eu também não sou governanta. Sou autora de teatro. Nesse momento autora de televisão.
Pedro – Além de tuas personagens existem as pessoas. Sabia?

É o começo de um conflito que terá altos e baixos, mas que vai se agravando até levar a uma dolorosa separação entre eles. (Ela sabe que Pedro, a quem ainda ama e não quer perder, deve ter ligações temporárias, com mulheres, fora de casa. Sentindo-se abandonado, Pedro será capaz até de traí-la com a amiga Elisa, enquanto, por sua vez, Verônica se aproximará de Ângelo em um momento de desespero.)

No trabalho, Verônica também tem problemas. Elisa, que é a atriz principal, está pedindo insistentemente que ela não "mate" a personagem que representa na novela, porque teme não ser recontratada se ficar muito tempo "fora do ar"; a produção não lhe fornece o que pede, e o próprio texto que está escrevendo apresenta falhas. Apesar da proteção de Ângelo que ainda a ama (é uma velha paixão; além disso, Ângelo sabe que Verônica não tem grande experiência em TV, e se sente responsável porque foi ele que a trouxe para ali), todos, inclusive Nestor, correm o risco de perder o emprego. Paira no ar a ameaça de serem substituídos por outros profissionais se se confirmar a notícia de que outro escritor será contratado.

É muito característica desta peça a seqüência em que Verônica discute com Ângelo as deficiências do texto. Ela simplesmente se esquecera de escrever uma cena intermediária.

Verônica – O que é que está me acontecendo? Essa novela está um nojo. Por isso não me respeitam. Pedi roupas novas, não deram. Pedi para melhorarem a trilha sonora, não atenderam. Como é que eu fui esquecer essa cena?

Enquanto Ângelo a reanima e consola ("Tudo bem. A gente grava, edita, emenda e depois você escreve uma ceninha com a Vilma no leito do hospital dizendo a célebre 'onde estou'..."), a resposta para aquelas perguntas angustiadas e repetidas são *fla-*

---

39. Esta pergunta (ou variante dela, como "Que é que eu fiz de errado?") feita quase sempre por mulheres, se repete freqüentemente nas peças de Consuelo.

180 UM TEATRO DA MULHER

shes que nos dão fragmentos da vida de Verônica. Surgem Pedro, a babá, o Pai, todos reclamando ou lhe chamando a atenção.

Pedro – Cansei de ser personagem tua. De ser comandado por você. Entrar e sair de cena conforme as tuas necessidades... Cansei de entender as tuas contradições. De te consolar quando o público não vem ou quando a crítica te picha. Cansei de ser vigiado. Quero sair por aí. Olhar. Respirar. (...)

Maria – A senhora anda muito nervosa. Eu não estou dando conta das crianças. Eles precisam muito da senhora. A senhora tem que dar mais atenção às crianças. O menino não faz a lição nem com reza brava. Eles precisam muito da senhora. (...)

Pai – Minha filha, você precisa levar essas crianças para se divertirem um bocadinho. Criança de apartamento fica muito sem graça. Leva ao circo. Tem um circo lindo na cidade. Se você quiser eu vou junto ajudar. Vamos, filha, vamos ao circo domingo?

Há uma sutil diferença entre estes *flashes*: Pedro e Maria pertencem à memória de Verônica e as duas cenas podem ser recordações recentes, enquanto a figura do pai fala como que a partir do mais profundo dela própria, de sua imaginação ou de sua consciência. O Pai não pertence, no texto, ao círculo das personagens atuais, "reais". No final, ele aparecerá numa cena ambígua sob este aspecto, como alguma coisa que Verônica arranca do passado e da fantasia para dar solução aos conflitos de sua vida interior.

Logo depois desta passagem, há a primeira aparição de Verônica 2. Depois da conversa com Ângelo e após prometer a Elisa que vai pensar no problema da morte de sua personagem, Verônica fica só. "Uma luz azul inunda o cenário [diz a rubrica]. A 7ª Bachiana de Villalobos entra em B.G., suavemente. Pelo canto oposto ao de Verônica, entra uma menina de vinte anos, jeans, camiseta e cabelos muito longos".

Verônica – Você?
Verônica 2 – Eu mesma. Ou melhor, você, lá pelos vinte e poucos anos.
Verônica – Não tô com vontade de falar com você, Verônica.
Verônica 2 – Você não pode evitar. Eu sou a tua memória. O teu inconsciente. (*Rindo*) Freud explica.
Verônica – A piada é horrivelmente velha.
Verônica 2 – Como vão as coisas?
Verônica – Mal. Uma novela idiota. Pedro gelado comigo. As crianças carentes. E eu sem saco pra voltar a lecionar História do Brasil.
Verônica 2 – Eu perguntei como vai o teatro.
Verônica – Você também vai me cobrar?
Verônica 2 – Eu sou a única pessoa que pode te cobrar.
Verônica – Não te devo satisfação.

A DRAMATURGIA FEMININA NAS DÉCADAS DE 70 E 80   181

Verônica 2 – Faz seis anos que você não escreve.

Verônica – E não vou escrever nos próximos sessenta.

Verônica 2 – Você não tem o direito de parar no meio do caminho.

Verônica – Tenho vinte peças. E quarenta anos. Não estou no meio do caminho.

Verônica 2 – Borges escreve ainda. E ele tem 84 anos. E está cego.

Verônica – Ele é grande. Eu não.

Verônica 2 – Você sempre quis ser grande. Eu quero.

Verônica – Você precisa disso porque não suporta o anonimato. Escuta, Verônica, nem tenta: pára aí. Não tem espaço para você. Os diretores não gostam de autoras mulheres, entende? Além disso, quando a gente nasce com útero, a gente tem que escolher. (*Pausa*) Por que você não faz o que as meninas da tua geração estão fazendo? Picha muro. Joga bomba. Grita "Abaixo a ditadura!" Mas principalmente casa, Verônica, casa. Casa com um gerente de banco, um jovem bem comum, desses que chegam em casa à noite com uma pasta 007 embaixo do braço e que só pedem para você parir e fazer macarronada aos domingos. Não se mete a besta. Não enfrenta. A guerra é dura. Você não segura esse rojão. Desiste, estou mandando, desiste.

Típico do processo de ir mais fundo, de chegar ao *script-tease*, é o trecho em que ambas as Verônicas, como duas partes de um coro que se opõem mas se completam, trazem à luz certas verdades. À independência e ao orgulho juvenil de Verônica 2, por exemplo, que afirma numa cena do passado estar "se lixando" para o que dizem e pensam de sua primeira peça, Verônica responde: "[...] E você não estava se lixando. E você estava morrendo de mágoa na primeira crítica contra que recebeu [...] E você nunca suportou críticas".

Ou, mais adiante:

Verônica – Se não fosse esse diplominha de História do Brasil, garotinha, você ia passar, além de fome, pela sensação de não ter nada o que fazer no mundo.

Verônica 2 – Não, porque você se incumbiu logo de arranjar marido e filhos e babá e máquina de lavar roupa... e descolou um novo papel pra tua preguiça.

Verônica – O teatro nunca ligou pra você, Verônica.

Verônica 2 – Eu ganhei todos os prêmios.

É surpreendente a natureza de um diálogo como este que serve, com grande eficácia, ao objetivo de exprimir dois tempos ou duas faces da *mesma* personagem, sem se transformar em um "falso diálogo", isto é, em um monólogo apenas fragmentado. Trata-se de um verdadeiro diálogo dramático em que cada fala define *um* interlocutor, e só ele, como pólo de uma oposição.

182 UM TEATRO DA MULHER

Uma leitura mais atenta, porém, revela que *uma* palavra pode, às vezes, reverter a direção dessa fala, de maneira que ela não se opõe, propriamente, mas reforça ou completa a fala anterior, resultando em que tudo aquilo que diz – apesar de sutilmente contraditório na medida em que são contraditórios os movimentos interiores que se exprimem – pode aplicar-se, em última instância, tanto a um quanto a outro interlocutor, isto é, à *mesma* personagem em luta consigo mesma.

É interessante observar que os diálogos entre Verônica e Verônica 2 funcionam sempre como um comentário paralelo à ação atual e que muitas vezes as "cobranças" de Verônica 2 se fazem no próprio momento em que o acontecimento comentado está ocorrendo.

Estes diálogos e o constante recurso a *flashes*, (que não são apenas *flashes* do passado, mas cenas do presente, concomitantes, que se intercalam na cena atual sem interromper a ação que está correndo), contribuem para compor uma narrativa de muitas faces. A vida e a personalidade de Verônica nos são apresentadas, quase visualmente, como algo que pode ser mirado por muitos lados: o presente com seus problemas, o passado – com as atitudes e os projetos da juventude que a maturidade e as contingências atuais tendem a desmentir – o mundo interior, com as indecisões, descontentamentos e mágoas. E toda a fantasia, às vezes o delírio, que preenchem os vazios deixados pelas frustrações.

Figuras da memória de Verônica, são, por exemplo, o Torturador e o Censor. Eles aparecem com Verônica 2 (enquanto a outra assiste, ansiosa), em duas cenas em que a jovem os vence com sagacidade (a vitória da inteligência sobre a obtusidade e a violência). Nessas duas cenas, eles surgem mais como figuras ridículas que temíveis. São momentos em que se expande o humor irreverente de Consuelo de Castro, de modo que, em vez de deprimentes, as cenas se tornam acentuadamente cômicas.

Em outro *flash back* – quando a novelista Verônica é acusada, pela segunda vez, de ser "fria" no tratamento que dá ao amor em seus textos – é trazido da memória o Primeiro Namorado. Mais tarde, ele será associado, na fantasia, ao Namorado Ideal (que saiu "dos acordes de Ray Coniff e dos filmes da Metro") e com seus modos livres desafiará o moralismo do Censor ("aquele que defende a família, os bons costumes"). O Censor voltará para sua mesa, agora inútil, enquanto anota "coisas".

Pelo mesmo processo de sobrepor elementos da memória aos da fantasia, surgem, quase no final, outras personagens determinantes. Uma delas é Ângelo, um Ângelo jovem – o professor dos vinte anos e o primeiro diretor das peças de Verônica –

A DRAMATURGIA FEMININA NAS DÉCADAS DE 70 E 80   183

que diz chamar-se "Monteiro Lobato". Há, na unificação dessas duas imagens, a sugestão da descoberta e da abertura para o universo da criação artística, fundamental para a escritora que é a protagonista. Outra figura é o Pai, liricamente identificado como o palhaço "Piolim". "O Pai é o mundo lúdico", dizem as indicações da abertura. Essas duas figuras têm juntas a função de verdadeiro "deus ex-machina" no que toca ao desenlace da peça. O Pai, especialmente, é o conciliador. Só ele parece poder reconciliar as duas Verônicas entre si. Sua presença aparentemente também favorece o reencontro amigável com Elisa (na medida em que pertence à projeção de desejos ou à fantasia, a volta de Elisa não apresenta razões claras): "Vem, me abraça – diz ela, estendendo os braços. Eu ainda sou sua melhor amiga. Estamos numa coxia e o espetáculo ainda não começou. O pano não abriu, Verônica".

De maneira semelhante, isto é, sem razões muito claras, se dá a volta de Pedro: "Dessa vez é pra não fugir mais", diz ele. Mas Pedro tem exigências a fazer:

> Pedro – (...) eu preciso que você expulse essa gente.
> Verônica – (*Surpresa, perplexa, após longa pausa.*) Você os vê? Você sabe que eles vivem comigo?
> Pedro – Sempre soube. Eles te perseguem, te torturam, te convocam. E o único jeito de você se libertar deles, é um jeito bem seu: escreve (*Pausa*) Conta! Eles são a tua carne! A tua matéria. Arranca essa memória daqui, que você só vai ter paz quando eles fizerem as pazes... dentro de uma cena. De uma peça de teatro, de uma novela de TV, uma história qualquer, mesquinha, escura... mas tua. Vai, Verônica, *escrever* essa *História* (...). Dois deles você tem de matar. (*Pega um revólver e dá a Verônica 2. Outro a Verônica que instantaneamente mata o Torturador. Verônica 2 mata o Censor. Risos. As duas aliviadas cantam "atirei um pau no gato" em volta dos cadáveres*)

Menos Verônica e Pedro, as outras personagens se afastam na direção do "País da Gramática". "Verônica 2 [diz a rubrica final] se junta à última personagem – o Pai – e nua, ao lado dele, penetra no 'País da Gramática'."

É desta forma que a peça de Consuelo se conta a si mesma, conta o seu próprio processo de contar.

A respeito de *Script-tease* se pode dizer que, paralelamente ao caráter de súmula que lhe podemos reconhecer, a peça é marcada também pela reaparição de certos traços e motivos já presentes em obras anteriores da autora; tal retomada denuncia claramente o propósito deliberado que houve de lhe conferir aquele caráter.

184 UM TEATRO DA MULHER

Logo de início, o nome da protagonista: Verônica é como se chama também a jovem estudante de teatro de *À Flor da Pele*. Além da significativa repetição do nome, há outras indicações, breves insinuações que levam a reforçar a idéia de identificação entre as personagens das duas peças: a certa altura, por exemplo, Verônica 2 alude a um suicídio frustrado ou simulado ("suicídio fajuto"), lembrança que a outra repele, desagradada. Essa alusão, de qualquer forma, estabelece, ainda que vagamente, a ligação entre as duas histórias.

Por outro lado, a própria Verônica 2 tem muito de Júlia, a jovem rebelde de *À Prova de Fogo*, e a menção ao mundo da Maria Antônia é feita claramente em uma passagem em que o Torturador a interroga sobre o paradeiro de Zé Freitas. Zé Freitas é o líder estudantil da peça de 1968. *O Grande Amor de Nossas Vidas* é também brevemente referida quando Ângelo recorda, divertido, o episódio do chapéu pendurado numa estátua da Praça Júlio de Mesquita.

Mas não é tudo. Na figura de Pedro, o marido de Verônica, repete-se, em outros termos, o problema de Pedro, o arquiteto de *A Cidade Impossível de Pedro Santana* (peça que, por sua vez, retoma personagens mencionados em *O Porco Ensangüentado*). Embora venha a ser diferente o destino deste Pedro de *Script-tease*, destino que o levou a tornar-se um "médico de madame", também ele sonhou, na juventude, em fazer uma medicina "socializada", em trabalhar para o povo. É clara a passagem em que Pedro conversa com Maria, a babá, que está grávida e a quem ele aconselha a abortar. Ela porém recusa e o questiona:

Maria – O senhor atenderia uma mulher pobre de graça?
Pedro – O pior é que eu não te atenderia. Eu (*Pausa*)... não posso cuidar de mulher pobre, Maria, só de madame (*Pausa*). Eu tenho de ganhar muito dinheiro pra segurar esta casa. (...) (*Nostálgico*.) Sabe, quando eu era moço... quando eu era moço eu tinha amigos (*Pausa*) (...) eu achava que só ia cuidar de mulheres como você. Que ia acabar com as filas do INAMPS. Que ia fazer medicina popular. (*Ri amargamente*) Que ia fazer nascer *todas* as crianças do Brasil – fossem da Silva ou de Bagdá.
Maria – E o senhor ia fazer parto de graça?
Pedro – Todos os médicos iam. Todos. Eu achava que ia ser médico de um país socialista. Onde as mulheres pudessem dar à luz na verdadeira acepção da palavra. Onde nascer fosse uma luz, entende?

Em *Script-tease* reaparecem ainda mais alguns elementos de certa constância nas obras da autora. Um deles é a loucura. Tratado de forma diferente e mais atenuado, o motivo da loucura retorna na história de Nestor, o contra-regra "faz-tudo" da TV,

A DRAMATURGIA FEMININA NAS DÉCADAS DE 70 E 80   185

que, desesperado com a perda de um emprego em que estivera por mais de trinta anos, tem um verdadeiro acesso de loucura e põe fim à vida. A violência deste episódio é contrabalançada pelo surgimento, no final, da mesma figura de Nestor, tocada agora de certa transcendência e inserida no quadro de conciliação geral e de apaziguamento que marca o desenlace da peça.

Outro motivo que se repete, este principalmente no último grupo de textos, é o motivo do circo. O circo como símbolo do lúdico, como sinal da possibilidade de volta à infância ou de resgate do ser humano e daquilo que no homem permanece de mais livre e autêntico, como símbolo, enfim, daquilo que ainda pode salvá-lo e devolver-lhe a esperança, é imagem reiterada nesta última fase. Em *Louco Circo do Desejo*, a metáfora do circo se refere ao mergulho do homem no mundo do amor sexual, próximo à fonte mesma da natureza, mergulho que pode arrancá-lo, ainda que por breve tempo, à deterioração geral.

Em verdade, essa retomada de personagens, temas e motivos, que se entrelaçam de uma peça para outra, confere ao conjunto da obra de Consuelo de Castro, como um todo, o cunho de uma seqüência quase orgânica e põe em evidência aquilo que talvez seja a marca dominante desta obra: seu caráter cíclico. Através de todas as vicissitudes que sofre o indivíduo ou o grupo a que ele pertence, alguma coisa como que permanece e se afirma: o homem vivo e sua humanidade.

Por fim, é importante notar que de todas as peças do grupo de autoras que estamos examinando, *Script-tease* é a única que trata diretamente de um conflito bem típico da mulher atual de classe média. Para além de fazer a "psicanálise da dramaturgia brasileira de nossos dias", como diz Yan Michalski, Consuelo de Castro dramatiza a situação da mulher fortemente dividida entre o apelo de uma atividade profissional, fundamental para ela enquanto ser humano e social, e o chamado de funções obrigatórias no mundo doméstico, funções que ela própria considera também fundamentais. Um conflito que jamais se coloca para o homem, cujo desempenho de papéis no espaço privado – como pai, filho, marido – não se opõe ao desempenho de outros papéis, os mais variados, no espaço público. Se para Verônica essa divisão não acarreta tão acentuadamente uma "dupla jornada" como acarreta para a maioria, é por que ela conta com Maria, a babá e governanta. Mas a existência desta figura suscita um tipo suplementar de conflito, pois pode levar a protagonista a atitudes moralmente ambíguas, como a de tentar "segurar" Maria no emprego, fingindo-se *médium* de umbanda e iludindo sua boa-fé. A existência nítida deste outro conflito é expressa nas palavras de Pedro que

186 UM TEATRO DA MULHER

chama a atenção de Verônica para o fato, mas principalmente na necessidade que surge no final de "pacificar", de promover, ao menos no plano das projeções (onde se coloca quase todo o desenlace), a conciliação completa, em que Maria se inclui.

Como se vê nas palavras de Pedro (na passagem citada porta-voz da autora), Verônica tem uma *história* a contar que é ao mesmo tempo a *História* de seu tempo e a *História* do Teatro desse tempo, em que as mulheres entram decididamente na luta. Em seu estilo apaixonado, Consuelo declara mais de uma vez que *Script-tease* "é uma declaração de amor à classe teatral, ao teatro, ao Brasil, uma dolorida declaração de amor, um amor que é mais forte do que tudo: que a tortura, que a censura, a falta de verbas, de espaço, de compreensão"[40].

40. "O Balanço em Alta Voltagem", *O Estado de S. Paulo*, 1.12.1985.

8. Maria Adelaide Amaral e a Classe Média em Questão

Bodas de Papel (1978)

Nos primeiros meses de 1978, pelo menos desde maio, os jornais de São Paulo começam a referir-se a uma nova autora de teatro.

Maria Adelaide Amaral, uma autora ainda não conhecida pela maior parte do público, apesar de ter sido a quarta colocada no Concurso Nacional de Dramaturgia do SNT em 77 com a peça *A Resistência*, apresenta na *2ª Feira de Opinião*, a ser realizada no Teatro Ruth Escobar, uma peça de 15 minutos chamada *Cemitério sem Cruzes*. Posteriormente, no dia 5 de julho, sua peça *Bodas de Papel, os Filhos do Milagre Econômico*, já em fase de ensaios, estará no Teatro Aliança Francesa[1].

Em maio, como se vê, há esperanças de encenação da *Feira*[2].

Àquela altura, o espetáculo é ainda designado como *2ª Feira de Opinião*, uma vez que fora inicialmente ideado na mesma linha da primeira que se chamara *Feira Paulista*, quando projetada por Boal, em 1968, dez anos antes. A de 1978, viria depois a chamar-se *Feira Brasileira de Opinião*, em vista de se ter decidido que se deveriam incluir autores de outros Estados. Mas a *Feira Brasileira* não viria a público a não ser somente através da edição dos textos

---

1. "Adelaide: Inédita até Quando?", *Última Hora*, 20.5.1978.

2. V. referências a este projeto na parte sobre *Sobrevividos*, de Leilah Assunção.

188 UM TEATRO DA MULHER

dos dez autores programados, uma vez que o espetáculo, como vimos, fora proibido.

Maria Adelaide Amaral refere-se a sua participação no projeto como uma etapa do esforço que, segundo ela, vinha fazendo para sair do ineditismo.

> Quando *Resistência* conseguiu o 4º lugar do Concurso do SNT, [declara à reportagem], todos os cinco primeiros autores colocados pensavam que o SNT publicaria suas peças em livro, mas até agora não recebemos nenhuma comunicação, nenhum prêmio ou qualquer notificação; para mim isso se deve ao fato de que eles temem uma grande repercussão das peças publicadas, negando-se portanto a editá-las[3].

Vivendo o último ano do AI-5, os escritores se sabem ainda muito vigiados e, na melhor das hipóteses, "esquecidos" pelos órgãos públicos responsáveis, quando, por qualquer das muitas vezes insondáveis razões da Censura, seu trabalho é considerado inconveniente. Na verdade, pairava ainda sobre os espíritos a sombra do escândalo ligado à premiação da *Patética*, no ano anterior. Ninguém confiava muito na distensão... Embora *Resistência*, por exemplo, não tenha sido propriamente censurada, percebe-se que é à nova censura velada, contra a qual estão todos prevenidos, que Maria Adelaide se refere quando menciona o atraso nas premiações, no cumprimento dos compromissos que o SNT assumia com os autores premiados.

Em junho, a propósito da estréia de *Bodas de Papel* e possivelmente em torno da proibição de *Feira*, naquele mesmo ano, um artigo, assinado por Sérgio Gomes na *Folha de S. Paulo*, alude ainda uma vez à curiosa situação da nova autora:

> [...] sem mais nem menos o nome de M. Adelaide Amaral está em todos os jornais, sua peça *Cemitério sem Cruzes* é mencionada como um importante texto da dramaturgia contemporânea, sua assinatura está aposta em todos os documentos gerados pela classe teatral e, no entanto, ninguém viu nada dessa mulher representado no palco [...]. Adelaide é um dos onze (!) autores prejudicados pela proibição da *Feira Brasileira de Opinião* e que tinha compromisso de estréia para julho [...]. O sucesso precipitado dessa autora, no entanto, vai ser checado agora com a estréia de outra peça de sua autoria, *Bodas de Papel*, que estará em cartaz a partir do dia 5 de julho, no Teatro Aliança Francesa. Coisas de um teatro submetido a Censura prévia[4].

Assim, não é propriamente com *Resistência*, sua primeira peça escrita em 1975, nem com *Cemitério sem Cruzes*, incluída na

---

3. "Adelaide: Inédita até Quando?", reportagem citada.

4. "Maria Adelaide, Autora que Nasceu Censurada", *Folha de S. Paulo*, 27.6.1978.

A DRAMATURGIA FEMININA NAS DÉCADAS DE 70 E 80   189

Feira censurada em 1978, mas com *Bodas de Papel*, de 1976, o segundo de seus textos para teatro (também enviado para o Concurso do SNT, em 1977, no qual, segundo a autora, a peça não recebera "nem menção honrosa"), que M. Adelaide se apresentará pela primeira vez ao público brasileiro naquele mesmo ano de 1978.

Alguns dias depois da estréia, a crítica teatral de São Paulo começa a dar contas das impressões e dos juízos sobre o espetáculo dirigido por Cécil Thiré.

A oportunidade e a atualidade do tema, o interesse que o texto apresenta para o conhecimento e a reflexão sobre determinado segmento da sociedade são ressaltados por todos os críticos e articulistas. Trata-se de um setor da classe média, se não surgido, pelo menos inflado em número e importância justamente em decorrência do chamado milagre econômico brasileiro daqueles anos – os executivos.

Ao lado das referências elogiosas, entretanto, percebem-se leves restrições que dizem respeito mais abertamente à direção de Cécil Thiré, mas que, indiretamente, podem aludir à peça escrita. Fala-se da direção que seguiu, sem grande criatividade, as linhas sugeridas pelo texto: "[...] seria mais perceptível a dimensão superior da peça, se o encenador ficasse menos preso ao estilo naturalista"[5], é a opinião de Sábato Magaldi. Como o próprio texto de M. Adelaide se atém à linha tradicional de construção que, com alguma simplificação se poderia designar "naturalista" (é desse modo, sem muita precisão, que se costuma, na crítica corrente e nos juízos comuns sobre as peças, definir estilos que não sejam propriamente "revolucionários"), a restrição parece atingir, em algum sentido, também o texto.

O comentarista da revista *Visão* é menos sutil: "Não tendo o texto evitado a linearidade da ação, pecou o diretor em não truncá-lo e, assim, perdeu a oportunidade de recriar cenicamente a peça em termos dinâmicos"[6].

Embora não se diga abertamente, parece que se preferiria uma outra forma, como se a construção direta e linear de M. Adelaide deixasse algo a desejar. Mas cabe perguntar: por que, afinal, se deveria truncar a linearidade da ação? Em que isso poderia conferir a essa ação (se ela já não o tivesse) maior dinamismo, quando se sabe que não é necessariamente da fragmen-

5. Sábato Magaldi, "O Fiel Retrato do Microcosmo Machista. Com Tudo para Agradar", *Jornal da Tarde*, 21.7.1978.

6. Carlos E. de Godoy, "Diálogo Vivo", *Visão*, 7.8.1978.

190 UM TEATRO DA MULHER

tação – ou da não fragmentação – que depende o dinamismo de
uma ação teatral, (a ação pode ser truncada ou fragmentada à
vontade e ainda assim permanecer perfeitamente estática do ponto de vista dramático), mas das condições de um bem conduzido
avanço quantitativo e qualitativo dessa ação, seja qual for a estrutura adotada. Em suma: a linearidade e o estilo naturalista seriam, em si, defeitos? Evidentemente, não.

A direção de Cécil Thiré pode ter sido realmente pouco brilhante, mas isto é um outro problema e não seria truncando o
texto que conseguiria melhorá-la. Por outro lado, o que uma parte da crítica deve ter sentido, sem tê-la propriamente detectado,
talvez tenha sido certa minimização da "vontade de estilo"; uma
quase ausência de estilização que, no entanto, parecia estar no
projeto da autora, perfeitamente consciente do que se diria (ou se
dizia) de seu teatro. Em uma entrevista concedida na ocasião, declara:

Meu teatro não tem qualquer pretensão formal, não pretendo revolucionar
a dramaturgia brasileira e não me incomodo com aqueles que dizem que faço um
teatro velho. Estou mais preocupada em retratar a minha realidade, dentro daquilo que uma vez disse Arthur Miller – o dramaturgo escreve com os ouvidos.
É isso que eu faço. Exatamente isso...[7]

A forma de "retrato" linear é, pois, uma opção e não, em si
mesma, uma insuficiência.

A verdade é que a preferência quase exclusiva – uma espécie de gosto generalizado – pelo experimentalismo, pelas formas
abertas, fragmentárias, metafóricas, por um lado, e, por outro, em
algumas cabeças (que não a de Sábato Magaldi, naturalmente), o
repúdio à palavra como perigoso veículo de conceitos, o repúdio à
organização racional de maneira ampla – estavam, àquela altura,
na ordem do dia. A par de corresponder em muitos casos a uma
exigência autêntica do próprio desenvolvimento das formas teatrais contemporâneas, a par de constituir mesmo uma necessidade de sobrevivência da atividade teatral em um meio e em uma
época em que o teatro como um todo era estreitamente vigiado,
tais formas se tinham também tornado uma espécie de modismo,
entre nós. Tudo o que fugisse a isso podia entrar para o que se
chamava depreciativamente "teatrão" e se colocava facilmente
sob suspeição quanto à qualidade.

Este clima é identificado no próprio momento em que é vivido. Escrevendo para o *Jornal do Brasil* sobre o momento teatral

---

7. Vera Magyar, "M. Adelaide Amaral. Autora, Protagonista e Espectadora
de *Bodas de Papel*", *Jornal da Tarde*, 24.1.1979.

A DRAMATURGIA FEMININA NAS DÉCADAS DE 70 E 80   191

em São Paulo, em setembro de 1978, Macksen Luiz toca precisamente nesse ponto quando se refere à peça de M. Adelaide:

A consciência do que tem a dizer permitiu a M. Adelaide – juntamente com um aparente domínio do *metier* – enfrentar sem preconceitos a forma realista, tão criticada por aqueles que se fixam em gêneros e estilos e que estão mais preocupados em polemizar sobre a forma, camuflando debates essenciais[8].

Ao longo dos dois atos em que a ação exterior foi reduzida ao mínimo, em um tempo minuciosamente demarcado nas rubricas (entre vinte e uma e vinte e duas horas – os *aperitivos* – para o primeiro ato; entre vinte e três e meia-noite – os *licores* – para o segundo ato, o que significa, na prática, sobrepor o tempo da ficção ao tempo empírico do espetáculo) e através de um diálogo vivo e preciso, travam-se conflitos cruzados e a ação propriamente dita progride por cortes acentuados nos caracteres que se vão revelando no decorrer de verdadeiras lutas entre as personagens.

A situação básica é a de uma reunião social, cujo fim aparente é comemorar o aniversário de casamento – as *Bodas de Papel* – de um casal classe média, Tetê e Turco. Ele, um executivo de multinacional, ela, segunda esposa e ex-secretária do marido. Foram convidados seus padrinhos de casamento – um médico obstetra, Carlão, e sua mulher Magui – além de outro executivo, Jorge, irmão de Magui e, no momento, desempregado. Jorge é casado com Clô, a quem todos consideram uma "aristocrata", cujos hábitos o marido tem, no presente, dificuldade em manter. Espera-se, além destes, um convidado especial: Arruda, um ex-bancário que, depois de ter conseguido casar com a filha do dono do banco, é hoje o diretor desse banco.

Embora Tetê deseje de verdade comemorar os dois anos de casamento (e talvez mostrar aos amigos a atual posição do casal – durante a festa, ela chama a atenção para a nova decoração do apartamento, oferece bombons "italianos", enquanto o marido, por sua vez, exibe o *whiskey* escocês e o conhaque de trinta anos), o objetivo do Turco é outro: quer aproveitar a oportunidade para conseguir do banco, por intermédio de Arruda, um empréstimo para a empresa que ele e Carlão estão pensando em montar.

A projetada situação de festa é delicada. E terá realmente seu instável equilíbrio inicial rompido rapidamente, porque Tetê cometeu um engano: convidou Jorge, o amigo executivo que está desempregado. Ora, Jorge não deveria ter sido convidado, pois pode querer valer-se da ocasião para um acerto de contas com

---

8. Macksen Luiz, "O Teatro Brasileiro Está Vivo e Morando em São Paulo", *Jornal do Brasil*, 30.9.1978.

192 UM TEATRO DA MULHER

Arruda, a quem considera responsável por sua demissão; a hosti
lidade de Jorge pode pôr em risco os planos de Turco. Por esse
motivo, desde o início, enquanto se preparam para receber os
convidados, Tetê ouve as recriminações do marido:

Turco – ... pega esse telefone e liga para ela. Diz que a gente desistiu, que va-
mos sair, que vamos jantar fora... inventa qualquer coisa...
Tetê   – Eu não vou fazer isso! Quer fazer, faz você...
Turco – Era só o que me faltava...
Tetê   – Mas eu pensei...
Turco – Você está proibida de pensar! A única pessoa que pode pensar nesta
casa sou eu, entendeu?

O conflito entre Jorge e Arruda – preparado desde as primeiras falas – ocorre realmente. Mas não é o único, nem talvez o
mais violento. Depois de Carlão e Turco tentarem impedir Jorge
de questionar Arruda, é o seu próprio empenho junto ao banqueiro que esbarra na fria e pouco amigável recusa deste último,
enquanto os dois vão passando da bajulação mais deslavada ao
ataque mais brutal. No vai-e-vem da disputa fazem-se cálculos
minuciosos, trocam-se acusações, dizem-se "verdades", infligem-
se e sofrem-se humilhações de toda ordem. Tudo é válido no corpo a corpo desta luta de onde a mais simples cortesia social foi
abolida.

As mulheres, exatamente de acordo com a significação de seu
papel na vida destes homens, têm uma posição inteiramente secundária: devem dar apoio material à reunião (Tetê a organiza, as
outras acompanham os maridos), constituem quase um elemento
da decoração do ambiente de que os homens precisam, e são
muitas vezes mencionadas como a causa de suas dificuldades ou
motivos de suas preocupações, mas na realidade mal são ouvidas
e, em geral, causam irritação toda vez que tentam interferir na
conversa, no assunto sério dos negócios masculinos.

Facilmente são chamadas de "burras" ou acusadas de "gor-
das", nos conflitos laterais com os maridos. Basta uma tentativa
de intervenção para Tetê ser impositivamente calada por Turco
com um "o que você entende disso? Vai fazer um cafezinho!" Esta fala, corriqueira como é, condensa todo o universo cuidadosamente bipartido em que vivem estes homens e estas mulheres.
Elas não entendem nada e o que devem fazer é servi-los, a eles,
que entendem tudo.

Se "em suas vidas não há lugar para afeto ou cortesia", como
diz Mariângela Alves de Lima, muito menos haveria para amizade ou amor. Os homens não são amigos, mas parceiros eventuais
nos negócios ou adversários ferrenhos, no jogo duro do dinheiro

A DRAMATURGIA FEMININA NAS DÉCADAS DE 70 E 80   193

As mulheres não são amigas propriamente, não revelam nenhum interesse direto ou pessoal de uma pela outra – não há passagem de afetividade independente entre elas – mas suas relações, inexpressivas como são, passam pelas relações entre os maridos, são reflexos dessas relações. Estão aí, juntas, não porque o desejem, mas porque os maridos têm negócios a tratar. E, em matéria de amor, M. Adelaide parece não fazer, para um grupo como este, nenhuma concessão. Afora algumas manifestações da habitual fanfarronada de macho que Carlão grosseiramente se permite em relação à dona da casa, já que sua própria mulher é gorda e comilona, *Bodas de Papel* é uma peça em que não se trata de nada parecido com o amor. As mulheres aí estão apenas como pretexto (e evidência) da necessidade que os homens têm de ganhar mais dinheiro, ou como parte do patrimônio que eles têm de defender porque *também é seu*.

É apenas *entre* os homens que as coisas acontecem. Entre eles é que explodem os conflitos... de interesses, lampejam os golpes mais baixos e se revela, sem máscaras, a mais elementar ética de vida. Na expressão de Mariângela Alves de Lima, "vale mais quem ganha mais, e isso é tudo"[9].

Nesse universo, materialmente, a mulher não vale nada, ela que não ganha nada, mas apenas consome. Aliás, é como consumidora, particularmente nesta classe, que ela vem sendo pensada e para isso cuidadosamente preparada ao longo desta última metade do século. (A mulher como consumidora principal e como objeto de estímulo ao consumo tem sido um dos temas de reflexão do feminismo mais recente[10].)

Embora apresentando as mulheres como seres tolos, secundários, realmente inexpressivos e dependentes dos companheiros em todos os sentidos – e ainda por isso mesmo – a peça de M. Adelaide Amaral pode oferecer-nos matéria de reflexão.

No retrato impiedoso dessas mulheres não se manifesta nenhuma intenção de reivindicação feminista; ao contrário disso, é

---

9. Mariângela Alves de Lima, "Nestas *Bodas*, o Papel dos que Aceitam as Regras do Jogo", *O Estado de S. Paulo*, 20.7.1978.

10. Falando sobre o estágio atual da imprensa voltada para a mulher (estágio que, entre nós, se inicia por volta dos anos 40), diz Dulcília Buitoni: "O ser feminino interessa apenas pela sua capacidade de consumir, reconhecidamente maior (ou será que foi preparada durante séculos para isso?) que a do homem. Os veículos [de comunicação] passam cada vez mais a ser catálogos de anúncios [...] A perseguição, a pressão para fazer com que o consumidor troque por uma mercadoria nova a que ele poderia perfeitamente conservar [...] a obsolescência planejada [...] A mulher é instada a renovar-se dia-a-dia [...]", Dulcília H. S. Buitoni, *Mulher de Papel*, Ed. Loyola, 1981, pp. 128 e 131.

possível até que haja, subjacente, certa acusação de passividade e estupidez às mulheres, particularmente às desta classe. Ainda assim, esse "retrato", por contraste, serve de denúncia de um mundo onde impera a mais primária e selvagem dominação masculina, sem os disfarces dos habituais pretextos do amor e do ciúme. A mulher que aí aparece, em um primeiro plano, até como um ser quase ridículo de tão tolo, falto de discernimento, em um plano mais profundo pode ser vista, realmente, como vítima do sistema de relações que se estabelecem entre os dois sexos.

De passagem, a crítica teatral da época o percebe. "O Fiel Retrato do Microcosmo Machista" – é o título do artigo de Sábato Magaldi; "Fábula Moral sobre Dinheiro e Machismo", intitula-se a crítica de Yan Michalski, no Rio.

> Pareceria estranho [diz a primeira] que os papéis masculinos se mostrem melhor elaborados que os femininos. Nesse microcosmo machista, ao contrário, é justo que os homens tenham a dianteira enquanto as mulheres se reduzem à função de objetos. [Sábato Magaldi julga também que a] capacidade de colocar em primeiro plano as personagens masculinas, tratando-se de autora, representa mais um mérito de M. Adelaide[11].

Não colocaríamos bem a questão nesses termos. Se essa elaboração muito melhor das personagens masculinas significasse apenas uma habilidade a mais da autora, capaz de *deslocar-se* de sua posição de mulher para compreender em maior profundidade a posição dos homens, isso não configuraria nenhum mérito particular. Bastaria pensar nos milhares de autores que, ao longo dos séculos, tranqüilamente "compreenderam" as mulheres sem que tal coisa lhes valesse nenhum título especial. Não cremos que a reflexão sobre as qualidades da peça passe exatamente por aí. Ao contrário, a força que ela possui consiste precisamente no sublinhar, dentro da classe em questão, por violento contraste, a condição da mulher, a despeito de, como foi dito, não haver propriamente "simpatia" por nenhuma delas. A representação viva dessa condição feminina criada pela excessiva autovalorização masculina fica patente apesar de tudo. Este, sim, nos parece um dos méritos da peça, do tipo daqueles que ultrapassam, eventualmente, os propósitos conscientes do autor de uma obra, e, de certa forma, independem de sua intenção inicial. O desenho desse "microcosmo machista", que o próprio Sábato Magaldi percebeu, se torna claro sobre o fundo geral da violência que é exercida sobre as mulheres. E o caráter geral dessa violência é o de ser "in-

---

11. Sábato Magaldi, crítica citada.

A DRAMATURGIA FEMININA NAS DÉCADAS DE 70 E 80   195

visível", isto é, o de estar dentro do que há de mais comum e correntemente aceito na vida social.

Yan Michalski também se aproxima do verdadeiro sentido da obra:

[...] pergunto-me se, mais do que uma peça sobre executivos, *Bodas de Papel* não é uma peça sobre as mulheres. [Mas a seguir coloca-se na defensiva] [...] creio que o generoso feminismo de Maria Adelaide lhe faz perder um pouco o senso de medida. [Considera exagerados] as brutalidades e o primarismo com que a autora pinta esse machismo, especialmente levando em conta o ambiente social em que ele se manifesta[12].

Ora, por um lado, M. Adelaide insiste em que apenas registra o que viu e ouviu nesse ambiente; por outro, não parece dispor-se a nenhum "generoso feminismo" para com essas mulheres. O que resta, com toda a certeza, é um retrato bastante despido de mitificação, de homens desse grupo social e de suas mulheres.

Um dos documentos mais curiosos sobre *Bodas de Papel* é uma enquete realizada após uma exibição da peça, no Rio, e publicada no Caderno 2 do *Jornal do Brasil*. A reportagem, intitulada "A Triste Festa dos Executivos", chama a atenção para o fato de que,

enquanto no palco Turco (alto executivo de uma multinacional), Jorge (executivo desempregado), Arruda (diretor do banco do sogro), Carlão (médico bem-sucedido)... bebem *whiskey* estrangeiro, conhaque de 30 anos etc., na platéia três executivos assistem atentos ao desenrolar de uma ação que trata de uma realidade bem próxima de seu cotidiano[13].

Vem depois o depoimento desses espectadores, os quais, de modo geral, confirmam a autenticidade do retrato, acrescentando dados de sua própria experiência e visão.

"O Brasil de hoje é um país de ilusão e de mentiras" – observa um deles. Um outro se refere ao "linguajar" de algumas personagens que "usam e abusam do palavrão": "Quando estamos sozinhos no escritório é exatamente aquilo... O palavreado no escritório é grosso mesmo. Já no convívio com a família e no convívio social, pode-se até conversar em termos crus, mas jamais *se (sic)* expressar daquela forma".

As mulheres dos executivos, que acompanham a conversa, têm restrições a fazer:

"Acredito que, dificilmente, as agressões se dariam no nível daquelas mostradas na peça – diz uma delas. Por ser pouco freqüentes e encaradas como um

---

12. Yan Michalski, "Fábula Moral sobre Dinheiro e Machismo", *Jornal do Brasil*, 26.9.1980.

13. "A Triste Festa dos Executivos", *Jornal do Brasil*, 26.9.1980.

196 UM TEATRO DA MULHER

compromisso estritamente social, as relações nessas reuniões são bastante superficiais. Mas a gente sente no ar uma potencialidade para acontecer o que ocorre
na peça... A situação da peça não me parece absurda, pois se houvesse maior
freqüência de reuniões desse tipo, poderia se dar o estouro..."[14]

Diante dessas impressões, e levando-se em conta a obrigató-
ria seleção de traços que a elaboração da obra de arte supõe, dificilmente se poderia exigir maior "realismo"... Se o que se mostra
em cena não é a reprodução pura e simples de uma situação
empírica determinada, o que está em curso no palco revela, contudo, a potencialidade fundamental dessa situação.

Bodas de Papel, os Filhos do Milagre Econômico marca com
fidelidade um momento da recente história social brasileira. O
próprio título pode ser lido, no mínimo, numa dupla direção: a do
gosto um tanto *kitsch* que há em designar por um nome especial
os dois anos de casamento; e na da sugestão de fragilidade que há
na palavra "papel", quando acrescentada à idéia de "bodas".
Porém, mais do que isso, pode referir-se ao tema da peça: a arti-
ficialidade e a inconsistência da situação que a economia do
período proporciona a certos grupos sociais. As "bodas" da economia do Brasil com as classes médias são "de papel".

É relevante verificar que é uma mulher que o observa tão
bem. A clara percepção feminina do fenômeno e, principalmente,
seu adequado aproveitamento na elaboração de uma obra teatral
indicam o desenvolvimento dessa percepção para além dos círcu-
los de interesses convencionalmente atribuídos à mulher. A mulher avança, por vias várias, na descoberta de novos campos de interesse e de atuação efetiva na vida social.

A Resistência (1979)

> *Não Howard! Você não pode me despedir! Um
> homem não é uma laranja que você chupa e joga o
> bagaço fora, Howard!*

Esta fala de Willy Loman em *A Morte do Caixeiro Viajante*,
de Arthur Miller, repetida por Luís Raul, uma das personagens
de *A Resistência*, é, na verdade, o *leitmotiv* das duas peças de M.
Adelaide Amaral, dadas a público depois de *Bodas de Papel*: *A
Resistência*, em 1979 e *Ossos d'Ofício*, em 1981. Ambas, embora
focalizando grupos profissionais diferentes, em fases distintas da
vida profissional de cada um e em ambientes de trabalho que

14. *Idem.*

A DRAMATURGIA FEMININA NAS DÉCADAS DE 70 E 80   197

aparentemente nada têm em comum, na realidade tratam de problemas sociais e humanos de natureza muito próxima. Em ambas pode-se ver o homem debatendo-se ante a iminência de tornar-se o "bagaço" que se quer jogar fora, e contra a tendência que tem a sociedade atual de torná-lo descartável, após havê-lo consumido.

A Resistência, escrita em 1975, estréia em agosto de 1979, no Teatro Gláucio Gil, no Rio de Janeiro, e só em março do ano seguinte, em São Paulo, no Teatro Maria Della Costa. Em 1981, São Paulo assiste também a *Ossos d'Ofício*.

As duas peças revelam o mesmo tipo de preocupação dominante em toda esta primeira fase da obra de Maria Adelaide. A ela pertencem claramente *A Resistência, Ossos d'Ofício* e de certo modo *Salve-se Quem Puder*, uma peça ainda hoje inédita, bem como *Cemitério sem Cruzes*, escrita para a *Feira Brasileira de Opinião* e publicada em 1978. No entanto, embora tratada de uma perspectiva diversa, pode-se dizer que a questão central de *Bodas de Papel* manifesta idêntico tipo de interesse da autora, podendo talvez incluir-se neste mesmo ciclo a que certa crítica chamou "pós-milagre". Enquanto *Bodas de Papel* se volta para a alta classe média, ao outro extremo da escala social se refere *Cemitério sem Cruzes*, um drama breve, mas intenso, que se desenrola entre trabalhadores da construção civil. Entre um e outro desses pontos se colocam *A Resistência e Ossos d'Ofício*.

O desemprego (e, no caso de *Cemitério sem Cruzes*, a exploração e a quase miséria), que se projeta como sombra ameaçadora sobre a vida de vários setores das classes média e baixa da sociedade brasileira no longo período pós-milagre econômico, e os dramas humanos que daí advêm são o tema de M. Adelaide Amaral, em suas quatro (ou cinco) primeiras peças.

A Resistência é talvez o texto em que esta temática aparece definida com maior clareza. Aqui se trata de um segmento da classe média bem distinto daquele que constitui o de *Bodas de Papel*: Leo, Luís Raul, Malu, Roberto, Bel, Goretti e mesmo Marcos não são mais que assalariados médios de uma empresa provavelmente nacional e não muito sólida. Toda a ação se concentra em um dia de trabalho (cada ato corresponde a um período), e se passa na sala de redação de uma revista (ambiente que a autora, jornalista de profissão, conhece bastante bem). As personagens, profissionais de imprensa, redatores na sua maioria, vivem nesse dia uma espécie de pesadelo: a ameaça de um corte de pessoal (só Marcos, o editor, e Goretti, a secretária, parecem estar livres dele). A princípio não sabem a quantos o corte atingirá, desconhecem os nomes das pessoas que podem ser atingidas e o critério que se adotará para a demissão. Os boatos são alarman-

198 UM TEATRO DA MULHER

tes. Isso vai criar entre eles um pânico crescente e a situação que os põe diante do perigo da perda do emprego leva-os a revelarem aspectos de seu modo de ser e de suas vidas.

A ação consiste basicamente no contraponto entre a ameaça que vem kafkianamente "lá de cima", onde "o homem" está reunido com o pessoal de Recursos Humanos e se está decidindo de seus destinos de funcionários, e o esforço de um movimento de resistência que se esboça entre eles. Leo, ex-operário e ex-militante político, é quem tenta articular e dirigir o movimento.

A posição das pessoas envolvidas, perante o problema da resistência aos que têm o poder (porque têm o dinheiro com que pagar o trabalho dos outros), a crença na eficácia de um movimento coletivo (de mais fracos) que podia aumentar o risco de desemprego, o grau variável de apego à segurança e à estabilidade ligadas à necessidade de sobrevivência – mais premente para uns que para outros – vão revelar crescentemente os vários caracteres em confronto.

Leo – jornalista que se sente mal adaptado, sugado pelas exigências de um trabalho que considera de pouca importância e distante de seus objetivos de natureza política – tenta convencer os demais da necessidade de protesto e de luta. Sua atitude provoca reações que constituem o cerne da ação.

Malu, desquitada, com uma filha para criar, há meses não recebe a pensão do ex-marido (a quem se sente ainda afetivamente ligada). Nesse dia – que é o do seu aniversário – sente-se mais amarga que de costume, esperando um duvidoso telefonema do marido. Amedrontada e insegura, acaba por revelar a própria fragilidade, aceitando fazer um trabalho que Leo recusara como forma de resistir, desde que resolvera não se submeter mais a tarefas extras e não pagas.

Roberto, preocupado com o caso de Pernambuco, um colega mais velho de outra redação que tinha sido dos primeiros a ser despedido, faz esforços em meio à agitação do momento a fim de conseguir outro trabalho para esse colega; porém, quanto aos resultados da assembléia que Leo quer convocar, tem inúmeras dúvidas e sua adesão não é muito decidida.

Bel, a redatora mais jovem, sendo a única que, por ter pai rico (a todo instante os outros lhe lembram esse privilégio), aparentemente será menos afetada pela demissão, na verdade, teme a situação: sabe que, com a perda do emprego, perderá também a independência em relação à família. Suas dúvidas e aflição aumentam também nesse dia, porque se convence de que o romance que mantinha com Leo está terminando: ele parece voltado apenas para outros problemas e não se interessa muito por ela.

A DRAMATURGIA FEMININA NAS DÉCADAS DE 70 E 80   199

Luís Raul, ex-ator e homossexual (condição a que ele alude, às vezes, ironicamente, e que os companheiros, meio de brincadeira, lembram a cada passo), não nega seu apoio à causa, mas não acredita muito nela e tem quase certeza de que será alcançado pelo corte: é meio boêmio, impontual e acaba de faltar ao trabalho por dez dias seguidos. Por vezes, aparenta não se importar muito com a situação, fala vagamente em deixar tudo e voltar para o Rio ou ir morar em Londres... Em outros tempos, tinha tido seus momentos de atividade política; hoje, joga no bicho ("a única esperança do brasileiro"), deve pequenas quantias aos colegas, vive fazendo, jocosamente, galanteios às mulheres (que não acreditam nele, mas o estimam) e revela uma bem-humorada desesperança. Luís Raul é a mais espirituosa e, ao mesmo tempo, a mais amarga das personagens de *A Resistência*: Maria Adelaide deixa a seu cargo as "tiradas" mais inteligentes, mais irreverentes, mas também as mais criticamente irônicas da peça.

Outra personagem é Marcos, o editor, o homem intermediário entre os cabeças da empresa e os redatores. A sua, é uma posição difícil: parece, às vezes, preocupado com o desemprego que ameaça os outros, mas o que deseja em primeiro lugar é salvar a própria pele: desconversa quando lhe falam no pagamento das horas extras, e quer fazê-los ver que é melhor trabalhar na revista – que quase todos consideram ter sido importante em outros tempos, mas hoje apenas um "manual da perfeita dona de casa" – do que enfrentar "o mercado aí fora"; mas principalmente se empenha em fazê-los desistir do projeto de resistência e compreender os pontos de vista da empresa. Claro que é ele quem tem de ouvir, de todos, as críticas e os sarcasmos. E acaba por receber dos chefes a incumbência de escolher, ele mesmo, os dois funcionários a serem demitidos em sua redação. Como Bel decide demitir-se espontaneamente (para afastar-se de Leo), a decisão se torna mais fácil, lhe dizem: resta apenas um para ser "degolado". E a escolha recai realmente sobre Luís Raul.

A maioria escapou, por enquanto. Em torno de Luís Raul todos se sentem mais ou menos culpados e manifestam desajeitadamente sua solidariedade.

Bel   – Eu não pensei que você fosse sentir tanto a demissão, Luís Raul.
Luís Raul – (...) não é só a demissão que eu estou sentindo, meu bem... eu estava esperando por ela desde a manhã. É mais do que uma demissão. É o fim de quatro anos de minha vida. Um negócio que acabou não por minha vontade, mas por uma decisão superior e é sempre uma porrada a gente perceber que não é o dono da própria vida...

200 UM TEATRO DA MULHER

Melancolicamente é quase o último a sair, pedindo a Malu que apague a luz. Era o que recomendava um cartaz afixado na parede da sala, desde o início: "O último a sair, apague a luz".

Ossos d'Ofício (1981)

Em *Ossos d'Ofício* (estreada no Teatro Aliança Francesa de São Paulo, a 16 de setembro de 1981, após três meses de exibição no ABC), o problema que afeta as personagens é de natureza semelhante, embora se trate, como dissemos, de circunstâncias diversas e de um grupo profissional diferente daquele que aparece na peça precedente.

Nesta peça de 1981, Maria Adelaide continua o seu exame de segmentos diferenciados da classe média brasileira, observando-os do ângulo das condições de trabalho, para revelar-lhes os conflitos humanos advindos dessas condições. Mais uma vez, vemos o debater-se do homem médio que trabalha, no confronto com as forças agora quase fatais – uma vez que são as do progresso tecnológico – que o vão transformando no bagaço humano e social de que fala Arthur Miller, mas a denúncia, neste caso, é muito mais contundente. As personagens não só vivem os "ossos" do ofício que um dia foi o delas, como sobrevivem *dos* ossos desse ofício; mais do que isso: são elas próprias esses "ossos", o que restou de suas vidas de funcionários, outrora ativos, de uma agência bancária de grande porte.

Argeu, Chicão, D. Carminha e Macedo são "encostados", elementos do Arquivo Morto, confinados ao mesmo espaço fechado, úmido e empoeirado em que estão os papéis arquivados, em um terceiro subsolo da agência. E nas mesmas condições desses papéis. Ao seu redor, nenhuma janela; sobre suas cabeças, encanamentos de esgotos, de onde, de repente, pode começar a "chover".

> Como todo o mundo sabe [explica M. Adelaide à reportagem de *O Estado de S. Paulo*, às vésperas da estréia] [O Arquivo Morto] é aquele lugar para onde se envia tudo o que não é tão importante que deva ocupar espaço nos arquivos dos departamentos, nem tão sem importância que possa ser eliminado. É uma espécie de limbo onde, freqüentemente, papéis e pessoas convivem em perfeita simbiose[15].

Ninguém definiria melhor o ambiente e a situação básica de *Ossos d'Ofício*.

15. "Em *Ossos d'Ofício*, a Classe Média Revisitada", *O Estado de S. Paulo*, 16.9.1981.

A DRAMATURGIA FEMININA NAS DÉCADAS DE 70 E 80   201

O curioso desse grupo, tão típico de certo funcionalismo brasileiro que chega à estereotipia (mais de um crítico chama a atenção para este particular, assinalando-o como uma falha da peça), é a falta de consciência completa das pessoas sobre as condições em que se encontram; e mais: o *modo* como vivem essas condições.

Excetuando-se Chicão, ex-caixa, hoje escriturário, que vê tudo claramente, sem ilusão quanto ao que significa pertencer ao Arquivo Morto (AM, "a antecâmara da morte", como traduz a sigla em dado momento), mas que adotou uma postura abertamente cínica e de deboche a respeito da situação, os demais vivem em um mundo de alienação e auto-engano.

Chicão tem interesses que giram, aparentemente, apenas em torno do jogo do bicho (dado em que M. Adelaide insiste, como se vê, na caracterização de certo tipo de personagem), da esperança de uma "barbada" no jóquei e dos repetidos telefonemas para uma noiva eterna. Mas D. Carminha, a secretária, ex-telefonista "promovida" para o AM desde que se constatou ser portadora de uma deficiência auditiva, parece enquadrar-se bem em suas funções e mantém quase sempre um renitente otimismo ("Otimismo!" – é sua primeira fala na peça), apesar das dificuldades em que vive (tem mãe velha e asmática) e da melancólica insignificância de sua vida de solteirona. Um dia quis muito se "formar em advogada" – como ela diz – mas não o conseguiu por não ter tido o apoio do pai:

meu pai falava que advocacia era coisa de homem e que não tinha dinheiro pra sustentar a filha em faculdade [...] pro meu irmão ele pagou até curso de inglês. Pra mim, sobrou o pior. Me matriculou num curso de datilografia.

Argeu, o contínuo preto, ex-chofer da direção – função que já não pode exercer porque sofre de catarata – é hoje adepto da Igreja Quadrangular e faz estapafúrdias citações bíblicas, a torto e a direito (recurso através do qual a autora obtém bons efeitos cômicos, mas também os de uma fina ironia); o dr. Macedo, o chefe, orgulhoso de sua chefia, do curso de Direito feito há pouco tempo (a instâncias da mulher), apreciador das "glórias" das letras nacionais, insiste na importância de sua seção. ("...o arquivo morto é a memória do Banco!") e proclama sua lealdade ao dr. Portugal ("meu superior hierárquico") e à firma, a despeito das despachadas advertências de Chicão ("Você está fedendo, Macedo. Tá mais morto que este arquivo e não sabe"). É esse o pessoal do Arquivo Morto. Argeu e Carminha estão ali, porque têm deficiências físicas ("Isto é uma seção ou um pátio dos mila-

202 UM TEATRO DA MULHER

gres?", pergunta o dr. Ivanildo, a certa altura); Chicão e Macedo, porque não optaram pelo Fundo de Garantia, de forma que sua demissão não convém à empresa. Em suma, "arquivá-los" a todos, quase literalmente, foi a melhor solução.

Com tais personagens e a situação em que vivem, M. Adelaide poderia ter escrito um drama. Optou, porém, fundamentalmente, por uma comédia. Mais do que em qualquer das peças anteriores, há aqui um humor ágil, bem característico – bem brasileiro – pontilhando as falas e as situações. O que não impede que a comicidade deslize, às vezes, de modo sutil, tanto para o grotesco como para o patético, tocando, de leve, o drama. Na medida em que é basicamente sério o problema humano e social que se coloca, estas personagens podem tornar-se até mesmo comoventes nos esforços desajeitados que fazem para salvar-se, na sua impotência diante das forças que as estão acuando. E esses esforços podem ir até o ponto em que a ação atinge, já perto do desfecho – quando afinal se revelam inúteis – uma espécie de terribilidade.

As pequenas escaramuças entre as pessoas, os telefonemas de Chicão aos companheiros de apostas ou à noiva (ele é capaz de continuar ao telefone, mesmo de guarda-chuva aberto, debaixo da água que escorre dos canos), as constantes citações de Argeu, as observações descabidas de D. Carminha e a antiquada "pompa" do dr. Macedo – tudo constitui o ramerrão diário do AM Esse ramerrão, no entanto, vai sofrer um abalo:

De repente, numa manhã...,

como diz a rubrica inicial do primeiro ato, chega ao terceiro subsolo o dr. Ivanildo, engenheiro que tem a incumbência de introduzir no setor novos métodos de trabalho. Macedo, que espera de seu superior providências no sentido da reestruturação e revalorização do departamento, não se dá, de pronto, conta do que está ocorrendo: recebe-o condigna e solenemente, insistindo em chamá-lo "nobre colega", mas começa logo a sentir-se confuso diante das atitudes e, principalmente, com o inglês do PhD em computação ("o que é que o senhor tem contra a língua pátria?", pergunta quando o técnico lhe explica que *flowchart* não é "guarda-chuva", mas "fluxograma"). Em passagens como esta, naturalmente, a comicidade se acentua, como se acentua toda vez que se torna claro o contraste entre a frieza, a impessoalidade e a eficiência profissional do novo funcionário e a familiaridade desleixada, a falta de organização e a insuficiência reinantes no AM.

Atarantado, Macedo se esforça por firmar sua posição de chefe. Para isso, procura, a seu modo, atualizar-se rapidamente,

A DRAMATURGIA FEMININA NAS DÉCADAS DE 70 E 80   203

estudando inglês (o segundo ato abre com uma cômica aula de inglês cantada: "[...] aproveito também para passar os meus modestos conhecimentos aos meus subordinados, pois considero da maior importância que todos dominem a moderna linguagem empresarial"), ou tentando fazer colocar em ordem alfabética as fichas do cadastro ("É sabido que a classificação em ordem alfabética é o método mais prático e seguro"), coisa que ele faz ditando os nomes a Carminha, Argeu e ao cético Chicão ("Eu estou me sentindo um palhaço, botando estas fichas em ordem alfabética..."). Mas o dr. Ivanildo obtém vitórias sobre vitórias e por fim anuncia que o Banco terá "um computador de 4ª geração" e que no AM será instalado um sistema de microfilmagens, devendo os documentos anteriores aos cinco últimos exercícios ser enviados para o depósito de Vila Gumercindo. Para lá também deverão ser transferidos os dois funcionários não amparados pelo Fundo de Garantia, Macedo e Chicão. Macedo, alarmado, protesta, procura defender *seu* AM. No diálogo que travam Macedo e Ivanildo, as posições e, principalmente, as mentalidades, se-definem:

Macedo – O senhor jamais me convencerá sobre as vantagens da microfilmagem.

Ivanildo – Economia de espaço, segurança, menos pessoal para manter o sistema operando, facilidade e rapidez no acesso, capacidade de reprodução mais fácil e rápida... que mais o senhor quer?

Macedo – Calor humano! Contato de pessoa a pessoa, intercâmbio de sentimentos, compreensão. Quando alguém solicita um papel a esta seção, o pedido é aceito com carinho e boa vontade. Costuma-se perguntar sobre a saúde da pessoa, da família, estabelece-se um relacionamento humano de maior qualidade!

E logo adiante: "Um dia as máquinas vão engolir a humanidade", idéia a que Argeu faz eco, no seu estilo: "Está no Apocalipse!" Mas o PhD em computação, fisicamente, não resiste ao AM: é alérgico à poeira – que Argeu espalha tranqüilamente toda vez que assenta uma caixa no chão – e acaba sofrendo um ataque. Sufocado, é removido para o ambulatório, praticamente morto.

É nesta cena do ataque do dr. Ivanildo que a peça adquire um tom algo terrível: enquanto ele vai caindo sobre os móveis, sem poder respirar, os outros fingem não estar vendo coisa alguma, e deixam que as coisas aconteçam, enquanto Macedo continua, decidido, a ditar suas fichas.

Na cena seguinte, vemos que o ambiente no Arquivo Morto é de calma: todos parecem ter voltado, aliviados, a sua vida anterior. Vindo da missa de 30º dia do dr. Ivanildo, em que tivera de

204 UM TEATRO DA MULHER

"dizer umas palavrinhas em nome do banco", o dr. Macedo encontra seus funcionários despreocupados, preparando uma árvore de Natal, conversando sobre o amigo secreto e felizes com o 13º: "13º. Todo mundo endinheirado! Viva o mês de dezembro, o único mês do ano que dignifica o trabalhador brasileiro!" – comenta Chicão, numa fala muito característica desta personagem, em que a autora exprime sutilmente uma dupla ironia, dirigida ao mesmo tempo ao próprio assalariado – normalmente pouco consciente de sua situação – e ao sistema que assim o mantém: mal pago, mas submisso e quase feliz por receber o que, no fundo, considera uma generosidade, uma "bondade" do patrão ou da empresa...

Mas o telefone toca. É o dr. Portugal comunicando que um outro PhD "está vindo para implantar o sistema de microfilmagem em substituição ao dr. Ivanildo... diz que a gente não precisa se preocupar. O moço tem saúde perfeita".

Os novos sistemas têm saúde perfeita. Não há como escapar.

A crítica, que é unânime em reconhecer o valor quase documental da obra dramática de Maria Adelaide Amaral, depois de *A Resistência* deixou de fazer restrições à linearidade de sua construção. Fiel a seu processo de trabalho, M. Adelaide continua a "retratar", em seu tom corrosivo, ambientes e tipos de certos setores sociais da vida brasileira[16]. Reconhecidamente a autora domina a técnica do *playwriting*, e o fato é que suas peças, em geral, alcançam fácil comunicação com o público. No entanto, no caso de *Ossos d'Ofício*, certas críticas, ao lado dos elogios, mencionam o fato de as personagens se aproximarem do estereótipo.

É normal que um autor tenha altos e baixos e *Ossos d'Ofício* não se coloca no mesmo nível de *Bodas de Papel* e *A Resistência*. As personagens são mais pobres, quase estereotipadas [diz Sábato Magaldi][17].

As falhas são poucas [é a opinião de Jefferson del Rios]. Uma delas é a de conferir ao bancário-chefe uma mentalidade tão óbvia que quase o torna elemento de exceção. Existem milhares de funcionários públicos na mesma situação, mas poucos na absurda postura de não notarem a situação desfavorável[18].

Não se pode negar, parece-nos, o caráter de estereótipos das personagens de *Ossos d'Ofício*. Chicão é o irreverente funcionário esperto e mal pago, que se compensa esquivando-se habil-

16. "Adelaide, uma Autora Corrosiva" é o título de uma crônica de Edélcio Mostaço, publicada na *Folha de S. Paulo*, em 10 de outubro de 1984.

17. Sábato Magaldi, "*Ossos d'Ofício. Ou a Resistência II*", *Jornal da Tarde*, 24.9.1981.

18. Jefferson Del Rios, "Arquivo Morto Vira um Bom Personagem", *Folha de S. Paulo*, 24.9.1981.

A DRAMATURGIA FEMININA NAS DÉCADAS DE 70 E 80

mente ao trabalho (ele, guardando-se as diferenças características, lembra Luís Raul, de *A Resistência*); é o que tem sempre um
dito pronto ou uma réplica espirituosa de crítica sarcástica, em
oposição à tola seriedade de Macedo ou à pobreza mental de D.
Carminha e, normalmente, aplaude as "loucuras" de Argeu.
Quanto a Macedo, não há dúvida de que é um modelo sublinha-
do, quase uma caricatura do chefe emproado e bem falante. Sob
certos aspectos, mas tolo e jactancioso, sem o mesmo toque de
ternura e de pureza humanas da personagem de Lima Barreto,
mas tão ingênua quanto ela, lembra a figura de Policarpo Qua-
resma, na mesma linha literária de retratos de pequenos funcionários brasileiros, a cuja galeria poderia acrescentar-se.

Ora, elementos como esse nos parecem perfeitamente adequados a uma comédia. Enquanto em um drama o estereótipo
pode ser visto como defeito e pobreza, na comédia tradicionalmente funciona sem problemas, valendo mesmo como um reforço
de comicidade (a repetição pode ser um traço do cômico). Não
há por que não manter uma tradição da comédia brasileira de
costumes, que remonta, no mínimo, a Martins Pena.

A ação de *Ossos d'Ofício* poderia fechar-se na violenta cena
do ataque do dr. Ivanildo. Teatralmente teria sido um acerto. Foi
o que também apontou uma parte da crítica:

> Do ponto de vista do espetáculo, a peça deveria terminar quando o buro-
> crata ameaçador tem um problema de saúde [...]. O que vem depois tem um ar
> de repetição e detalhismo dispensável, apesar de teoricamente explicável (afinal,
> algo de definitivo deve acontecer aos encostados)[19].

Mas não é por isso que M. Adelaide não termina a peça nesta cena, sacrificando um pouco a qualidade do efeito teatral. A
razão é que tal desfecho poderia sugerir uma postura e uma
perspectiva que não são as da autora.

> M. Adelaide não tem a ingenuidade de defender o *status quo* insatisfatório
> [constata Sábato Magaldi]: sua postura é, em toda linha, a humanista, que advo-
> ga o equilíbrio entre as conquistas científicas e o respeito do homem[20].

Não se trata, evidentemente, de defender o *status quo* (aqui
representado pelas deficiências do AM), nem de pregar a renovação tecnológica, pura e simples. O que está em pauta no caso
da peça de Maria Adelaide é mais uma vez o problema das re-

---

19. *Idem.*
20. Sábato Magaldi, crítica citada.

206 UM TEATRO DA MULHER

lações do homem com seu trabalho e o risco que ele corre de ser relegado à condição de peça descartável no sistema de produção: "A melhor maneira de destruir um homem" – diz ela recordando Dostoiévski – "é dar a seu trabalho o cunho de inutilidade"[21].

No caso brasileiro, esse processo de destruição parece por vezes agravado pelo despreparo profissional e principalmente político de certos grupos profissionais, condições associadas à mentalidade de exploração e desvalorização do trabalhador, vigente na luta que se trava entre o capital e o trabalho em nossa época. A modernização soma-se facilmente à destruição.

Cemitério sem Cruzes (1978)

Em toda a dramaturgia escrita por mulheres no período de que estamos tratando, poucas são as peças que não focalizam a classe média em algum de seus vários aspectos, mas se voltam para camadas situadas mais abaixo na escala social. A bem da verdade, se excetuarmos *O Grande Amor de Nossas Vidas*, de Consuelo de Castro, que se detém na pequena classe média, só algumas das peças iniciais de Renata Pallottini – *O Crime da Cabra, O Exercício da Justiça, Pedro Pedreiro* – enfocam grupos sociais de outro nível. No conjunto, duas peças tomam como tema o migrante nordestino nos grandes centros urbanos: em 1968, *Pedro Pedreiro*, de Renata Pallottini e, em 1978, *Cemitério sem Cruzes*, de Maria Adelaide. Ambas se voltam para os operários da construção civil, exatamente o grupo constituído, na sua maioria, por esses migrantes, mão-de-obra via de regra barata e não qualificada. Ambas mostram o desamparo desses homens desenraizados que, pelo despreparo profissional e o desconhecimento de seus possíveis direitos legais, aturdidos em um meio que desconhecem, estão sujeitos a todo tipo de exploração.

O enfoque das duas autoras, no entanto, é diverso. Renata Pallottini escrevera basicamente uma comédia – embora com um acentuado sentido de denúncia – em que a música e o lirismo tinham um papel relevante; Maria Adelaide escreve um pequeno drama.

Convidada por Ruth Escobar a participar da *2ª Feira de Opinião* (depois chamada *Feira Brasileira de Opinião*), espetáculo que se projetara para 1978, Maria Adelaide atende à sugestão de escrever um texto breve sobre algum aspecto da realidade brasileira:

---

21. "Em *Ossos d'Ofício*, a Classe Média Revisitada", *O Estado de S. Paulo*, 16.9.1981.

A DRAMATURGIA FEMININA NAS DÉCADAS DE 70 E 80   207

[...] resolvi enfocar o desamparo e a impotência dos trabalhadores da construção civil, mostrando a ignorância e a ingenuidade do migrante que trabalha nesse ramo, em relação a seus próprios direitos,

declara ela a uma reportagem de *Última Hora*, publicada a 20 de maio de 1978, pouco menos de dois meses antes da apresentação de *Bodas de Papel* ao público de São Paulo. Declara ainda que o assunto a interessava desde há três anos, quando realizara com Gabriel Cohn um estudo sobre a aculturação do migrante nas grandes cidades. Nesses estudos percebera que, embora constantemente mencionados como fatores de aculturação, os meios de comunicação não eram a principal causa da mudança de valores nesse grupo (as mudanças provocadas por esses meios seriam mesmo muito superficiais).

A mudança de valores é um processo que envolve a história e a antropologia (...) e não pode ser reduzida aos meios de comunicação[22].

O título da peça, segundo a reportagem, fora inspirado na designação que se dava à fábrica da FIAT, em Betim, Minas Gerais. Ali era tão grande o número de mortes por acidente de trabalho e por incúria, que a obra passou a ser chamada *Cemitério sem Cruzes*: os operários normalmente não identificados, ao morrerem, eram enterrados nas proximidades da construção, sem que suas famílias, ao menos, pudessem tomar conhecimento dos fatos.

O breve texto, dividido em seis cenas – na verdade seis *flashes* – narra na forma direta e precisa da autora, (ela chega a considerá-lo uma reportagem dramatizada), alguns momentos da vida desses homens. Através das poucas personagens, no entanto, podem ser acompanhadas etapas do que é a vida de cada um e de todos, naquele mundo, desde a chegada de um deles – Antônio – à estação, quando é abordado e aliciado por um agenciador da empresa, o ex-peão, Zé Gato, (o "gato" é precisamente esta figura de intermediário), até a morte. A morte não é da mesma personagem que desembarca, intimidada e com fome na estação e que aceita, sem questionar, o que lhe propõem – mas de uma outra, seu Pedro, um operário mais antigo naquele trabalho. Ferido no pé e afetado de tétano, seu Pedro está morrendo no alojamento comum a que também Antônio é levado. Entre esses dois momentos – a chegada e a morte – e esses dois homens, o problema de outros dois: Valdisar, que está tentando de todas as formas conseguir indenização pela morte de um irmão, vítima de um aci-

---

22. "Adelaide: Inédita até Quando?", *Última Hora*, 20.5.1978.

208 UM TEATRO DA MULHER

dente ocorrido ali mesmo na construção, e Fidélio, que quer voltar para a Bahia (todos vêm com a intenção de ficar por pouco tempo), mas, como apanhou uma doença venérea, teme que a mulher não o queira mais.

Quanto a Valdisar, todos os passos que dá no sentido de obter a indenização – ele que também não tem registro em carteira – revelam o despreparo, o desconhecimento dos direitos que possa ter, a desorientação completa. É analfabeto e não sabe nem mesmo o nome da firma em que trabalham:

Valdisar – (*Para Fidélio*) Tu que sabe a leitura, me fala o nome da placa que tá pregada no tapume! Eu preciso sabê o nome da firma que nós trabalha.

Fidélio – Num adianta, Valdisar. Nós recebe num é dessa que tá lá fora. É outra, Valdisar. Pergunta a Zé Gato. Eu num sei.

Valdisar – Tu num sabe?

Fidélio – Sei não, Valdisar. Umas firma fica alocando trabalho de outras. Toda obra é assim, nós nunca sabe pra quem tamo trabalhando.

Tudo esbarra na falta de informações adequadas, na impossibilidade de acesso aos responsáveis, no engodo de intermediários inescrupulosos.

Estes episódios são entre si complementares. Podem variar os acidentes, mas no conjunto ilustram o destino de qualquer daqueles homens. Quando se reúnem no alojamento, os que já se encontram lá sabem perfeitamente o que aconteceu com o recém-chegado, o que lhe foi prometido, o que o espera, porque a história se repete.

Fidélio – (*Para Antônio*) Ele pegou tu na estação. (*Antônio faz um gesto afirmativo com a cabeça*) Tu pegô dinheiro dele?

Antônio – Ele botô cem cruzeiro na minha mão.

Fidélio – Tu tá fodido. Vai ficá pra sempre amarrado em Zé Gato. Num aceita dinheiro mais dele não, senão tu acaba juntando é nada. (*Liga o rádio. Antônio aproxima-se fascinado*) Se Zé Gato te oferecê um rádio, num compra da mão dele.

O problema mais geral, o que suscita o interesse da autora é, ainda, como nas peças anteriores, o do homem em seu trabalho. Porém, aqui, mais do que em qualquer das outras, fica evidente aquele sentido de redução do trabalhador a um bagaço social e humano. A grave questão social que é a do trabalhador explorado toma nesta peça um tom extremamente sério e pungente: na concentração e secura que a caracterizam não há lugar para os elementos do humor sarcástico que sempre permeia os textos de Maria Adelaide.

A DRAMATURGIA FEMININA NAS DÉCADAS DE 70 E 80   209

Chiquinha Gonzaga (1983)

> *Obrigada pelo prazer que você me deu, Osmar, de*
> *escrever esta peça. Não sei se você vai gostar. Eu gos-*
> *tei muito de escrevê-la.*

Estas são palavras do bilhete que Maria Adelaide escreveu, ao passar para as mãos de Osmar Rodrigues Cruz o texto de *Chiquinha Gonzaga, Ô Abre Alas*.

A vida da compositora [diz uma reportagem de *O Estado de S. Paulo*, publicada no dia da estréia, 8 de setembro de 1983, no Teatro Popular do SESI], uma antiga aspiração do diretor Osmar Rodrigues Cruz, começou a acontecer há dois anos e meio, quando da estréia de *O Santo Milagroso*. O convite foi formulado no mesmo dia a Maria Adelaide. Em abril deste ano, o diretor recebeu o texto e o desafio[23].

O desafio se refere ao tipo de texto ("inconvencional" é a palavra que a reportagem emprega, provavelmente reproduzindo expressão da própria autora). Com 124 personagens, para as quais o diretor precisou utilizar 32 atores, apoiado numa "variante do sistema coringa desenvolvido por Augusto Boal", a peça realmente representava um desafio.

Mas *Chiquinha Gonzaga, Ô Abre Alas* fora também um desafio em termos de elaboração do texto. Exigira uma extensa pesquisa que incluiu a leitura de grande número de obras históricas relativas ao período, bem como a de romances, contos e crônicas para a captação do clima da época, de suas idéias, de seus interesses e problemas, de seu imaginário[24]; além − é claro − de uma busca de elementos que pudessem contribuir para a visualização da própria personalidade da protagonista, através de informações sobre ela e do conhecimento da obra que produzira. "Falando com Tinhorão − declara M. Adelaide - ele me deu o nome de Edinha e aí eu descobri outra Chiquinha. Uma mulher mais interessante, mais ousada, mais revolucionária, com posições de vida mais radicais[25].

A vida e a luta de Chiquinha Gonzaga para vencer as restrições que a família e o meio lhe impunham, a personalidade e o

---

23. "Chiquinha Gonzaga Abrindo Alas para o Século XX", *O Estado de S. Paulo*, 20.9.1983. *O Santo Milagroso* é uma comédia de Lauro César Muniz.

24. Ao texto enviado a Osmar R. Cruz, M. Adelaide acrescenta a bibliografia utilizada, além de grande número de notas explicativas que esclarecem passagens ou alusões existentes na peça.

25. Reportagem citada. Edinha é Edna Diniz, "uma pesquisadora que há mais de seis anos estuda a vida da compositora".

UM TEATRO DA MULHER

trabalho da compositora, os acontecimentos a que de uma forma ou de outra esteve ligada, forneceram a M. Adelaide um material abundante e rico que, a partir de uma seleção adequada, pôde utilizar na criação de um texto, cuja estrutura diferia muito da que suas outras peças costumavam apresentar.

Trata-se de um conjunto de episódios muito variados, que se articulam por meio de alguns narradores – na maioria das vezes, um coro formado por figurantes que compõem grupos de pessoas mais ou menos ligadas à ação, seja em cenas de rua, seja em cenas de reunião em salões da época. As breves canções de cunho popular cantadas por esse coro se alternam, na função de narrar, com comentários informativos ou de ligação inseridos nos diálogos de personagens secundários, de maneira que a narrativa dramática é levada adiante, numa seqüência bastante clara, sem grandes saltos.

É dessa forma que a autora consegue compor um vasto painel da época agitada em que decorreu a longa vida de Chiquinha Gonzaga, morta aos noventa anos de idade. Os acontecimentos da vida pessoal da compositora se enquadram na série dos grandes acontecimentos que marcam a história do país, dos fins do século passado – últimos tempos do Segundo Reinado – às primeiras décadas deste. Esses fatos cobrem um período que, vindo praticamente da Guerra do Paraguai e passando pela campanha abolicionista, a própria abolição da escravatura, a Proclamação da República e o Encilhamento, alcança o final da revolta da esquadra no governo de Floriano.

Em dois atos extensos, a peça procura pintar, em cenas breves e variadas – bem adequadas ao musical que afinal pretende ser – esse vasto panorama, a par de compor também um quadro sugestivo de tipos, danças e festas populares do Rio de Janeiro: a animação, o brilho, a importância característica da Rua do Ouvidor na vida da Corte e mais tarde, da Capital Federal, por exemplo, com suas casas comerciais dedicadas à moda de gosto parisiense, os pregões de moleques vendedores de jornais ou partituras, as discussões e conversas de seus freqüentadores habituais – políticos, jornalistas, literatos, além de damas elegantes e das cocotes mais prestigiadas ou cantoras de ópera do momento, sempre cercadas de sua corte de admiradores ou partidários.

Além de muitas figuras fictícias destinadas principalmente a compor o ambiente, aí aparecem – como aparecem em outras situações – figuras históricas que no período marcaram os acontecimentos da vida política, artística e literária: José do Patrocínio, Paula Nei, Bilac, Coelho Neto, Arthur Azevedo e mesmo Machado de Assis, entre outros. Algumas dessas personagens estão, na-

A DRAMATURGIA FEMININA NAS DÉCADAS DE 70 E 80   211

turalmente, mais próximas do núcleo central da ação, como é o caso de Arthur Azevedo, por exemplo, uma vez que o mundo em que circulam é mais ou menos o mesmo que o da protagonista. O teatro é o centro que congrega, nesse momento, não só as atividades teatrais propriamente ditas, mas também as atividades musicais – da ópera às burletas e revistas.

O primeiro ato da peça abre com o ensaio geral de *A Corte na Roça*, libreto de Palhares Ribeiro e música de Chiquinha Gonzaga, peça e música com que ambos estreavam no teatro; e termina, depois de *flash back* prolongado, com a indicação da estréia do espetáculo ensaiado. Entre os dois episódios, mostram-se cenas do primeiro casamento imposto pelo pai, dos problemas e do fracasso desse casamento, da separação definitiva (quando Chiquinha deixa com a família e o marido dois dos três filhos que já tivera, levando consigo apenas o mais velho, que será músico também e seu companheiro por muitos anos), flagrantes das dificuldades que encontra para sobreviver diante dos preconceitos por ser mulher (com o agravante de estar separada do marido); cenas que mostram o apoio que por fim consegue de alguns elementos dos meios teatral e musical, além da simpatia de certas pessoas da imprensa. O primeiro ato mostra ainda a segunda união, esta de escolha sua, mas que depois de alguns anos fracassa também, deixando-lhe mais uma filha que igualmente fica com o pai; e o recomeço de tudo que afinal termina no sucesso da primeira participação como compositora de música para teatro.

O segundo ato focaliza, daí em diante, os problemas de Chiquinha nas tentativas de se aproximar dos filhos e da família que insiste em repudiá-la (só um irmão a procura vez por outra), enquanto sua carreira profissional continua em ascensão: libretistas querem ver suas obras musicadas por ela, atores, como Dias Braga, que antes a haviam recusado, procuram-na a fim de trazê-la para seu teatro.

É neste segundo ato que se narram a Abolição e a Proclamação da República (Chiquinha fora abolicionista e se diz republicana), e os demais acontecimentos em que aparecem pitorescamente tanto tipos da época como as figuras históricas conhecidas que deles participaram. Paralelamente, se contam episódios que levam a compositora a uma terceira ligação, desta vez com um rapaz muito mais jovem que ela (Chiquinha chega a apresentá-lo aos amigos como filho) e se alude às suas viagens à Europa na companhia dele. Mostra-se, por fim, a reaproximação com os filhos e as dificuldades que ainda enfrenta com eles (já, então, todos adultos).

A volta de uma das viagens à Europa é oportunidade para que se chame a atenção para as modificações que iam sofrendo os hábitos de lazer do Rio, com o aparecimento do disco, do cinema e do rádio (do fonógrafo se falara antes).

A peça ainda se refere, no final, à criação da Sociedade Brasileira de Autores Teatrais que Chiquinha Gonzaga ajudou a fundar. E termina em uma cena coletiva, de rua, com o sucesso de *Ô Abre Alas*, nome de uma de suas composições mais famosas, provavelmente a que a consagrou como uma das mais importantes compositoras brasileiras de música popular.

Precedida de uma pesquisa minuciosa, *Chiquinha Gonzaga* conserva qualidades já conhecidas do teatro de Maria Adelaide: a clareza e a segurança impressa ao desenrolar da ação, a fluência e a naturalidade dos diálogos, apesar da grande variedade e diversidade de situações e personagens. A preocupação dominante não foi evidentemente – nem o gênero o comportaria – o aprofundamento psicológico dos caracteres. Uma das virtudes do texto, neste particular, resulta de ter a autora conseguido fazer essa caracterização através de traços rápidos e firmes. Com exceção da protagonista, cujo caráter vai sendo desenhado gradualmente ao longo da ação, para quase todos os demais, Maria Adelaide lançou mão, com freqüência, dos tradicionais recursos da dramaturgia na criação de figuras históricas ou míticas: a caracterização por meio dos traços que o mito, a história ou a literatura estabeleceram, de maneira que uma ou duas falas os põem imediatamente de pé. Nas cenas de rua, figuras como a do "Conselheiro" (um conselheiro qualquer, do Império) ou da "velha dama", por exemplo, são tratados como verdadeiros *tipos*, aqueles que as crônicas, os romances, os contos, o próprio teatro da época nos sugerem, cujas visões de certo modo estão fixadas no imaginário brasileiro (M. Adelaide declara ter lido ou relido, praticamente, toda a obra de Machado de Assis).

O mesmo processo, basicamente, é empregado para caracterizar as figuras históricas. Os exemplos poderiam multiplicar-se. É interessante notar que houve paralelamente o cuidado de conservar, tanto quanto possível – e sem criar dificuldades especiais nem para atores nem para um público atual – o sabor das falas, das conversas, do tratamento entre as pessoas de outras épocas (só uma vez Chiquinha Gonzaga diz um palavrão muito à moderna e pouco provável...) Neste particular, houve mesmo o cuidado de reproduzir alguma coisa da maneira peculiar de expressar-se de certas personagens – como Paula Nei, por exemplo, que exclama "É enorme!" toda vez que quer exprimir admiração; ou de empregar palavras como "regabofe", "gabola", "bilontra", "*mee-*

A DRAMATURGIA FEMININA NAS DÉCADAS DE 70 E 80   213

ting" e outras – tudo servindo à mesma finalidade de caracterização de personagens ou reconstrução da época, reconstrução que, sem pretender ser erudita, é especialmente viva e sugestiva.

Chiquinha Gonzaga, peça em que Maria Adelaide focaliza pela primeira vez especificamente a figura de uma mulher – justamente uma figura que se tornou entre nós como que um símbolo das lutas femininas, em um mundo em que a mulher deve fazer a difícil opção entre o cumprimento de seus projetos profissionais e a vida afetiva – deu à autora, de novo, o prêmio de melhor autor nacional (Molière), em 1983, cinco anos depois de *Bodas de Papel*, reiniciando uma fase de grande sucesso. Esse sucesso vai expandir-se e confirmar-se no ano seguinte com a criação e encenação de um texto de cunho, construção e sentido absolutamente diversos: *De Braços Abertos*.

De Braços Abertos (1984)

Embora sejam efetivas tais diferenças, *De Braços Abertos* tem algo em comum com *Chiquinha Gonzaga*: o fato de adotar a perspectiva de uma mulher.

À primeira vista esta não parece uma constatação relevante. E realmente não seria, se as duas peças não se seguissem uma à outra, se não estivessem cronologicamente tão próximas, no conjunto de uma obra na qual, até então, este aspecto não se tinha revelado de nenhum modo. No entanto, por surpreendente que possa parecer, a idéia dessa aproximação é a primeira que ocorre a quem acompanha atentamente, e em seqüência, a produção teatral de Maria Adelaide.

Chiquinha Gonzaga, pela própria natureza do assunto, levara a autora a deter-se numa figura de mulher, adotando, em decorrência, uma perspectiva feminina; em *De Braços Abertos*, como se um novo caminho tivesse sido aberto, o assunto, desprendido da História e não existindo mesmo antes ou fora da ficção, não exigiria, por si, tal perspectiva, de sorte que ela só ocorreria por opção de quem escreve. Em resumo, o que se constata é que nesta peça de 1984, o ângulo de visão, o ponto de vista último e definitivo é o de Luísa, a protagonista, embora se trate de uma peça de duas personagens (e é de assinalar que esta é a primeira vez em que Maria Adelaide se vale desta forma) em que ambas – um homem e uma mulher – caracterizadas com a mesma acuidade, são talvez eqüitativamente *justificadas*.

Esse enfoque feminino em *De Braços Abertos* é, no mínimo, confirmado pelo título atribuído ao romance que está na origem da peça. *Luísa* (*Quase uma História de Amor*), apesar de publica-

214 UM TEATRO DA MULHER

do (e talvez concluído) posteriormente, em 1986, fora, segundo a autora, concebido e iniciado bem antes, em 1979, e seu terceiro capítulo se transformara no texto de teatro. Isto nos leva a admitir que a perspectiva feminina evidente na peça de 1984, era uma possibilidade anterior; no entanto ela não se manifestara, ao menos na obra teatral conhecida, antes de *Chiquinha Gonzaga*, em 1983.

De qualquer modo, que o ângulo de visão em *De Braços Abertos* é dominantemente feminino é algo de imediato notado pela crítica, sem que isso pareça causar nenhuma surpresa: é, ao contrário, considerado natural: "A perspectiva é marcadamente feminina, o que se compreende", afirma Sábato Magaldi[26]. Entretanto, quando se pensa na ausência dessa perspectiva nas peças anteriores de M. Adelaide e nas posturas explícitas da autora – e ainda mesmo levando em conta o propósito de verticalização que há aqui, em contraste com o enfoque preferencialmente social de outros textos – as coisas não parecem assim tão facilmente compreensíveis.

Historiando as circunstâncias e o processo de criação de *De Braços Abertos*, conta Maria Adelaide à reportagem:

> Quando Irene Ravache... me pediu para escrever uma peça que falasse da dificuldade do relacionamento amoroso, eu lhe dei o 3º capítulo [do romance] para ler. No capítulo, a personagem Sérgio conta um caso que teve com a colega Luísa, cinco anos antes. Uma paixão que não deu certo. No texto do romance eu tinha apenas a visão masculina do caso. Aí então, eu criei a personagem Luísa, que é a soma do que os quatro homens viam nela, mais aquilo que eu vejo.

Logo adiante, a uma pergunta (retórica) da própria reportagem – "Uma peça feminista?" – responde-se: "Maria Adelaide discorda. Acha que *De Braços Abertos* expõe um problema feminino. Um problema, aliás, muito recente no Brasil e que não existe no inverso: a raiva que pode provocar no homem a independência e o sucesso profissional da parceira"[27].

O ponto de vista feminino do texto teatral, como se vê, parece reconhecido e aceito. Mais do que isso: é indicado como resultado de uma elaboração consciente, a partir do impulso de criação da personagem Luísa, que deixa de ser uma referência masculina para assumir voz própria: o problema central passa a

26. Sábato Magaldi, *"De Braços Abertos*: uma Obra-Prima", *Jornal da Tarde*, 20.10.1984.

27. "Maria Adelaide: Iluminada. Abraçando o Sucesso com Volúpia", *Jornal da Tarde*, 1.12.1984.

A DRAMATURGIA FEMININA NAS DÉCADAS DE 70 E 80   215

ser o desta personagem e a visão total que dele se apresenta, a de uma mulher.

Paralelamente, entretanto, percebe-se o cuidado de afastar da peça a qualificação de feminista. Mais uma vez surge a habitual cautela em distinguir "feminino" de "feminista" e transparece o repúdio a uma palavra tão suspeita como esta última. No entanto, se se eliminassem as conotações negativas que a impregnaram, as sistemáticas conotações de militância agressiva e de primária hostilidade aos homens, não há – parece-nos – porque não poder considerar feminista uma peça que trata com tamanha riqueza de matizes (com tamanha *verticalidade*[28]) da "raiva que pode provocar no homem a independência e o sucesso profissional da parceira". (Talvez convenha lembrar que, embora enfocada sem verticalidade, a questão central em *Chiquinha Gonzaga* é próxima a essa: o preconceito contra a mulher que escolhe ter uma profissão.)

De Braços Abertos chama justamente a atenção para este fator de dificuldade no relacionamento homem-mulher. O que está por detrás disso é toda uma questão do temário feminista contemporâneo: a questão do reconhecimento das possibilidades de atuação da mulher no mundo do trabalho não doméstico, a questão da divisão sexual do trabalho, numa palavra, a questão da identidade feminina em um de seus aspectos mais importantes: o da sua realização profissional. O fato de emergir como um problema recente no Brasil não significa nada menos que, por um lado, a existência de um número crescente de mulheres da classe média em condição de viverem esse problema, e, por outro, o desenvolvimento da consciência feminina do fenômeno, consciência que os debates e estudos feministas vinham despertando desde há algum tempo e cujos ecos, de alguma forma, podiam alcançar mulheres intelectualmente alertas como M. Adelaide[29].

É importante notar que para tornar expressiva a idéia do desencontro causado por esse problema, e dos seus desdobramentos no campo das relações amorosas, Maria Adelaide tem a seu favor

---

28. "Acho que isto está ligado a um processo meu de verticalização", diz uma resenha, reproduzindo palavras de M. Adelaide, por ocasião do lançamento do romance *Luísa (Quase uma História de Amor)*. Beth Brait, "Maria Adelaide: do Teatro à Ficção", *Jornal da Tarde*, 15.11.1986.

29. Sobre a evolução dos movimentos feministas da fase inicial de "feminismo radical", até os momentos em que a questão da identidade da mulher se torna a questão central do movimento, v. Célia Paoli, "Mulheres: Lugar, Imagem, Movimento", *Perspectivas Antropológicas da Mulher*, n. 4, Rio de Janeiro, Zahar Ed., pp. 66 e ss.

216 UM TEATRO DA MULHER

o fato de ter criado, com mão leve e hábil, duas personagens perfeitamente convincentes, de ter feito, com cuidado, uma representação sensível da realidade social e humana de Sérgio e Luísa, de maneira que nada se parecesse a um maniqueísmo simplificador. Sérgio é um caráter tão bem elaborado, resulta de uma observação do real tão bem feita, quanto Luísa. Em verdade, não se podia esperar que em uma peça de duas personagens como *De Braços Abertos*, tão acertada nas dimensões de seus componentes, uma delas não estivesse, em termos de caracterização dramática, à altura da outra. Aliás, só a bem dosada distribuição de forças na caracterização de dois seres que se confrontam diretamente, envolvidos com tal intensidade nesse "jogo de poder afetivo" (como o definiu a própria Maria Adelaide), poderia redundar numa peça perfeitamente lograda como esta. Fora disso, correria o risco de desequilíbrio e talvez da perda da tensão necessária, uma vez que todo o interesse está centrado na revelação dos meandros de um relacionamento, no qual nenhum fato exterior a ele mesmo ocorre, para explicar a ruptura: não há ação externa, digamos, nenhuma outra ação, se não esse vai-e-vem afetivo entre duas pessoas que se aproximam, se ferem, se afastam, para voltar a aproximar-se.

Luísa e Sérgio são ex-amantes. Separados há cinco anos, encontram-se agora, por solicitação dele. A conversa os leva das lembranças acerca de amigos comuns e do ambiente de trabalho – a redação de uma revista onde eram colegas, ele, jornalista, e ela, artista gráfica – à rememoração do relacionamento passado, à indagação do porquê do desacerto e da ruptura, momentaneamente, por vezes, à recuperação de certo clima emocional. No *flash back* dos episódios vividos anteriormente e nas reflexões, comentários e confissões mútuas que vão fazendo acerca dessa vivência, cada um deles se analisa e tenta analisar o outro, procurando desvelar o que antes era oculto e entender a distância – mas não friamente – o envolvimento e o fracasso que viveram. Nesse *flash back*, complementado no presente pelos comentários, se constitui toda a ação da peça.

O que há de efetivamente atual e novo no momento do encontro é, aparentemente, a mudança de Luísa, a superação desse passado, sua capacidade de incorporá-lo sem sentir-se paralisada por ele, a ponto de, no final, poder considerar: "O melhor, o mais surpreendente, meu amigo, é a gente estar aqui e conseguir, depois de tudo, se olhar com tanta ternura". Quanto a Sérgio, nada parece ter mudado muito. Suas primeiras falas, quando se reencontram, logo que a conversa endereça para a história que viveram juntos, revelam o vivo interesse que ainda sente por ela ("[...]

A DRAMATURGIA FEMININA NAS DÉCADAS DE 70 E 80   217

fiquei com muitas saudades de você, de nós dois... quer dizer, eu fiquei com mais saudades de você do que sinto normalmente... quando estava relendo o Quarteto... me lembrava de como era rica a nossa relação, de como...”), mas também que é ainda o mesmo homem ressentido que Luísa conhecera, inseguro, emaranhado em valores e posturas que não conseguira superar. Incapaz, como antes, de um sentimento desarmado, age mais ou menos como no passado: defende-se agressivamente do que considera a própria inferioridade em relação a ela, usando o mesmo gênero de sarcasmo, repetindo ironicamente as mesmas queixas (o mesmo tom de desprezo em relação à mulher com quem era casado e de quem nunca tivera a coragem de separar-se), manifesta a mesma dificuldade de aceitação da independência e da maneira de ser de Luísa, o mesmo tipo de atitude, em suma, que fora o elemento solapador da relação entre ambos.

“Como é que você agüenta a si mesmo, recitando a mesma ladainha, entra ano, sai ano?” – pergunta ela após alguns minutos de conversa. E logo depois é levada a constatar: “A amargura que escorre pelos cantos de sua boca está deixando dois vincos fortes...”

É interessante que o minucioso tratamento realista que Maria Adelaide deu a esta peça, mais do que a qualquer das outras colocadas na linha da dramaturgia norte-americana que ela confessa conhecer e admirar, tenha levado psicólogos (portanto profissionais estranhos aos meios teatral e artístico propriamente ditos) a se interessarem por ela. “Sérgio e Luísa no Divã” é o título de um longo e circunstanciado artigo de autoria de uma psicóloga – Maria de Melo Azevedo – publicado no *Jornal da Tarde*, a 30 de março de 1985. Nela as duas personagens de *De Braços Abertos* são analisadas psicologicamente como “pessoas” reais[30].

De Braços Abertos, de Maria Adelaide Amaral, é uma peça muito rica do ponto de vista psicológico [diz o artigo] [...] porque oferece oportunidade de rediscussão da relação homem-mulher. A peça tenta mostrar a mulher de hoje, como pessoa madura, sensível e pronta para amar. Mas a impossibilidade de encontrar um parceiro capaz de aceitar seu abraço amoroso, à altura da intensidade de entrega de que ela é capaz, ainda a mantém afetivamente carente. O homem é visto como um ser emocionalmente infantil, nem de longe à altura da mulher. Este tema parece-me estar no coração da problemática atual homem-mulher. A mulher, liberada da secular submissão ao homem, cresceu e venceu; e agora não encontra no homem, um companheiro que a satisfaça. E a situação da mulher fica patética: crescida, liberada e só; de braços abertos, no vazio. [...] Luísa é boni-

30. Este artigo foi depois transcrito como prefácio na edição de *De Braços Abertos*, publicada por Memórias Futuras Edições, no Rio de Janeiro, em 1986.

218 UM TEATRO DA MULHER

ta, inteligente, bem-sucedida, generosa, capaz de amar. Mas também é carente e
insegura [...]. Sérgio é um homem inteligente, sarcástico, irônico, que usa tais
qualidades como instrumento de agressão contra todos. Fica logo claro que essa
agressividade é uma defesa contra sentimentos de profunda fragilidade e, às vezes, de desespero. Ele é invejoso, fracassado, infantil. E infantilmente, vai-se en-
redando, cada vez mais, na sua impotência, debatendo-se e perdendo o controle
de sua destrutividade. Ataca o mundo, ataca a mulher que ama e se destrói
também.

Na personalidade de Luísa, além dos traços já mencionados de beleza, força
e generosidade, há outros encobertos e menos conscientes[31].

As colocações iniciais sobre a situação da mulher atual parecem perfeitas para descrever as personagens e o conflito básico
da peça. No entanto, são os "traços encobertos" da personalidade
de Luísa, mais precisamente o que se esconde por trás de sua generosidade e o que essa generosidade significa, que a psicóloga se
propõe analisar. Assim, depois de referir-se aos "três casos amo-
rosos fracassados" que Luísa viveu[32] e de afirmar que esses (os
três relacionamentos) têm algo em comum – o fato de, no início
do romance, esses homens serem "heróis admiráveis, cada um a
seu modo" e de no decorrer do tempo apresentarem uma imagem que se vai deteriorando ("Tornam-se desprezíveis, egoístas,
infantis, tolos, cruéis até") –, pergunta-se qual poderia ser "o toque de Luísa" em seu destino: "Por que será que ao se aproximar
de seus homens estes vão ficando cada vez piores? Por que não
consegue contagiá-los com sua ternura e seu amor?"

Para responder a essas questões, a autora do artigo elabora
uma pré-história psicológica da personagem:

Em seus relacionamentos com os homens, Luísa provavelmente vai revi-
vendo desapontamentos e feridas antigas vividas em sua infância, com a mãe e
especialmente com o pai. Daí seu sonho freqüente, em que seu inconsciente a
avisa de que nunca conseguirá proximidade e intimidade real com um homem[33] [...]. Para se relacionar Luísa já escolhe homens agressivos, infantis e frágeis. Como diz ela ao encontrar Sérgio – "Você despertou um lado negro que
existe dentro de mim". É este lado negro de Luísa que pretendo desvendar um
pouco mais. Parece que, ao relacionar-se com Sérgio, ela vai vingar-se dos homens, por uma dor antiga, inconsciente, incrustada em sua personalidade desde a
infância. Sua técnica é disfarçada e branda. Com toques sutis vai permitindo e
"estimulando" Sérgio a viver sua destrutividade.

31. Maria de Melo Azevedo, "Sérgio e Luísa no Divã", *Jornal da Tarde*,
30.3.1985.

32. Refere-se a "Paulo, o brilhante líder político", a "Mário, o marido bonito e bem-sucedido" e a "Sérgio, o jornalista inteligente, embora cortante como
uma faca", artigo citado.

33. Este sonho, Luísa o narra quase no final da peça.

A DRAMATURGIA FEMININA NAS DÉCADAS DE 70 E 80   219

Quanto a Sérgio, afirma:

Ele nega e sonega o prazer da mulher, liberando, por sua vez, um enorme ódio à mulher, fruto de experiências infantis.

Depois de outras considerações, conclui que Luísa, apesar das sofisticações, sem poder livrar-se desse jogo neurótico, acaba por repetir o modelo tradicional da mulher vítima e é "tão mulher vítima quanto Bernardete, a 'patroa' de Sérgio"[34]. Não seria, portanto, propriamente generosa, mas estaria apenas alimentando a neurose mútua.

Dada a quase superposição da elaboração dramática à realidade empírica que este texto de Maria Adelaide alcança (e graças, provavelmente, à forma de que se reveste), é fácil entender que a peça tenha não só despertado o interesse de psicólogos pelo que objetivamente mostra, mas ainda servido de ponto de partida para considerações de ordem mais geral, tanto quanto para essa espécie de reconstituição da história ou pré-história das personagens.

É claro que não nos cabe discutir a pertinência ou não pertinência dessa análise de caráter psicológico. Entretanto, permitimo-nos algumas considerações paralelas, já que o artigo, bem pensado e bem elaborado e, no conjunto, bastante acertado quanto a determinadas afirmações, é particularmente estimulante para quem tem diante dos olhos o texto de Maria Adelaide.

De início, devemos dizer que, do ponto de vista dramático estrito, como só nos é permitido interpretar a partir das informações que o texto efetivamente fornece, não seria fácil perceber as causas e motivos psicológicos que o artigo arrola, no desdobrar da argumentação. Assim é que, dos dados *presentes* no texto de *De Braços Abertos*, nada podemos inferir, por exemplo, sobre a infância problemática de Luísa, nem sobre as "feridas" que a teriam levado a escolher "homens agressivos, infantis e frágeis". Nem a ação, nem as referências das personagens nos autorizam essa conclusão. Sabemos que Sérgio tem tais características, porque o vemos na atualidade da ação, em seu relacionamento com Luísa. Mas as imagens do marido e de Paulo, o outro amante, que o texto deixa entrever, não são as de homens frágeis ou infantis[35]. Menos ainda temos dados que nos autorizem a concluir que

---

34. "Bernardete é mulher de classe média – permanece em casa cuidando das crianças, sem vida própria, desprezada" – Maria de Melo Azevedo. "Sérgio e Luísa no Divã", *Jornal da Tarde*, 30.3.1985.

35. Embora um deles pelo menos – Paulo, o líder político – pudesse ser

UM TEATRO DA MULHER

"ao relacionar-se com Sérgio, ela vai vingar-se dos homens por uma dor antiga incrustada em sua personalidade desde a infância". Como dissemos, nada há no texto que nos informe sobre uma infância infeliz ou algo no gênero, assim como nada nas atitudes que tem em relação a Sérgio se parece a uma "vingança" de origens arcaicas: o que ela manifesta, às vezes, são antes reações circunstanciais (naturais no "jogo do poder afetivo" com um homem, que, embora mostre de muitas maneiras que a ama, pode ser também terrivelmente agressivo).

Dos dados efetivamente explícitos no texto da peça e utilizados na análise desenvolvida em "Sérgio e Luísa no Divã", devemos mencionar dois que talvez pudessem justificar aspectos dessa análise.

O primeiro são as frases do tipo das que Luísa diz algumas vezes, tentando explicar a si mesma sua atração por um homem como Sérgio:

> Me assustava o fato de você não ser uma boa pessoa e saber que, exatamente por isso, eu estava sendo atraída por você; [ou] [...] a minha irresistível atração pelo abismo... o meu lado escuro, essa parte maldita em mim, há tanto tempo adormecida, já tinha sido despertada e reconhecia em você o sujeito de minha perdição.

A interpretação que se deu a essas frases seria inquestionável se outros elementos da peça a pudessem confirmar. Mas, em geral, não é o que vemos na atitude de Luísa: normalmente quando reage e ironiza é que acabou de ser provocada. De maneira que as palavras que definem esse "lado escuro" parecem uma forma de exprimir algo que não é propriamente "você desperta dentro de mim um desejo obscuro de me vingar dos homens e de me fazer, assim, vítima deles". Seriam antes a expressão de alguma coisa muito mais ampla e literariamente mais plausível: uma forma poética de falar da natureza inescrutável do amor. (Não podemos esquecer-nos de que estamos diante de uma criação poética.)

O segundo desses elementos presentes no texto e aproveitados pela análise – desta vez com maior felicidade – é o sonho de "braços abertos", a que Luísa se refere no final, antes das últimas falas. Esse sonho realmente pode traduzir-se como imagem da inquietação e solidão feminina e é, nesse sentido, verdadeiro emblema da peça e chave para sua interpretação. Aqui, a análise de Maria de Melo Azevedo foi corretamente ao ponto.

---

bastante agressivo: Luísa narra um episódio em que ele se irrita com ela e lhe nega apoio quando lhe conta que está grávida.

A DRAMATURGIA FEMININA NAS DÉCADAS DE 70 E 80   221

Mas *De Braços Abertos* oferece ainda dados que, referindo-se à situação econômica e social das personagens, contribuem para o enriquecimento das indagações e a clarificação do problema colocado. O próprio artigo da psicóloga os menciona; mas ainda, como é natural, para confirmar sua visão: "[...] há outros motivos de ordem social para o ódio consciente e inconsciente entre ambos". Refere-se, a seguir, ao fato de Luísa, inconscientemente, como que exibir sua vida de mulher rica e de sucesso, para que Sérgio, "um pé rapado de Santo André", como ele próprio se define, sentindo-se humilhado, desesperado e principalmente invejoso, venha a agredi-la e, dessa forma, se avilte. Inocentemente ela cria condições para que seu "algoz" se torne "mais vil e pequeno". Conclui a psicóloga: "Ora, isso demonstra que ela nunca tinha olhado para ele, não o conhecia absolutamente".

Na impossibilidade de discutir com propriedade tais interpretações (e deixando de lado uma possível pergunta sobre *por quê*, ao contrário, não deveria *ele* conhecê-la), o que podemos fazer é novamente voltar ao texto dramático. O que ele nos mostra em Luísa é um tipo de mulher que o feminismo contemporâneo designa como *emergente*, isto é, aquela mulher de classe média, educada ("Eu tenho de admitir que a educação faz alguma diferença", diz ela diante de uma ironia de Sérgio sobre sua finura no trato com o ex-marido), mulher que, tendo-se firmado no campo profissional e possuindo consciência de suas possibilidades de realização pessoal, sente-se com o direito de tomar decisões, inclusive as que se referem a sua vida sexual e afetiva. Esta mulher não está especialmente empenhada em fazer-se *menor* que o companheiro com o fim de atraí-lo. No caso de Luísa, ela tem pela frente, para além das diferenças de situação econômica e social, um homem preso ainda a valores imobilizados, claramente machistas. Ele não sabe ou não pode aceitá-la tal como ela é, com sua independência e uma forma de ser a que ele não consegue aplicar nenhuma das habituais imagens da mulher.

O certo é que Luísa encontra em Sérgio um homem que, se é capaz de lhe manifestar amor e de desejá-la, pode também agredi-la em pontos extremamente sensíveis. Daí o sofrimento verdadeiro (de ambos), o desentendimento, o desencontro. Há muitas cenas exemplares a esse respeito. Em uma delas, durante uma discussão, ele, de repente, lhe atira em rosto, com toda a violência:

Sérgio – Por que é que você trabalha? Qual é a sua? Seu marido não tem um puta emprego? Por que é que você não fica em casa e não dá seu lugar a alguém que precise?

222 UM TEATRO DA MULHER

Luísa – As razões pelas quais eu trabalho não são de sua conta!... Eu não sou
obrigada a agüentar os seus discursos irritados e machistas!

Ela é, como se vê, uma mulher difícil de manipular.

Em outro momento, em que se referem ao interesse de
Rogério por ela (Rogério é um colega de trabalho e amigo de
ambos), há acusações que não podiam ser mais injuriosas:

Sérgio – (...) O Rogério é meu amigo e veio se abrir comigo esta tarde! Ele tem
esperanças a seu respeito, sabia?
Luísa – Sinto muito.
Sérgio – Sente nada! O teu negócio é galinhar, provocar e depois tirar o corpo
fora. De vez em quando você vai para a cama com alguém, desde que
isso, é claro, seja feito no horário comercial e não ponha em risco o teu
belo casamento.

O conflito é claramente um conflito de valores, o choque entre duas diferentes maneiras de colocação no mundo, duas posturas distintas[36].

As conclusões gerais e as sugestões normativas que fecham o
artigo "Sérgio e Luísa no Divã" decorrem, naturalmente, das posições de sua autora relativas à situação apresentada na peça e,
em essência, dos rumos impressos à análise psicológica da personalidade de Luísa.

Afirmando que o movimento feminista lhe parece "emperra-
do" no ponto em que insiste nas dificuldades do relacionamento
homem-mulher ("Já está ficando cansativo ouvir as mulheres
queixando-se, com razão, do despreparo emocional do homem"),
Maria de Melo Azevedo conclui que "talvez já esteja maduro o
momento social para um passo adiante e aprofundar a análise do
problema". A seguir, acrescenta sua visão (que "não deixa de ser
feminista", como diz) desse problema e indica qual seria o passo
a dar adiante:

Acho que hoje é a mulher que tem mais condições de apontar saídas. Mas
ela terá de ser *tão* grande [grifo da autora] que não precise pisar o homem para
se manter de pé... Para perdoar a histórica "traição masculina", a mulher precisa
ser emocionalmente forte. Isto implica, entre outras coisas, poder conquistar e
manter espaços na vida social e econômica. Só assim poderá ser suficientemente
segura para ser generosa no campo afetivo.

Embora muito interessantes, estas sugestões parecem, quando mais não fossem, excessivamente exigentes no que concerne à

---

36. Muito mais do que a expressão adulta de possíveis traumas infantis,
embora não se possa, é claro, negar a presença de complicações psicológicas.

A DRAMATURGIA FEMININA NAS DÉCADAS DE 70 E 80   223

mulher: colocam-lhe nos ombros a responsabilidade de resolver o impasse criado (por *sua* liberação, é verdade) nas relações com os homens. Por outro lado, se a grandeza e a generosidade necessárias dependem, em última instância, de "conquistar espaços na vida social e econômica", pode-se imaginar que a tarefa encontre precisamente aí o primeiro ponto de dificuldade. E que o problema se reponha.

Ao mesmo tempo, seria importante considerar que os movimentos feministas continuam empenhados justamente na luta pela abertura de "espaços na vida social e econômica" – já que restrições nesse aspecto ainda persistem – por onde teríamos de concluir que não parecem emperrados em ponto algum. Especialmente se pensarmos que, se não diretamente, ao menos por suas ressonâncias, esses movimentos são capazes de atrair, para a área de discussão e de interesses que os definem, contribuições tão significativas como a que representa esta peça de Maria Adelaide Amaral.

Por alguns de seus aspectos, *De Braços Abertos* pode ser vista como fazendo parte – juntamente com *Boca Molhada de Paixão Calada*, de Leilah Assunção, e *Script-tease*, de Consuelo de Castro, entre outras – daquele grupo de peças que, por volta de meados da década de 80, manifestam a tendência a referir-se a acontecimentos do período imediatamente anterior da vida do país, assinalando a ligação dessa História com a história da vida das personagens e a influência desses acontecimentos sobre o rumo que tais vidas vieram a tomar.

Em *De Braços Abertos* (em que de qualquer modo esses traços tomam uma forma atenuada se comparados aos que aparecem nas peças de Leilah e Consuelo, por exemplo), há referência a acontecimentos ocorridos com Sérgio – uma prisão, talvez por motivos políticos, que o texto não esclarece completamente. Sempre ressentido, é ele próprio quem alude ao fato, quando descreve, em determinado momento, a própria desimportância:

[...] um pé-rapado de Santo André, que fez apenas modesta carreira, é malcasado, tem três filhos que não quis ter, que esteve preso mas não chegou a ser, exatamente, um preso histórico [...] não cometeu nenhum ato espetacular ou fez qualquer coisa capaz de suscitar admiração [...].

Mais marcados como políticos são os fatos mencionados a respeito de Paulo, o líder estudantil (morto, depois, no Chile) a quem Luísa esteve ligada por alguns anos:

[...] Eu tinha 17 anos [conta ela] quando o conheci na faculdade... ele era um líder, um deus... quando ele me propôs morarmos juntos, eu não hesitei, apesar da dor dos meus pais... eu sou filha única...

224 UM TEATRO DA MULHER

Por insistência de Sérgio, Luísa narra a história de sua ligação com Paulo (que lembra, em linhas gerais, a história de Zé Freitas e Júlia, em *À Prova de Fogo* de Consuelo de Castro: tanto uma peça como outra se referem à situação difícil de moças que engravidam, provocando reações hostis por parte dos companheiros. Em ambos os casos se trata de líderes estudantis envolvidos nas lutas políticas do período e isso nos faz pensar na freqüência com que ocorriam, então, tais problemas existenciais, ligados ao momento conturbado que o país vivia). Luísa vivera com Paulo quatro anos e, mesmo depois de casada, salvara-o de uma possível prisão, escondendo-o em sua própria casa.

Paulo é um de seus amores fracassados. Em realidade, o homem, que ela tanto admirava como líder, revela-se, no relacionamento pessoal com a mulher, duro e egoísta. A confidência que faz é ocasião para Sérgio manifestar, como sempre, as pontas de seu ressentimento:

Luísa – Um dia ele me comunicou que precisava sumir... me convidou para ir junto, mas eu fiquei com medo...
Sérgio – Isso não foi muito leal de sua parte.
Luísa – Eu não acreditava nele, eu não acreditava numa palavra do que ele dizia.
Sérgio – Foi uma boa desculpa para você não arriscar seu lindo pescocinho.
Luísa – Como é que eu podia acreditar numa pessoa que não foi comigo ao aborteiro, porque tinha coisas mais importantes para fazer?
Um dia eu cheguei feliz da vida dizendo que estava grávida... eu sempre quis ter um filho do Paulo. Durante anos quis ter um filho dele... Ele ficou furioso. Por que é que eu não tinha tomado as devidas precauções? Eu era um saco, vivia criando problemas para ele...

Interpretada por dois grandes atores, para os quais parece ter sido especialmente escrita, e estreada a 10 de outubro de 1984 no Teatro FAAP, *De Braços Abertos* constituiu um sucesso tanto de público quanto de crítica. Permaneceu quase dois anos em cartaz e valeu a Maria Adelaide três prêmios de melhor autor do ano: Molière, Mambembe e APETESP (número só superado por *Bodas de Papel* que mereceu, em 1978, quatro prêmios). A crítica, unanimemente, sem fazer restrições, elogiou-a em todos os aspectos:

"*De Braços Abertos* é o título do texto que coloca, em definitivo, a dramaturga Maria Adelaide Amaral entre os maiores autores teatrais de nossa literatura", afirma Fausto Fuser, no comentário que escreveu para a *Folha da Tarde*[37].

---

37. Fausto Fuser, "Uma Dramaturga e seu Microscópio Implacável", *Folha da Tarde*, 13.10.1984.

A DRAMATURGIA FEMININA NAS DÉCADAS DE 70 E 80   225

"*De Braços Abertos* estabelece com a platéia uma comunicação vital, como verdadeira obra-prima", são as palavras finais de Sábato Magaldi, em sua crítica do *Jornal da Tarde*, de 20 de outubro de 1984.

Salve-se Quem Puder (1983) – (inédita)

Nos noticiários e nas reportagens sobre Maria Adelaide Amaral, especialmente por volta de 1983, ano da criação de *Chiquinha Gonzaga*, aparecem referências a uma peça que até hoje se conserva inédita, não tendo sido ainda encenada, nem publicada: *Salve-se Quem Puder*.

Trata-se de um texto em que se reconhecem de imediato as qualidades básicas do teatro de Maria Adelaide: a fluência e a vivacidade do diálogo, que não se deixa levar pela tentação dos longos discursos, a solidez da armação da trama e o desenho em geral seguro das personagens. O mundo social em que atuam essas personagens lembra o de *Bodas de Papel*. Como se o exame da alta classe média não se tivesse ainda esgotado, a autora se volta agora para um grupo do mesmo nível, ainda que envolvido em outro tipo de atividade. Não são mais as grandes organizações multinacionais ou nacionais e seus executivos que aqui lhe interessam, mas o dos negócios em torno da arte, mais precisamente em torno das artes plásticas, aquela que tradicionalmente é consumida e negociada pelas classes sociais mais altas. Aí, o próprio gosto pela arte pode cruzar-se – e se cruza freqüentemente – com grandes interesses financeiros e a ambição de aumento do *status* social. Nesse mundo, os artistas, os que produzem a arte, se tornam apenas um dos elementos – poucas vezes isentos – do complicado jogo comercial. Como também se tornam peças-chave – nada isentos – os intelectuais e críticos que dele participam.

Tal como ocorrera em sua peça de estréia, Maria Adelaide parece conhecer de perto esse mundo e esses jogos, embora se mantenha, tanto lá como aqui, a certa distância, a uma distância que lhe possibilita aguda visão crítica desse segmento social e do caráter de seus integrantes.

Mas além da diferença de setor enfocado, há outra, talvez mais importante: se em *Bodas de Papel*, a despeito da comicidade de algumas passagens, o tom geral da peça se encaminha para o dramático, aqui ele é abertamente cômico, como se os olhos que observam se fixassem principalmente nos aspectos risíveis dos problemas. *Salve-se Quem Puder* é uma comédia em que os ridículos e a balofa pretensão das personagens ficam à mostra.

226 UM TEATRO DA MULHER

Tanto quanto em *Bodas de Papel* não há aqui atenuantes para as atitudes e a ética das personagens. Embora mais sofisticados (sete das oito pessoas que vivem esta história são capazes de falar inteligentemente de arte, de história, de literatura ou de política), os interesses que os agitam e os conflitos que se armam – geralmente muito engraçados, cortados de ditos de espírito – revelam um estofo moral mais que duvidoso: vêm à tona as falcatruas, a deslealdade, a desfaçatez, quando não a tola pretensão e a superficialidade. Por trás de tudo, aqui como lá, apesar dos disfarces, o dinheiro.

A longa rubrica que abre o texto nos dá com clareza a situação inicial da peça:

CENÁRIO: sala principal de fazenda antiga brasileira. Muitos quadros e em destaque uma tela imensa de um nobre espanhol do século XVII. Fim de julho. A fazenda pertence a Caio Magalhães, um *marchand* e colecionador, e ao irmão caçula, Otávio, um *playboy*. A fazenda fica em Amparo, perto de Campinas. E não explora nenhuma atividade agrícola, economicamente importante. Caio está com seu filho André, de 15 anos, do seu casamento com Helena. Estão separados. Helena casou-se com um sociólogo e é feminista. Moram em Campinas. André foi para a fazenda passar as férias com o pai. A presença de Caio na fazenda deve-se a uma exposição da pintora Tessy Marinho, a se realizar na sua galeria. Tessy Marinho encontra-se na fazenda trabalhando a todo vapor para a exposição. Foi uma forma de confiná-la para cumprir o número de telas necessárias. Na fazenda entre outros trabalha Cavalcanti – o único dos empregados que aparecerá diante do público – e que se tornará o "pomo da discórdia", ou seja, a partir do segundo ato, toda ação girará em torno dele... Chove, chove muito nessa noite.

Em dois atos, a peça nos revelará quem são esse *marchand* e seu irmão *playboy*, quem são Tessy Marinho e Helena, bem como o filho adolescente do casal, André; mas apresentará também uma outra personagem: Ed Siqueira, um homossexual de meia-idade, importante crítico de arte, cujas opiniões serão responsáveis pelo desencadeamento de conflitos, ao mesmo tempo cômicos e violentos. Cavalcanti é um simplório, um ex-pedreiro nordestino, recentemente alçado à categoria de mordomo, ainda desajeitado na libré que o patrão o faz vestir. (Ed vai descobrir que Cavalcanti é um gênio da pintura.) Seu único sonho é voltar e montar uma barraca para vender *hot dogs* na feira de Caruaru.

Sumariamente a ação pode ser delineada como a "virada" que a inesperada descoberta de que Cavalcanti é um gênio rude e primitivo da pintura vai provocar no projeto inicial. Esse projeto é o patrocínio do *marchand* Caio Magalhães à exposição de Tessy Marinho, pintora que, embora tivesse um quadro em Paris ("[...] todo mundo hoje em dia tem um quadro em Paris"), há muito não se apresentava em uma individual. Caio contratou Ed para

A DRAMATURGIA FEMININA NAS DÉCADAS DE 70 E 80   227

escrever o catálogo da exposição e por isso deve pagar-lhe mil dólares. Ed veio passar o fim de semana na fazenda para examinar os quadros. Na verdade, porém, detesta Tessy como pintora e lhe diz isso a todo instante, de todos os modos, os mais diretos. A respeito de um quadro (o auto-retrato de Tessy) que considera "uma merda", quando Caio lhe diz: "[...] você vai escrever coisas incríveis sobre ele...", Ed lhe responde: "Não sei se coisas incríveis, mas complexas o bastante para não me comprometer..."

De repente, descobre que Cavalcanti, (que Tessy está "namorando" e a quem costuma "dar umas tintas para ele se divertir de vez em quando..."), é na verdade um gênio que naturalmente se desconhece e não tem a mínima idéia do que vale, nem do que significa aquela conversa toda. O que entusiasmou Ed foi a pintura de uma laranja:

[...] uma laranja essencial! Simples, fundamental, acessível! [...] Esta laranja vai ser um marco na história da arte como *Mademoiselles d'Avignon* de Picasso, o *Nu Descendo a Escada* de Duchamp e as caixas de sopa Campbell do Andy Warhol! Trata-se, senhores, do maior fenômeno pictórico dos últimos 30 anos! [...] E pensar que durante anos eu esperei por isso! A luz de Chardin, o despojamento de Hopper, a cor de Van Gogh, o desenho rude de Cézanne, num único artista!

(O forte de Cavalcanti são os "hortifrutigranjeiros", como diz André.)

Feita esta descoberta, Ed tenta convencer Caio (que espera conseguir dinheiro para comprar a "condessa" do "conde espanhol" que acabara de adquirir por 250.000 dólares, pois vai cobrar da pintora 50% do produto das vendas) de que deve cancelar a exposição de Tessy e substituí-la pela dos quadros de Cavalcanti. Garante que isso renderá muito dinheiro, que será vantajoso para todo mundo. Começa mesmo a *criar* uma história do surgimento de Cavalcanti como artista... Caio reluta a princípio, mas Ed se antecipa e comunica a Tessy que sua exposição seria cancelada. Desesperada (desde o início ela se mostra meio ridícula, cheia de medos de trovão, falando tatibitate com o "namorado", choramingando, tendo crises de histeria), depois de violentas discussões com Ed e Caio em que não se poupam mutuamente as mais rasgadas acusações e ofensas, num acesso de raiva, destrói todas as telas que pintara (menos o auto-retrato que vai enterrar no pescoço de Ed, no final). É aí que Caio resolve definitivamente salvar os investimentos que já tinha feito e ainda obter o dinheiro que queria para comprar a "condessa": aceita seguir as sugestões de Ed; Tessy é, então, sumariamente descartada.

Mas, em tudo isso tinham-se esquecido de Tavinho, o *playboy* (que se diz "socialista"). Tavinho viera à fazenda para tentar ven-

228 UM TEATRO DA MULHER

der ao irmão sua parte na propriedade ("[...] me incomoda saber
que sou um latifundiário!"). Precisava de cinco mil dólares (há
uma longa história de jogo, de desvio de dinheiro, de falcatruas
de Tavinho). Como não consegue que Caio concorde com a compra, Tavinho acaba roubando não só o famoso "conde", de
250.000 mil dólares, como as valiosas telas de Cavalcanti...

Cavalcanti, que não quer absolutamente ser artista ("porque
é mais milhó labutá por conta própria..."), resolve partir para Caruaru e seus *hot dogs*. André se dispõe a acompanhá-lo, apesar
dos protestos de Helena. Ed, atirado ao chão, declara: "Eu vou
morrer", mas "ressuscita" quando Caio lhe pede ajuda: "Ed, não
morre agora, a gente precisa pensar numa estratégia... me ajude a
pensar numa forma de comprar a 'condessa' " – ao que Ed responde, erguendo-se: "Então eu vou ressuscitar". E encontra a
saída.

Ed – (*Retirando com nojo o quadro de Tessy de seu pescoço*). Meu jovem, você
ouviu falar no Pró-Álcool? Conheço pelo menos três sujeitos que ficaram
ricos graças a essa patriótica iniciativa. Você entra com a terra, o governo
com o capital. Dependendo de suas relações...

É a última fala da peça. Vem, a seguir, a rubrica final: "Caio
e Ed de braços dados se encaminham para o terraço, enquanto
Ed discorre sobre as vantagens do Pró-Álcool. Simultaneamente
entra o prefixo musical de *A Voz do Brasil* (a protofonia do *Gua-
rani*).

E saem juntos. O capital e a crítica venal continuam associados – sempre em nome do interesse pela arte, é claro – para
explorar outro setor, mais fácil e mais rendoso, que lhes permita
manter os seus negócios: além do próprio lucro final, o *status* social e o prestígio intelectual.

Fora esse núcleo central formado por Caio, Ed, Tessy, Tavinho e Cavalcanti – através do qual a ação realmente caminha –
há dois outros elementos: Helena, ex-mulher de Caio, "feminista"
que tenta defender Tessy e procura consolá-la no final, e André,
o filho adolescente do casal.

A personagem Helena tem apenas a função de colaborar na
formação do tecido da peça, de compor o ambiente, como a figura da mulher rica, atraída sucessivamente por "novidades" de
ação social como o feminismo ou a ecologia (está atualmente casada com um sociólogo, a quem Caio ironiza muito), e em permanente atrito com o ex-marido. Este, viciado em droga (toma
cocaína, como quem bebe em sociedade), teme que ela venha a
saber disso (Tessy, porém, acaba contando o segredo para vingar-se do *marchand* que a traiu).

A DRAMATURGIA FEMININA NAS DÉCADAS DE 70 E 80   229

André é o filho moderno, mordaz, crítico e (talvez não muito verossimilmente) tão "sabido" que é capaz de corrigir e comentar jocosamente os erros e as tolices dos outros, em matéria de cultura (arte, política, psicanálise, literatura). Possivelmente partem dele as falas mais cortantes e espirituosas, inclusive quando "traduz" para a linguagem dos demais as frases e expressões "incompreensíveis" de Cavalcanti.

André só está na fazenda, porque deseja depois ir com o pai aos Estados Unidos para ouvir a Montesserrat Caballé, na *Manon Lescaut* ("Eu morro de tédio na fazenda, papai. Verde, silêncio e ar puro só defendo em passeata ecológica. Minhas férias vão ser em Nova York daqui a dois meses..."). Defende Cavalcanti nas tentativas de açambarcamento; quer partir com ele para o Nordeste, no final, mas é recusado ("Tu é doido se tu acha que vou para Caruaru levando um moleque sem serventia que nem tu").

Embora não muito verossímil o retrato de André, podemos vê-lo como uma síntese – na qual os traços estão calcados – do adolescente atual da alta classe média, completamente liberado, um tanto cínico, capaz de enxergar mais longe que os pais, de dizer-lhes tudo o que pensa, tão mimado que se permite comportar-se às vezes como um bebê (concretamente ele faz a "gracinha" de abraçar-se a Tessy e afundar a cabeça no seio dela), enquanto se diz edipiano ("...eu estou apaixonado é pela minha mãe, mas não posso convencê-la a fazer a minha iniciação sexual! A Helena é muito careta e o Rubens não ia achar a menor graça!"). Quando o pai lhe pergunta se está querendo escandalizá-lo, responde:

André – Não seja ridículo! Qualquer manual de psicanálise fala sobre o complexo de Édipo... o que é que tem demais? O incesto foi liberado na Suíça para maiores de 18 anos!

No final, Caio e Helena concluem que criaram um "monstro".

Mas a personagem que, embora fundamental na trama (ele é "o pomo da discórdia", como afirma a rubrica), é desenhada com traços mais superficiais e de forma menos convincente é Cavalcanti. Muito pouco verossímil – até *pouco* nordestino – esse mordomo-pintor, bronco demais, é uma figura possivelmente posta aí para criar o contraste com a sofisticação dos outros, como se o povo na sua rudeza e simplicidade fosse mais autêntico e pudesse derrubar as elucubrações velhacas dos que o querem explorar. Não há dúvida de que esse contraste é responsável por boa parte da comicidade e da ácida ironia da peça. Talvez mesmo pelo seu sentido último.

O leitor ou espectador não ficará sabendo se Cavalcanti é mesmo um "gênio" inconsciente, se tudo não passou de mais uma explosão de requintada "delicadeza" intelectual de Ed, ou de um interesse de outra natureza (como é insinuado); ou ainda de uma manobra para eliminar Tessy. Mas em termos de verossimilhança e de credibilidade ficcional, Cavalcanti padece de certo artificialismo. Tudo o que faz ou diz aproxima-o de uma figura convencional; mesmo considerando-se o tom farsesco que o conjunto assume muitas vezes, destoa dos demais. Parece, como sempre, que lidar com personagens populares oferece um obstáculo difícil de superar. Embora cabível nas comédias – que continuam, com raras exceções, a utilizar tais personagens populares como elementos desencadeadores de comicidade – às vezes, como aqui, essa estereotipia não se casa bem com a feição realista dos demais elementos.

Salve-se Quem Puder resulta, afinal, numa sátira de humor ferino que não perdoa as pretensões de finura e requinte de determinado segmento social e que desmascara e exibe a verdadeira qualidade moral das pessoas que o formam, bem como da sociedade geral em que podem florescer. Só em *Ossos d'Ofício* a vocação de Maria Adelaide para a crítica mordaz toma tom tão abertamente cômico (embora ele esteja sempre, em doses menores, presente em outras peças). Assim mesmo, há uma sutil diferença na qualidade desse tom e desse humor, de uma peça para outra. O grupo humano de *Ossos d'Ofício* e o problema que vive de alguma forma solicitam a compreensão e a simpatia da autora. Por mais cômicas que sejam as personagens em sua insignificância, o humor com que são vistas e tratadas não tem a ponta aguda e cortante que apresenta em *Salve-se Quem Puder*. Lá, se pode até pensar em uma tragicomédia. Aqui há um componente de mordacidade mais violenta e mais impiedosa. Como se esta classe não merecesse piedade. Falta-lhe aquela ingenuidade, aquela tolice mesmo, que suaviza o ridículo e pode comover. Em *Salve-se Quem Puder*, as personagens são quase todas atiladas. Delas não se pode dizer nem mesmo que tentam salvar as aparências (..."A arte dispensa a ética simplesmente porque está acima dela. E eu não sei se você sabe, mas eu estou abrindo mão de uma propina bem interessante que o seu marido me ofereceu para dizer aos incautos que a Tessy é uma coisa que ela jamais será!" – diz Ed a Helena em determinado momento). São transparentes. E justamente da transparência com que nos permitem ver o que verdadeiramente os move, bem como da agilidade mental que manifestam, provêm o caráter e o sentido amplamente cômico e crítico da peça. Às vezes, também, o toque de absurdo que a atravessa.

Este é um retrato ao mesmo tempo *exato* desse mundo e uma caricatura que lhe revela as deformações.

9. Renata Pallottini:
Os Arcos da Memória*

AS PEÇAS ACADÊMICAS

> *Os abusos de que vamos falar constituem a vergonha de séculos passados, mas não do nosso...*
>
> MARQUÊS DE BECCARIA

1. *Enquanto se Vai Morrer... (1972-1973)*

Terminei de escrever *Enquanto se Vai Morrer...* em 1973 e, em julho do mesmo ano, a Escola de Comunicações e Artes da USP, primeira interessada na montagem da peça, através de Miroel Silveira, então diretor do que seria o TECA, enviou o texto à Censura. Começamos a esperar pela resposta que não vinha. Depois soube que a Censura age também assim: não se proíbe, mas também não se libera. Simplesmente se deixa que o decurso do tempo desgaste e envelheça intenções e projetos.

Com estas palavras, Renata Pallottini inicia um breve relato da história de *Enquanto se Vai Morrer* com a censura. Ela o escreveu em 1977, na oportunidade de uma leitura pública da peça, com o objetivo de fornecer informações às pessoas que promoviam o evento e pretendiam principalmente debater – ainda e mais uma vez, como ocorria com freqüência naqueles anos – o problema da censura que pesava sobre o teatro brasileiro[1].

---

* *Os Arcos da Memória* é o título de um livro de poemas de Renata Pallottini.

1. A cópia do relato mencionado nos foi fornecida pela própria autora.

234 UM TEATRO DA MULHER

O relato prossegue com a menção à interferência de amigos e de amigos de amigos, para a obtenção das notícias:

Em novembro de 1973 vinha a resposta, neste teor (transcrição literal): "Informo vossência foram negados pedidos de liberação para peças *Enquanto se Vai Morrer...* e *Cadela Humana* virtude contrariarem disposto legislação em vigor pt." Portanto [continua Renata], a peça fora equiparada a alguma coisa que, embora eu não conheça o autor, deve andar muito por perto da pornochanchada, e ambas por contrariarem uma vaga "legislação em vigor" [...] Soube depois que *Enquanto se Vai Morrer...*, embora não tivesse sido liberada, por outro lado também não tinha sido proibida: tinha sido vetada (acrescento detalhes porque me parecem pertinentes para que se tente entrar no mundo kafkiano dessa organização) [...]

Alguns críticos e diretores, bem como amigos ligados à vida teatral em São Paulo, já conheciam a peça, que merecera elogios de Sábato Magaldi. Segundo ele, tratava-se do melhor trabalho de Renata Pallottini até então. Mas *Enquanto se Vai Morrer* estava sendo submetida desde 1973 – como bem observa a autora quatro anos depois – a um tipo de tratamento que, em essência, funcionava como uma das armas da censura, um kafkiano processo de dilações e indefinições que em geral redundava em esvaziamento de qualquer possível impacto maior, quando a peça vinha a ser encenada (se viesse...) Referindo-se, por exemplo, ao insucesso de público de *Patética*, quando montada em 1980, Yan Michalski fala, como vimos, do "mal irreparável causado às peças proibidas"[2].

Vimos como Renata, já em 1977, descreve esse esvaziamento, no momento em que ele estava ou poderia estar ocorrendo com sua peça.

Às dificuldades de montagem que autores brasileiros encontravam naqueles tempos, somava-se a defasagem que a censura impunha a certos textos. É assim que *Enquanto se Vai Morrer* deixa de encontrar, no momento em que deveria fazê-lo, o caminho do palco, tornando-se a primeira peça de Renata Pallottini a permanecer inédita.

Embora o texto tenha qualidades literárias e dramáticas que sugerem a possibilidade de um espetáculo de nível excelente em qualquer momento (o que muitos reconhecem na própria época de sua elaboração), o certo é que ele discute idéias e problemas que diziam particularmente respeito *àquele* momento. Ainda que de valor e importância permanentes, adquiriam caráter de algo fundamental quando referidos a uma realidade como a que

2. Yan Michalski, *op. cit.*, p. 86.

A DRAMATURGIA FEMININA NAS DÉCADAS DE 70 E 80   235

vivíamos nos anos 70. Discutia a natureza da liberdade e da punição, tanto quanto a legitimidade dos métodos empregados para obter confissões, a prisão arbitrária, a tortura. E se voltava também para um problema característico do período: o problema do exílio, que além de envolver aspectos humanos evidentes, apresentava traços de um fenômeno político de natureza muito especial: a eliminação violenta e repentina de elementos significativos na vida do país. A eliminação desses elementos abria claros no quadro da vida política e cultural, difíceis de preencher, e podia provocar desacertos cujas conseqüências se sentiriam ainda muito tempo depois. Fora brusco o corte que o golpe de 64 causara no processo de desenvolvimento político, bem como no processo de formação da consciência política em que uma ou duas gerações, pelo menos, tinham estado empenhadas.

É óbvio que, voltada para questões de semelhante teor, *Enquanto se Vai Morrer* teria encontrado naquele momento seu momento mais propício, com possibilidade de repercussão adequada aos problemas que levanta. Mas essa repercussão tenderia, naturalmente, a atenuar-se ou a modificar-se em momentos nos quais a realidade fosse outra.

O teatro de Renata Pallottini retoma, em geral, nesta segunda fase, o passado brasileiro. Mas o faz por um caminho e com um sentido bem diferente daquele que presidia a elaboração de textos de outras autoras que algumas vezes buscaram também certo passado. Em suas peças, o passado finca raízes em épocas muito mais recuadas no tempo e é muitas vezes mais que um passado pessoal. A memória descreve sempre um longo arco para abarcar um tempo e um mundo muito mais vastos. Neles se situam os que viveram antes, desenha-se o universo de idéias, seres e coisas que estão na base da vida dos que vivem agora.

Estes seres, idéias e coisas podem aflorar ao mundo da sensibilidade e da imaginação nostálgica (quando a peça não é toda ela a reconstrução desse mundo) e tomarão formas análogas à de poemas feitos de palavras ou de imagens que se inserem em seqüências soltas à primeira vista, mas perfeitamente articuladas e integradas no corpo da peça.

Em *Enquanto se Vai Morrer*, o que se mantém sempre em cena – ou em pauta – mais do que um presumível protagonista é um *lugar*, ou melhor uma *instituição*, com toda a carga da vida que a constituía: a Faculdade de Direito de São Paulo. A Faculdade de Direito tem uma história centenária vinculada à história de São Paulo e do país. É através de partes significativas dessa história que o tempo em *Enquanto se Vai Morrer* alcança o ano de

1972, pondo em cena uma geração de herdeiros daquele passado, como se fossem elos de uma cadeia contínua.

O tema, porém, não se esgota nesta peça. Em *Serenata Cantada aos Companheiros*, de 1974, Renata Pallottini retoma o destino de algumas de suas personagens, vinte anos depois da formatura. As duas peças, embora tenham dramaticamente vida independente uma da outra, formam no conjunto da obra da autora um bloco que podemos considerar como o das *peças acadêmicas*, enquanto as que se seguem, até 1986, constituem o das *peças italianas*, integrado por três textos: *O País do Sol* (1982), *Colônia Cecília* (1985) e *Tarantella* (1986). Neste segundo grupo, não há entre as peças nenhuma ligação por meio de personagens, como ocorre com o primeiro: a unidade que lhe podemos atribuir provém de um tema geral, por definição mais abrangente – a relação do imigrante italiano com o país de adoção – que se desenvolve em histórias variadas e independentes entre si.

Toda a produção teatral de Renata Pallottini nos últimos quinze anos – precisamente o que estamos considerando sua segunda fase – pode, pois, ser vista como constituída de dois blocos de peças, que representam dois momentos de interesses diversos.

Do ponto de vista da construção, aquilo que marca toda esta segunda fase a partir de 1972 – com exceção talvez de *Tarantella*, a última (que representa uma experiência da autora com uma dramaturgia fechada, rigorosa, de poucas personagens) – é a dominância de uma forma dramática aberta, cuidadosamente elaborada, através da multiplicidade de cenas e de personagens, assim como da manipulação do tempo, do espaço e de níveis de realidade. As peças – umas mais do que outras – constituem-se em grandes painéis montados como um jogo de armar articulado com precisão, o que revela, da parte de quem o realiza, um domínio completo dos instrumentos de escrever para teatro.

Enquanto se Vai Morrer é, como dissemos, o texto com que se inicia esta segunda fase, que a própria autora chamou *de maturação*, na análise de sua obra feita na Tese de Doutoramento que em 1982 defendeu na ECA-USP. Nesta peça se faz uma retomada de tempos, acontecimentos e idéias que correspondem, em conjunto, a um período de cerca de quarenta anos na história contemporânea do Brasil, vividos direta ou indiretamente por um grupo de estudantes da Faculdade de Direito do Largo São Francisco. A Faculdade de Direito, na peça, não é apenas o lugar em que as coisas se passam, mas o ponto de irradiação daquelas vidas, o mundo em que nascem e assumem significação os seus projetos, em que se cruzam seus amores, o solo onde florescem idéias e ideais. "A Faculdade é a personagem principal", afirma

A DRAMATURGIA FEMININA NAS DÉCADAS DE 70 E 80   237

Renata em sua análise. Concretamente, poucos são os espaços que não fazem parte da casa do Largo São Francisco; todos, no entanto, pertencem a ela como atmosfera espiritual. Ao passo que se descreve o caminho que o grupo está percorrendo e o que está percorrendo cada membro do grupo, conta-se também a história daquela casa: a dos fantasmas que a habitam e que, na peça, contracenam com os vivos. Tais são o Marquês de Beccaria, saído dos livros e das aulas para dialogar com Cláudia ou a Mestra e discutir suas idéias, o Poeta Romântico, Júlio Frank, o Conselheiro Brotero, ou figuras como o Soldado de 32 e Pracinhas da Segunda Guerra Mundial.

Aquele processo de construção esboçado ou preliminarmente realizado em *Exercício da Justiça*, ainda nos primeiros anos de trabalho da autora, ao qual chamamos "poético", vai firmar-se e definir-se por inteiro em *Enquanto se Vai Morrer*: o mesmo sistema de aproximação entre seqüências que se buscam, em níveis diversos e em tempos diferentes, cenas que se fundem e se transformam como na mira de uma objetiva cinematográfica. O tempo flui e reflui numa linha que não obedece, aparentemente, a nenhuma lógica... temporal, mas a uma atração de imagens, própria da linguagem poética.

Dividida em dois atos e vinte e três cenas – onze no primeiro ato e doze no segundo – a história é emoldurada pelo presente (1970 é a data básica) e se tece de acontecimentos que vão de 1950 (ano do vestibular) a 1955 (ano da formatura), com saltos retrospectivos para 1932, 1940 ou 1840 (ano da morte de Júlio Frank). Os acontecimentos que não dizem respeito diretamente à vida estudantil do grupo – formado por Álvaro, Roberto, Jonas, Marília e Cláudia – são invocados por se prenderem à vida da Escola, como se a Faculdade fosse a pátria simbólica da juventude brasileira de todos os tempos. "É com o tempo que são tomadas as maiores liberdades", diz a autora e analista de *Enquanto se Vai Morrer*. Essas liberdades são necessárias para contar a história de uma instituição que antecede aqueles estudantes e que os ultrapassará.

O olhar que reúne as partes desta história é o de Cláudia, que é também quem a vive mais intensamente. Se em vez de um texto dramático se tratasse de uma narrativa, Cláudia seria a narradora e talvez a protagonista. Sob este aspecto, podemos dizer que quase todos os episódios se ligam a Cláudia enquanto membro do grupo.

A peça se inicia com a leitura de uma carta que Álvaro, do exílio, escreve a Cláudia e em que comenta a notícia que ela lhe mandara sobre a possível transferência da Faculdade para o *cam-*

238 UM TEATRO DA MULHER

pus da Cidade Universitária. Cada um deles, em lugares diferentes, lê um trecho da mesma carta. Estamos em "1970" e esta carta é uma espécie de prólogo. Na cena seguinte, em 1950, apresentam-se todas as personagens que, reunidas, cantam, como numa abertura, o Hino Acadêmico ("Sois da Pátria esperança fagueira"). A montagem deste quadro é a mesma do "Retrato de Formatura" em 1955, com que se fechará a peça. Mas da terceira cena em diante, se desenrolam os variados episódios da vida dos estudantes: o vestibular, o trote, as "brincadeiras de salão" em casa de Cláudia, as quais se transformam numa espécie de "trote" um tanto cruel que os colegas dão em Álvaro. (Álvaro não prestara o vestibular como os outros: vinha transferido de outra escola, de outro Estado, o que a princípio lhe dá uma condição meio marginal dentro do grupo.)

Nesses momentos, vão-se delineando os problemas e conflitos. Cláudia sente-se sempre perturbada em presença da Mestra, sem conhecer bem a natureza do sentimento que a domina; por outro lado, não consegue responder ao amor de Álvaro; este a procura, mas é sempre recusado, sem entender a razão da recusa; ela, por sua vez, nada lhe explica, por mais que o rapaz insista; por isso, Álvaro sente-se ofendido e magoado. Ele é diferente dos colegas que sonham com o diploma para entrar logo na vida prática, tornarem-se famosos, ganhar dinheiro, casar-se... Tem ambições e projetos políticos: sonha dedicar-se ao trabalho pelo povo e pelo país, mudar-lhe as condições de vida, tem idéias... Num concurso de oratória, fracassa, apesar da "torcida" dos colegas, porque lhe foi sorteado um tema não-político: sente-se arrasado. Cláudia tenta consolá-lo e ele, além de confessar-lhe amor ainda uma vez, revela-lhe seu projeto mais caro: quer ser um dia presidente da República. Álvaro não chegará a presidente da República, embora venha a alcançar, posteriormente, cargos importantes. Sua carreira política será cortada em 1964, como a de tantos outros daquela geração.

Do primeiro ato fazem parte duas cenas particularmente importantes: a primeira é a "Aula" em que se debatem idéias do Marquês de Beccaria. O próprio Beccaria aparece para dialogar com a Mestra e os estudantes sobre princípios expostos em seu livro *Dos Delitos e das Penas*, de 1764. Nele afirmava que "não existe liberdade, quando as leis permitem que, em certas circunstâncias, um cidadão deixe de ser homem para ser uma coisa que se possa pôr a prêmio"; ou perguntava: "mas qual é a origem das penas e do direito de punir? Quais serão as punições aplicáveis aos diferentes crimes? Serão justos os tormentos e as torturas?" As afirmações e as questões vão sendo comentadas pela

A DRAMATURGIA FEMININA NAS DÉCADAS DE 70 E 80   239

Mestra, enquanto os alunos sublinham as principais idéias executando pequenos balés alusivos. Quando a Mestra diz que: "[...] Por absurdo que pareça há quem defenda a pena de morte, as torturas, as punições desmedidas...", "alunos fazem cara de 'oh!'", indica a rubrica. Referindo-se à dedicatória ao soberano que o livro contém, a Mestra lhes repete as seguintes palavras: "as vantagens da sociedade devem ser igualmente repartidas entre todos os seus membros". A isso, primeiro Cláudia e depois os estudantes, em coro, comentam: "Altamente perigoso!"

E o Marquês, assustado, continua: "Devem ser evitados, no entanto, os excessos dos que, por um amor mal-entendido da liberdade, procuram introduzir na sociedade a desordem..." "Os estudantes dançam a liberdade e a desordem..." é a rubrica. E a seguir: "Os estudantes despem suas capas e, um por um, desfilam diante de Beccaria. Cada um deles lhe diz uma frase, citação literal sua, e lhe atira a capa negra:

Álvaro – "Não é o rigor do suplício que previne os crimes com mais segurança..."

Jonas – "Os abusos de que vamos falar constituem a vergonha de séculos passados, mas não do nosso século..."

Roberto – "Longe de pensar em diminuir a autoridade legítima, ver-se-á que meus esforços só visam engrandecê-la..."

Marília – "Se se proíbem aos cidadãos uma porção de atos indiferentes, não tendo tais atos nada de nocivo, não se previnem os crimes..."

Cláudia – "Quereis prevenir os crimes? Marche a liberdade!..."

Outro episódio em que, desta forma indireta e distanciada (os tempos não permitem outra coisa...), também se discutem princípios do filósofo italiano, relacionados com a repressão e a tortura, é "A Prova", cena com que se encerra o primeiro ato. Ambiguamente, o título da cena se refere tanto à prova que os estudantes estão fazendo, como ao tema sobre o qual devem escrever: as provas segundo Beccaria: "As provas podem ser perfeitas e imperfeitas", dita Marília, em voz baixa aos colegas. "[...] Podem ser... testemunhas, acusações secretas... interrogatório sugestivo... a confissão sob juramento..." Mais adiante: "A Suécia já não admitia a tortura... desde Gustavo III... 1771", frase que Jonas, escrevendo apressado, comenta: "Mil setecentos e setenta um... Puxa, quase duzentos anos!"

É interessante notar que, praticamente, cada uma das cenas através das quais corre a história apresenta dois ou três momentos diferentes: aquele em que a ação atual se desenvolve com certo realismo pode ser precedido, seguido ou interrompido por passagens não realistas: surgem eventualmente figuras como o Marquês de Beccaria (até mesmo para participar da vida pessoal de Cláudia, como interlocutor, assumindo funções semelhantes à de um analista, pai ou amigo, ou mesmo como um desdobramento dela mesma), Júlio Frank (como um símbolo da juventude libertária), o Poeta Romântico (que surge para dialogar com Álvaro).

O tempo, além de variar de uma cena para outra, pode variar dentro da mesma cena: a 1970 podem misturar-se momentos de 1950, 1932 ou 1940, ou vice-versa, quando o passado é trazido ao presente ou o futuro antecipado, para que seja unitária a visão do todo. Dessa forma ficam claras, no conjunto, as linhas dos destinos individuais daqueles jovens. Sabe-se, com certa antecedência, que Jonas morrerá de enfarto, em meio à carreira que tanto lutara para realizar, que Roberto se tornará rico e importante como sempre sonhara, mas também omisso e indiferente à sorte dos companheiros. Absorvido pela tarefa exclusiva de ganhar dinheiro, não deseja comprometer-se, envolvendo-se, por exemplo, no grave problema de Álvaro, o político que será exilado. Sabe-se que Marília se casará, abandonando a profissão, e que Cláudia cultivará sua poesia alimentando-a das substâncias que a vida e o tempo lhe oferecerem, sem chegar, até o final da peça, a decifrar seu próprio mistério.

A presença de canções estudantis tradicionais da Faculdade de Direito (algumas muito maliciosas) pontua toda a peça e lhe confere o lírico clima juvenil que ela apresenta; mas, por contraste, pode marcar também de uma ironia melancólica os momentos em que o futuro e a vida adulta se antecipam. Em uma dessas canções se inspira o título da peça.

Em sua análise, Renata Pallottini chama a atenção para certa obscuridade do texto: *"Enquanto se Vai Morrer* – diz ela – não quer ser propositadamente obscura, mas o é, com certeza. A partir de certos aspectos confessionais, ela se vale de símbolos, metáforas, sugestões; a peça tem pudores, indecisões e muita ignorância das verdadeiras causas que estão na raiz de certos acontecimentos".

Sob este aspecto, diríamos antes que a peça, mais do que obscura, é complexa. Por mais de uma razão – e o elemento confessional será uma delas – são criados caminhos complicados de expressão. A impossibilidade de discutir abertamente, em 1973, questões fundamentais daquele momento da vida do país, e que afetavam a sensibilidade da autora, formada na reflexão sobre a Liberdade, o Direito e a Justiça – temas que tinham sido os seus desde as primeiras obras – leva-a a buscar formas indiretas, metafóricas, simbólicas, de dizer o que pensava. (Coisa que aconte-

A DRAMATURGIA FEMININA NAS DÉCADAS DE 70 E 80   241

ceu, aliás, com muitos autores no mesmo período. O teatro brasileiro de interesse político torna-se, nessa fase, um teatro metafórico e alusivo.)

Por outro lado, é preciso não esquecer que os elementos líricos e dramáticos presentes em *Enquanto se Vai Morrer* são o tempo todo temperados pelo humor brincalhão e inteligente da autora de *O Crime da Cabra* e *Pedro Pedreiro*, humor que é, em particular nesta peça, extremamente delicado e adequado a "estudantadas". Com essas estudantadas e as brincadeiras se alternam os momentos mais sérios e dramáticos.

Prosseguindo em sua análise – e ainda discutindo o que chama de obscuridades da peça – Renata se refere a cenas que parecem estranhas ao núcleo da narrativa, como, por exemplo, a do "Elefante". Trata-se de um episódio que pertence à história do Largo São Francisco e que a autora associou a outro episódio dessa mesma história: a morte do estudante secundário Jayme da Silva Telles, assassinado ali pela repressão policial, em outros tempos. Na criação desta cena, a dramaturga Renata Pallottini parece não ter podido resistir ao gosto por explorar o elemento espetacular e teatral que ela sugeria. Mas há também um caráter simbólico nesse "elefante" de corpo recheado de gente como um cavalo de Tróia, que toma de assalto o Largo e investe contra vitrines de lojas, quebra coisas e estilhaça vidros. Não se pode falar de repressão, nem de revolta popular, mas pode-se mimá-las numa cena quase circense.

Outra dessas partes não facilmente explicáveis talvez seja a seqüência intitulada "Trinta e Dois". Ela pertence, sob certos aspectos, mais à memória pessoal e familiar de Cláudia que à memória da Faculdade de Direito. Fica-se sabendo que o soldado que aí aparece é o próprio pai da estudante, morto muito jovem (o Marquês de Beccaria refere-se a ela algumas vezes como "pequena órfã"). Escolhendo a história de um soldado determinado, faz-se referência a um fato da vida da personagem, mas ao mesmo tempo sugere-se a participação marcada da Faculdade de Direito em um episódio característico da história de São Paulo. A idéia liga-se à existência do monumento ao Soldado de 32, no pátio da Escola. Por processo análogo, é evocado Júlio Frank, uma vez que, num pátio próximo, fica também o túmulo do criador da Burschenchaft (que os estudantes abreviam para "Bucha").

As cenas precisamente intituladas "A Composição do Túmulo" e "O Enterro de Júlio Frank", de uma só vez, aludem a esse monumento e contam parte da história da Faculdade. A peça *faz falar, dá vida* aos monumentos que são testemunhos do passado, e dessa forma integra esse passado ao presente das novas ge-

242 UM TEATRO DA MULHER

rações. O Soldado de 32, Júlio Frank, o Poeta Romântico, os Pracinhas são todos personagens desta história de 1970; confundem-se com elas. Mas *Enquanto se Vai Morrer* faz essa ampliação retrospectiva sem valer-se necessariamente do *flash back*. É poeticamente, diríamos, que o passado penetra no presente.

De qualquer forma, só uma prova de palco – a que infelizmente *Enquanto se Vai Morrer* não foi ainda submetida – poderia dizer até que ponto tais cenas teriam cabida no espetáculo e lhe enriqueceriam ou prejudicariam a fluência e a economia teatral.

2. *Serenata Cantada aos Companheiros (1974)*

De qualquer forma, a história do destino deste grupo, tão representativo de uma geração, será retomada na peça seguinte. *Serenata Cantada aos Companheiros* é levada à cena na sala do meio do Teatro Ruth Escobar, em março de 1976. "A peça foi escrita – esclarece Renata Pallottini – em decorrência da proibição de *Enquanto se Vai Morrer*... Fosse normal a história daquele texto, e talvez o segundo não viesse a existir". Isso, entretanto, não significa nem que a segunda seja simples continuação da primeira, nem que não se baste a si mesma. Mas algumas personagens reaparecem para compor a narrativa. E ainda que algumas outras não sejam exatamente as mesmas da peça anterior é como se fossem, pois podem assimilar-se a elas, representá-las. "*Serenata*... não é continuação, mas uma conseqüência", explica a autora. E isso é verdade, não só em termos do que sucedeu com *Enquanto se Vai Morrer* (o veto da censura), mas em termos da própria ficção: tudo o que acontece em *Serenata*... na realidade decorre do que se passou em outros tempos, tem origem naquilo que foi vivido anteriormente por aquelas pessoas.

O que vemos aqui é o desenrolar do encontro (do desencontro?) de um grupo de bacharéis em Direito que resolve reunir-se em 1974 para comemorar vinte anos de formatura. Vinte anos, porque no décimo aniversário a reunião não tinha sido possível. Em 1964, um dos companheiros, Álvaro, já então comprometido com os movimentos políticos da época, tinha sido obrigado a exilar-se e a idéia da festa caíra no vazio.

Mesmo agora, somente seis dos que foram convocados por Cláudia e Teresa, as organizadoras, compareceram; os demais ou não tinham atendido ao convite ou se extraviaram, talvez porque Ney, encarregado de passar adiante a proposta, lhes tivesse fornecido endereço errado. Exilado, Álvaro é também um dos ausentes. Concretamente ausente, embora simbolicamente presente na figura muda de um *garçon*. "O Homem-Álvaro – informa ain-

A DRAMATURGIA FEMININA NAS DÉCADAS DE 70 E 80   243

da Renata – é tão marginal no tocante aos demais como nos é estranho um *garçon* de restaurante: não sabemos o seu nome, não o consideramos uma pessoa; ele é apenas parte da esteira-rolante que nos traz pratos servidos e copos cheios."

Silencioso como um bom garçon, mas personagem determinante, o Homem é – ao lado da ampulheta que ele próprio maneja marcando o escoar do tempo – um dos emblemas do mundo que será recuperado, tanto quanto o será a beca preta pendurada ao fundo, ou a grande balança da Justiça que as rubricas sugerem para compor o cenário. São elementos fortemente simbólicos dentro da peça, cuja construção entretanto, sob vários aspectos, difere muito da construção de *Enquanto se Vai Morrer*.

Sem saltos no tempo (o *flash back*, o *flash* em geral, não é utilizado), sem mudanças no espaço, a peça se apóia na palavra dramática e poética. A recuperação de tempos anteriores, as mudanças de clima e de situação se fazem naquele espaço único, no decorrer daquela mesma noite, através dos conflitos que vão explodindo aqui e ali, até atingir momentos de aparente loucura. É assim, por exemplo, aquele em que a descoberta mútua de mútuas transformações e decadência física leva as personagens a quase se despirem em cena. Como se as revelações mais íntimas se objetivassem, se os meandros mais escuros no interior dos seres viessem à luz.

O jantar que começara em clima de ligeiro constrangimento, mas que pretendia ser festivo (e quase o consegue, às vezes, por alguns instantes), vai deteriorar-se até transformar-se num campo de batalha primeiro, e depois num campo de destroços. A situação do comer e do beber quase animalescamente, que vai dominando, contribui para sugerir o ambiente de aviltamento da amizade, do amor, da cortesia, de qualquer coisa que se pareça ao que um dia foram ideais, valores; sugere a derrocada do espírito.

Porque, na verdade, esse jantar é a oportunidade para um vasto acerto de contas. O único casal presente – Mírian e Laércio – cedo começa a exibir o desacerto e a miséria daquele casamento, em que ela insistira meio despudoradamente, desde que eram estudantes: hoje, havia cartas anônimas que denunciavam infidelidade dele, obesidade e desespero por sentir-se desprezada, da parte dela, sentimento de culpa de ambos; Ney, decadente, exibe a amargura pelo fracasso profissional que desembocara no alcoolismo, enquanto todos cobram de Roberto o sucesso de quem o conseguira passando por cima dos princípios em que tinham acreditado quando jovens; Tereza, amarga pelo que considera a não realização de seus projetos como escritora, traz a cada ins-

244 UM TEATRO DA MULHER

tante a lembrança de Álvaro que ela amara inutilmente e de certo modo acusa os outros de terem o abandonado, de se terem omitido. E Cláudia?

Cláudia, principalmente, tem sérias contas a ajustar com todos. A mágoa que hoje vem à tona é antiga e se refere ao mal que lhe causaram, quando, a pretexto de "salvá-la", haviam destilado contra ela o veneno do preconceito. Estigmatizada por esse preconceito e marcada por um escândalo em torno de sua escolha amorosa, uma escolha não convencional – discriminada e "julgada", enfim, por ter amado outra mulher – Cláudia sofrera de todos o grande golpe que a levara, ferida, a "ir embora por dentro", a desligar-se interiormente do mundo da Escola, tão importante para ela:

Cláudia – (*Adiantando-se e pegando na beca.*) Eram Castro Alves, Álvares de Azevedo e Fagundes Varela... Meus poetas, vou-me embora... Não dá pra agüentar mais, não dá pra, depois de tudo, ficar aqui. Perdi o jeito, estou envergonhada. Eu não sabia, por isso vou-me embora. Fico na Escola, mas me despedi. Sofri demais, eu vomitei em seco! Vou-me embora, meus poetas. Cortei o fio... (*chorando*). Eu me cortei de vós...

E isso, ela não podia esquecer. Mais adiante, declara-o abertamente:

Cláudia – Não, não esqueço! Não esqueço e é por isso que eu estou aqui!
Teresa –. Por isso?
Cláudia – É por isso, por isso! Então você acreditou nessa besteira de confraternização, de ver os velhos amigos? De quem?

É o ódio de Cláudia que no calor da vingança incita-os a apalparem as misérias físicas recíprocas, a abrirem o jogo das coisas secretas, fazendo explodir na estranha cena do *strip-tease* os restos de compostura burguesa que até ali tinham sido mais ou menos mantidos. Não fica pedra sobre pedra.

O que se segue, deslizando do momento de auto e mútuo reconhecimento que Cláudia comanda, para a cena seguinte, é a descoberta do Homem-Álvaro. De repente se fixam nele, um estranho que também conhecem. Feito prisioneiro, começam a vê-lo como culpado daquilo em que cada um se transformara. Abre-se então a sessão do julgamento, ponto central da peça, que vai ser, ao mesmo tempo, o processo de julgamento de todos.

Como promotores e advogados de defesa, todos sucessivamente o acusam e o defendem, enquanto também se acusam uns aos outros, justificando-se cada um das acusações que lhe são feitas. A linguagem em que o fazem caminha das expressões formais

A DRAMATURGIA FEMININA NAS DÉCADAS DE 70 E 80   245

próprias de uma sessão de tribunal, empregadas ironicamente, às imputações mais agressivas e às confissões mais abertas. O mesmo *strip-tease* físico feito antes é aqui intensamente verbalizado, enquanto o jantar vai-se transformando num "festim decadente".

Testemunha daquilo que foram antes e daquilo que eram agora ("[...] viu todos vocês. Todos moços, cheios de saúde e agressividade, querendo subir na vida, querendo ser felizes... Ele é acusado de estar lá e de não ser cego", diz Míriam), o Homem-Álvaro é principalmente testemunha da omissão de muitos, da demissão de todos. De vítima a réu, é a encarnação do bode expiatório. Figura a culpa de cada um, como símbolo sutil de certa dialética interior: culpado é aquilo, ou aquele, que nos faz sentir culpados. Por isso, deve ser destruído. Figura também, a certa altura, a "opinião do mundo", a voz da coletividade que tem o direito de julgar, de punir, como pensa Roberto: "[...] Todo aquele que infringe as regras de comportamento da sociedade em que vive [estão falando de Laércio e da carta anônima que o denunciara. O Homem é o anônimo, é qualquer um, todos que podiam tê-lo denunciado] deve ser punido por essa mesma sociedade, a qual, nesses casos, está usando do seu direito de legítima defesa!

Laércio – Mas nós não fazíamos mal a ninguém!

Roberto – Engano seu, meu caro. Faziam mal à sua legítima esposa, aos filhinhos, em suma, faziam mal à sociedade organizada. Por isso foram punidos. E esse pobre homem, esse, quase direi, boneco, foi apenas o instrumento das iras da sociedade organizada que se defende, foi – por que não dizê-lo – o instrumento da ira divina. (*Pausa solene*) Disse.

É então que Cláudia se manifesta:

Cláudia – (*Adiantando-se*) ...Então, fica estabelecido que ele... (*aponta o Homem*) Ele... é apenas o instrumento de que se serve a sociedade, a mão que defende as instituições?

Roberto – Se você quiser dizer assim...

Cláudia – Ele, então, é o defensor da moralidade pública? É ele quem diz o que se pode e o que não se pode fazer? E quem julga os atos dele? Quem nos diz que ele próprio não comete os pecados de que nos acusa?

Teresa – Ninguém te acusa.

Cláudia – Todos me acusam.

Teresa – Você está delirando!

Cláudia – Estou mesmo? Ah, então eu estou delirando! Não foram vocês que me evitaram na rua, quando eu passava... Não foram vocês que me apontaram quando eu aparecia... (...) E, as reuniões feitas para cuidar da minha salvação?

246   UM TEATRO DA MULHER

Na análise que faz da peça, Renata Pallottini refere-se a possíveis ambigüidades, a passagens cujo sentido deve ter escapado aos espectadores. A observação alude principalmente a uma cena em que Cláudia, em sua defesa do Homem, se propõe contar uma história. Essa história, em verdade, dificilmente elucida algum dos temas ou motivos da peça, a não ser, talvez, por introduzir a reflexão sobre o valor da palavra, a ambigüidade das palavras, sua inutilidade ou perigo quando pronunciadas em determinadas circunstâncias, ou a ironia que significa escolher algumas, quando a vida e a ação dos homens vão desmenti-las. Defendendo o Homem, no final, Cláudia afirma:

> [...] Mais uma vez a defesa está contida na própria acusação. Mais uma vez, ela está presa às palavras, que são traiçoeiras. As palavras poderão, talvez, condená-lo, sejam quais forem. As palavras podem ser meios de delação, podem ser indicações de alguma coisa, que não convém tornar público. Elas podem ser a carta anônima, a carga que não se vê, porém se sente, ou o poema escrito e falhado. (*Cláudia caminha para o Homem*) Não gostaria de dizer mais palavras. Tenho medo de dizer mais palavras. Desconfio que elas não me poderão servir nesta hora. Desconfio que é preciso esperar mais...

De fato, foi necessário esperar um pouco mais...

Nas observações finais sobre esta peça, a autora alude ainda à inesperada reação que suscitou em alguns espectadores que assistiram a ela na sala do meio: "Curiosamente, esta peça, que procura mostrar a defasagem que pode haver entre projetos de vida, entre os sonhos e sua realização, que procura tornar patentes a relatividade das opções, a circunstancialidade das escolhas, enfim, a imensa diferença que vai entre o mundo juvenil do estudante e o mundo adulto, capitalista, consumista, competitivo, das personagens reais da peça, deu ensejo a uma violenta reação [...]". Esta reação consistiu em manifestações de desagrado, contrárias às colocações que a autora fazia, e vieram a público em uma carta estampada no *Jornal da Tarde*, de 27 de abril de 1976. Renata a respondeu, também de público, pelo mesmo Jornal. Alguns advogados e estudantes de Direito sentiram-se atingidos e se julgaram na obrigação de protestar e de se manifestar em defesa da classe e da Faculdade. Na verdade, nem de longe perceberam que não se estava atacando a Escola, mas, ao contrário, oferecendo-lhe uma canção que era de amor. Não de glória, mas de amor. Em todo caso, uma melancólica *Serenata Cantada aos Companheiros*.

A DRAMATURGIA FEMININA NAS DÉCADAS DE 70 E 80   247

AS PEÇAS ITALIANAS

1. O País do Sol (1982)*

> O que quer dizer essa revolução para nós? Que
> querem dizer todas essas revoluções? Nós somos os
> pobres. Temos que trabalhar. Se comemos e bebemos
> um pouco... melhor para nós.

Quando se tornou possível, na ECA[3], que os candidatos ao
doutoramento (e a outros títulos) pudessem apresentar, como tese, basicamente, uma obra de arte de sua autoria – coisa inteiramente nova, creio, na história da Universidade brasileira (embora também já prevista no Regimento Geral da USP) – Renata
Pallottini, inscrita no Programa de Pós-Graduação, tinha pronta e
inédita O País do Sol, que se tornaria o núcleo de sua Tese de
Doutoramento na Área de Artes (concentração em Teatro),
apresentada ao CTR em 1982.

De algum modo, a criação da peça – e depois, a elaboração
da tese – significava dar continuidade a um tipo de interesse que,
aparentemente, tinha nascido na Escola alguns anos antes. Já em
1975 Miroel Silveira havia defendido sua tese, também de doutoramento, sobre A Contribuição Italiana ao Teatro Brasileiro
(1895-1964)[4]. Ambos os trabalhos, ainda que ligados a interesses
e pesquisas anteriores de cada um dos autores, talvez respondes-
sem ao influxo das comemorações do centenário da imigração italiana no Brasil, em 1977. Ao prolongamento desse mesmo influxo
se deveram posteriormente outras obras, na Televisão, no Teatro,
na Literatura.

Externamente não haveria relação alguma entre os trabalhos
de Miroel Silveira e Renata Pallottini, que eram de natureza dis-
tinta e correspondiam a interesses intelectuais – e afetivos – distintos: o de Miroel era o resultado de uma pesquisa histórica
exaustiva, um ensaio sobre o teatro italiano e ítalo-brasileiro praticado pelos grupos amadores chamados filodrammatici durante
longo período; o de Renata Pallottini, uma peça de teatro

---

* Em setembro desse mesmo ano de 1982, durante o 1º Festival Nacional
das Mulheres na Arte, em São Paulo, foi encenada no Teatro CENARTE uma
pequena peça de Renata Pallottini, intitulada Melodrama, a qual fora escrita por
volta de 1977.

3. Com base no Regime Interno da ECA, Título III, Cap. I, Art. 15, Pará-
grafo 2 – 16.9.1976.

4. Com esse título foi publicada por Edições Quíron-INL-MEC, 1976.

248   UM TEATRO DA MULHER

(também precedida de uma pesquisa sobre o período e principalmente sobre o anarquismo), uma obra de criação artística,
portanto. No caso de Miroel Silveira, o trabalho se prendia a toda
a sua vida de homem de teatro, com uma extensa folha de servi-
ços prestados ao teatro brasileiro, desde o início de sua renovação
na década de 40: "[...] pareceu-nos que esta escolha – esclarece o
autor na introdução à sua tese – traduzia muito definidamente
nossa maneira de pensar e de ser. Uma coerência à qual não poderíamos fugir, e que nos dá realmente a esperança de, com paciência e amor, trazer à tona uma curiosa história de gente modesta e simples, mas apaixonada por teatro e que soube, apesar
do silêncio em que a soterraram, deixar exemplo construtivo para
a formação do moderno teatro brasileiro"[5].

No caso de Renata Pallottini as razões seriam inicialmente
outras e diferentes. Mas produziram obra de sentido análogo.
Restaurando uma história até aquela data quase esquecida no
teatro (poderíamos dizer *esquecida*, já que a peça de Renata é
cronologicamente a primeira, nos anos mais recentes, que toma
os temas do imigrante italiano e do anarquismo, só mais tarde
surgidos em outras obras, como dissemos)[6], *O País do Sol* traz à
cena aquela mesma "gente modesta e simples" que fazia o teatro
dos *filodrammatici* ou que a ele assistia vibrando de emoção,
aplaudindo, rindo, chorando, procurando manter vivo o sentimento da pátria que tinham deixado para trás, enquanto colaborava
na construção de outra que um dia seria a de seus filhos e netos.

Nas bases da criação de *O País do Sol*, poderíamos identificar linhas convergentes de motivação da autora: por um lado, a
vontade de recuperar a memória familiar, o que acaba por levá-la
a um passado relativamente distante, o qual, por sua vez, é
também o passado de um grupo étnico muito significativo na
história de nossa cultura (a tese de 1982 é dedicada à memória do
avô anarquista: "À Memória de Guido Monachesi, meu avô e
personagem"); por outro, uma sensibilidade permeável a aspectos

---

5. Miroel Silveira, *A Contribuição Italiana ao Teatro Brasileiro (1895-1964)*,
São Paulo, Quíron; Brasília, INL, 1976, p. XII.

6. Em 1963, o TBC encenara *Os Ossos do Barão*, de Jorge Andrade. Em
meados dos anos 70, o tema da imigração italiana é objeto de criação coletiva por
parte de um grupo dirigido por Celso Frateschi que atuava em um bairro de São
Paulo. Porém obras como a de Zélia Gatai (*Anarquistas, Graças a Deus*, depois
adaptada para a televisão), a telenovela *Imigrantes*, levada ao ar pela TV Bandei-
rantes, *Bela Ciao*, peça teatral de Luís Alberto de Abreu, *Em Defesa do Companheiro Gigi Darinani* (de Jandira Martins e co-autoras) são todas posteriores a *O
País do Sol*, escrita em 1981.

A DRAMATURGIA FEMININA NAS DÉCADAS DE 70 E 80   249

dos contatos humanos e da interpenetração de culturas – no caso, a peninsular e a brasileira – interpenetração que redundará no perfil característico do povo e especialmente de uma cidade como São Paulo[7]. A isso se somava, de maneira decisiva, o fascínio pela história de um movimento de idéias que esses mesmos imigrantes tinham sido dos primeiros a trazer para a América: o Anarquismo.

O Anarquismo, como um modelo projetado para sustentar um sonho fundamental da humanidade, parece ter, na visão de Renata Pallottini – e em que pese seu caráter utópico[8] –, o valor do único sistema capaz de reunir duas coisas dificilmente conciliáveis, mas extremamente caras à autora: a verdadeira igualdade em termos sociais e a plena liberdade individual.

A esses elementos básicos na inspiração de O País do Sol, poderíamos acrescentar alguma coisa que é mais ou menos constante na obra de Renata e está presente desde suas primeiras peças (O Crime da Cabra, Pedro Pedreiro): o interesse pelas gentes mais humildes, o gosto de fixar, poeticamente, aspectos da vida de uma classe que não é a burguesia.

Assim, pois, as personagens de O País do Sol vêm realmente a estar muito próximas da "gente simples e modesta" de que fala Miroel Silveira, com seus valores, seus hábitos, suas festas e canções, com sua religiosidade e idéias políticas, alegrias, sonhos e dores de homens transplantados. Há até mesmo uma curiosa coincidência. Ao falar sobre a origem remota de sua peça, Renata explica que ela está precisamente na recordação de certos espetáculos teatrais vistos na infância, em um tipo de espetáculo que, se não é dos filodrammatici de Miroel, deles não andava muito distante, em espírito. "A origem remota de O País do Sol está na lembrança de uma velha companhia de teatro dialetal – a Companhia Canzoni de Napoli – que circulava pelo Brasil nos duros anos da Segunda Guerra Mundial. Constituída por atores e cantores napolitanos, afastados de sua terra e mais ou menos sediados na Argentina, essa companhia representava dramas e comédias (principalmente dramas), baseados nas canções populares do passado e da época. Essas canções eram quase todas já por si bas-

---

7. É importante assinalar que, das autoras aqui examinadas, Renata Pallottini é a única a escrever um teatro inconfundivelmente paulista. Os temas de sua preferência levaram-na a fixar em suas peças aspectos característicos da história, da vida e das feições da cidade e da gente de São Paulo.

8. Em Colônia Cecília, a própria autora parece reconhecer, com certa melancolia, esse caráter utópico do movimento anarquista.

250 UM TEATRO DA MULHER

tante dramáticas: contavam histórias com enredo e conflito, histórias que ensejavam a criação de uma peça de teatro completa, com caráter de opereta pobre. Ou seja: a história era dialogada e interrompida eventualmente por canções que se encaixavam no tema"[9].

Para ilustrar o que afirma, a autora resume o enredo de uma dessas peças – *Zappatore*. Depois de descrever o final comovente em que o filho ingrato do Zappatore chora de arrependimento e remorsos junto à mãe enferma, que ele desprezara, Renata comenta: "Com ele choram os companheiros de festa e, naturalmente, toda a platéia do *Colombo* ou do *Santana*"[10]. E adiante, completando a visão das origens de sua peça:

> O espetáculo era modesto mas movimentado e cheio de energia, os cenários colocados e feitos com base em telão pintado, sempre com muitas flores e parreiras verdíssimas. Mas o que não podia faltar nunca era o pano que representava a baía de Nápoles, com o Vesúvio ao fundo, a clássica fumacinha, o mar azul. Em ocasiões de grande espetáculo, o Vesúvio chegava a ter uma luzinha na boca, que acendia e apagava, prodígio teatral para as crianças que éramos nós.

É aproximadamente este o gênero de espetáculo a que o texto de *O País do Sol* pode por sua vez dar lugar. As sugestões precisas para a montagem – prática freqüente também nos demais textos de Renata Pallottini – aqui se tornam indispensáveis para a visão do conjunto e inseparáveis do texto representável. Como se a autora não pudesse conceber sua peça senão *vendo-a* mentalmente nos seus movimentos, nas suas cores, senão *ouvindo-a* nas suas canções, na sonoridade das falas italianas, alternadas, às vezes, com os sons de falas brasileiras[11]. As rubricas são expressivas sob este aspecto e a impressão de quem lê o texto é de que um diretor poderia segui-las tranqüilamente com a certeza de obter um belo espetáculo, colorido e movimentado.

O empenho em recriar o ambiente não é feito no sentido de uma reprodução naturalista, mas no da obtenção de um clima *tea-*

---

9. Renata Pallottini, *O País do Sol* (Tese de Doutoramento), texto xerografado, p. 303.

10. "Zappatore, *i.é.*, o trabalhador da enxada, o camponês pobre" (*idem*, p. 303). "Depois do drama havia um ato variado, onde os atores cantavam e dançavam e onde se fazia a *festa artística* de um deles, o qual, naquela noite, tinha direito a uma porcentagem maior da renda da bilheteria" (*idem*, p. 304).

11. "[...] é essencial que as falas não sejam ditas com sotaque italiano, com entonação italiana [...]. A música, o som das palavras, tende a criar um clima de italianidade [...] criou-se um diálogo escrito em português razoavelmente correto, a ser falado sem sotaque, mas que soa, aos ouvidos do público, como fala de italianos" (tese citada, p. 354).

A DRAMATURGIA FEMININA NAS DÉCADAS DE 70 E 80   251

tral, com a peculiaridade de ser este clima próximo, tanto quanto possível, daquele que haveria numa encenação da época. Esta retomada de um gênero misto de teatro musical e teatro declamado, muito característico do período de que trata a própria peça, dá a *O País do Sol*, no seu todo, o sabor de "teatro no teatro". Ao mesmo tempo que elabora uma narrativa alongada no tempo, com um grande número de personagens, como um romance do século XIX, a peça sugere um espetáculo que é moderno, justamente na medida em que aceita *abertamente* certas convenções da cena antiga: telões pintados, navios recortados que se movimentam sobre rodas, canções que interrompem a ação e são cantadas pelos próprios personagens ou por grupos corais.

Explicitamente, aliás, a utilização do recurso do "teatro no teatro" ocorre duas vezes na peça (ou melhor, três, se contarmos a ceninha de Commédia dell'Arte que antecede uma delas), em momentos diferentes. No primeiro, temos um teatro de bonecos, montado na rua, durante uma festa popular no Bexiga, um dos bairros paulistas em que se instalaram os imigrantes (não só os da peça, mas os imigrantes históricos). Nesse teatrinho, se encena uma antecipação do assassinato do rei Humberto da Itália, por um anarquista. A passagem, além de produzir o efeito que costumam produzir as antecipações no teatro, evita a narração (ou a repetição narrada) de fatos e idéias importantes no desenvolvimento da trama. Atentados freqüentes à vida de governantes e autoridades, que chegaram mesmo ao assassinato de um presidente (o presidente Carnot, da França), eram motivo da perseguição generalizada a anarquistas, na Europa. Por causa dessa perseguição é que Paulo Ferrante tinha fugido para a América. Paulo Ferrante, pintor, ex-estudante de medicina e anarquista, é uma das principais personagens de *O País do Sol*. No Brasil, é ainda a perseguição por suas idéias políticas e sociais que o leva a ser morto com um tiro pelas costas. (Paulo, que andava pelo interior, procurava "instruir" patrícios onde os encontrasse e se tornaria suspeito aos olhos de um fazendeiro a quem sugeria mudanças na fazenda para melhoria das condições de vida dos colonos. Informado pelo Consulado Italiano de que se tratava de um anarquista, o latifundiário manda assassiná-lo.)

O segundo desses momentos de teatro no teatro, que favorece, por seu lado, a criação de certa atmosfera emocional e humana que a peça pretende evocar, é aquele em que algumas personagens assistem, numa sessão do Teatro Colombo, a *A Morte Civil*, de Paolo Gicometti. Teatro, peça e autor que marcaram toda uma época e que são muitas vezes mencionados nos estudos de

252 UM TEATRO DA MULHER

Miroel Silveira (Renata reproduz toda a última cena da peça italiana).

Se nos reportamos particularmente a esses dois momentos, é porque eles nos remetem de forma específica ao que julgamos ser o teor da peça. Como dissemos, *O País do Sol* parece toda concebida como um espetáculo dos fins do século passado, ao mesmo tempo que apresenta, no conjunto, o caráter de uma colorida festa popular, em que o coletivo predomina. Para confirmar isso, basta, por exemplo, ler o que o texto propõe logo no início, como prólogo do primeiro ato. Nesse prólogo se faz a sugestão de uma festa ítalo-brasileira (ainda hoje existente em São Paulo) e se convida o público a participar dela, o que é ao mesmo tempo o convite para os espectadores penetrarem no universo dos imigrantes e da peça. Vale a pena transcrever alguma coisa desse trecho inicial e as rubricas correspondentes que procuram unir o passado ao presente, um país a outro:

No vestíbulo do teatro ou espaço introdutório qualquer, estão armadas barracas de comestíveis, música italiana gravada, que se ouve por alto-falantes, de mistura com músicas brasileiras de princípios do século. As barracas devem vender mesmo, ou dar sanduíches, pedaços de queijo, lingüiça, vinho, pizza etc. É a *festa de São Genaro* – todos os atores devem estar neste espaço participando da festa, vendendo, transando com o público. Festa popular. Contagiante. Quando todos os espectadores estiverem nesse espaço, a música cai de volume e se destaca *um* apresentador:

Apresentador 1 – Atenção, atenção, senhoras e senhores! Queremos explicar a todos que esta é a festa de São Genaro, também conhecido no Brasil como São Januário. São Genaro tem muitos adeptos na Bahia, sabe Deus por quê, embora tenha nascido em Nápoles, lá pelo ano duzentos e cinqüenta da nossa era. Ele foi Bispo de Benevento e fez muitos milagres. O maior deles é fazer ferver o seu próprio sangue, que fica dentro de um tubo, na Catedral de Nápoles. Todos os anos, no dia 19 de setembro, o sangue de São Genaro fica líquido outra vez e ferve! Por isso é que nós resolvemos fazer todos os anos, nessa data, a sua festa! Viva São Genaro! Viva o Brasil!

Nas palavras de um segundo apresentador – que ainda conta brevemente um episódio ligado aos milagres do santo e ao sangue que ferve (o sangue vermelho que ferve será, segundo indicações das rubricas, utilizado como sugestão visual, muitas vezes, ao longo da peça) – percebe-se que esta festa de São Genaro se coloca como uma espécie de súmula de outras festas populares ítalo-paulistas (festas até agora existentes), como um símbolo de organizações próprias da colônia italiana, das manifestações que a comunidade promoveu e promove para manter vivo o sentimento da *italianitá*, de que tanto parecem orgulhar-se ainda hoje. "Ago-

A DRAMATURGIA FEMININA NAS DÉCADAS DE 70 E 80   253

ra, esta é a festa da Senhora de Casaluce, a 'Madona Nera'...", diz o Apresentador 2. E, adiante, novamente o primeiro apresentador: "Atenção, atenção! Esta é a festa da Senhora Aqueropita, da Madona da Ripalta, do Espéria, do Oberdan, do Doppo Lavoro e do Palestra Itália!"

O prólogo se estende ainda em uma segunda etapa – e em outro espaço: surgem dois administradores, um brasileiro e um italiano, que dialogam em tom ligeiro sobre as circunstâncias da emigração e as razões que têm os dois países, um para fazer emigrar os seus filhos, outro para recebê-los. "O Brasil está arrependido?", pergunta no final o administrador italiano. "Não, não digo isso...", responde o brasileiro. E o outro: "Então, viva São Genaro, e que siga a festa!"

E a festa segue, realmente. A rubrica é explícita: "Este é o sinal para que o público seja encaminhado ao ambiente seguinte, com panos vermelhos e tapetes idem, tubos cheios de um líquido vermelho que ferve. O público é introduzido numa passagem de onde pendem estandartes com as cores italianas e brasileiras"[12].

O ambiente seguinte é a sala de espetáculos e só então se inicia a ação propriamente dita.

As primeiras cenas se passam na Itália, numa cidadezinha às margens do Adriático, "no sul, na parte meridional que sempre foi a mais pobre da Itália", informa-nos a autora, na análise que faz de sua peça. Conversam Domingos, Vicente, Luciano e Mário. Depois de falarem das dificuldades que estão encontrando para viver naquele lugar, onde não há trabalho ou se ganha muito pouco, todos decidem (com exceção de Mário, que prefere ficar e que posteriormente será morto na Guerra) aceitar a proposta de emigração que as autoridades italianas estão fazendo aos trabalhadores. Na cena seguinte, conseguem convencer as mulheres de que devem tentar a vida na América. Embora algumas relutem (principalmente Adélia, a mulher de Luciano), acabam por ceder à vontade e à decisão dos maridos. Na verdade, homens e mulheres se sentem divididos entre o medo e a esperança: o medo do que lhes poderá acontecer, e à família, numa terra tão distante e estranha, e a esperança de melhorar de vida, nessa América maravilhosa de que falam alguns "[...] o permanente conflito interior dos emigrantes, esse despedaçamento que os acompanhará por toda vida, é a constante da peça", esclarece Renata[13]. Uma fala

---

12. Acrescentamos tais pormenores porque nos parecem importantes para sugerir o caráter de festa popular que é um dos elementos marcantes desta peça.

13. À página 337, da tese citada.

254 UM TEATRO DA MULHER

monologada de Adélia, enquanto arruma suas coisas para partir, é expressiva a esse respeito:

Adélia – (*Sozinha*) Os livros... que adiantou aprender a ler? Melhor ter ficado em casa, em vez de ir pro Colégio das Freiras... que adianta, se na hora de resolver a vida é o homem que manda? A gente leva os livros pra América? Que adianta, se lá é outra língua? Meu Deus, em que língua se reza, pra que santos a gente vai rezar?

As cenas que se mostram a seguir são paralelas no tempo. Enquanto os do Sul se preparam para partir, em outra cidade, agora mais ao norte, Paulo Ferrante e um Companheiro Socialista falam do perigo que correm os "revolucionários" em geral, sejam socialistas ou anarquistas. Paulo pretende fugir para a América e reafirma, com entusiasmo juvenil (tem apenas dezoito anos), sua crença na liberdade e na "Idéia". Em qualquer parte do mundo poderá lutar por essa "Idéia" e por essa liberdade. Na verdade, ele é "um dos tais sem pátria e sem patrão", como diz o policial que deve prendê-lo. (Renata faz notar as contradições a que a vida o obrigará: apaixonado, casar-se-á contra seus princípios, trabalhará para outros; um dia, estando longe, porque é Natal, sentirá saudades e voltará para rever a família, como qualquer burguês...)

Em alto-mar, cruzam-se o navio americano, o "Morning Star", em que Paulo embarcara no porto de Gênova, e o "Cristóforo Colombo", o barco de bandeira italiana ("um navio inteiro só de emigrantes") em que viajavam os do Sul, que haviam partido do porto de Nápoles. No momento em que se cruzam os navios, Paulo, poeticamente, "verá", de longe, Celeste, a filha adolescente de Laura e Vicente, com quem há de casar-se anos depois, quando vier para o Brasil, após ter tentado a vida em outros países.

Ao final de uma longa viagem, o "Cristóforo Colombo" chega ao Brasil, pelo porto do Rio de Janeiro. Por que o Rio de Janeiro e não Santos, o que pareceria mais verossímil, já que os viajantes se destinam a São Paulo? É no momento em que fala das lembranças pessoais de um teatro italiano que ela ainda alcançara e que estava na origem da inspiração de sua peça, que Renata justifica a escolha, referindo-se aos recursos habituais daquele teatro: "Esse mar, esse Vesúvio, esses pobres recursos estão na base de toda a construção da peça, que agora tenta recriar um fio de ligação entre as duas baías, a de Nápoles e a da Guanabara, entre duas montanhas, o Vesúvio e o Pão de Açúcar, e, naturalmente, entre dois países do sol: a Itália e o Brasil".

São, como se vê, razões poéticas.

A DRAMATURGIA FEMININA NAS DÉCADAS DE 70 E 80   255

Domingos, Vicente, Luciano, as mulheres e as filhas vêm, a seguir, para São Paulo. Ao desembarcarem na Estação do Norte (indicada por um luminoso que acende), a primeira coisa que ouvem são "vozes que apregoam jornais": *La Bataglia, L'Alba Rossa, Lá Pátria! L'Emigrante Italiano!* E com mais força: *A Fanfulla Italiana! A Fanfulla Italiana!*

Surpresa, Laura quer saber: "Onde estamos, Vicente? Será que aqui é Milano?" "Não, dona... É só São Paulo", responde o jornaleiro.

Instalados no Bexiga, os imigrantes começam, então, a viver sua vida brasileira. Uma vida que inclui a luta dos primeiros tempos, a desilusão dos sonhos de riqueza (os trabalhos que conseguem fazer são humildes trabalhos e certa decepção transparece nas cartas que enviam para a Itália), os contatos iniciais com os brasileiros que os rodeiam, cujos hábitos estranham (como os da terra estranham os deles), o constrangimento e a mágoa diante das hostilidades de que às vezes são vítimas (e que retribuem com o secreto desprezo que eventualmente manifestam, na intimidade), mas, aos poucos, também a aproximação e a adaptação à terra e à gente e, em muitos casos, a ajuda mútua. Afinal, para além das diferenças, têm uma coisa em comum: são pobres.

Na cena da morte de Vicente, vitimado pela gripe espanhola, durante a grande epidemia de 1919, se resume o teor das relações dos imigrantes com os brasileiros. Em meio a sua aflição, rodeado pela família que chora, Vicente "oscila entre o delírio e a lucidez", como diz a rubrica, e parece rever e avaliar os caminhos que percorrera:

Vicente – Coragem, mulher, coragem! Logo, logo a gente se encontra... Vim para cá, trabalhei, trabalhei, criei as filhas... tenho um genro, um bom homem, sabe Deus onde ele está! (...)

Laura – Descansa, Vicente... você está com febre...

Vicente – A guerra, a guerra... quem ganhou com esta guerra? E quem vai ganhar com a próxima? E com as próximas? Nunca vamos ser nós, Laura, nunca vai ser a pobre gente! (*Pausa. Vicente se agita. O mosquiteiro verde cai sobre sua cama, se fecha um pouco mais*)

Vicente – Muita gente me disse: "Italiano; porco, por que não ficou na sua terra?" Mas muita gente me disse: "Compadre, toma uma pinga, come do meu feijão, o mundo inteiro é igual..." E é verdade... trabalhei... bebi vinho, comi, vi o teatro, a ópera, as festas... E agora a "espanhola"... que quer dizer isto, Laura? Quanto anos tenho?

Laura – (*Chorando*) Cinqüenta e cinco... (...)

Vicente – (*Enfraquecendo*) Eu gostava... antes de morrer... de ver de novo o mar... não este... de Santos... mas o nosso... o... Adriático... lembra?... o vapor que vinha... apitava... era tão bonito...

Laura – Eu me lembro... era bonito, sim...

Vicente – Bem que eu perguntei pra aqueles franceses: "quem vem lá?" Se eles

256 UM TEATRO DA MULHER

> me tivessem entendido... eu não precisava atirar... e podia ter morrido
> na minha terra... Mas não faz mal... toda terra é... uma terra...[14]

"Toda Terra é uma Terra" é idéia fundamental que atravessa de ponta a ponta esta peça[15].

A história da vida desse grupo nos é narrada em um grande número de cenas (cinqüenta e três ao todo), articuladas entre si (mas não necessariamente encadeadas como causa e efeito). Os dois atos formam um amplo painel em que se sugere toda uma época.

Não só o *tempo* – o decurso de vinte e um anos da vida das personagens que compõem o grupo de imigrantes – mas a *época*, segundo a autora, é dado fundamental na formação do sentido desta peça.

> Uma coisa é viver vinte anos quaisquer e outra é vivê-los numa época que envolveu a entrada do século XX, o assassinato de um rei, uma viagem de um continente a outro, uma guerra mundial, uma epidemia [...] As personagens são o que são, nesses vinte e um anos que vão de 1898 a 1919, porque nasceram e viveram nessa época. E aliás, nesses lugares[16].

Na composição desse painel e para a recriação da atmosfera de um período tão determinante, cujos acontecimentos de fato emolduram a vida das personagens e lhes modificam o destino, figura como recurso bastante ponderável a utilização da música, do canto, das danças, que, por outro lado, contribuem para definir o gênero. São freqüentes em *O País do Sol* as oportunidades para a introdução de canções, justificadas geralmente pela celebração das festas. Essas canções, que de algum modo sublinham ou comentam a ação, têm letras que a própria autora criou, procurando adequá-las às situações, mas quase sempre sugerindo o aproveitamento de melodias populares italianas, todas elas bastante familiares a ouvidos brasileiros: *Santa Lúcia, Veni sul mar, Funiculi funiculá...*

Na minuciosa análise que faz deste texto, como parte que é de sua Tese de Doutoramento, Renata Pallottini se detém lon-

---

14. Vicente não emigrara por pobreza. Era guarda-caça do parque do palácio em sua cidade. Certa vez, atirara em dois homens que viu armados dentro do parque, depois de tê-los interpelado sem obter resposta. Furou o chapéu de um deles. Como eram franceses – "gente do Rei" – perdera o emprego e corria o risco de ser preso. Viera então, com os outros, para a América.

15. Talvez uma idéia do camponês pobre e emigrado que parece afinar com o sonho anarquista dos "sem pátria e sem patrão".

16. Tese citada, pp. 330-331.

A DRAMATURGIA FEMININA NAS DÉCADAS DE 70 E 80

gamente no comentário a cada um dos elementos que lhe compõem a estrutura. Da mesma forma, refere-se aos acontecimentos históricos que lhe serviram de base e que foram, como se percebe, objeto de cuidadosa pesquisa.

A respeito dessa pesquisa há coisas interessantes a observar.

A primeira delas será a coincidência (senão a ligação direta) que tem pelo menos um dos episódios de *O País do Sol* com o estudo feito por Miroel Silveira sobre a mesma época. À página setenta e sete de seu livro, o autor de *A Contribuição Italiana ao Teatro Brasileiro*, transcreve um "aviso" publicado em agosto de 1902 (possivelmente pelo jornal *Fanfulla*) que, segundo ele, "dá uma rápida luz sobre o grau de *italianitá* de São Paulo a essa altura":

> Nápoles em São Paulo! Hoje à noite um pedaço da bela Nápoles desfilará num carro adornado que atravessará as vias principais cheias de cantores que entoarão a novíssima cançoneta de Arturo Siciliano "Tarantê". O carro sai às sete e meia do Largo do Arouche e faz o seguinte itinerário: República, 7 de Abril, Barão de Itapetininga, Viaduto, Direita, Largo da Misericórdia (1ª parada), Largo da Sé (2ª parada), Largo do Tesouro (3ª), 15 de Novembro, Rosário, São Bento (4ª), José Bonifácio, esquina com São Bento (5ª parada e retorno)[17].

Renata aproveita a sugestão contida neste "aviso" e, com pequeníssimas modificações, se utiliza das mesmas palavras no "Prológo" que abre o segundo ato de sua peça: "Um carrinho de mão enfeitado como uma carroça siciliana – diz a rubrica – começa a percorrer os espaços onde esteja o público, anunciando que recomeça o espetáculo: de dentro do carrinho brota uma música alegre, enquanto o Apresentador que iniciou o primeiro ato aparece para anunciar: 'Atenção! Atenção! Quinze de agosto de mil novecentos e três! Hoje à noite etc.' "

Outros dados interessantes aparecem nas informações paralelas que Renata Pallottini nos fornece em seus comentários. Falando dos lugares em que decorre a ação de *O País do Sol*, lembra que "[...] os telhados baixos e quase contínuos das casas paulistanas de 1900 pareciam feitos de propósito para facilitar as retiradas e fugas de Paulo Ferrante. Um marginal italiano da época, Gino Amleto Meneghetti (ele próprio, ao que parece, anarquista, além de ladrão famoso), especializou-se em escapadas feitas sobre telhados e muros da cidade"[18]. Ora, Meneghetti será, precisamente, o modelo para uma das personagens centrais de *Taran-*

---

17. Miroel Silveira, *op. cit.*, p. 77.
18. Tese citada, p. 334.

258 UM TEATRO DA MULHER

tella, peça que Renata há de escrever alguns anos depois, em 1986.

Em outro passo da análise a que nos estamos referindo, aparece· também menção à Colônia Cecília, núcleo fundado por anarquistas italianos, no Paraná, em 1890, e que existirá até 1894. A Colônia Cecília será por sua vez o assunto de uma peça com o mesmo título, escrita pela autora, em 1984. O que se vê é que o tema imigrantes-anarquistas não se esgota na primeira peça do bloco e que a pesquisa levada a efeito para a elaboração de *O País do Sol* continua a fornecer material para peças posteriores.

Em prosseguimento à análise dos elementos estruturais do texto, Renata Pallottini examina ainda cuidadosamente o problema da ação e do conflito (ou conflitos) de *O País do Sol*, buscando determinar, a partir deles, a idéia central. Aponta primeiro os conflitos interiores – momento em que estuda a aplicação a seu trabalho de certos processos dramatúrgicos de caracterização de personagens – passando, a seguir, à verificação dos conflitos *entre* as personagens e, por fim, à indicação da grande bipolaridade que marca a peça como um todo. E conclui: "O conflito principal da peça ocorre, portanto, entre dois grupos de personagens: os pobres e os ricos, os governantes e governados, os poderosos e os destituídos de poder, os que mandam e os que obedecem, os oprimidos e opressores, enfim"[19].

É desse conflito básico que, segundo a autora, deflui toda a ação: por isso emigram, vivem como vivem, por isso morrem na guerra ou em terra estranha. A partir daí, pode assinalar o que considera a idéia central, a "espinha dorsal" da peça: "O homem oprimido não é livre sequer para viver em sua própria terra"[20].

A tentativa de "inventar" uma terra onde se pudesse criar essa liberdade e abolir a opressão é o que fazem os homens que fundaram a Colônia Cecília. É ao menos esse o sentido que Renata Pallottini procura dar à sua peça de 1984.

2. Colônia Cecília (Um pouco de ideal e de polenta) (1984)

Mas de que vale a vida
Senão pra ser sonhada
Senão pra ser levada
à Utopia

19. *Idem*, p. 343.
20. *Idem*, p. 344.

A DRAMATURGIA FEMININA NAS DÉCADAS DE 70 E 80   259

Eles saíram de Gênova, possivelmente no navio "Cidade de Roma", no começo de 1890. A terra tinha sido prometida a Giovanni Rossi, também chamado Cárdias, pelo Imperador Pedro II, num encontro em Milão.
Chegaram ao Brasil no outono de 1890. Alguns homens e uma mulher. A experiência que Rossi tinha de comunidade vinha do fato de ter ajudado a fundar uma na Itália. Na região de Cremona, Cárdias e outros companheiros tinham fundado a *Cittadella*, que também durou pouco.

Assim começa a parte (ou cena) nove em que *uma Atriz*, que não é bem uma personagem, mas uma das muitas figuras corais de *Colônia Cecília*, nos dá breves informações históricas sobre o acontecimento de que trata o texto.

Com esta peça, a tendência à composição épica de caráter lírico e coral que Renata Pallottini manifestara desde os começos de sua produção teatral, mas que se acentuara em *Enquanto se Vai Morrer...* e *O País do Sol*, chega a seu ponto de maior desenvolvimento. "A peça, conforme explicou Renata, – diz uma reportagem de *Cultura* – foi escrita mais como se fosse um livro de poemas [...]"[21].

Colônia Cecília é formada de trinta e quatro cenas de extensão desigual (às vezes não mais que uma canção), das quais só um pequeno número tem forma propriamente dramática, com diálogos entre as personagens que as integram e se conflituam ou esboçam um conflito que se desenvolverá mais adiante. Apesar de bastante soltas a ponto de se parecerem a um "livro de poemas" ou lembrarem os passos de um roteiro no qual eventualmente pudessem assumir uma ordem diferente, na verdade, tanto as cenas dramáticas quanto a maioria das demais (depoimentos, canções, poemas) obedecem a uma seqüência necessária que, sem ser rígida, contribui para que o objetivo último do texto seja alcançado com clareza. *Colônia Cecília*, apesar de conter uma forte sugestão para espetáculo – o que se deve principalmente às circunstâncias em que foi escrita e ao fim a que se destinava –, é mais que um roteiro: é um verdadeiro texto (literário) para Teatro.

As personagens definidas – e caracterizadas de forma muito menos acentuada ainda, do ponto de vista psicológico, que as de *O País do Sol* – são pouco numerosas (onze apenas) em relação ao grande número de figurantes, com os quais se mesclam, formando conjuntos verdadeiramente corais. *Todos*, de modo indis-

21. *Cultura*, Revista da Secretaria de Cultura do Estado do Paraná, set. 1984.

260 UM TEATRO DA MULHER

tinto, representam em muitos momentos aquilo que é o centro desta obra: a comunidade anarquista da Colônia Cecília.

Com tal objetivo em vista é mais que natural e plausível que Renata Pallottini tenha dado aqui largas à sua vocação poética. É grande o número de poemas, mais longos ou mais breves, jocosos uns, mais leves ou mais sérios outros, em que se manifesta a emoção da poeta na expressão de um tema que lhe é tão caro. Embora alguns destes poemas se destinem à simples dicção oral, a maioria foi composta para ser musicada, isto é, para transformar-se em canção.

Tematicamente também *Colônia Cecília* é o momento em que as idéias de Renata Pallottini sobre o anarquismo são por ela mesma postas em debate. Se ao sonho anarquista não é negada validade, a tentativa de sua realização em termos práticos é mostrada na dramaticidade dos conflitos que suscita: a difícil opção de homens e mulheres pela nova vida e pela nova forma de liberdade; homens e mulheres que não conseguem libertar-se de uma hora para outra de hábitos, emoções e valores a que estão milenarmente condicionados, embora se tenham proposto abandoná-los por um novo modo de viver; que se sentem cercados por um mundo hostil a suas idéias que não as compreende, nem as respeita.

O conflito geral da peça, cujas raízes mergulham nessa grande oscilação interior, se concretiza na alternância de euforia, de entusiasmo, "de alegria contaminante", na linguagem de Rossi, e de desânimo pelo isolamento, pelas difíceis condições de vida, pela pobreza, pela saudade da terra e da vida que deixaram.

Assim, em *Colônia Cecília* os aspectos formais e temáticos se ajustam de modo completo. O desenvolvimento do tema que a autora vinha perseguindo desde a peça anterior encontra aqui sua forma mais adequada: a forma aberta com dominância do elemento lírico que permite que os variados aspectos do problema geral sejam abordados quase sem restrições externas. Ao final, se impõe a conclusão desse canto ao anarquismo e aos homens e mulheres que tiveram a coragem de vivê-lo: a "Canção da Utopia" ou "Canção da Dúvida de Giovanni Rossi":

> Será que eu sou apenas
> um pobre idealista
> perdido nesta terra de ninguém (...)
> Será que isto é o sonho de um só dia
> uma visão perdida da alegria?
> Mas de que vale a vida
> senão pra ser sonhada
> senão pra ser levada

A DRAMATURGIA FEMININA NAS DÉCADAS DE 70 E 80   261

à Utopia
E de que vale a vida
senão pra ser voada
no límpido caminho
da Utopia!

Como vimos, a cena em que se fornecem as primeiras informações históricas mais precisas é a de número nove. Da primeira à quarta, temos poemas que preparam para a história que se vai contar, antecipam o seu conteúdo e o seu desenlace; da quinta em diante se alternarão episódios dramáticos, cenas de conjunto, canções.

A primeira corresponde à *Abertura*: "O Autor Visita o Lugar onde Foi a Colônia Cecília". O Ator 1, que aparece com as cortinas fechadas, diz, iniciando um poema:

Onde está a minha sombra
esteve a deles (...)
...o lugar onde a vida floresceu
onde tudo surgiu: a esperança improvável
um pedaço de pão e uma bandeira

Este primeiro poema acena para muitos dos temas não só do anarquismo, em geral, mas da própria peça:

O que é a liberdade?
O que é a Comuna?
Quem trabalha
quem colhe
a quem se faz perguntas?

Neste sólido mar de indagações
navegou, naufragou a barca dos possuídos
Aqui salvou-se a Idéia e morreram os corpos (...)
Sombras de sombras que diziam palavras
suando sobre a terra estranha
em língua estranha (...)
Aqui o macho abdicou da força
e achegou-se a sua fêmea para alçá-la
Aqui seremos todos companheiros!

A cena seguinte, intitulada "O Fim – O Abandono da Colônia Cecília", sugere falas soltas que devem ser ditas alternadamente por todos os atores. Faz-se, sinteticamente, na forma de um coral fragmentado, referências ao sonho da Colônia e às causas de seu fim. Mais precisamente se alude aos fatos que vão ser narrados durante a ação da peça.

262 UM TEATRO DA MULHER

– Por que tínhamos nós de ser cobrados
– E roubados.
– Se ao menos não tivéssemos perdido o Imperador!*
[...]
– Um Imperador é um chefe! Abaixo os chefes.

E as últimas falas:

– Vamos embora... as últimas carretas estão partindo.
– Adeus, Cecília!

Sugeridos nas cenas anteriores, o significado da aventura da
Colônia, bem como o fim da esperança que a construiu, a cena
três fala do trabalho comum, base da vida coletiva; a cena de número quatro é novamente um poema, dito por um ator e tem o título de "Quero":

Este livro que amo quero lê-lo contigo
Este pão tem mais gosto
se é com alguém que o como (...)
Quero-te meu irmão pra o que der e vier
Quero-te pra gozar e pra sofrer (...)
Eu não quero governo, eu não quero polícia
Quero o acerto livre e o erro livre
E ter o amor, se o tiver, sem disciplina.
E se o amor acabar que acabe aos gritos
Abaixo para sempre
A mentira!

Só na quinta cena teremos o primeiro episódio dramático
susceptível de desenvolvimento: a "Inauguração do Moinho", que
é também anunciada por um ator. Aí aparecem três personagens
definidas. *Rossi*, caracterizado como alguém cuja imagem está
pronta na História: é o líder (mas não um chefe), aquele que explica aos outros o que significa ter um moinho: "[...] por Baco, o
nosso moinho! Agora vamos ter fubá, agora vamos ter polenta!!!"
(A figura de Rossi aparece sempre como a do amigo que procura
dar força aos outros nas horas de desalento, que procura conciliar
nas horas de desavença, mas é também aquela figura contra a
qual alguns se queixam quando se sentem arrependidos de ter
vindo.)

Esta cena número cinco é uma cena festiva, todos dão vivas,
bebem. Pela primeira vez aparecem aí *Rosa*, uma espécie de líder

* Quando G. Rossi chegou ao Brasil com seus companheiros, a República
já havia sido proclamada: não havia mais Imperador.

A DRAMATURGIA FEMININA NAS DÉCADAS DE 70 E 80   263

feminina, e *José*, a quem se conferem já os primeiros traços de negociante e daquele que trairá os companheiros, fugindo com o dinheiro da venda do milho (coisa que será a gota final e os levará a abandonar a Colônia Cecília pela impossibilidade de sobreviverem naquele lugar).

Só então se passa à "Canção da Chegada na Colônia Cecília", que é cantada, em parte, como solo:

Adeus à terra velha
Adeus a tudo
viemos pra vencer
no Novo Mundo

Depois da apresentação de documentos ("Apelos aos Trabalhadores Vênetos", de Giovanni Rossi), da "Cançãozinha do Suor e do seu Cheiro", que fecha a cena intitulada "Como se Fosse uma Aula" (na qual se explicam ainda, coletivamente e em tom meio brincalhão, outros princípios do Anarquismo), e depois do "Intermezzo Didático", de que já falamos, passa-se à "Chegada de Éleda". É a décima cena e só aí se esboça o primeiro conflito entre personagens.

Éleda e Aníbal são novos colonos vindos da Itália. Vivem juntos e sua chegada, trazendo correspondência e "pão verdadeiro, de trigo", é festejada alegremente. Mas Éleda encontrará, vivendo na Colônia, Guido, a quem já conhecia e por quem se apaixonará logo depois. Estabelece-se o triângulo, a partir do qual se discutirá, na peça, um dos mais polêmicos temas do anarquismo: o amor livre. O amor livre supõe o princípio da não posse de um parceiro sobre o outro. Em conseqüência, Éleda terá o direito de unir-se a outro homem e Aníbal não poderá impedi-la de o fazer. Mas Éleda se sentirá dividida e Aníbal, embora desesperado de raiva e ciúme, como bom anarquista terá de aceitar a situação.

O caso, com o acordo dos interessados, é então levado a debate, na "Casa do Amor". A "Casa do Amor" – apesar das brincadeiras dos colonos de que "nunca se usa" – não é, como explica Rossi, um bordel: "A Casa do Amor, segundo o modelo clássico, é o lugar onde se encontram os amigos, os irmãos... é a casa das reuniões, das discussões, das festas..."

Ator 3 – Só?
Rossi – É também o lugar onde se faz o amor, mas de uma forma pura, livre!

Na cena intitulada "A Revelação" em que Éleda lealmente revela a Aníbal sua relação com Guido, Aníbal responde amargu-

264 UM TEATRO DA MULHER

rado: "Ele é um bravo homem. Um companheiro. Eu já tive do teu amor". E quando Guido se aproxima, confessa:

Aníbal – Está sendo difícil para mim, Guido. É o preconceito, o hábito, é um pouco de egoísmo, se vocês quiserem. Mas a liberdade deve estar em primeiro lugar e acima de tudo. A verdade é que eu te amo Éleda... E não tenho nenhuma razão pra não te amar [...] Isso dói. Vou sofrer, mas não faz mal. Você, Guido, Companheiro... vive sozinho e sem amor. Éleda vai encher a tua vida...

"O Processo do Amor" – procedimento com que muitos colonos não concordam – é das cenas mais dramáticas da peça. Aí, o companheiro Gigi, escolhido para ser o secretário, faz a Éleda perguntas diretas:

Gigi – Amar a dois homens ao mesmo tempo te fez algum mal, no corpo ou no espírito?

Éleda – (*Firme, mas constrangida*) Não.

E Rossi a Aníbal:

Rossi – Você admite na mulher o direito de amar nobremente a mais de um homem ao mesmo tempo?

Aníbal – (*Depois de uma hesitação*) Sim. Não todas as mulheres. Mas Éleda, sim. (*Com raiva*) SIM!

Rosa – Mas... o companheiro sofreu, quando...

Aníbal – Sim (T.) Mas eu não sou proprietário dela... Sim! Eu tinha medo... [...]

Rosa – Você acredita que o amor livre vencerá no futuro?

Aníbal – Sim. Pela rebelião das mulheres. Depois, todos verão que era o melhor caminho.

O processo chega a seu ponto crítico quando se toca naquilo que era provavelmente um dos problemas centrais da moral familiar anarquista: o problema da paternidade:

Rosa – (*A Éleda*) Se você viesse a ter um filho... não conhecer a paternidade... não saber quem era o pai... isso te faria infeliz?

Éleda – (*Depressa*) Não!

Entre a cena do primeiro encontro entre Éleda e Guido e "o processo do amor" (que é a 27ª), há episódios variados, alegres uns, mais sérios outros – queixas dos colonos, saudade da terra, vontade e planos de voltar – que compõem o quadro da vida da Colônia.

A seguir, as coisas se precipitam: irrompe uma epidemia de crupe, que mata crianças, enquanto o único companheiro médico está ausente; há referências a enchentes e secas que destruíram lavouras. E, por fim, a exigência de documentos por parte das autoridades brasileiras.

A DRAMATURGIA FEMININA NAS DÉCADAS DE 70 E 80   265

Eugênio – E que história é essa de documentos? Agora os brasileiros querem
    também que a gente tenha documentos... Que documentos são es-
    ses?"

Pressionados por todos os lados, sentem que a Colônia não
pode sobreviver. Mas a gota final virá com a traição de José, o
negociante.

Obrigados pelas autoridades brasileiras a pagar impostos
como qualquer proprietário ("Mas nós não somos proprietá-
rios!"), contam com o dinheiro da venda do milho que ainda têm
armazenado. José é incumbido de realizar a venda na cidade, mas
foge com o dinheiro obtido. A notícia cai como uma bomba:

Vozes – Roubou!
    – Um anarquista!
    – Um anarquista também rouba!
    – O dinheiro!
    – Tudo!
    – Tudo!
    – Tudo!

Logo depois, o próprio Rossi, lendo um texto, anuncia "A
Destruição do Moinho":

Rossi – A Destruição do Moinho.
    Dia da Invasão da Colônia feita por soldados do Governo. Há uma
    grande correria, uma queda desordenada de coisas e um escurecimento
    do céu.

Durante a leitura, falas se intercalam:

    – Os soldados.
    – A polícia. Foge, a polícia (...)
    – Os animais! Estão matando os animais!
    – Estão roubando. Os cavalos.
    – Todos os animais.
    – As casas.

Nesse momento entra um colono gritando: "O Moinho!!!"

Aníbal – O moinho. Acabaram com o moinho. (...)
Éleda – Acabaram com a nossa comida.
Maria – É a fome, de novo (...)
Rosa – Eu acho que chegou a hora. Devemos partir.
Gigi – Se acabou a Colônia Cecília?
Guido – Não pode ser! NÃO PODE SER!!! (...)
Rossi – Não é o fim. Não pode ser o fim!

Era o fim, porém... Mas o poema com que Rossi encerra a
peça ainda afirma:

266 UM TEATRO DA MULHER

Entre os trastes e panelas
os melhores são os de ferro.
Entre os animais que servem
a melhor raça é a dos rebeldes (...)
Saibam que eu sou minha medida
Saibam que eu dei a minha vida
para quem vem no novo dia
Para quem passa a nova ponte
Para quem busca a nova fonte
da Utopia
da Anarquia...

Colônia Cecília foi escrita para a comemoração do 1º Centenário do Teatro Guaíra do Paraná, em 1984, a convite da Fundação Teatro Guaíra, e dirigida por Ademar Guerra, em setembro daquele ano.

3. *Tarantella (1986)*

O tema do imigrante italiano, ao qual se associa o das idéias anarquistas que esse mesmo imigrante trouxe para o Brasil desde os fins do século passado, continua ainda no horizonte de interesse de Renata Pallottini, quando escreve, em 1986, *Tarantella*, uma nova peça, ainda inédita.

O Anarquismo, visto como uma forma de rebeldia política, de sonho libertário, é desta vez mesclado à marginalidade, e diretamente evocado na figura de um marginal. O motivo do marginal, por sua vez, o daquele que a justiça e o senso comum apontam como delinqüentes, muitas vezes sem atentarem para as causas sociais dessa delinqüência, é também motivo reincidente no teatro de Renata Pallottini.

Tarantella põe em confronto agora não mais pobres e ricos, opressores e oprimidos, mas, em primeiro plano, homens considerados socialmente normais e aceitáveis, e homens (na verdade, um homem e uma mulher) tidos como não desejáveis no convívio social. Um outro dado interessante é que põe não dois grupos étnicos distintos – como era de esperar em se tratando de imigrantes – mas membros diferentes do mesmo grupo. *Tarantella* procura mostrar o choque entre dois estilos de vida, entre dois modos de conceber o mundo, de tal maneira que a existência de um deles, em certo sentido, acaba por desmascarar o outro.

De um lado, temos o imigrante italiano do Sul, aferrado ao trabalho, com sua moral familiar rigidamente estabelecida, os sonhos habituais de ascensão para o filho homem, com suas idéias mais ou menos inflexíveis no que toca às mulheres; de outro, o imigrante rebelde, misto de anarquista e ladrão, a quem a vida na

A DRAMATURGIA FEMININA NAS DÉCADAS DE 70 E 80   267

América só fez, aparentemente, confirmar a vocação para a liberdade e a aventura. Mas as oposições e contrastes não se dão apenas entre os homens. Aqui se defrontam dois tipos de mulher que, em princípio, nada têm em comum: a mãe de família séria, dedicada ao marido, aos filhos e aos trabalhos da casa, e a mulher de vida mais livre, experiente, capaz de avaliar situações e lutar pelo que deseja. E, quase como uma síntese, uma jovem, a "italianinha" que se encanta com a liberalidade que a outra representa, que tenta contornar a rigidez dos pais e mesmo do namorado (ele também filho de imigrantes, mas de imigrantes alemães, com seus princípios), porém oscila ainda entre dois mundos: no final, opta – suavemente, como convinha a sua condição – por um terceiro caminho: "A gente se fala outro dia – diz ela ao namorado – Eu te mando uma carta [com orgulho]. Eu sei escrever! Se meu pai consentir, acho que vou fazer o Curso Normal, no Colégio das Freiras da rua da Glória [...]". Um novo tempo parece estar começando.

Desta vez, a forma escolhida pela autora difere bem daquela em que elaborou tanto *O País do Sol* como *Colônia Cecília* (ou as peças acadêmicas). Ao contrário do que acontece com os textos anteriores, *Tarantella* apresenta uma construção fechada, com um número relativamente pequeno de personagens (oito, ao todo), sem figurantes, sem recurso à música ou a poemas, sem nada daquele *caráter coral* que marca as outras duas peças italianas. Sob este aspecto (e apenas sob este), esta peça de 1986 lembra um pouco *A Lâmpada*, a primeira obra teatral da autora, de 1958.

É curioso que depois de tantos trabalhos desenvolvidos em outra linha, Renata Pallottini tenha como que voltado a experimentar este tipo de dramaturgia e montado o que talvez seja a mais complexa de suas tramas. Isso, sem manipular nem o tempo, nem o espaço, sem lançar mão de nenhum "artifício" do teatro épico.

Em verdade, toda a ação de *Tarantella*, plena de acontecimentos e mudanças, de uma tensão que não pára de crescer até o final, decorre na sala modesta de uma modesta família de imigrantes italianos, em uma noite de sábado qualquer, do ano de 1924. O honesto sapateiro Domingos Spósito se prepara para sair, beber uma grapa e conversar com os amigos, na cantina. Mas a mulher, Amália, o que quer é que ele fique em casa para que juntos, eles e a filha (já que o filho está ausente), "façam" um pouco de música ("...chegaram músicas novas da Itália... a gente podia experimentar... você faz o bandolim... a Beatriz faz o violino..."). Ele reluta: "Mulher me deixa em paz. Os meus amigos estão me

268 UM TEATRO DA MULHER

esperando em Cantina"[22]. E ela se queixa por ter de ficar só: "...A vida inteira é isso: lava, passa, cozinha, lava, passa, cozinha... e quando chega a noite, quando chega a hora da gente se distrair um pouco, esvaziar a cabeça, lembrar um pouco a terra da gente... cada um vai pro seu lado..." Beatriz, a filha mocinha, espera impaciente que os pais lhe dêem consentimento para "namorar na porta". O namorado, Eurico, é um "tedesco"; o pai desconfia muito dessa outra raça e reafirma o princípio de que "pra dentro da porta não, hem? Entrou em casa, tem que casar. É o costume"[23].

Mas Domingos não chegará a sair nessa noite. Muita coisa estranha acontecerá naquela sala, onde flui o ramerrão cotidiano da vida familiar, enquanto fora, em torno deles, a cidade vive um clima de revolução. Essa revolução os atingirá quando menos o esperarem.

A primeira dessas coisas é uma visita inesperada, a chegada de uma pessoa que, de imediato, ninguém ali parece conhecer. É Savéria. "Savéria – diz a rubrica – linda, morena, atraente, vestida de um modo chamativo, sem ser vulgar. Uma mulher perigosa [...]" Savéria carrega nas mãos uma sacola.

Daí em diante, começa uma história um tanto misteriosa. Após o constrangimento inicial, Savéria dirá quem é: chama-se Savéria Caputo, é conterrânea deles e precisa de ajuda. Mas não esclarece logo de que ajuda se trata. Antes, fala do que está acontecendo nas ruas, dos homens de Isidoro.

Beatriz – Quem é esse?
Savéria – Um general. Um militar... um revoltoso. Mas quem paga somos sempre nós, os civis, as mulheres, os homens pobres e as crianças. Nós, que não temos uma arma na mão. Está cheio de moços por aí, vestindo farda, prontos para ir morrer. Nós é que vamos sair perdendo. Sempre.

Mais adiante, quando menciona a polícia que os meridionais temem mesmo aqui ("... nós, os meridionais, sempre sofremos

22. Renata Pallottini recomenda novamente, como faz em *O País do Sol* e *Colônia Cecília*, que *não* se imite, ao representar a peça, o sotaque italiano, porque isso "é desnecessário". De fato é, se observarmos desde as primeiras falas o cuidado que teve de empregar um tipo de *vocabulário* e um tipo de *construção de frase* que, embora em português, *soam* como fala de italianos, dispensando qualquer "imitação". Assim *"fazer* bandolim", *"fazer* violino", "esperar *em* cantina". Logo adiante, Savéria (uma nova personagem que chega), instada a entrar na casa, dirá: "Permissão" exatamente como se diria *Permesso*, em italiano.

23. Seria excessivo, com certeza, chamar a atenção para o cuidado com que a autora observa e registra os costumes desses imigrantes.

A DRAMATURGIA FEMININA NAS DÉCADAS DE 70 E 80   269

mais que eles [os vênetos, os toscanos]... nas mãos da gente do
rei, nas mãos da polícia do vice-rei, e agora... aqui também),
Amália reage: "Aqui a polícia não tem que ver com a gente. Somos honestos trabalhadores". "E a senhora acha que ser honesto
e trabalhador resolve tudo?", replica Savéria.

Amália – Acho.

E passa a falar da dura vida de sacrifícios dos que vieram para trabalhar: "A gente chega numa terra nova e começa a trabalhar. E começa a poupar dinheiro, a contar cada moeda [...]".
    A certa altura da conversa, porém, interroga a outra, direta-
mente:

Amália – E agora, dona Savéria... a senhora já bebeu água, a senhora já tomou
café, já falou de sua vida, já falou da minha... como a senhora apareceu aqui, e por quê?

A resposta de Savéria é longa e ambígua. Se falou de guerra
e de soldados – "os militares, querendo salvar a gente não sei de
quê..." – é que está também falando da vida de ambas, naquele
momento: "Preste atenção: a guerra pode entrar pela sua porta!"
E a seguir: "Eu vim aqui porque eu quero o meu homem". Era a
guerra, realmente. E quando Amália pergunta assustada: "Seu
homem? E o que é que eu tenho com seu homem?".

Savéria – Infelizmente, tem mais do que eu queria, mais do que a senhora que-
ria. Tem tudo...
Amália – Mas então... se explique... por acaso o meu marido...
Savéria – Eu não disse isso...
Amália – Então o meu filho...

Quando as suspeitas chegam a esse ponto, Domingos se defende: "Essa mulher está louca! Eu nunca vi ela!"
    Aos poucos se saberá que Domingos de fato conhece Savéria.
Quer livrar-se dela, mas agora é tarde:

Amália – Deixa! Deixa ela! Deixa ela falar. Ela é mulher como eu. Fala. Fala
tudo. Agora eu quero saber tudo..."

Mas se descobre mais. Descobre-se que o dinheiro com que
Domingos pagara uma dívida certa ocasião (o casal fala sobre isso, no início) fora Savéria quem o havia emprestado. E hoje, concluem todos, ela vem cobrar. Só não se sabe, ainda, como.
    No entanto, as surpresas não tinham terminado. Na verdade,
Savéria estivera até ali ganhando tempo, enquanto realmente es-

270 UM TEATRO DA MULHER

perava "o seu homem". Os acontecimentos se precipitam, quando entra o filho de dezenove anos, Salvador. Traz notícias das desordens na rua e vem fardado, anunciando estar disposto a lutar ao lado dos revoltosos. Eurico, o namoradinho "tedesco", também entra com Beatriz e conta que "atacaram a Bastilha do Cambuci". E os comentários se sucedem: "Dizem que a Bastilha do Cambuci era um martírio..." "Tinha o suplício da gota d'água..." "Tinha a gaiola... a cela onde só se podia ficar encolhido, até morrer de dor..." "Tem mensagens escritas com sangue nas paredes". "O que vale – conclui Savéria – é que a gente é pobre e somos todos iguais, os de dentro e os de fora. O carcereiro também gosta de um copo de vinho, de uma pinga... O cozinheiro também gosta de mulher... A Senhora havia de se espantar, dona Amália, se soubesse quanta coisa eu ainda consigo com este meu corpo". E Amália: vergonha"[24].

Com essas palavras preparam-se os lances seguintes. Daí em diante Savéria conduzirá a conversa de tal forma, que Amália será obrigada, por exemplo, a encarar, de frente, o fato de que Salvador já não é mais um bebê. Ele já é um homem e deve andar com outras mulheres, "mulheres iguais a mim... provavelmente", como insinua Savéria. E vai dizendo o que pensa, em uma linguagem cada vez mais livre e ousada, como que de propósito para escandalizá-los. Interpela especialmente os homens – Domingos, Salvador e até mesmo Eurico. Aos poucos, leva-os a se conflituarem uns com os outros, a revelarem coisas e atitudes que gostariam de manter escondidas. Há um momento em que Beatriz, irritada, para defender o namorado, atira contra Savéria um palavrão. Eurico, no seu puritanismo, não podendo suportar aquela linguagem, revida, esbofeteando a namorada: "mulher minha não diz palavrão". Domingos, furioso, avança para o rapaz:

Domingos – Ela não é tua mulher, anticristo! Minha filha não é tua mulher e nem nunca vai ser! Amália, recolhe a tua filha! As mulheres de casa de lado! Anticristo, maldito alemão! Se você faz isso de novo, eu te mato! Tedesco maldito...

Eurico se arrepende a seguir, mas Beatriz se desespera:

Beatriz – Por que os homens batem na gente até quando dizem que gostam da gente? Por que até quando amam a gente eles machucam a gente (...)?

Voltando-se para Salvador – a quem chama familiarmente de Turinho (para desespero da mãe) – Savéria ironiza suas pre-

24. Esta é outra exclamação tipicamente italiana.

A DRAMATURGIA FEMININA NAS DÉCADAS DE 70 E 80   271

tensões a soldado: "Vai, italianinho, vai... vai brigar na luta deles... você nem sabe bem porque eles estão brigando... é briga dos que podem... cachorros grandes não se mordem..."

A essa altura tudo já parece destruído.

Mas aquela noite ainda não tinha terminado. Enquanto chegam, vindos da rua, sons de apito e de distúrbios, ouvem-se, de repente, ruídos nos fundos da casa. Savéria se alegra: "É ele! Tem que ser ele! Gino! Gino!" Dali a instantes, irrompe na sala um homem "sujo, barbudo e completamente nu. Traz na mão uma arma", explica a rubrica. É ele o homem de Savéria. Para vesti-lo é que ela trouxera uma sacola com roupas.

Gino acaba de fugir da prisão (daquela mesma Bastilha do Cambuci de que se falara há instantes), escapara, mesmo sem roupa, de uma solitária, e vinha pelos telhados, como um gato. Vão começar agora momentos de maior conflito e tensão. Paralisados, ameaçados pela arma que o fugitivo aponta para eles, os outros vão ter de ouví-lo, vão ter de fazer o que ele exige. As provocações serão agora mais violentas que as de Savéria, as revelações mútuas mais perturbadoras.

Gino — Vocês sabem o que é uma solitária? Não, vocês são bons burgueses, vocês não sabem nada. Savéria, me arranja pão... e vinho se tiver...
Amália — O vinho é meu!
Gino — Sinto muito, dona, mas eu sou um ladrão... se esqueceu? (...) Uma solitária é uma gaiola escura, sem nada, um buraco. A gente come e suja naquele mesmo buraco... tudo fede... e me deixam sem roupa pra não fugir... mas a gente tem uma cabeça, não tem (...) Já fugi de tudo! E vou fugir de tudo. Porque eu não sou um ladrão qualquer. Eu sou ladrão porque tenho o direito de viver melhor do que vivo!

Domingos replica que todo mundo tem esse direito e Gino responde: "Eu luto pra isso".

Domingos — E o senhor pensa que eu faço o quê?
Gino — Vocês, burgueses, comem macarrão e bebem vinho.

Quando Eurico tenta interferir ("Pra viver melhor se trabalha!"), Gino volta-se para ele:

Gino — Quem é você, pirralho? Ah, você é filho de alguém que lhe deu de comer, educação, escola, médico... e agora essa roupinha que você tem... e um dinheirinho pra vir namorar na esquina e trazer bala pra namorada... não é? Queria te ver na merda, nascido sem pai, sujo, doente... aí é que você ia me dizer que se tem que trabalhar pra viver! Você sabe o que é ficar sem trabalho?

Depois, é a vez de Salvador:

272   UM TEATRO DA MULHER

Gino   — ...E você aí frangote arrepiado, você é soldado, é? Cadê a tua arma? Imbecil! Eles te dão um uniforme velho e te mandam morrer, sem uma arma, sem uma faca... e você vai, cretino, levar a bela carne de canhão que a tua mãe alimentou... Vai, vai pra essa guerra! Nem te conhecem e você vai morrer desconhecido. Um carcamano a menos. Abaixo a polícia, os soldados e o governo!
Salvador — Já ouviu falar num tenente lá do Sul?
Gino   — Já. Prestes. Acredita na força do Estado. Eu não. Acredita que a autoridade resolve tudo. Eu não.
Salvador — E o senhor acredita em quê?
Gino   — No homem livre e na mulher igual a ele.

Mas essas belas declarações serão desmentidas logo depois, com o desenrolar dos acontecimentos. No decorrer do diálogo, Salvador e Domingos lhe revelarão sobre Savéria coisas que ele ainda não sabia. Apesar de defendê-la quando insinuam que ela era uma prostituta ("Foi. A minha mulher foi, sim, mulher da vida. E daí?... É uma mulher que vale por mil dessas burguesonas!"), não resiste quando lhe contam que Savéria vivera com um comendador rico que a sustentara por muito tempo.

Agora é entre Savéria e Gino que se arma um conflito. A história do comendador traz na sua esteira outra história. E quando Gino insiste: "Anda, fala... eu quero saber... o que foi que você fez com o dinheiro do comendador?", é Domingos quem responde, depois de um momento de silêncio: "Deu pra um homem. Deu pra mim".

Diante do inesperado da declaração, surgem novas questões com Amália e os próprios filhos de Domingos. E é Savéria quem agora o defende. Por instantes se aproximam:

Domingos — Eu nunca te disse obrigado.
Savéria — Nem precisava. Vocês, homens. Tão orgulhosos. Mas precisam tanto da gente. Pra nascer, pra gozar. Pra morrer, até.

Quando os ânimos se acirram novamente, para que Gino vá embora e os deixe em paz, Amália lhe oferece um dinheiro que guardara com sacrifício, para comprar uma capela no cemitério: "[...] Pra gente se enterrar em paz, com missa em cima dos ossos da gente!" Gino recusa o dinheiro ("Dinheiro de cemitério... esse sim é que não pode dar sorte. Faça sua capela [...]"), mas anuncia que quer mesmo ir embora. Antes, porém, sob ameaça de morte, exige que Salvador lhe entregue o uniforme: seria mais fácil escapar da polícia disfarçado de soldado. Ao sair, agradece a todos ("Obrigado a todos por tudo. Pela comida, pela bebida... até pelas verdades [...] A você, mocinho, obrigado pela tua inocência. Senhora Amália... meus sinceros respeitos"). Agradece inclusive a

A DRAMATURGIA FEMININA NAS DÉCADAS DE 70 E 80   273

Savéria: "Obrigado, Savéria. Mas, por agora, estamos separados. Eu te mando notícias... ou não mando".

Savéria – Gino! Eu sou tua mulher! Eu... me guardei pra você... Você me fez promessas!

Gino   – As coisas mudaram!

Savéria – Foi por causa daquilo? Do que você ficou sabendo? Mas... então... você é igual aos outros? Você também? Não se pode ter cometido um erro? Então, só vocês é que podem ter um passado!

Gino   – Adeus, mulher...

Savéria – Onde está a igualdade?

Gino   – Não sei! Não sei! Não entendo! Mas eu senti uma dor aqui dentro, senti um despeito! Ódio, compreende, ódio! Você andou na cama dele, na cama deles! (...)

Savéria – Então, na hora da verdade, vocês são todos iguais!

Depois da partida de Gino, após a tempestade que varrera aquela casa, aparentemente tudo volta ao normal. Mas só aparentemente. Na verdade, Salvador já não quer mais ser soldado ("[...] Ser soldado pra quê? Pra morrer com um tiro nas costas?"); Beatriz já não vai se casar, tem outros planos; o pai abre mão de suas intransigências, abranda-se, tornou-se mais sábio ("[...] os costumes velhos passam..."); Amália e Savéria, que tinham começado como rivais, agora, sem discriminações, procuram apoiar-se uma na outra, na sua dura condição de mulheres, apenas. Após a saída de Gino, "Savéria olha ao seu redor, desesperada, como se procurasse um ombro onde se acolher". "Quem se adianta é Amália, canhestra, sem jeito" – diz a rubrica.

Amália – Quem sabe a senhora tem fome também, comadre?

(Savéria, chorando, diz que sim com a cabeça, e as duas somem na cozinha, juntas, levando pratos e copos)

Por fim, pacificados, juntam-se, os que ficaram, em torno da mesa, para comer. "Afinal – diz Salvador – quem sabe ele tinha razão? O que quer dizer essa revolução pra nós? Que querem dizer todas essas revoluções? Nós somos os pobres. Temos que trabalhar. Se comemos e bebemos um pouco... melhor pra nós." E Amália, logo depois: "Vivemos mais um dia. Vamos comer mais um dia. Bendito seja".

No som de um gramofone, uma *tarantella* começa a se anunciar: "Pai, será que as freiras ensinam a gente a cantar?" – "A Beatriz quer entrar na escola das freiras da rua da Glória", informa Domingos. E Salvador: "É, mas isso custa dinheiro..." É então que Amália traz a lata com o seu dinheirinho: "Dinheiro se arranja...". "Beatriz põe a mão sobre a mão de Amália, comovida

274 UM TEATRO DA MULHER

[reza a rubrica]. A lata de dinheiro entre ambas. A *tarantella* vai subindo aos poucos."

A jovem convida o irmão para dançar, e "Amália se levanta e, com inocência, tira Savéria para dançar, como faziam as mulheres antigamente, enquanto Domingos bebe vinho, fuma, sorri":

Domingos – Eles não vão conseguir acabar com a gente...

É a última fala.

Tarantella talvez condense, mais do que qualquer das peças anteriores, o fundamental das idéias e dos sentimentos da autora: um comovido interesse por essas gentes humildes, na vitalidade e permanência de seus costumes, de seus valores humanos, um grande ceticismo em relação a todo tipo de poder e autoridade que as venham oprimir, o sonho talvez utópico de uma liberdade quase sem restrições, a convicção profunda de que o que conta é a solidariedade entre os homens – mas também de que essa solidariedade só é possível entre iguais.

Se nesta peça se reafirmam tais posturas e se Renata Pallottini mais uma vez as exprime principalmente através das palavras e da ação de seres marginais – uma mulher que vive fora das boas regras sociais e um anarquista (esta uma figura que para ela encarna histórica e simbolicamente a rebelião dos que não têm poder) – aparece também algo que, se não é completamente novo, é, em todo caso, digno de ser notado no conjunto de sua obra: a clareza com que fala da condição da mulher.

Em *Tarantella*, ouve-se, mais nitidamente que antes, a voz das mulheres, fazendo ver aos companheiros o quanto pode ser dura e injusta sua condição, nas relações com eles. Para elas, sugere-se também a solidariedade, em lugar da simples competição e da rivalidade. Entre duas mulheres que os homens e a sociedade patriarcal tradicionalmente separam, se insinua a possibilidade da compreensão, da aliança, do apoio mútuo.

Amália – (...) (*falando com respeito*) quando uma mulher estranha entra em casa da gente... a gente logo pensa: "Será? Será que ela quer me roubar o meu homem?"

Savéria – A gente nunca pensa: "Será que pode ser uma boa amiga pra mim? Uma amiga que vem pra me esclarecer as idéias e pra me ajudar a viver melhor?"

Embora não represente, em geral, uma adesão explícita à matéria histórica imediata (como ocorre com a maioria das peças examinadas), o teatro de Renata Pallottini, focalizando determinados grupos sociais e suas peculiaridades, revela a mesma

A DRAMATURGIA FEMININA NAS DÉCADAS DE 70 E 80   275

atenção aos problemas que inquietam a sociedade brasileira, idêntica preocupação em analisar e discutir aspectos significativos da vida dessa sociedade. O complexo *História-história* que também o constitui – e em que pesem as diferenças – permite reunir a autora Renata Pallottini ao conjunto das demais autoras do período.

10. Um Teatro Feminino ou o Feminino no Teatro?

> *Fazer o mapa ideológico onde se inscreve um texto ou sondar o subsolo afetivo e as pulsões inconscientes que as figuras exprimem são operações retrospectivas, hipotéticas, em geral redutoras, aliás, necessariamente redutoras.*
>
> ALFREDO BOSI

Concluir, a partir de um painel assim movimentado da história mais recente – ainda não completamente revista e analisada –, seria, quando menos, uma temeridade. Não temos, evidentemente, a pretensão de fazê-lo, nem tal coisa estaria a nosso alcance. Vamos, quando muito, esboçar algumas conclusões tentativas, tratando de levantar os traços dominantes que, em certa medida, unificam a dramaturgia examinada, procurando interrogá-los em seu sentido histórico.

A visão de conjunto da obra destas autoras que vêm produzindo desde a década de 60 oferece-nos um panorama expressivo de um novo tempo na vida do teatro brasileiro.

A riqueza e a variedade dos temas abordados, a qualidade de sua elaboração em termos tanto conteudísticos quanto formais, de modo geral, indicam a realização de um aspecto de uma das mais importantes metas do feminismo mundial e brasileiro deste século: a abertura e o alargamento de espaços para a manifestação e a atuação da mulher em órbitas do não privado, do não exclusivamente doméstico. No campo da produção literária, o teatro terá sido a etapa mais avançada do caminho difícil que a

278 UM TEATRO DA MULHER

mulher vinha abrindo para a conquista de espaços na vida cultural, entre nós, no mínimo desde o século anterior.

Talvez se considere estranhável reafirmar neste momento tal liame entre a manifestação de mulheres na dramaturgia e o feminismo como movimento social específico, quando repetimos, ao longo do trabalho, a informação de que – excetuando-se Leilah Assunção que admite, *em termos*, a designação de feminista para sua obra – as autoras de que tratamos se recusam, de maneira geral, a ser consideradas feministas[1]. Quando questionadas a esse respeito, respondem de imediato com uma negativa, exprimindo, a seguir, a crença de que a emancipação da mulher se dará como decorrência natural – digamos, fatal – das mudanças que vierem a ocorrer, de modo amplo, nas estruturas sociais e políticas.

No entanto, independentemente do fato de haver ou não da parte das autoras algum propósito consciente, seria difícil negar o *caráter feminista* de que se reveste o fenômeno como um todo, seja quanto às possibilidades de seu surgimento, seja quanto ao essencial no sentido de sua existência.

Tais colocações poderão tornar-se mais claras, se nos detivermos, ainda que ligeiramente, na reflexão que certos setores da ciência e do pensamento contemporâneos vêm levando a efeito, sobre a questão da mulher. Ao se voltarem para temas referentes à mulher, esses setores chegam a constituir, muitas vezes, áreas específicas, como é, por exemplo, o caso da Antropologia, de cujas análises nos valeremos aqui.

As antropólogas Bruna Franchetto, Maria Laura Cavalcanti e Maria Luíza Heilborn, analisando características das reivindicações básicas dos movimentos feminista, em um ensaio intitulado *Antropologia e Feminismo*, sugerem a "percepção do *feminismo* como um desdobramento do *individualismo*"[2].

Para isso, partem de algumas considerações do antropólogo Louis Dumont, que desenvolveu uma teoria sobre o *individualismo* como sistema de representações dominantes nas sociedades modernas[3].

---

1. Ainda que não se trate de pensar em termos de militância ou filiação a algum movimento organizado, mas apenas de postura política e intelectual. Em termos de uma postura desta ordem, Renata Pallottini nos declarou, pessoalmente, que se considera sim, feminista, pois acredita na necessidade de um movimento específico para a emancipação da mulher, uma vez que, nem mesmo nos países ditos socialistas, essa emancipação parece não se ter dado de modo satisfatório.

2. Bruna Franchetto; M. Laura Cavalcanti e M. Luíza Heilborn, "Antropologia e Feminismo", Col. *Perspectivas Antropológicas da Mulher*, n. 1, Rio de Janeiro, Zahar Ed., 1981.

3. As autoras do ensaio chamam logo de início a atenção para o uso que fa-

A DRAMATURGIA FEMININA NAS DÉCADAS DE 70 E 80   279

Segundo essa teoria (que labora sobre a delicada distinção entre duas concepções de *indivíduo*) podem ser concebidos dois tipos de sociedades, dizem as autoras: "as do tipo *hierárquico* ou *tradicionais*, onde a totalidade social prevalece sobre os indivíduos na acepção empírica, e as *modernas*, onde a representação da totalidade se enfraqueceu concomitantemente com o aparecimento da categoria indivíduo como agente normativo das instituições. O individualismo [...] agencia uma contínua fragmentação do todo social em domínios crescentemente autônomos. Daí que, para Dumont, falar em instâncias como político, econômico, ideológico, psicológico, só é possível em se tratando de sociedades que procederam à autonomização dessas esferas, as sociedades modernas"[4].

Desde que o individualismo se afirma como corpo de representações dominantes, está em andamento uma contínua e incessante fragmentação e *o feminismo expressa mais um desdobramento desse processo, agora investindo sobre um domínio dos mais renitentes à destotalização: a família.*

Aliás, o movimento de liberação de mulheres se explicita principalmente como uma *tensão* entre o processo de nuclearização da família e a autonomização da sexualidade que quer regular a si própria, fora das prescrições familiares[5].

A causa feminista, porém, não se esgota na reivindicação da autonomia da sexualidade feminina, mas associa na mesma luta a questão da *cidadania das mulheres*. O movimento reivindica um entendimento da cidadania feminina como igual à masculina: é a famosa luta por direitos iguais. Essa dupla orientação (autonomia da sexualidade e cidadania) conduz a uma *individualização da mulher* (a exemplo do que já ocorrera com o homem que, enquanto gênero, tem sua identidade precipuamente referida ao domínio do trabalho, da política, do público, enfim).

A partir da postulação da mulher como indivíduo e cidadão, questiona-se sua alocação exclusiva ao domínio do *privado*, expresso fundamentalmente pela família nuclear.

---

zem do conceito de *individualismo*: "De modo algum o uso que faremos desse conceito se prende às conotações mesquinhas que o termo no senso comum possa ter", *op. cit.*, p. 35 – nota 36.

4. *Idem, ibidem.*

5. A nuclearização da família, por sua vez, nasce da autonomização frente à parentela, para se constituir no espaço privilegiado dos eventos do sexo, contribuindo, portanto, para a oposição entre o *público* e o *privado*, como domínios que se excluem.

280 UM TEATRO DA MULHER

Na parte final do trabalho, após descreverem o processo através do qual, partindo do individual, o feminismo pode chegar a ser "um prisma de leitura da realidade pessoal como produto social"[6], as autoras afirmam que "o feminismo, exemplo de prática e ideologia de um universo individualista, ao pôr em foco, valorizar a experiência individual, relativiza-a, descobrindo-a no interior do social. Produzindo essa visão totalizadora, está dada a sua condição e a sua força de fazer política [...]". Por outro lado, consideram que "a natureza da intervenção que ele propõe e realiza sobre os valores de determinada sociedade *opera no sentido de garantir espaços sociais para a atuação das mulheres, sejam elas feministas ou não*"[7].

Acompanhando os passos da argumentação das antropólogas (aliás, drasticamente reduzidos nas referências acima) e, em conseqüência, aceitando as conclusões a que chegam, podemos perceber que um tipo de manifestação de mulheres, como a que ocorreu na dramaturgia brasileira, surge e se desenvolve necessariamente sob o influxo *de* ou vinculado *a* um fenômeno mais amplo e abrangente como o movimento feminista, um movimento que é, por outro lado – e por sua própria natureza – *extraordinariamente apto a infiltrar-se sutilmente, ainda que tal fato nem sempre seja visível para os envolvidos no processo.*

Se considerarmos ainda que havia (e há), no mundo, um novo e ativo feminismo em curso, poderemos entender que aqueles "espaços sociais", garantidos principalmente por ele, são os que as mulheres dramaturgas começaram a ocupar a partir da década de 60. E que um tipo de atuação como a que têm tido, ao longo destes vinte anos nesse campo, significa que também elas, por sua vez, vêm abrindo espaços: sem dúvida, levam a efeito uma ação feminista, ainda que não o reconheçam. A despeito de si mesmas, realizam uma etapa da "mais longa das revoluções"[8].

No propósito de situar em melhores termos as conclusões a que podemos chegar, acreditamos que talvez seja conveniente

6. "O privilegiamento do individual expressa-se na estrutura celular do movimento: os *Consciousness Group* onde se procede a uma socialização entre mulheres das vivências pessoais. Ora, mas é justamente aí... que se forja a 'consciência feminista' ", Bruna Franchetto *et alii, op. cit.*, p. 42.

7. *Idem*, p. 40 [grifo nosso]. As idéias, que referimos resumidamente acima, constituem apenas *uma* das vertentes da brilhante análise das autoras. Na verdade, elas "ensaiam um mapeamento e avaliação crítica do campo intelectual feminista, visando a um balanço dos avanços da chamada Antropologia da mulher" – como se diz na apresentação.

8. A expressão é empregada por Juliet Mitchell, no ensaio citado na introdução deste trabalho.

A DRAMATURGIA FEMININA NAS DÉCADAS DE 70 E 80   281

somar, ao conjunto das colocações antropológicas que se referem do modo amplo ao feminismo, uma visão, ainda que sumária, da situação histórica em que se inscreve a dramaturgia feminina no Brasil, acrescentando agora alguns elementos além dos que já apontamos na Parte I do trabalho.

De início, e para continuar a refletir em termos do individualismo, como conceituado e utilizado pelas antropólogas mencionadas, poderíamos dizer que o processo de diferenciação e autonomização de esferas – que vinha ocorrendo na sociedade brasileira como um todo, pelo menos desde o segundo pós-guerra, e que lhe permitira "modernizar-se" mais aceleradamente – sofrera um brusco desvio a partir de 1964: tendia-se à hierarquização, a uma forma de totalização das estruturas sociais.

Na linha do pensamento antropológico se poderia pensar que esse desvio, sucedido de um enrijecimento, levaria a um retrocesso da modernização. Isso, no entanto, não ocorreu. O que os historiadores ressaltam é, ao contrário, uma forma de *modernização* acentuada. Porém, uma modernização que tem certas peculiaridades: atinge determinados aspectos da vida social e econômica, enquanto enrijece outros, vinculando-se, imediatamente, é claro, ao refluxo do projeto socializante que se vinha desenvolvendo. É o que se poderia designar como "modernização conservadora".

O processo de modernização no período que se inicia por volta de 1945, após a guerra, é descrito, em suas bases econômicas e nas várias etapas em que se divide, por Paul Singer em "Interpretação do Brasil: Uma Experiência de Desenvolvimento"[9]. O ensaio dá conta também, em grandes linhas, das mudanças que, paralelamente, vão ocorrendo nos planos político e social.

Após descrever o processo que transforma a burguesia industrial em fração hegemônica da classe dominante e o operariado industrial em fração hegemônica da classe dominada, afirma o autor: "Nas vésperas do golpe de 1964, pode-se notar que o proletariado industrial adquiriu certo papel hegemônico nas chamadas 'classes populares urbanas', embora o populismo tivesse conseguido colocar o crescente movimento operário de certo modo a serviço da industrialização, ou seja, do capital industrial"[10].

Nesse período, o capital industrial está precipuamente voltado para o mercado interno. Mesmo os capitais estrangeiros, que

---

9. Paul Singer, "Interpretação do Brasil: Uma Experiência Histórica de Desenvolvimento", *O Brasil Republicano – Economia e Cultura* (1930-1964), Tomo III, vol. 4, *História Geral da Civilização Brasileira*, São Paulo, DIFEL, 1984.

10. *Idem*, p. 237.

282 UM TEATRO DA MULHER

entraram avassaladoramente na economia brasileira depois de 1955, adaptam-se inicialmente a essa estratégia da burguesia industrial. Durante algum tempo, especialmente no mandato de Juscelino Kubitschek, até 1961, este estado de coisas parecia ter atingido um equilíbrio e as relações entre as duas frações hegemônicas, um consenso. Mas "a inversão da conjuntura a partir de 1962 – continua Paul Singer – arruinou o consenso". De certo momento em diante, "as novas frações hegemônicas produzidas pela industrialização se encontravam em campos opostos [...]. O golpe militar de 1964 [...] reformulou as forças em presença e definiu um novo bloco hegemônico"[11]. Suspensas as eleições, as posições de mando no aparelho do Estado passam às mãos da tecnoburocracia civil e militar, aliada do capital multinacional de propriedade estrangeira; o proletariado e seus aliados perdem suas prerrogativas.

Em 1968, pode-se dizer que se inicia um novo ciclo. Economicamente, segundo o historiador citado, ele difere do anterior principalmente porque agora "o crescimento passa a voltar-se 'para fora', para o mercado externo – e não mais 'para dentro', para o mercado interno, como foi o caso das duas etapas anteriores (de 1933 a 1955 e de 1956 a 1967)"[12].

Sabe-se que a internacionalização acentuada da economia coloca o Brasil no circuito do capitalismo internacional, mas também o situa na periferia desse capitalismo, como dependente. De qualquer modo, porém, supõe uma *integração* que há de tomar a forma de *modernização*. Embutida no projeto desenvolvimentista desde a era de Juscelino Kubitschek, essa modernização se acelera então extraordinariamente.

Mas a *natureza* desse projeto desenvolvimentista, em suas decorrências, é analisada, de um ponto de vista diferente, por um outro autor. Na síntese que escreve, em 1977, em "Um Testemunho do Presente", como introdução à obra de Carlos Guilherme Mota, *Ideologia da Cultura Brasileira*, Alfredo Bosi sublinha o caráter selvagem que assumiu; "O desenvolvimento, nos moldes em que foi executado, agravou os desníveis econômicos e políticos. E a urbanização virou máquina de favelamento na periferia, congestionamento no centro, poluição por toda parte. O desenvolvimento brasileiro deu concretamente:

• no plano macroeconômico: o triunfo das multinacionais.

11. *Idem, ibidem.*
12. *Idem*, p. 238.

A DRAMATURGIA FEMININA NAS DÉCADAS DE 70 E 80   283

- no plano social: a reprodução acelerada da divisão de classes.
- no plano político: o governo autoritário e a tecnocracia.
- no plano cultural: a *mass comunication* e a repressão"[13].

É preciso considerar também que o desenvolvimento e a modernização vinham sendo acompanhados, desde as primeiras etapas, por um amplo projeto socializante que, entre outras formas, se manifesta, por exemplo, no fortalecimento do operariado industrial e, por ampliação, na tendência a incluir no processo os assalariados não industriais e até mesmo os trabalhadores rurais, como mostra ainda Paul Singer[14].

No entanto, ao compor ideológica e politicamente com a burguesia e o populismo, esse projeto acaba por exibir a sua fragilidade e tomar aquele colorido "róseo" de que fala Roberto Schwarz no ensaio citado no início deste trabalho. Desde 1966, suas falhas vinham sendo apontadas por autores como Caio Prado Jr.[15]. Nesse sentido é que se falará no refluxo do projeto socializante e na sua responsabilidade na derrocada de 1964.

A dramaturgia feminina que começa a tomar vulto precisamente num dos momentos altos da modernização e da repressão política pós-68 e que representa mesmo, em termos históricos brasileiros, um desdobramento dessa modernização, revela claramente, a partir de seu interior, a presença dos elementos contraditórios que a constituem e definem: por um lado, a liberalização dos costumes, a ampliação e diversificação de oportunidades de trabalho – inclusive para a mulher –, certa mobilidade social que por vezes permite o trânsito de indivíduos de uma classe para outra; mas, por outro, também os mecanismos do processo que mantém alienados, ao envolvê-los em sua trama, os indivíduos em geral, que se utiliza deles para depois descartá-los, que os prepara tecnicamente para determinadas funções, mas os leva em seguida a se desviarem dos objetivos que essa preparação supunha.

Simultaneamente essa dramaturgia – e isto lhe dá certo caráter de complexidade ideológica, visível, por exemplo, na questão na consciência feminista dos problemas da mulher – ex-

---

13. Alfredo Bosi, "Um Testemunho do Presente", prefácio a *Ideologia da Cultura Brasileira* (1933-1974), Carlos Guillerme Mota, São Paulo, Ática, 1977, p. VIII.

14. Cf. Paul Singer, *op. cit.*, p. 237.

15. Caio Prado Jr., *A Revolução Brasileira*, São Paulo, Brasiliense, 1978, 6. ed. Caio Prado analisa longamente os erros teóricos das esquerdas brasileiras na interpretação da realidade histórica e social do Brasil.

pressa, implícita ou explicitamente, a crítica do projeto socializan-. te fracassado, às vezes uma espécie de decepção diante do não cumprimento das promessas que ele fizera. Nascida *no* e *do* refluxo desse projeto – assim como da concomitante modernização capitalista – exprime como que a consciência dos limites e contradições de ambos os processos. De outro lado, é patente o sentimento de revolta contra a repressão que "o moderno" regime político exerce sobre os que, de algum modo, estão ou estiveram empenhados no projeto revolucionário. Este é mesmo um dos traços mais *aparentes* da visão que as autoras apresentam da situação como um todo.

O exame conjunto dos textos, produzidos pelas autoras que escolhemos, ao mesmo tempo que revela diversidades acentuadas, características bem individuais de enfoque, de tratamento de temas, de linguagem, torna também evidentes as semelhanças que permitem observá-las como um grupo, para além do fato flagrante de constituírem um conjunto de mulheres que escrevem para teatro – o que é já em si mesmo, é preciso que se repita, algo de inédito no contexto teatral brasileiro.

A primeira dessas semelhanças, talvez a mais geral e saliente, é a relação constante entre *História* e *história*. E na História do período, o dominante, na política, é o regime autoritário e repressivo (mas também certa consciência da cisão e dos limites do projeto socializante) e, na vida social, a presença forte da modernização, em todos os seus aspectos. Nesse universo, se insere a *história* pessoal dos indivíduos de que tratam as peças.

O entrecruzamento das duas linhas é perceptível desde os primeiros textos, como *À Prova de Fogo* e *À Flor da Pele*, de Consuelo de Castro, em que aparece diretamente tematizado. Mas está presente também em inúmeras outras, de autoras diferentes.

Nas obras escritas a partir dos últimos anos da década de 70 e, em especial, nas que se escrevem nos anos 80, quando se tende a retomar o passado recente do país e a refletir sobre ele, o fenômeno chega mesmo a ser expresso pelas próprias personagens. Em *Boca Molhada de Paixão Calada*, de Leilah Assunção, tal como assinalamos anteriormente, uma dessas personagens, o formula claramente: "Na verdade, a gente é um pontinho onde se cruzam a História aí do mundo e a nossa própria história..."

Os aspectos temáticos observados no conjunto desta produção permitem verificar não só conjunção da História com a história pessoal dos indivíduos, mas a existência de uma série de temas (centrais ou periféricos) comuns a peças diferentes de várias Autoras. São temas semelhantes, abordados quase sempre (mas nem sempre) a partir do enfoque da situação concreta da

A DRAMATURGIA FEMININA NAS DÉCADAS DE 70 E 80   285

mulher nos novos tempos. De preferência, por essa via é que tentaremos segui-los.

Em primeiro lugar, a mulher já não aparece adstrita apenas ao mundo doméstico, mas com freqüência está presente em ambientes outros, como os de trabalho ou estudo; raramente a vemos atuando no espaço da casa e da família e mesmo quando isso acontece, esse espaço nunca é exclusivo, de modo que a observamos em conflito, dividida entre os vários papéis que pretende desempenhar. No âmbito do privado, pode ser que esteja só (o que pode caracterizar a "independência") ou, o que é mais freqüente, em situação de ligação amorosa livre, fora do casamento. A situação da "reunião social", da festa, ocorre apenas duas vezes: em *Bodas de Papel*, de Maria Adelaide e em *Serenata Cantada aos Companheiros*, de Renata Pallottini. Mas na primeira, a "festa" é apenas um pretexto e se transforma numa selvagem reunião de negócios, em que a mulher é figura inteiramente secundária; na segunda, o jantar comemorativo acaba tomando a feição de um tribunal, onde se ajustam velhas contas e se aferem, agressivamente, antigos projetos, à vista das melancólicas realizações do presente a que foram levados igualmente, tanto homens como mulheres, no frustrante mundo moderno da competição.

Duas peças, pelo menos – *Enquanto se Vai Morrer* e *À Prova de Fogo* – focalizam diretamente a vida universitária. São escolas diferentes, em dois momentos diferentes da História e da vida das Instituições. Na primeira, ressalta-se a sensação de vitória das personagens femininas por conseguirem ingressar numa escola como a Faculdade de Direito, cujo caráter tradicionalista a mantivera durante muito tempo de difícil acesso para as mulheres. Agora, embora continuem ainda como minoria, elas estão presentes ali[16]. Além das alunas, já existe também a Mestra, numa função que em outros tempos seria exercida apenas por homens. É um novo espaço onde já podem participar ao lado de colegas homens, de debates e questões que afetam os jovens e o país, naquele momento. Porém, mais do que isso, é o lugar onde se preparam para a inserção num mercado de trabalho que se amplia,

---

16. Vários estudos de caráter feminista apontam para os problemas de discriminação da mulher em termos de educação e profissionalização, bem como para os da socialização em geral, que em muitas etapas de nossa História tendiam a encaminhar a mulher especialmente para as profissões consideradas "femininas": v. a respeito, entre outros, Fanny Tabak, *Autoritarismo e Participação Política da Mulher*, Rio de Janeiro, Graal, 1983; Branca Moreira Alves, *Ideologia e Feminismo*, Petrópolis, Vozes, 1980; Irede Cardoso, *Os Tempos Dramáticos da Mulher Brasileira*, São Paulo, Centro Editorial Latino-Americano, 1981.

286 UM TEATRO DA MULHER

cujas novas necessidades começavam a demandar mão-de-obra cada vez mais numerosa. A admissão e a freqüência à escola correspondiam à profissionalização requerida. Se tal coisa acontece em termos gerais, já em virtude da modernização dos anos 50, ela se torna mais significativa quando referida à mulher.

Na segunda dessas peças, *À Prova de Fogo*, a heroína e suas companheiras têm uma outra forma de participação: agora, em 1968, já não se limitam a discussões teóricas e a 'estudantadas' inocentes, mas estão empenhadas, ao lado dos rapazes, seus colegas, num conflito direto com as forças de repressão. Aliás, *À Prova de Fogo*, que nesse sentido pode ser aproximada a *À Flor da Pele*, expressa com muita clareza a percepção das contradições e limites do projeto socializante. O desenrolar dos acontecimentos, as posições divididas dos estudantes, que ocupam a Faculdade da Maria Antônia, deixam à mostra a fragilidade de uma revolução feita de "slogans" e de equívocos na prática política. Em *À Flor da Pele*, a constatação dessa fragilidade afeta em cheio a vida e as relações das personagens e conduz a um final que se poderia dizer trágico. Em ambas as peças, a mulher – nas figuras de Júlia e Verônica – torna-se o signo de um momento em que se evidenciam agudamente aqueles limites e contradições do projeto revolucionário.

Em muitas outras peças, como *A Cidade Impossível de Pedro Santana*, de Consuelo, ou *Lua Nua*, de Leilah, ainda que não se focalize a vida universitária, as atividades que as mulheres exercem levam a supor que a tinham tido: Berta, a mulher de Pedro Santana, é também arquiteta e Sílvia (de *Lua Nua*), advogada. Tudo indica, na vida social, o aumento quantitativo da profissionalização feminina determinada pela ampliação do mercado de trabalho.

Muitas peças focalizam a modernização de certos setores ou setores modernos em que as mulheres vão penetrando. Em *Ossos d'Ofício*, de Maria Adelaide, focaliza-se um Banco em fase de modernização. Modernizar-se é, no caso, adotar a "informatização", funcional, certamente, mas muitas vezes ao preço do esmagamento do indivíduo. Põe-se em relevo o traço "moderno" da obsolescência que, ao incidir bruscamente sobre certas áreas de trabalho, pode transformar o homem num "bagaço de laranja que se chupa e depois joga fora", como diz ironicamente Luís Raul, personagem de *A Resistência* (repetindo a frase famosa de Willy Loman); obsolescência que o transforma em algo descartável e o identifica às coisas descartáveis e destrutíveis do mundo moderno.

A única mulher vista em *Ossos d'Ofício* – uma mulher comum, já de si antiquada, da pequena classe média – torna-se ín-

A DRAMATURGIA FEMININA NAS DÉCADAS DE 70 E 80   287

dice forte da obsolescência que a modernização acelerada pode acarretar: por ser mulher, fora preterida nos planos paternos e destinada à datilografia apenas (queixa-se disso, na vaga consciência que tem do problema), enquanto um irmão recebera educação conveniente, por ser homem. D. Carminha é uma solteirona, uma espécie de Mariazinha Mendonça de Morais sem imaginação e vista pelo ângulo do trabalho degradado[17].

A imprensa dos periódicos, em desenvolvimento para atender às novas áreas de interesse de um público que se diversifica, é outro ramo das atividades modernas visado pela dramaturgia feminina. Aí também a mulher está presente. Em *A Resistência* e *De Braços Abertos*, ambas de Maria Adelaide, o ambiente de trabalho é a redação de uma Revista, se bem que só na primeira delas este aspecto seja fundamental; na segunda, o foco é posto principalmente sobre a ligação amorosa entre um homem e uma mulher, que só por casualidade atuam naquele meio, ainda que seja significativo o fato de se encontrarem ali dois indivíduos de camadas sociais diferentes, como Luísa e Sérgio, e de ser relevante esta diferença no seu relacionamento. Em *A Resistência*, o conflito provocado pela ameaça de desemprego tipifica já certos sinais da crise da expansão econômica, com o fantasma da recessão rondando os vários setores de trabalho, ao aproximar-se o fim da primeira metade da década de 70 (a peça foi escrita em 1975). O mesmo fantasma de um *fim* – o fim do "milagre econômico" –, com todos os conflitos sociais e pessoais decorrentes, para determinada classe, é o tema de *Bodas de Papel*.

A agência de propaganda, que é, mais do que nenhum outro dos setores mencionados, um signo dos novos tempos de industrialização e consumo, é o universo de *Caminho de Volta*, de Consuelo de Castro. Aí temos também uma figura de mulher que é exemplo da possibilidade de ascensão de elementos da classe subalterna. No entanto, como mulher, Marisa talvez seja, mais do que seria um homem, vulnerável às atrações de um mundo "moderno", o mundo da classe média à qual conseguira ascender. Apesar de redatora, é a moça da Penha fascinada pelo "apartamento com carpete" em que finalmente pode viver. A mulher, especialmente a da classe média, transformada na grande consumidora de bens que a indústria produzia em uma escala até então inédita entre nós, se tornara alvo preferencial da propaganda desde as décadas anteriores. Marisa é ilustração do que podia

17. Mariazinha Mendonça de Morais é a protagonista de *Fala Baixo Senão Eu Grito*, de Leilah Assunção.

288 UM TEATRO DA MULHER

ocorrer com indivíduos de classe social mais baixa atraídos para esse universo "moderno". No final, poderá ser "manipulada" pela empresa. Em termos de alienação – problema que ao longo de um extenso período Consuelo considera central no seu teatro – Marisa só pode ser comparada a Galvão, o pai aleijado de *O Grande Amor de Nossas Vidas*, ou a seu filho Valdecy.

Maria Adelaide e Consuelo de Castro são as autoras que mais insistentemente se voltam para os aspectos das novas relações de trabalho, em vários níveis e segmentos sociais.

Em *O Porco Ensangüentado*, mas muito especialmente em *A Cidade Impossível de Pedro Santana*, Consuelo detém-se nos dramas de uma categoria profissional como a dos arquitetos da geração que se desenvolveu sob o influxo da modernização, mas acreditou nas possibilidades de uma arquitetura brasileira voltada para o social e o coletivo. Os sonhos se tornam impossíveis e a inflexão que sofreu o seu projeto de trabalho no rumo do serviço agora prestado à burguesia industrial dominante, as alianças a que se submetem, redundam, na peça, em destruição e loucura. Semelhante esquema de análise poderia ser aplicado a outras categorias profissionais.

A mesma Consuelo vai criar a figura de um médico (um outro Pedro), em *Script-tease*, cujo destino, se não é tão trágico, ressente-se igualmente de ter sido desviado de seus objetivos iniciais. Nesse truncamento brusco, jamais inteiramente absorvido, tais personagens, e as profissões que exerceram, assumem um caráter muito forte e evidentemente simbólico em relação ao projeto socializante frustrado, sucedido pela acelerada modernização capitalista. O caso da Arquitetura é sem dúvida o mais flagrante, como anteriormente assinalamos, a partir da análise de Roberto Schwarz.

Em *Bodas de Papel*, Maria Adelaide põe em cena mais um grupo profissional – e dos mais representativos do processo de integração e modernização: o dos executivos nacionais, vivendo os estertores do "milagre econômico", em meio à deterioração das relações sociais e humanas.

A selvageria do processo de desenvolvimento e industrialização, particularmente no tocante ao segmento mais baixo das classes dominadas, em que o esmagamento é mais acentuado, é ressaltada por Maria Adelaide em *Cemitério sem Cruzes*. E já tinha sido focalizada, nos seus inícios, por Renata Pallottini, em *Pedro Pedreiro*.

Entre os muitos setores de atividades características dos novos tempos, com a problemática social e humana que levantam e que a dramaturgia feminina privilegiou, está também a Televisão.

A DRAMATURGIA FEMININA NAS DÉCADAS DE 70 E 80   289

Ela aparece em *Sobrevividos*, de Leilah Assunção, ao mesmo tempo como refúgio de remanescentes de uma atividade teatral que, de forte, se tornara periclitante nos anos de repressão, e como símbolo de um novo universo ideológico no qual naufragaram as ilusões do projeto socializante. Em *Script-tease*, de Consuelo, a Televisão tem aproximadamente o mesmo papel, agora referido ao mesmo tempo a um conflito da protagonista que é de ordem pessoal e interior.

Um dos aspectos mais palpáveis do processo de modernização é, evidentemente, a mudança de costumes. Sobre ela a dramaturgia feminina incide amplamente, uma vez que essa mudança afeta de modo particular a mulher, torna-se mais visível nos indivíduos do sexo feminino. Aqui, as colocações da dramaturgia feminina se somam claramente às reivindicações feministas de autonomização da sexualidade e, em correlação, à crítica da família nuclear e patriarcal.

Das autoras de teatro, a que mais se voltou para esta problemática e a discutiu foi Leilah Assunção, embora os sinais da existência e da importância da questão estejam disseminados mais ou menos por toda parte na dramaturgia feminina do período.

Em algumas peças eles vêm de forma evidente para o primeiro plano, ainda que seja necessário levar em conta as diferenças de perspectiva a partir das quais as mesmas autoras enfocam o problema, segundo os textos pertençam a uma fase mais recuada ou a uma fase posterior. (A intensidade dos conflitos parece diminuir à medida que nos afastamos dos anos 60-70. É particularmente o caso das peças de Leilah Assunção.)

Na linha da focalização da sexualidade e das relações homem-mulher, poderíamos destacar *Fala Baixo Senão Eu Grito*, da mesma Leilah Assunção: aí o problema da sexualidade é central, mas tratado principalmente no sentido de um exame da personalidade feminina, a qual é contida ou deformada por tabus e restrições inculcados através de uma socialização de caráter tradicionalista e patriarcal[18]. Destacaríamos também *Roda Cor-de-Rosa* (precedida de *Amanhã, Amélia, de Manhã*), em que a assimetria dos papéis dos dois sexos no âmbito do casamento é enfocada e tratada com toda a virulência da sátira que muitas vezes marca as criações da autora. Em *Jorginho, o Machão*, a crítica mais vio-

---

18. Os problemas da educação da mulher no sentido de sua assimilação aos padrões patriarcais têm sido objeto de reflexão e crítica desde o mais remoto feminismo.

290 UM TEATRO DA MULHER

lenta se dirige diretamente à família patriarcal. *Kuka de Kamaiorá*, por sua vez, coloca uma das questões mais candentes e polêmicas do feminismo contemporâneo: a da "livre apropriação do corpo", a qual indica que a decisão sobre a concepção deve ser do livre arbítrio das mulheres. Leilah combina o tema da livre apropriação do corpo com a questão política da luta contra a repressão[19].

Em peças mais recentes, como *Boca Molhada de Paixão Calada* e *Lua Nua*, as relações amorosas e sexuais ainda constituem matéria principal, mas, a respeito, as posições da autora surgem mais atenuadas e conciliatórias. Na última delas, entretanto, se coloca, em conexão com essa matéria, o problema da valorização do trabalho profissional da mulher em face do trabalho masculino e da chamada "dupla jornada feminina de trabalho".

A "dupla jornada" é, por sua vez, um dos temas relevantes de *Script-tease*, de Consuelo de Castro. A atividade de Verônica como escritora de novelas para a Televisão, que a mantém parte do tempo voltada para interesses não domésticos, é causa de conflitos com o marido – e consigo mesma. As relações amorosas homem-mulher, complicadas pela percepção de certas atitudes do amante, que a personagem feminina sente como contraditórias (em relação a posições políticas e éticas que ele apregoara e assumira em tempos anteriores), são o tema central de *À Flor da Pele*, primeira peça de Consuelo dada a público em 1969. Já sem conotações políticas, a autora retoma as relações sexuais e de amor como tema dominante em *Louco Circo do Desejo*, de 1983 e encenada em 1985. Aí, porém, ainda se põe em questão, como produtora de conflitos, a distância social (e de geração) entre os dois parceiros.

Mas a questão das relações homem-mulher no plano amoroso (aqui mais psicológica que sexual) coloca-se com absoluta precedência em *De Braços Abertos*, de Maria Adelaide. Aí também se vivem – e se analisam – conflitos gerados pela distância social e pela nova condição de liberação de costumes da mulher, inclusive e principalmente, da liberação em termos sexuais.

No texto *As Moças: O Beijo Final*, de Isabel Câmara (1969), a situação básica pertence também ao âmbito das relações pessoais afetivas. Mas as relações em foco na peça, como dissemos

---

19. Na reivindicação feminista da livre apropriação do corpo, "firma-se a dimensão individual como pólo valorado frente às ingerências da ordem social", afirmam Bruna Franchetto e as co-autoras de *Antropologia e Feminismo*, à p. 41, da obra citada acima.

A DRAMATURGIA FEMININA NAS DÉCADAS DE 70 E 80   291

anteriormente, podem ser ainda melhor percebidas se colocadas na perspectiva do social, como um fenômeno muito característico da mudança de costumes, dentro da modernização que altera o esquema tradicional da composição da família, ensejando o surgimento de formas alternativas de organização familiar, com todos os conflitos que eventualmente pode suscitar.

No terreno das semelhanças e aproximações possíveis entre as peças da dramaturgia feminina, considerada agora em termos da população ficcional, é de notar-se que, com poucas exceções, em todas elas, o grupo social predominante é o da classe média. Para os diferentes segmentos da classe média (a mesma a que pertencem em geral as próprias autoras), classe que o próprio processo de modernização levou a expandir-se, é que se volta o interesse destas dramaturgas[20]. No conjunto, seu teatro procede a um exame que percorre esses segmentos das camadas mais altas (*Bodas de Papel*, de Maria Adelaide, ou *A Cidade Impossível de Pedro Santana*, de Consuelo de Castro), às mais baixas, como *O Grande Amor de Nossas Vidas*, da própria Consuelo, peça na qual o grupo social visado é o da pequena classe média. Deve-se notar que, às vezes, as autoras se detêm nas relações (conflituadas, quase sempre) entre elementos de extratos sociais diferentes, sejam elas de amor (Sérgio e Luísa – Fábio e Selly), ou relações de trabalho no plano doméstico (patroa e empregada); estas últimas podem degenerar em violência (como em *O Porco Ensangüentado*, em que a empregada é a vítima destruída) ou assumir um caráter de paternalismo conciliatório (*Lua Nua, Script-tease*). De qualquer forma, a empregada doméstica é figura que, como personagem, por vezes assume certa importância nestas peças femininas: ela ainda compõe o quadro básico do cotidiano familiar da classe média. A "modernização conservadora" não a eliminou.

As exceções principais, em relação à classe que forma o grupo social objetivado nesta dramaturgia, são constituídas por algumas peças da primeira fase de Renata Pallottini (*Exercício da Justiça* e *Pedro Pedreiro*), nas quais certos reflexos da modernização crescente e da urbanização desordenada são vistos em sua incidência sobre os extratos sociais mais baixos da escala. O mesmo ocorre com *Cemitério Sem Cruzes*, de Maria Adelaide, que, tal como *Pedro Pedreiro*, aborda a questão das condições de vida (e morte) daqueles que ficaram à margem do processo de

---

20. "Minhas peças são para mulheres mais parecidas comigo", declara Leilah Assunção em uma entrevista ("Acudam que Ela é Donzela", Folhetim, *Folha de S. Paulo*, 15.7.1979).

292 UM TEATRO DA MULHER

industrialização, embora ligados a atividades paralelas: os migrantes (em geral nordestinos) atraídos às grandes cidades para trabalharem na construção civil, como mão-de-obra barata. É um extrato social típico do processo de modernização, e produzido por ela.

Em relação a Renata Pallottini é o caso de assinalar o fato de que – com exceção de *Enquanto se Vai Morrer* e *Serenata Cantada aos Companheiros* – seu teatro, especialmente na segunda fase, *não* focaliza propriamente a classe média, mas grupos sociais diferenciados, em que o vínculo principal entre os elementos que os formam é a etnia comum. Este caráter (a não focalização específica da classe média) estará provavelmente ligado à escolha de uma época mais recuada para a ação de suas peças.

Com o teatro de Hilda Hilst, em termos muito diferentes, ocorre um fenômeno paralelo: como Hilda Hilst, das autoras examinadas aqui, é a única que claramente *não* faz um "teatro de costumes", situando fora de qualquer tempo – ou lugar – determinado a ação de suas peças, dificilmente se poderiam identificar às da classe média, ou de qualquer outra, as personagens que as povoam.

Da insistência com que, em muitas peças, se fixam estes aspectos da vida social contemporânea às autoras, decorrem certos *traços formais* que são comuns à maioria dos textos: a utilização de uma linguagem em que prevalecem a informalidade da fala coloquial, o uso de expressões "do dia", do jargão e até do palavrão. Tal procedimento é, na sua adequação, responsável em grande parte pela pertinência e pela notável vivacidade do diálogo, que se constitui realmente num dos pontos altos desta dramaturgia.

Por todos estes meios, a dramaturgia feminina alcança um *verismo* muito acentuado, o que, em termos da caracterização de personagens, costuma designar-se como "autenticidade", correspondendo, quanto à conformação geral dos textos, ao propósito de compor "retratos da realidade[21]".

Com muita freqüência – e, poderíamos dizer, de maneira muito ampla – esse verismo intencional, buscado, procura manifestar-se numa forma direta, como se houvesse, na verdade, apenas um mínimo de elaboração formal. Mesmo no caso de certas personagens, cuja linguagem, em determinada situação, tende a assumir uma inflexão poética, o princípio do verismo e da "naturalidade" busca manter-se como elemento essencial. É um traço

---

21. Não desconhecemos o fato de que tais características não são privativas da dramaturgia feminina, mas pertencem, em geral, à dramaturgia do período.

A DRAMATURGIA FEMININA NAS DÉCADAS DE 70 E 80   293

que se conserva, por exemplo, em peças como as de Renata Pallottini, em cujos textos, tendo em vista o constante trato da autora com a poesia, poderia supor-se um outro procedimento[22].

A esse dado de semelhança formal entre os textos prende-se outro, que diz respeito à própria construção dramatúrgica. Essa construção obedece, na sua generalidade, ao esquema da peça de tipo "tradicional" ou "regular", e toma a forma comumente dita "realista", firmando-se, por um lado, no desenho de traços psicológicos das personagens, e, por outro, numa estrutura em que predominam tanto a seqüência linear da ação, quanto um tempo dramático de sentido vetorial. Tal esquema, porém – e isto é muito importante assinalar – apresenta a peculiaridade de ser tomado na sua forma contemporânea, que comporta a "abertura" por meio da ruptura e da multiplicidade de níveis da realidade (ao modo de Nélson Rodrigues, por exemplo) e/ou da manipulação do tempo e do espaço ficcionais.

Assim é que o esboço "regular" ou "tradicional" da composição se constitui num traço extremamente geral, cuja atualização pode levar, sob este aspecto, a uma apreciável diversificação entre as peças de uma mesma autora, diversificação muito mais acentuada, obviamente, quando se consideram peças de autoras diferentes.

Se tomarmos, pois, como parâmetro o modelo da peça "realista", pensado na acepção comum do termo, podemos observar como dele se afastam muitos textos como *Fala Baixo Senão Eu Grito*, de Leilah Assunção, e *Script-tease*, de Consuelo de Castro, ou dele deliberadamente se aproximam outros, como *À Flor da Pele* e *À Prova de Fogo*, da mesma Consuelo, ou ainda *Tarantella*, de Renata Pallottini. Quanto a Maria Adelaide, é constante a preferência pela forma regular na maioria das peças, sendo que, em *De Braços Abertos*, em virtude do teor de *análise* (tanto psicológica como existencial) que tem a peça, faz largo uso do *flash back*. Uma única vez se utiliza da construção épica – em *Chiquinha Gonzaga, Ô Abre Alas*, visto que o que ali se objetiva é "retratar" ou "reconstruir" uma época, colocando no centro dela uma vida em que essa época se reflete e ao mesmo tempo se refrata. Aliás, a construção de caráter épico, ocorre toda vez que o que se pretende é abarcar uma série maior de acontecimentos fragmentados no tempo e no espaço, como se dá claramente em *Script-tease*, de

---

22. No caso de Hilda Hilst há igualmente o cuidado de criar um diálogo fluente e, em essência, adequado às situações e às personagens.

294 UM TEATRO DA MULHER

Consuelo de Castro, ou *O País do Sol* e outras peças de Renata Pallottini.

Nas peças desta última autora, a regra, a dominante, é a forma épica ou epicizante, com a utilização de um grande número de personagens e acontecimentos, e um grau variável de manipulação das categorias de tempo e espaço e/ou de ruptura de níveis (o grau mais alto desse procedimento é atingido em *Enquanto se Vai Morrer*). Nesse sentido, poucas de suas obras constituem exceção e, entre estas, a última, *Tarantella*, é o exemplo mais nítido. *Tarantella* pode-se dizer uma peça rigorosamente construída em moldes aristotélicos.

Quanto à dramaturgia de Hilda Hilst, a construção aberta, de um tipo que se poderia designar como "lírico-epicizante", é forma determinada pela temática dominante na obra da autora, que é de teor acentuadamente poético.

Com a exclusão da maior parte da obra de Renata Pallottini e de praticamente todas as peças de Hilda Hilst, todos esses elementos formais presentes nos textos das demais autoras são, na verdade, índices de uma atitude genérica que poderíamos considerar básica na dramaturgia do período: uma espécie de *adesão* à matéria histórica. A matéria histórica se presentifica na quase totalidade das peças, cuja conformação as torna como que transparentes para ela. Quase nenhuma distância se interpõe entre "matéria" e "forma", o que resulta numa construção direta e, como dissemos, verista. Tal construção não quer ser vista por si mesma, mas remeter imediatamente para o "mundo".

Formalmente, a adesão à matéria histórica acaba por expressar-se na tendência a adotar aquele esquema próximo do tradicional de que falamos, bem como a conferir à peça um caráter predominantemente verista. Contudo, toda vez que a adesão não é especialmente acentuada, o afastamento desse esquema, tanto quanto uma nítida elaboração formal, se tornam mais evidentes. É o caso de certas passagens em peças de algumas das autoras (Leilah Assunção, Consuelo de Castro ou Maria Adelaide Amaral) e, principalmente, o das peças de Renata Pallottini e Hilda Hilst. Nestas duas últimas, a "vontade de estilo", poderíamos dizer assim, se manifesta, inclusive, na elaboração da própria forma de tipo épico-lírico que, via de regra, preferem adotar, como já foi dito[23].

---

23. Parece não haver dúvida de que o emprego da construção de caráter épico-lírico e suas variantes indica justamente certo distanciamento da matéria histórica, tanto no tempo quanto no espaço. Daí também a possibilidade de

A DRAMATURGIA FEMININA NAS DÉCADAS DE 70 E 80   295

No entanto, é preciso considerar que, em termos de pensamento, a mencionada adesão à matéria histórica, visível em grande parte dos textos desta dramaturgia, traz em si, desde seu interior e em relação a essa matéria, um forte elemento de reflexão crítica, e portanto de distância, bem marcado.

Afinal, considerando todos os aspectos que até aqui apontamos, talvez possamos consignar o fato de que, na sua especificidade, a dramaturgia feminina surge e se afirma como um fenômeno de dupla face: como *reflexão crítica sobre a modernização do país* – na qual no entanto encontra sua própria possibilidade – mas ao tempo como *reflexão sobre o corte e o conseqüente refluxo do projeto socializante*. Na posição da mulher, figura submetida num mundo submetido, ficam mais evidentes os desdobramentos da dominação e mais evidentes os limites e contradições do próprio projeto revolucionário. Uma vez gorado este e em processo de refluxo, as situações da mulher oferecem matéria histórica e dramática "ótima" para o exame desses limites e contradições...

Para o melhor entendimento deste teatro, é preciso considerar que se pode ver confluírem neste ponto o processo de individualização de que fala a Antropologia (embora esse processo assuma na modernização da sociedade brasileira um caráter específico, visto que se trata de uma "modernização conservadora") e a decorrente constituição do feminismo. Através deste, que tende a eleger como "significativo e politicamente relevante o domínio das relações socialmente consideradas como pessoais", na afirmação das antropólogas citadas[24], chega-se à solução propriamente formal de construir toda uma dramaturgia na *intersecção* da história individual (no caso, quase sempre, da mulher) com a História política e social.

Em resumo, não é difícil constatar que esta dramaturgia feita por mulheres, através de uma forma dramatúrgica adequada ao tempo e esteticamente subsistente, foi capaz de traçar o amplo painel de um período de mudanças extremamente significativas,

---

maior elaboração estética dos elementos formais; esta mesma elaboração, por sua vez, tende a distanciar a matéria. O que não significa que a obra se coloque como um discurso neutro, não ideológico. Ao contrário, como no caso da dramaturgia de que falamos, ele pode ser mesmo fortemente alusivo. É o que ocorre com os textos de Hilda Hilst e Renata Pallottini que são intrinsecamente alusivos e podem ser percebidos como uma linguagem que, em última instância, fala do presente.

24. Bruna Franchetto *et alii, op. cit.*, p. 41.

tanto para as próprias mulheres, quanto para o país. Daí sua importância para o teatro brasileiro.

E é certo que, a partir da década de 60, a História do Teatro no Brasil, em simples respeito aos fatos, já não poderá deixar de registrar a participação relevante das mulheres. Elas mesmas se incumbiram de inscrever sua palavra na história viva desse teatro. E continuam a fazê-lo, uma vez que a "revolução" maior – dentro da qual não só iniciaram, mas venceram uma batalha – está ainda em pleno curso.

Este livro foi impresso na cidade de Cotia,
nas oficinas da Meta Brasil, em 2019,
para a Editora Perspectiva.